Wertorientierte Planung und Steuerung anhand des Residualgewinnkonzepts

Betriebswirtschaftliche Forschung im Rechnungswesen

Herausgegeben von Nils Crasselt, Rolf Uwe Fülbier, Joachim Gassen, Bernhard Pellens und Thorsten Sellhorn

Band 7

PETER LANG
Frankfurt am Main · Berlin · Bern · Bruxelles · New York · Oxford · Wien

Marco Kreutzer

Wertorientierte Planung und Steuerung anhand des Residualgewinnkonzepts

Eine Analyse in Abhängigkeit vom zu Grunde liegenden Rechnungslegungssystem

PETER LANG
Internationaler Verlag der Wissenschaften

Bibliografische Information der Deutschen Nationalbibliothek
Die Deutsche Nationalbibliothek verzeichnet diese Publikation in der Deutschen Nationalbibliografie; detaillierte bibliografische Daten sind im Internet über http://dnb.d-nb.de abrufbar.

Zugl.: Wuppertal, Univ., Diss., 2011

Gedruckt auf alterungsbeständigem,
säurefreiem Papier.

D 468
ISSN 2191-6098
ISBN 978-3-631-62214-8

www.peterlang.de

Vorwort

Die vorliegende Arbeit wurde im September 2011 von der Fakultät der Wirtschaftswissenschaft der Bergischen Universität Wuppertal als Dissertation angenommen. An dieser Stelle möchte ich mich bei all denjenigen bedanken, die zu ihrem Gelingen beigetragen haben.

Mein besonderer Dank gilt meinem Doktorvater, Professor Dr. Nils Crasselt. Er stand mir während meiner Promotionszeit jederzeit kompetent und unterstützend zur Seite und hat mit seinen Anregungen maßgeblich zum Gelingen der vorliegenden Arbeit beigetragen. Zudem hat er es mir durch seine engagierte Art und Weise und sein stets zeitnahes Feedback ermöglicht, kontinuierlich Fortschritte zu erzielen und meine Arbeit ohne Verzögerungen fertigzustellen. Seine freundliche und positive Art hat meine Promotionszeit zu einer sehr angenehmen Zeit gemacht, an die ich gerne zurückdenke.

Ebenso möchte ich mich bei Professor Dr. Thiele recht herzlich bedanken, der das Zweitgutachten im Rahmen des Promotionsverfahrens übernommen hat und die Entwicklung meiner Dissertation in zahlreichen Seminarveranstaltungen begleitet hat.

Für kritisches Korrekturlesen meiner Arbeit bin ich meinem Bruder Jörg sowie meinem Kommilitonen Jens Winkel verpflichtet, denen an dieser Stelle auch für die aufmunternden Telefongespräche gedankt sei.

Zudem gilt mein Dank meinen Eltern Bernd und Gisela, die mich während meiner gesamten Studienzeit unterstützt haben und mir damit den Weg zum Doktortitel erst freigemacht haben sowie meiner Verlobten Priyanka, die stets dafür Verständnis aufgebracht hat, dass die Erstellung einer Doktorarbeit auch das ein oder andere Wochenende in Anspruch nimmt.

Marco Kreutzer — London, März 2012

Inhaltsverzeichnis

Abkürzungsverzeichnis

Abs.	=	Absatz
Abschr.	=	Abschreibung
AER	=	American Economic Review (Zeitschrift)
a.F.	=	alte Fassung
Afa	=	Absetzung für Abnutzung
AK	=	Anschaffungskosten
APV	=	Adjusted Present Value
Art.	=	Artikel
A_S	=	kumulierte Auszahlungen
ASB	=	Accounting Standards Board
A_t	=	Auszahlungen der Periode
β	=	systematisches Risiko eines Portfolios
BB	=	Betriebsberater (Zeitschrift)
BFH	=	Bundesfinanzhof
BFuP	=	Betriebswirtschaftliche Forschung und Praxis (Zeitschrift)
BilMoG	=	Bilanzrechtsmodernisierungsgesetz
BilReG	=	Bilanzrechtsreformgesetz
BMF	=	Bundesministerium für Finanzen
BW	=	Barwert
BWLZ	=	Barwert der Leasingzahlungen
CAPM	=	Capital Asset Pricing Model
CCM	=	Completed Contract-Methode
CF	=	Cashflow
CFROI	=	Cash Flow Return on Investment
CI	=	Comprehensive Income
CVA	=	Cash Value Added
DAX	=	Deutscher Aktienindex
DB	=	Der Betrieb (Zeitschrift)
DBW	=	Die Betriebswirtschaft (Zeitschrift)
DCF	=	Discounted Cash Flow
DP	=	Discussion Paper
DRS	=	Deutsche Rechnungslegungsstandards
DStR	=	Deutsches Steuerrecht (Zeitschrift)
DStRE	=	Deutsches Steuerrecht Entscheidungsdienst (Zeitschrift)
EBIT	=	Earnings before Interest and Taxes
ED	=	Exposure Draft
EG	=	Europäische Gemeinschaft
EK	=	Eigenkapital
ERIC	=	Earnings less Riskfree Interest Charges
E_S	=	kumulierte Einzahlungen

EStG	=	Einkommenssteuergesetz
E_t	=	Einzahlungen der Periode
EU	=	Europäische Union
EVA	=	Economic Value Added
EW	=	Ertragswert
FASB	=	Financial Accounting Standards Board
ff	=	und folgende
FK	=	Fremdkapital
FV	=	Fair Value
g	=	Wachstumsrate
GAAP	=	Generally Accepted Accounting Principles
GE	=	Geldeinheiten
GK	=	Gesamtkapital
GoB	=	Grundsätze ordnungsgemäßer Buchführung
G_S	=	kumulierte Gewinne
G_t	=	Gewinn der Periode
GuV	=	Gewinn- und Verlustrechnung
HGB	=	Handelsgesetzbuch
HK	=	Herstellungskosten
hrsg.	=	herausgegeben
i	=	Kapitalkostensatz
IAS	=	International Accounting Standards
IASB	=	International Accounting Standards Board
IASC	=	International Accounting Standards Committee
IFRIC	=	International Financial Reporting Interpretations Committee
IFRS	=	International Financial Reporting Standards
Invest.	=	investiertes
IOSCO	=	International Organization of Securities Commissions
IRZ	=	Zeitschrift für Internationale Rechnungslegung
Jg.	=	Jahrgang
Kalk.	=	kalkulatorische
KoR	=	Kapitalmarktorientierte Rechnungslegung (Zeitschrift)
Krp	=	Kostenrechnungspraxis (Zeitschrift)
KW	=	Kapitalwert
MCCM	=	Modified Completed Contract-Methode
MDAX.	=	Mid-Cap-DAX
MVA	=	Market Value Added
MW	=	Marktwert
n.F.	=	neue Fassung
No.	=	numero
NOPAT	=	Net Operating Profit after Taxes

NPV	=	Net Present Value
OCI	=	Other Comprehensive Income
ÖG	=	ökonomischer Gewinn
o.V.	=	ohne Verfasser
PiR	=	Praxis der internationalen Rechnungslegung (Zeitschrift)
PoCM	=	Percentage of Completion-Methode
real.	=	realisierter
rEK	=	Eigenkapitalzinssatz
rEKvSt	=	Vorsteuer-Eigenkapitalzinssatz
rFK	=	Fremdkapitalzinssatz
RAST	=	Review of Accounting Studies (Zeitschrift)
RG	=	Residualgewinn
RK.	=	Rahmenkonzept
Rm	=	durchschnittliche Rendite des Aktienmarktes
Rn.	=	Randnummer
ROCE	=	Return on Capital Employed
ROI	=	Return on Investment
RONA	=	Return on Net Assets
Rz.	=	Randziffer
s	=	Steuerquote
S.	=	Seite
Sbr	=	Schmalenbach Business Review (Zeitschrift)
SD	=	Staff Draft of Exposure Draft
SEC	=	Securities and Exchange Commission
SFAS	=	Statement of Financial Accounting Standards
SIC	=	Standing Interpretations Committee
SK	=	Selbstkosten
Sp.	=	Spalte
StB	=	Der Steuerberater (Zeitschrift)
StuB	=	Unternehmenssteuern und Bilanzen (Zeitschrift)
t	=	Periode
T	=	Endperiode
Tz.	=	Teilziffer
UW	=	Unternehmenswert
UWLB	=	Unternehmenswert nach Leasingbelastung
VBM	=	Value Based Management
vgl.	=	vergleiche
V_t	=	Kapitalbindung der Periode
VW	=	Vermögenswert
WACC	=	Weighted Average Cost of Capital
WACCvST	=	Vorsteuer-Weighted Average Cost of Capital
WPg	=	Die Wirtschaftsprüfung (Zeitschrift)

zeitl.	=	zeitliche
ZfB	=	Zeitschrift für Betriebswirtschaft
ZfbF	=	Schmalenbachs Zeitschrift für betriebswirtschaftliche Forschung
ZfCM	=	Zeitschrift für Controlling und Management
ZfP	=	Zeitschrift für Planung

Abbildungsverzeichnis

1 Einleitung

1.1 Problemstellung

Die Steigerung des Unternehmenswerts als Zielsetzung der Unternehmung ist in der deutschen und internationalen Unternehmenspraxis sowie in der wissenschaftlichen Diskussion schon seit einigen Jahren von überragender Bedeutung.[1] Es ist davon auszugehen, dass sich daran in absehbarer Zeit nichts ändern und die Maximierung des Marktwertes des Eigenkapitals als Oberziel weiter dominieren wird.[2] Auf einzelne Projekte bezogen bedeutet dies – abstrahiert von Synergieeffekten – dass eine Investition dann mit dem Unternehmensziel in Einklang steht, wenn sie einen positiven Kapitalwert besitzt.[3]

Im Rahmen der wertorientierten Steuerung nimmt das Residualgewinnkonzept – häufig in Form des Economic Value Added (EVA™) – in Theorie und Praxis eine herausragende Stellung ein.[4] Dies liegt nicht zuletzt daran, dass es als *einheitliches Führungssystem* für mehrere Anwendungsbereiche genutzt werden kann, darunter für die Planung, die Performancemessung und die Managemententlohnung.[5] Zudem handelt es sich beim Kapitalwert, dem eigentlich konzeptionell idealen Maßstab zur Beurteilung von Investitionen, um eine mehrperiodige Größe, die sich für eine jährliche Performancemessung und Managemententlohnung als ungeeignet erweist.[6]

---

1 Vgl. o.V. (1996) S. 481-495, vgl. auch Homburg / Toksal / Gödde (2004) S. 7, vgl. exemplarisch auch Esser (2000) S. 176-187 zum Beispiel Mannesmann, Middelmann (2001) S. 493-508 zum Beispiel ThyssenKrupp und Neubürger (2000) S. 188-196 zum Beispiel Siemens zur Bedeutung des Shareholder Value in der Praxis. Vgl. Fisher (1930) und Modigliani / Miller (1958) zu grundlegenden theoretischen Arbeiten, die die Steigerung des Unternehmenswerts in den Fokus der finanzwirtschaftlichen Diskussion stellen.

2 Vgl. Müller / Hirsch (2005) S. 83-85.

3 Vgl. Laux (2006) S. 49-50 ausführlich zum Kapitalwert.

4 Vgl. Homburg / Toksal / Gödde (2004) S. 9 zur Bedeutung des EVA in der deutschen Unternehmenspraxis, vgl. auch Velthuis / Wesner (2005) S. 15-17. Der Residualgewinn berechnet sich allgemein als Differenz aus Gewinn und Gesamtkapitalkosten. Vgl. dazu Küpper (2001) S. 232-233. Der EVA™ ist ein eingetragenes Warenzeichen der Unternehmensberatung Stern Stewart und Co.

5 Vgl. Behringer / Ottersbach (2001) S. 98, vgl. auch Velthuis / Wesner (2005) S. 17-24 zu den Anwendungsbereichen von Wertbeitragskonzepten.

6 Vgl. Laux (2006) S. 49-50 zum Kapitalwert.

Die vor allem von Unternehmensberatungen propagierte Überlegenheit des EVA gegenüber anderen Instrumenten wird nicht zuletzt mit den in der Literatur vorgeschlagenen Anpassungsmaßnahmen begründet.[7] Diese Modifikationen der Gewinn- und Vermögensbasis der aus dem externen Rechnungswesen gewonnenen Daten werden in der Unternehmenspraxis jedoch i.d.R. höchstens unvollständig durchgeführt.[8] Vor diesem Hintergrund wird in der vorliegenden Arbeit untersucht, welche Aussagekraft und Anreizwirkungen von einem Residualgewinn ausgehen, der auf den Rohdaten der Rechnungslegung basiert. Untersucht werden die beiden für die deutsche Unternehmenspraxis relevantesten Rechnungslegungssysteme, das Regelwerk des Handelsgesetzbuchs (HGB) und die International Financial Reporting Standards (IFRS). Im Fokus der Untersuchung steht die Frage, welches System sich für welche der genannten Anwendungsbereiche besonders gut bzw. weniger gut eignet.

Zu dieser Analyse werden unterschiedliche Kriterien herangezogen, die als Beurteilungsmaßstab fungieren. Dabei wird u.a. auf die Erkenntnisse zurückgegriffen, die in den letzten Jahren mit Hilfe der Prinzipal-Agenten-Theorie gewonnen wurden.[9] In diesem Zusammenhang sind vor allem die Kriterien der Zielkongruenz sowie der Anreizkompatibilität zu nennen, wobei ersteres in dieser Untersuchung eine gewichtige Rolle spielt.[10] Ein weiteres Kriterium zur Beurteilung der Qualität der abgeleiteten Residualgewinne ist die Einhaltung des Kongruenzprinzips, welche Voraussetzung für die Gültigkeit des *Lücke-Theorems* ist, das für die Überleitung des Residualgewinnkonzepts zum Unternehmenswert von elementarer Bedeutung ist.[11] Des Weiteren werden die Kriterien der Entscheidungsverbundenheit sowie der Manipulationsresistenz verwen-

---

7 Vgl. Young / O'Byrne (2001) S. 205-268 stellvertretend für viele zu den empfohlenen Anpassungsmaßnahmen.

8 Vgl. Homburg / Toksal / Gödde (2004) S. 9, vgl. auch exemplarisch Weber / Veit (2004) S. 25 zum Beispiel Daimler Chrysler, vgl. auch Aders / Hebertinger / Wiedemann (2003) S. 360 zu praktischen Implementierungsproblemen im Zusammenhang mit Anpassungsmaßnahmen.

9 Die Prinzipal-Agenten-Theorie unterstellt eine Delegationsbeziehung zwischen einem Auftraggeber und einem Auftragnehmer und versucht Zieldivergenzen zwischen den Akteuren durch Vertragsgestaltung zu lösen. Vgl. dazu Jensen (1983) S. 335, vgl. auch Dierkes / Schäfer (2008) S. 19-27 ausführlich zur Anwendung der Prinzipal-Agenten-Theorie im Controlling, vgl. auch Christensen (2002) Sp. 27-39.

10 Vgl. Crasselt (2003) S. 86-90 zur Abgrenzung zwischen beiden Kriterien, vgl. Laux (2006) S. 67-75 und Laux (2001) S. 115-147 zur Bedingung der Anreizkompatibilität, vgl. Baldenius / Fuhrmann / Reichelstein (1999) S. 54-55 zur Bedingung der Zielkongruenz sowie zur Unterscheidung in schwache und starke Zielkongruenz. Siehe Kapitel 3.2.1 für eine detaillierte Auseinandersetzung mit diesen beiden Kriterien.

11 Vgl. Lücke (1955) S. 310-324 zur Verbindung zwischen Investitions- und Kostenrechnung.

det, zwischen denen ein Zielkonflikt besteht, wie in Kapitel 3.2 näher erläutert wird.

Analysegegenstand sind solche Bilanzpositionen, die im Rahmen der Durchführung von Investitionsprojekten eine besondere Bedeutung besitzen. Grundsätzlich werden die für Geschäftsjahre ab dem 01. Januar 2010 gültigen Rechtsnormen zu Grunde gelegt. Demzufolge werden die HGB-Regelungen *nach* Verabschiedung des Bilanzrechtsmodernisierungsgesetzes (BilMoG) in die Untersuchung einbezogen. Zusätzlich werden einige für die Zukunft erwarteten Änderungen der betrachteten Rechnungslegungssysteme aufgegriffen und konzeptionell eingeordnet.

Aufbauend auf den Ergebnissen der Untersuchung hinsichtlich der Eignung der Regelungen nach HGB und IFRS für die in der Literatur diskutierten Anwendungsbereiche von Residualgewinnen soll eine Aussage darüber getroffen werden, inwieweit eine Verwendung des Residualgewinnkonzepts als *einheitliches Führungssystem* empfehlenswert ist und ob daraus ein Beitrag zur Konvergenz des Rechnungswesen erwachsen kann.[12]

1.2 Stand der wissenschaftlichen Forschung

In der Literatur werden die wertorientierte Unternehmensführung und insbesondere auch das Residualgewinnkonzept seit den Neunzigerjahren verstärkt thematisiert. Zunächst erschienen Standardwerke zum EVA – vorrangig von Unternehmensberatungen, die diesen vermarkteten und gegenüber alternativen Konzepten als überlegen darstellten.[13] Seither wird der EVA sowie der Residualgewinn in seiner allgemeinen Form in der Literatur kontrovers diskutiert. Neben einigen Kritikpunkten, die sich im Laufe der Jahre herauskristallisiert haben, wurden auch theoretische Vorteile aufgezeigt.[14] Als Analyseinstrument zur Beurteilung des Residualgewinnkonzepts hat die Prinzipal-Agenten-Theorie eine überragende Bedeutung erlangt.

---

12 Vgl. Henselmann (2001) S. 159-186 ausführlich zum Beitrag des Residualgewinnkonzepts zur Konvergenz des Rechnungswesens.

13 Als Standardwerke, die im Umfeld von Beratungsunternehmen entstanden sind, seien hier exemplarisch „The Quest for Value“ von Stewart (1991), „The Real Key to Creating Wealth“ von Ehrbar (1998) und „The EVA Challenge“ von Stern / Shiely / Ross (2001) genannt.

14 Einer der Hauptkritikpunkte am EVA ist, dass dieser nicht – wie der Name impliziert – die Wertsteigerung pro Periode angibt. Siehe dazu ausführlich Kapitel 3.2.6. Theoretische Vorteile, die dem EVA oder allgemein dem Residualgewinnkonzept zugeschrieben werden, beziehen sich vor allem auf dessen Überlegenheit bei der zielkongruenten Steuerung von Managemententscheidungen. Vgl. dazu grundlegend Reichelstein (1997) S. 157-180.

Grundlegende Arbeiten, die sich dieses Instruments bedienen, wurden Ende der Neunzigerjahre von Rogerson (1997) und Reichelstein (1997) veröffentlicht.[15] Darauf aufbauend wurden zahlreiche formal-analytische Ansätze entwickelt, die mit Hilfe der Prinzipal-Agenten-Theorie vorrangig das Kriterium der Zielkongruenz – mit unterschiedlichen Schwerpunkten – untersuchen. Baldenius / Fuhrmann / Reichelstein (1999) diskutieren beispielsweise die Zielkongruenz von Residualgewinnen im Zusammenhang mit Immobilienmanagement, Crasselt (2003 und 2004a) und Friedl (2007) betrachten den Einfluss, der von der Existenz von Realoptionen auf eine zielkongruente Steuerung ausgeht.[16] Pfeiffer (2000) weitet die Untersuchung des Zielkongruenz-Kriteriums auf elastische Projekte aus, deren Wachstumsrate vom Investitionsvolumen abhängt.[17] Mohnen (2002 und 2005) gelingt eine Verallgemeinerung der Erkenntnisse von Rogerson (1997) und Reichelstein (1997) auf bis dato nicht untersuchte Projektstrukturen und Mohnen / Bareket (2007) beschäftigen sich mit der Allokation von Residualgewinnen bei Investitionsentscheidungen in einer Situation mit beschränktem Kapital.[18] Allen diesen Arbeiten ist gemeinsam, dass sie sich mit der Suche nach einer möglichst optimalen Allokationsregel im Sinne der Zielkongruenz beschäftigen. Dahlhaus (2009) liefert mit ihrem Werk einen Überblick über verschiedene, im Laufe der Jahre entwickelte Zielkongruenzmodelle, in dem sie die entsprechenden Allokationsregeln formal herleitet und deren Eignung als Anreizsystem herausstellt.[19]

In der Literatur finden sich ebenfalls Beiträge, die die wertorientierte Unternehmensführung im Zusammenhang mit einzelnen Bilanzierungspraktiken diskutieren. Während einige dieser sich auf das wertorientierte Controlling als Ganzes konzentrieren,[20] weisen andere einen konkreten Bezug zum Residualgewinnkonzept und einem oder mehrerer seiner Anwendungsbereiche auf. Pfaff (1998) zeigt die Bedeutung der richtigen Abschreibungs- und Rückstellungsbemessung für zielgerichtete Investitionsentscheidungen auf.[21] Dutta / Reichel-

15 Vgl. Rogerson (1997) und Reichelstein (1997).

16 Vgl. Baldenius / Fuhrmann / Reichelstein (1999), vgl. auch Pfaff (1999) zu einem Kommentar zu genanntem Artikel, vgl. Crasselt (2003), vgl. Crasselt (2004a), vgl. Friedel (2007).

17 Vgl. Pfeiffer (2000).

18 Vgl. Mohnen (2002), vgl. Mohnen (2005), vgl. Mohnen / Bareket (2007), vgl. Rogerson (1997) und Reichelstein (1997).

19 Vgl. Dahlhaus (2009) S. 255-359. Siehe für einen Überblick auch die Dissertationen von Crasselt (2003), Mohnen (2002) und Schabel (2004).

20 Vgl. dazu beispielhaft die Diskussion um die Eignung des IAS 36 für das wertorientierte Controlling, darunter Klingelhöfer (2006) S. 590-597, Olbrich (2006) S. 43-44 und Haaker (2006) S. 687-695, vgl. auch Bartelheimer / Kückelhaus / Wohlthat (2004) S.22-30.

21 Vgl. Pfaff (1998).

stein (2005) thematisieren Wert maximierende Entscheidungsfindung bei langfristigen Fertigungsaufträgen und Leasing.[22] Arnsfeld / Schremper (2005) erörtern Konsequenzen der Regelungen des IFRS 3 für die wertorientierte Unternehmenssteuerung.[23] Velthuis / Wesner / Schabel (2006) beschäftigen sich mit dem Einfluss der Fair Value-Bilanzierung nach IFRS auf den Residualgewinn.[24] Schüler / Herrmann (2006) widmen sich der Barwertkompatibilität von Residualgewinnen im Zusammenhang mit Leasinggeschäften und Baldenius / Reichelstein (2000) sowie Gaber (2002) beleuchten die Anreizwirkungen, die von unterschiedlichen bilanziellen Behandlungen des Vorratsvermögens ausgehen.[25] Während die Mehrzahl der Autoren vorrangig das Kriterium der Zielkongruenz adressiert, nimmt bei anderen das Kongruenzprinzip eine zentrale Rolle ein, so z.B. bei Henselmann (2001), Kahle (2003) und Krotter (2007).[26]

Was bisher in der Literatur jedoch gänzlich fehlt, ist eine systematische und ganzheitliche Beurteilung von aktuell geltenden Bilanzierungspraktiken im Hinblick auf ihre Eignung als Datenbasis für das Residualgewinnkonzept. Insbesondere findet sich keine im Hinblick auf die Bilanzpositionen umfassende Analyse, die zugleich ein Gerüst von Kriterien heranzieht, mit dessen Hilfe eine Beurteilung für alle drei Anwendungsbereiche des Residualgewinnkonzepts (wertorientierte Planung, wertorientierte Performancemessung, wertorientierte Managemententlohnung) gelingt. An dieser Forschungslücke setzt die vorliegende Arbeit an.

1.3 Zielsetzung der Arbeit

Das Ziel dieser Arbeit ist es in einem ersten Schritt, die Regelungen des HGB und der IFRS zu einzelnen Bilanzierungssachverhalten im Hinblick auf die Eignung für alle drei Anwendungsbereiche des Residualgewinnkonzepts zu untersuchen. Dies geschieht logisch getrennt nach den unterschiedlichen in Kapitel 3.2 hergeleiteten Beurteilungskriterien, im Einzelnen der Einhaltung des Kongruenzprinzips, der Manipulationsresistenz, der sachlichen und zeitlichen Entscheidungsverbundenheit sowie der Zielkongruenz. In einem zweiten Schritt gilt es, die beiden im Fokus stehenden Rechnungslegungssysteme dann in ihrer Gesamtheit hinsichtlich der von ihnen ausgehenden Wirkungen auf den Einsatz von Residualgewinnen zu würdigen.

---

22 Vgl. Dutta / Reichelstein (2005).
23 Vgl. Arnsfeld / Schremper (2005).
24 Vgl. Velthuis / Wesner / Schabel (2006).
25 Vgl. Schüler / Herrmann (2006), vgl. Baldenius / Reichelstein (2000), vgl. Gaber (2002).
26 Vgl. Henselmann (2001), vgl. Kahle (2003), vgl. Krotter (2007).

Aufbauend auf der grundlegenden Fragestellung, inwieweit sich die Systeme nach HGB und IFRS als Datenbasis für das Residualgewinnkonzept eignen, werden im Laufe der Arbeit folgende untergeordnete Forschungsfragen diskutiert:

- Empfiehlt sich die Verwendung des Residualgewinnkonzepts als *einheitliches Führungssystem* im Rahmen des HGB bzw. der IFRS?
- Welchen Beitrag kann ein Residualgewinnkonzept auf Basis der beiden betrachteten Rechnungslegungssysteme zur Konvergenz des Rechnungswesens liefern?
- Ist die Erfüllung des *Matching Principle* durch die Rechnungslegung geeignet zur zielgerichteten Unterstützung einer wertorientierten Performancemessung respektive Managemententlohnung?
- Gelingt mit Hilfe der Fair Value-Bilanzierung eine bessere Erfüllung der zur Beurteilung der wertorientierten Performancemessung respektive Managemententlohnung herangezogenen Kriterien als durch eine Bilanzierung auf Basis historischer Kosten?

1.4 Gang der Arbeit und Forschungsmethodik

Der Hauptteil der Arbeit gliedert sich in die folgenden vier Kapitel:

- Grundlagen (Kapitel 2)
- Konzeption, Anwendungsbereiche und Beurteilungskriterien des Residualgewinnkonzepts (Kapitel 3)
- Beurteilung der Behandlung *einzelner Bilanzpositionen* anhand geeigneter *Kriterien* im Hinblick auf die Eignung für das Residualgewinnkonzept (Kapitel 4)
- Beurteilung der *Gesamtheit* der untersuchten Bilanzierungsregelungen nach HGB und IFRS für die *Anwendungsbereiche* des Residualgewinnkonzepts (Kapitel 5).

In Kapitel 2 wird zunächst der theoretische Rahmen abgesteckt, in dem sich die Arbeit bewegt. Wichtige Grundlagen werden behandelt, um dem Leser das Verständnis der späteren Kapitel zu erleichtern. So erfolgt im ersten Teil des Kapitels eine Einordnung der behandelten Aufgabenstellung in das Themenfeld der wertorientierten Unternehmensführung. Der zweite Teil des Kapitels zeigt auf, wie Rechnungslegungssysteme grundsätzlich charakterisiert und in ein Raster eingeordnet werden können. Ausgehend von diesen theoretischen Überlegungen werden die beiden Rechnungslegungssysteme, die für den deutschsprachigen Raum vorrangig von Relevanz sind (HGB und IFRS), analysiert. Zudem wird ihre jeweilige Bedeutung für die deutsche Unternehmenspraxis herausgestellt. Der dritte Teil des Kapitels widmet sich der Zusammenführung von externer und interner Unternehmensrechnung. Es werden Unterschiede sowie Gemeinsamkeiten der beiden Bereiche herausgearbeitet. Gemeinsamkeiten werden daraufhin ausgelotet, ob sie Chancen für eine Konvergenz darstellen könnten.

Kapitel 3 thematisiert das Residualgewinnkonzept, welches im Fokus dieser Arbeit steht. Um einen Maßstab für die Bewertung von Residualgewinnen in den Folgekapiteln zu besitzen, werden unterschiedliche Kriterien zur Evaluierung diskutiert und für die Arbeit als besonders wichtig erachtete ausgewählt. Diese werden theoretisch fundiert hergeleitet und es wird darauf eingegangen, wie sie mit den Hauptanwendungsbereichen des Residualgewinns (Planung, Performancemessung und Managemententlohnung) in Verbindung stehen. Bezüglich der Forschungsmethode wird in diesem Kapitel grundsätzlich einer sachlich-analytischen Vorgehensweise gefolgt. Diese wird durch die formal-analytische Herleitung einzelner Konzepte ergänzt.

Kapitel 4 und 5 bilden den Kern der Arbeit. Nach der Etablierung einer ersten Erwartungshaltung, inwiefern sich das Zahlenwerk aus den jeweiligen Rechnungslegungssystemen als Basis für die Berechnung eines Residualgewinns eignen könnte, wird ebendiese Eignung anschließend konkret an den in Kapitel 3 hergeleiteten Kriterien untersucht. Bilanzierungssachverhalte, die auf Grund ihrer unterschiedlichen Behandlung nach HGB respektive IFRS einer detaillierten Untersuchung unterzogen werden, sind das Sachanlagevermögen, die langfristige Auftragsfertigung, Rückstellungen sowie Leasinggeschäfte. Ausgehend von den einzelnen Regelungen zu den angesprochenen Bilanzierungsthemen sowie deren Auswirkungen auf die Aussagefähigkeit und Anreizwirkung eines auf Basis von Rechnungslegungsdaten berechneten Residualgewinns (Kapitel 4), erfolgt eine Beurteilung der *Gesamtheit* der Regelungen der beiden ausgewählten Rechnungslegungskonzeptionen (Kapitel 5). Kapitel 4 und 5 bedienen sich methodisch im Wesentlichen des Instruments der Szenarioanalyse[27], mit dessen Hilfe deskriptive und explorative Aussagen abgeleitet werden. Diese werden zusätzlich quantitativ verdichtet, um relative Schlüsse zu ermöglichen.

Durch die Verwendung des beschriebenen methodischen Vorgehens besitzt die Arbeit den Anspruch, sowohl einen Beitrag zur positiven als auch zur normativen Wissenschaft im Bereich der Betriebswirtschaft zu leisten.

---

27 Laut Kahn / Wiener (1967) S. 6 sind Szenarien „hypothetische Folgen von Ereignissen, die konstruiert werden, um die Aufmerksamkeit auf kausale Prozesse und Entscheidungspunkte zu lenken." Auch im Laufe dieser Untersuchung sollen die verwendeten Szenarien vor allem dazu dienen, Wechselwirkungen zwischen einzelnen Variablen zu identifizieren und deren Ausmaß zu quantifizieren. Vgl. Götze (1993) S. 71-78 und Gausemeier / Fink / Schlake (1996) S. 91-92 ausführlich zur Szenarioanalyse.

2 Grundlagen

2.1 Wertorientierte Unternehmensführung und Kennzahlen

2.1.1 Wertorientierte Unternehmensführung

2.1.1.1 Marktwertmaximierung als Oberziel der Unternehmung

Dieser Arbeit liegt die Annahme zu Grunde, dass das Oberziel einer Unternehmung in der Steigerung des Marktwertes des Eigenkapitals, also dem sogenannten Shareholder Value liegt.[28] Das Ziel einer möglichst hohen Verzinsung der investierten Mittel der Aktionäre lässt sich damit begründen,[29] dass die Interessen der Aktionäre als Eigentümer der Unternehmung vordergründig Berücksichtigung finden sollten.[30]

Die Orientierung am Unternehmenswert wurde durch eine Reihe von Veränderungen in den letzten Jahrzehnten begünstigt, darunter vor allem die Globalisierung und Deregulierung von Kapitalmärkten.[31] Weitere ursächliche Entwicklungen sind das Ende der Devisenbewirtschaftung, Fortschritte in der Informationstechnologie, Verbesserung der Kapitalmarktregulierung sowie die gestiegene Bedeutung institutioneller Investoren. Die zunehmende gezielte Ausrichtung periodischer Erfolgsgrößen auf die Steigerung des Unternehmenswertes geht darüber hinaus einerseits auf die umfassende Kritik an rein gewinnorientierten Performancegrößen zurück und basiert andererseits auf der Möglichkeit, mit Hilfe dieser neu entwickelten wertorientierten Größen Anreizsysteme strategisch und langfristig auszugestalten.[32] Das Residualgewinnkonzept besitzt den Charme, dass die Maximierung der periodischen Größen unter bestimmten Voraussetzungen zu einer Maximierung des Kapitalwerts führt.[33]

---

28 Der Begriff Shareholder Value findet sich bereits bei Fruhan (1979) S. 11-13. Seine zunehmende und darüber hinaus sehr rasche Verbreitung in Literatur und Praxis ist einerseits auf Professoren amerikanischer Business Schools, darunter Alfred Rappaport und Tom Copeland, zurückzuführen, die das Bewusstsein dafür schafften, dass der Unternehmenswert bei Managemententscheidungen stets berücksichtigt werden sollte. Andererseits haben Beratungsunternehmen (u.a. Marakon Associates, Stern Stewart, HOLT Planning Associates, The Alcar Group, CMA, The Boston Consulting Group und McKinsey) Instrumente und Konzepte entwickelt, die auf die Steigerung des Unternehmenswertes ausgerichtet sind. Vgl. hierzu Günther (2002) Sp. 2658.

29 Vgl. Middelmann (2000) S. 323 zur Zielsetzung der Aktionäre.

30 Vgl. Copeland / Koller / Murrin (2002) S. 27-28.

31 Vgl. hierzu und im Folgenden Young / O'Byrne (2001) S. 5-8.

32 Vgl. Günther (2002) Sp. 2659-2660.

33 Siehe dazu Kapitel 3.1.2 zum Lücke-Theorem.

Häufig wird argumentiert, dass eine Shareholder Value-Orientierung die Interessen einzelner Stakeholder vernachlässigt. Eine wertorientierte Steuerung führt indes i.d.R. zumindest zu einer impliziten Berücksichtigung von Stakeholder-Interessen.[34] So lässt sich feststellen, dass qualitativ hochwertige Produkte und Leistungen, die Fähigkeit geschultes und kompetentes Personal zu beschäftigen sowie eine gelebte Verantwortung für Gesellschaft und Umwelt allesamt Merkmale sind, die vor allem auf Unternehmen zutreffen, die in Bezug auf die Wertsteigerung besonders erfolgreich sind.

Die zunehmende Verbreitung der Unternehmenswertsteigerung als übergeordnete Zielsetzung in privatwirtschaftlichen Unternehmen lässt sich auch empirisch nachweisen. So verfolgten nach einer Studie von Pellens / Tomaszewski / Weber aus dem Jahr 2000 56% der DAX und MDAX Unternehmen die Steigerung des Unternehmenswertes als vordergründige Zielsetzung.[35] Betrachtet man lediglich die DAX-Unternehmen, so waren es gar 80%. Dass die Tendenz steigend ist, zeigt eine Untersuchung von Weber im Jahr 2009, in der bereits 90% der DAX Unternehmen sich der Werststeigerung verpflichtet fühlten.[36] Eine unter den größten europäischen Volkswirtschaften durchgeführte Umfrage von Horváth / Minning im Jahr 2001 ergab, dass 74% der befragten Unternehmen in Großbritannien, Italien, Frankreich und Deutschland sich die Steigerung des Unternehmenswertes zum Ziel gesetzt haben, was dessen internationale Vorherrschaft illustriert.[37]

Gemessen wird der Unternehmenswert i.d.R. mit Hilfe von *Discounted Cash Flow (DCF)-Verfahren.*[38] Grundsätzlich lassen sich *Equity Approach* sowie *Entity Approach* unterscheiden.[39] Der *Equity Approach* fordert die Abzinsung der Erwartungswerte der Zahlungen an die Eigentümer mit einem risikoangepassten Zinsfuß und entspricht somit dem Ertragswertverfahren. Beim *Entity Approach* hingegen wird zunächst der Wert des Gesamtkapitals bestimmt. Erst durch Abzug des Fremdkapitals gelangt man zum Marktwert des Eigenkapitals. Innerhalb des *Entity Approach* lassen sich der *Weighted Average Cost of Capital* (*WACC*)-Ansatz, der auf Basis gewichteter Kapitalkosten ermittelt wird und der *Adjusted Present Value* (*APV*)-Ansatz unterscheiden, wobei ersterer sich auf Basis von Free Cashflows oder Total Cashflows ermitteln lässt. Beim *WACC*-Ansatz auf Basis von Free Cashflows werden die an die Eigen- und

34 Vgl. hierzu und im Folgenden Young / O'Byrne (2001) S. 13-18.
35 Vgl. hierzu und im Folgenden Pellens / Tomaszewski / Weber (2000) S. 1825-1833.
36 Vgl. Weber (2009) S. 298.
37 Vgl. Horváth / Minning (2001) S. 273-282.
38 Vgl. Rappaport (1999) S. 39.
39 Vgl. hierzu und im Folgenden Hachmeister (2000) S. 91-139 und Drukarczyk (2001) S. 204-308 zu den unterschiedlichen DCF-Verfahren.

Fremdkapitalgeber erwartungsgemäß fließenden Zahlungen ohne den Steuervorteil aus der Fremdfinanzierung berechnet. Dieser wird im *WACC* berücksichtigt und mindert diesen folgerichtig. Findet der *WACC*-Ansatz auf Grundlage von Total Cashflows Anwendung, so ist der Steuervorteil nicht im *WACC*, sondern in der Cashflow-Größe des Nenners enthalten. Im Unterschied zu diesem Vorgehen separiert das *APV*-Verfahren die Steuervorteile aus der Verschuldung von den an die Eigentümer fließenden abgezinsten Cashflows. Im ersten Schritt werden Cashflows unter der Fiktion reiner Eigenfinanzierung ermittelt und mit dem risikoangepassten Zinssatz der Eigenkapitalgeber diskontiert. Der Barwert des Steuervorteils aus der Fremdfinanzierung wird dann hinzugerechnet.

Festzuhalten bleibt, dass die *DCF-Methode* als konzeptioneller Rahmen für Entscheidungen im Unternehmen von überragender Bedeutung ist. Allerdings bedarf es weiterer Instrumente, um den Shareholder Value-Gedanken in das tägliche Unternehmensgeschehen zu integrieren und alle wesentlichen Aufgabenstellungen im Rahmen der wertorientierten Unternehmensführung zu adressieren. Auf diese wird im Folgenden eingegangen.

2.1.1.2 Aufgaben einer wertorientierten Unternehmensführung

Die Hauptaufgabe einer wertorientierten Unternehmensführung ist die Ausrichtung sämtlicher Aktivitäten eines Unternehmens auf die Steigerung des Marktwertes des Eigenkapitals.[40] Aus den Zwecken der externen und internen Unternehmensrechnung lassen sich drei untergeordnete Aufgabengebiete für die wertorientierte Unternehmensführung ableiten. Aus der externen Unternehmensrechnung folgt die Aufgabe der Kapitalmarktkommunikation.[41] Wertorientierte Kenngrößen werden entweder pflichtmäßig oder freiwillig veröffentlicht. Aus der internen Unternehmensrechnung folgen einerseits die Aufgabe der wertorientierten Planung und andererseits die Aufgabe der wertorientierten Steuerung. Diese beiden letztgenannten Aspekte stehen im Fokus der vorliegenden Arbeit.

Während sich die wertorientierte Planung auf Investitionsvorhaben, strategische Geschäftsfelder sowie auf die Bewertung von Unternehmen oder Unternehmensteilen als Basis für Akquisitions- und Desinvestitionsentscheidungen bezieht, konkretisiert sich die Aufgabe der wertorientierten Steuerung im Design und der konkreten Ausgestaltung von Kontroll- und Anreizsystemen.[42] In diesem Zu-

40 Vgl. hierzu und im Folgenden Schabel (2004) S. 9-10.

41 Vgl. Middelmann (2001) S. 498-499 zum Value Reporting.

42 Vgl. hierzu und im Folgenden Schabel (2004) S. 9-10, vgl. auch Coenenberg / Schultze (2003) S. 119-141 und Weber (2000) S. 472 ausführlich zur Unternehmensbewertung mit Hilfe von Residualgewinnen.

sammenhang werden regelmäßig die Kriterien der Zielkongruenz und Anreizkompatibilität diskutiert, die in Kapitel 3.2 näher beleuchtet werden.

Die große Bedeutung des Themenkomplexes der wertorientierten Steuerung resultiert primär aus der Trennung von Eigentum und Management, welche vor allem folgende drei Gründe hat:[43] Der Erfolg eines Unternehmens ist einerseits abhängig von Personen, die in der Lage sind, einen Betrieb zu führen und andererseits von Personen, die über das notwendige Kapital verfügen. Daher sollte eine Kooperation dieser beiden Gruppen angestrebt werden (Kapitalargument). Es kann sinnvoll sein, das unternehmerische Risiko an den Faktor Kapital weiterzugeben, da Investoren durch Diversifikation die Möglichkeit besitzen, unsystematische Risiken zu eliminieren (Risikoargument). Zudem besitzen Manager häufig branchen- oder industriespezifisches Know How, über das Investoren nicht verfügen und kennen darüber hinaus das Unternehmen wesentlich besser als Letztere (Informationsargument).

Dieser Informationsvorsprung kann bei Zieldivergenz zwischen Manager (Agent) und Anteilseigner (Prinzipal) – etwa bei Entscheidungen bezüglich des Ressourceneinsatzes und der Durchführung von Projekten durch den Agenten – zu Handlungen zu Lasten des Prinzipals führen.[44] Auf Grund des annahmegemäß schlechteren Informationsstands des Prinzipals und der mangelnden praktischen Durchführbarkeit unterliegen die Entscheidungen und Handlungen des Managements häufig keiner Kontrolle im engeren Sinne.[45] Um eine Steuerung im Sinne der Eigentümer dennoch zu ermöglichen werden geeignete Instrumente zur wertorientierten Unternehmensführung benötigt. Auf diese wird im Folgenden eingegangen.

2.1.2 Kennzahlen als Instrument einer wertorientierten Unternehmensführung

2.1.2.1 Begriffsbestimmung Kennzahl und wertorientierte Kennzahl

Das dominierende Instrument im wertorientierten Management, welches die zuvor beschriebenen Aufgaben adressiert, sind wertorientierte Kennzahlen.[46] Allgemein stellen Kennzahlen zahlenmäßig abbildbare Vorgänge in komprimierter Form dar.[47] Sie besitzen die Eigenschaft unübersichtliche Sachverhalte zu einem

---

43 Vgl. Spremann (1990) S. 602-611.

44 Vgl. hierzu und im Folgenden Jensen (1986) S. 323-329.

45 Vgl. hierzu auch Hebertinger (2002) S. 24, der eine vollständige Kontrolle weder für durchführbar noch für ökonomisch sinnvoll hält.

46 Vgl. Schabel (2004) S. 10.

47 Vgl. hierzu und im Folgenden Welge / Holtbrügge (1998) S. 230, vgl. auch Reichmann (2006) S. 18-19.

Wert zu verdichten. Technisch entstehen Kennzahlen durch Aggregation von Ergebnissen unterschiedlicher Aktivitäten.[48] Sie gehören zu den übergreifenden Koordinationssystemen des Controllings, welche zur Koordination zwischen den Führungsteilsystemen in einem Unternehmen dienen.[49] In dieser Arbeit werden Kennzahlen als wertorientiert bezeichnet, sofern sie einen direkten oder indirekten Bezug zum geschaffenen Unternehmenswert aufweisen.

Kennzahlen besitzen zwei grundlegende Funktionen, die Entscheidungsfunktion und die Verhaltenssteuerungsfunktion.[50] Die Entscheidungsfunktion besagt, dass die Auswirkungen von Entscheidungen mit Hilfe von Kennzahlen abgeschätzt werden können. Damit besteht ein Bezug zur Planung. Die Verhaltenssteuerungsfunktion zeigt sich darin, dass Handlungen dezentraler Entscheidungsträger innerhalb einer Unternehmung durch Kennzahlen beurteilt werden können (Bezug zur Performancemessung und Managemententlohnung). In dieser Arbeit wird daher die Auffassung vertreten, dass das Instrumentarium der Kennzahlen grundsätzlich für die in Kapitel 2.1.1.2 skizzierten Aufgaben der wertorientierten Unternehmensführung geeignet ist.

2.1.2.2 Kategorisierung wertorientierter Kennzahlen

Dieses Kapitel gibt einen Überblick über in der Theorie diskutierte und in der Praxis verwendete wertorientierte Kennzahlen und ordnet diese in Kategorien ein. Kennzahlen lassen sich nach unterschiedlichen Merkmalen klassifizieren.[51] Zum einen spielen methodische Aspekte eine Rolle. So lassen sich grundsätzlich absolute und relative Kennzahlen unterscheiden. Relative Kennzahlen können dabei wiederum in drei Unterkategorien eingeteilt werden: Gliederungszahlen, Indexzahlen und Beziehungszahlen. Gliederungszahlen setzen Teilgrößen zu einer übergeordneten Gesamtgröße in Beziehung. Indexzahlen berechnen sich als Quotient zweier absoluter Zahlen der gleichen Art mit Bezug zu unterschiedlichen Zeitpunkten. Beziehungszahlen setzen zwei verschiedenartige Zahlen in Verbindung, die einen sinnvollen Bezug zueinander aufweisen.

Es gibt eine Reihe weiterer möglicher Unterscheidungskriterien. Kenngrößen können sich entweder auf einen Zeitpunkt oder auf einen Zeitraum beziehen (Unterschied in Bezug auf die zeitliche Struktur). Sie stammen aus unterschiedlichen Datenquellen. Entweder basieren sie auf Input- oder auf Outputdaten oder

---

48 Vgl. Ewert / Wagenhofer (2005) S. 525.

49 Vgl. Küpper (2001) S. 312-314, vgl. auch Küpper (2001) S. 15, der zwischen den Führungsteilsystemen Planung, Kontrolle, Informationssystem, Organisation und Personalführung differenziert.

50 Vgl. hierzu und im Folgenden Ewert / Wagenhofer (2005) S. 526.

51 Vgl. hierzu und im Folgenden Dellmann (2002) S. 942-943.

aber sie verbinden beide (Unterscheidung in Bezug auf die produktive Struktur). Nach der Fristigkeit differenziert man zwischen operativen und strategischen Kennzahlen. Eine Kennzahl kann sich darüber hinaus entweder auf das Unternehmen als Ganzes beziehen oder lediglich auf Teilbereiche (Unterscheidung nach dem Aggregationsgrad). In der vorliegenden Untersuchung werden vorwiegend solche Kennzahlen betrachtet, die sich auf das Unternehmen als Ganzes beziehen, was nicht ausschließt, dass sich diese Kennzahlen auch für Teilbereiche berechnen lassen. Nicht betrachtet werden insbesondere phasenspezifische Größen.[52]

Eine letzte Unterscheidung, die im Speziellen für wertorientierte Kennzahlen von Bedeutung ist, betrifft die Ermittlungsbasis.[53] So knüpfen die untersuchten Kennzahlen entweder an Cashflows oder Ergebnisgrößen an.[54] Cashflows sind ex post beobachtbar. Sie fallen häufig zeitlich getrennt von dem ihnen zu Grunde liegenden Geschäftsvorfall an. Ergebnisgrößen beruhen auf Regeln, die eine Zuordnung zu einzelnen Perioden festlegen.

Ausgehend von der Unterscheidung zwischen relativen und absoluten Kenngrößen lassen sich wertorientierte Kennzahlen entweder als Rentabilitätskennzahlen oder als Wertbeitragskennzahlen charakterisieren. Rentabilitätskennzahlen werden als Quotient einer Erfolgsgröße und dem eingesetzten Kapital gebildet. Sie erlauben Aussagen über die Wertsteigerung, wenn sie mit dem Kapitalkostensatz des eingesetzten Kapitals verglichen werden. Wertbeitragskennzahlen ziehen vom absoluten Erfolg einer Periode die Kapitalkosten ab. Im Gegensatz zu Rentabilitätskennzahlen variieren sie naturgemäß mit der Größe des betrachteten Unternehmens.

Rentabilitätskennzahlen, die eine Ergebnisgröße im Nenner haben, sind z.B. der Return on Investment (ROI), der Return on Net Assets (RONA) und der Return on Capital Employed (ROCE). Eine Cashflow-Größe verwendet hingegen der Cashflow Return on Investment (CFROI).[55] Als Wertbeitrag unter Verwendung einer Ergebnisgröße erfreut sich der EVA großer Beliebtheit. Sein Pendant ist

---

52 Mit phasenspezifischen Größen sind in diesem Zusammenhang Kenngrößen gemeint, die sich lediglich auf einzelne Phasen des unternehmerischen Wertschöpfungsprozesses beziehen.

53 Vgl. hierzu und im Folgenden Ewert / Wagenhofer (2005) S. 529-530.

54 Vgl. Schmidbauer (1999) S. 365-377 für einen Vergleich zwischen EVA und CFROI hinsichtlich der Anwendbarkeit im Konzerncontrolling.

55 Es sei jedoch an dieser Stelle darauf hingewiesen, dass es sich dabei nicht um eine Cashflow-Größe in seiner Reinform handelt. Vielmehr erfolgt die Berechnung des CFROI unter Abzug einer ökonomischen Abschreibung. Vgl. dazu Crasselt / Pellens / Schremper (2000b) S. 205-206.

der Cash Value Added (CVA), der wie der Name schon besagt, von einer Cashflow-Basis ausgeht, von welcher die Kapitalkosten subtrahiert werden.[56]

Aus empirischen Untersuchungen geht hervor, dass in der Praxis tendenziell Kennzahlen, die Ergebnisgrößen enthalten, Cashflowkennzahlen vorgezogen werden, sofern es sich um Istgrößen (und nicht um Planzahlen) handelt.[57] Ein Erklärungsansatz dafür ist, dass Ergebnisdaten aus dem Jahresabschluss ohnehin zur Verfügung stehen.[58] In diesem Zusammenhang gewinnt die Frage nach einer Konvergenz des Rechnungswesens an Bedeutung.[59]

2.2 Rechnungslegungssysteme

2.2.1 Begriff und Abgrenzungskriterien von Rechnungslegungssystemen

Der Begriff Rechnungslegungssystem bezieht sich auf die Gesamtheit aller Regeln nach denen die Rechnungslegung zu erfolgen hat.[60] Die Rechnungslegung besteht dabei in der periodenbezogenen, zahlenmäßigen Abbildung des wirtschaftlichen Unternehmensgeschehens. Als wesentliche Bestandteile der Rechnungslegung sind Bilanz, Gewinn- und Verlustrechnung (GuV), Kapitalflussrechnung und Anhang zu nennen.

Zur Charakterisierung von Rechnungslegungssystemen können verschiedene Abgrenzungskriterien zu Grunde gelegt werden. In Anlehnung an Pellens (2007) sind dies Rechnungslegungszwecke, Adressatenkreis, Entstehung und Systematik, Definition der rechnungslegenden Einheit, Bilanzansatz- und Bewertungskonzeption sowie Bestandteile, Detaillierungsgrad und Veröffentlichungspflicht. Anhand dieser Kriterien werden die für die vorliegende Arbeit relevanten Systeme der Rechnungslegung, im Einzelnen die Rechnungslegung nach dem HGB und den IFRS, verglichen und analysiert. Zunächst einmal ist jedoch zu klären, welche Bedeutung diese für die deutsche Unternehmenspraxis besitzen.

---

56 Vgl. Crasselt / Pellens / Schremper (2000b) S. 207-208 zu einer Gegenüberstellung von EVA und CVA und Crasselt / Pellens / Schremper (2000a) S. 72-78 zu Gemeinsamkeiten und Unterschieden zwischen ausgewählten wertorientierten Kennzahlen, vgl. dazu auch Coenenberg / Salfeld (2007) S. 262-270, vgl. Happel (2002) S. 275-282 zu einer empirischen Untersuchung zu diesen Konzepten.

57 Vgl. Fischer / Rödl (2005) S. 25, vgl. auch Homburg / Toksal / Gödde (2004) S. 9, vgl. auch Pellens / Rockholtz / Stienemann (1997) S. 1935.

58 Vgl. Schmidbauer (1999) S. 377.

59 Siehe Kapitel 2.3 zur Konvergenzdiskussion im Rechnungswesen.

60 Vgl. hierzu und im Folgenden Pellens (2007) Sp. 1544-1546.

2.2.2 Bedeutung der untersuchten Rechnungslegungssysteme

Die Rechnungslegungssysteme nach HGB und IFRS sind für die deutsche Unternehmenspraxis von großer Bedeutung und stellen zugleich die in der deutschen Literatur meist beachteten und diskutierten Konzeptionen dar.

Das deutsche Handelsrecht nach HGB ist nach wie vor für die Mehrzahl der Einzelabschlüsse maßgeblich.[61] Grundsätzlich sind sämtliche Kaufleute verpflichtet, nach dem dritten Buch des HGB Rechnung zu legen.[62] Schätzungsweise 3 Millionen deutsche Unternehmen bilanzieren nach HGB, womit das HGB – zumindest gemessen an der Anzahl der erstellten Abschlüsse – nach wie vor das dominierende Rechnungslegungssystem in Deutschland darstellt.[63] Zudem streben viele kleinere Unternehmen nach wie vor die Aufstellung einer einheitlichen Handels- und Steuerbilanz an.[64]

Die IFRS-Rechnungslegung hielt in den Neunzigerjahren Einzug in die deutsche Unternehmenspraxis.[65] Im Jahr 1997 wurde Unternehmen des „Neuen Marktes" auf Grund der Natur ihres Geschäfts von der Deutschen Börse AG vorgeschrieben, einen Konzernabschluss nach internationalen Vorschriften (IFRS oder US-GAAP[66]) aufzustellen, um der Informationsfunktion besser Rechnung zu tragen.[67]

Wesentlich für die heutige Bedeutung der IFRS ist die EU-Verordnung Nr. 1606/2002.[68] Artikel 4 dieser Verordnung verpflichtet kapitalmarktorientierte Mutterunternehmen seit 2005, ihren Konzernabschluss in Übereinstimmung mit den Regelungen der IFRS zu erstellen. Eine Kapitalmarktorientierung liegt dann

---

61 Vgl. Küting (2008) S. 4-5.

62 Vgl. Baetge / Kirsch / Thiele (2007) S. 29.

63 Vgl. Küting (2007) S. 14.

64 Vgl. Küting (2008) S. 4. Die Handelsbilanz ist auch nach Verabschiedung des BilMoG weiterhin maßgebend für die Ermittlung des steuerlichen Gewinns. Vgl. dazu §5 Abs. 1 Satz 1 EStG. Die umgekehrte Maßgeblichkeit wurde allerdings abgeschafft. Vgl. Förster / Schmidtmann (2009) S. 1342-1346 ausführlich zur Verbindung von Handels- und Steuerbilanz nach Verabschiedung des BilMoG.

65 U.a. die Bayer AG, die Schering AG und die Heidelberger Zement AG stellten 1994 einen mit den IAS kompatiblen Abschluss auf, um den Anforderungen internationaler Kapitalgeber gerecht zu werden. Dabei wurde versucht mit Hilfe von Wahlrechten einen Abschluss aufzustellen, der sowohl mit dem HGB als auch den IAS kompatibel ist. Vgl. dazu Pellens / Fülbier / Gassen / Sellhorn (2008) S. 46-47.

66 „US-GAAP" steht für United States Generally Accepted Accounting Principles.

67 Der Terminus „Neuer Markt" bezeichnete junge Hightech-Unternehmen, deren unternehmerische Tätigkeit ein besonders hohes Risiko in sich barg. Vgl. dazu Pellens / Fülbier / Gassen / Sellhorn (2008) S. 47.

68 Vgl. hierzu und im Folgenden Pellens / Fülbier / Gassen / Sellhorn (2008) S. 49-50.

vor, wenn die Wertpapiere (Eigenkapital- und / oder Fremdkapitaltitel) eines Unternehmens am Bilanzstichtag in mindestens einem der EU-Mitgliedsstaaten zum Handel in einem geregelten Markt zugelassen sind. Von dieser Regel gab es zwei vorübergehende Ausnahmen: Unternehmen, die nach US-GAAP bilanzierten und daher einen Abschluss nach anderen anerkannten internationalen Rechnungslegungsstandards aufstellten sowie Unternehmen, die lediglich auf Grund der Emission von Fremdkapitaltiteln unter die EU-Verordnung fielen (Artikel 9). Diese Unternehmen konnten bis 2007 auf die Erstellung eines IFRS-Konzernabschlusses verzichten. Weiterhin wird den EU-Mitgliedsstaaten das Recht eingeräumt, die Anwendung der IFRS auf Konzernabschlüsse nichtkapitalmarktorientierter Unternehmen sowie auf Einzelabschlüsse auszudehnen (Artikel 5).

Die Reaktion des deutschen Gesetzgebers auf diese EU-Verordnung war die Verabschiedung des Bilanzrechtsreformgesetzes (BilReG), welches den §315a HGB zur Folge hatte. Dieser Paragraf befreit die von der EU-Verordnung betroffenen Unternehmen im Wesentlichen von den handelsrechtlichen Konzernrechnungslegungspflichten. §315a Abs. 3 HGB erlaubt darüber hinaus nichtkapitalmarktorientierten Unternehmen die Aufstellung eines befreienden IFRS-Einzelabschlusses in Form eines Wahlrechtes. Die Weitergabe dieses sogenannten Mitgliedsstaatenwahlrechts erfolgte nicht nur für Kapitalgesellschaften, sondern auch für bestimmte Personengesellschaften und Einzelkaufleute, falls diese als Mutterunternehmen der Konzernrechnungslegungspflicht unterliegen. Der Geltungsbereich umfasst darüber hinaus auch Kreditinstitute (§340i HGB) – und zwar unabhängig von deren Größe oder Rechtsform.

Außerdem hatte die EU-Verordnung eine Ergänzung des §325 HGB zur Folge, die es Unternehmen erlaubt, an Stelle eines HGB-Einzelabschlusses einen IFRS-Einzelabschluss zu veröffentlichen. Es ist jedoch anzumerken, dass sich die Befreiung nicht auf die Erstellung, sondern nur auf die Offenlegung bezieht. Demzufolge wäre die Erstellung des IFRS-Abschlusses in diesem Falle zusätzlich zum HGB-Abschluss zu verstehen. Diese Möglichkeit besteht sowohl für Kapitalgesellschaften als auch für Nichtkapitalgesellschaften.

Es bleibt festzuhalten, dass auf Grund der erläuterten Verordnungen und Gesetzesänderungen die IFRS eine sehr große Bedeutung besitzen – sowohl in Deutschland als auch in anderen Ländern der Europäischen Union. Schätzungsweise 800 deutsche kapitalmarktorientierte Konzerne müssen seit 2005 ihren Konzernabschluss nach IFRS aufstellen.[69] Die weltweite Bedeutung der IFRS wird darüber hinaus dadurch ersichtlich, dass die International Organization of

69 Vgl. Küting (2008) S. 5.

Securities Commissions (IOSCO) ihren Mitgliedern die Anerkennung der IFRS empfohlen hat.[70]

2.2.3 Vergleich der Rechnungslegungssysteme anhand von Abgrenzungskriterien

2.2.3.1 Rechnungslegungszwecke

Der grundlegende Zweck einer jeden Rechnungslegung ist die Reduktion asymmetrischer Information, also der Abbau des Informationsrückstands, den die übrigen Unternehmensbeteiligten gegenüber der Unternehmensführung naturgemäß besitzen.[71] Dabei können vergangenheitsbezogene Daten sowie Zukunftserwartungen vermittelt werden. Neben der Informationsvermittlung kann die Rechnungslegung auch die Funktion der Einkommensbemessung erfüllen, wenn das Rechnungslegungssystem in das nationale Gesellschafts- oder Steuerrecht eingebettet ist.

Das deutsche Handelsgesetzbuch ist das zentrale Gesetz der Rechnungslegung in Deutschland.[72] Daher muss dieses – und dessen Generalnormen – herangezogen werden, um die Zwecksetzungen der deutschen Rechnungslegung zu deduzieren. Nach §264 Abs. 2 HGB und §297 Abs. 2 HGB kommen sowohl Einzel- als auch Konzernabschluss eine Informationsfunktion zu.[73] Der Jahresabschluss soll ein den tatsächlichen Verhältnissen entsprechendes Bild der Vermögens-, Finanz- und Ertragslage des bilanzierenden Unternehmens vermitteln.

Während der Konzernabschluss nach HGB auf die Informationsfunktion beschränkt ist, verfolgt der Einzelabschluss auch die Zwecksetzung der Einkommensbemessung, die sich in Ausschüttungsbemessung und Steuerbemessung unterteilen lässt.[74] Die Ausschüttungsbemessung gewährleistet einen Gläubiger-

---

70 Vgl. IOSCO (2005). Die IOSCO ist die internationale Vereinigung nationaler Börsenaufsichten. Ihr Ziel ist die Förderung grenzüberschreitender, einheitlicher Börsenzulassungs- und Wertpapierhandelsstandards. Mitglieder sind u.a. die amerikanische Börsenaufsicht, die Securities and Exchange Commission (SEC) und das Bundesaufsichtsamt für den Wertpapierhandel.

71 Vgl. hierzu und im Folgenden Pellens (2007) Sp. 1546-1547, vgl. Baetge / Kirsch / Thiele (2007) S. 103-104 zur Ausschüttungs- und Steuerbemessungsfunktion.

72 Vgl. hierzu und im Folgenden Baetge / Kirsch / Thiele (2007) S. 93-96.

73 Vgl. hierzu und im Folgenden Pellens / Fülbier / Gassen / Sellhorn (2008) S. 12.

74 Vgl. hierzu und im Folgenden Baetge / Kirsch / Thiele (2007) S. 101-103. Die Zwecksetzung der Einkommensbemessung ist im Zuge des BilMoG zu Gunsten der Informationsfunktion faktisch etwas zurückgedrängt worden, sie bleibt aber weiterhin Bestandteil des HGB. Vgl. Rammert / Thies (2009) S. 34-46 zu einer kritischen Auseinandersetzung mit dieser Problematik.

schutz durch Ausschüttungsbeschränkung. Insbesondere soll die Erhaltung des Nominalkapitals die Sicherung des Bestandes des Unternehmens gewährleisten. Über die Maßgeblichkeit nach §5 Abs. 1 S. 1 EStG sind bei der steuerlichen Gewinnermittlung auch die handelsrechtlichen Vorschriften zu beachten. Neben diesen vorrangigen Zwecksetzungen der HGB-Rechnungslegung wird der Jahresabschluss zusätzlich zu Dokumentationszwecken bei Rechtsstreitigkeiten herangezogen.[75] Es können sich daraus auch haftungsrechtliche Konsequenzen für Kapitalgesellschaften ergeben.

Die Zwecksetzungen der IFRS-Rechnungslegung lassen sich im Wesentlichen aus dem Rahmenkonzept entnehmen. Der Hauptzweck der IFRS ist die Vermittlung entscheidungsnützlicher Information.[76] Dieser ist mittlerweile auch in IAS 1.15 kodifiziert und erhält somit eine stärkere Verbindlichkeit, da einzelne Bilanzierungsstandards dem Rahmenkonzept gegenüber vorrangig sind.[77] Mit dem Rechnungszweck der Entscheidungsnützlichkeit werden einerseits ein tatsächliches Bild der Vermögens-, Finanz- und Ertragslage und andererseits eine Darstellung der Lage der Cashflows des Unternehmens angestrebt.[78] Die Vermögenslage wird durch die Aktivseite, die Finanzlage durch die Passivseite der Bilanz, die Ertragslage durch die Gesamterfolgsrechnung und die Lage der Cashflows durch die Kapitalflussrechnung repräsentiert. Durch diese Informationsbereitstellung sollen Adressaten des Jahresabschluss in die Lage versetzt werden, die Fähigkeit des bilanzierenden Unternehmens dahingehend beurteilen zu können, inwieweit es ihm in Zukunft gelingen wird, Zahlungsmittel und Zahlungsmitteläquivalente zu generieren und mit welchen Wahrscheinlichkeiten diese zu welchen Zeitpunkten zu erwarten sind (RK.15).[79]

RK.14 verlangt als zweite Zwecksetzung, dass der IFRS-Abschluss die Beurteilung der Leistung des Managements in der Berichtsperiode ermöglicht. Dieser Zweck ist nachrangig zum zuvor beschriebenen Hauptzweck, indes für die vorliegende Arbeit von nicht geringfügiger Bedeutung.[80] Ausschüttungs- und Steuerbemessung sind im Rahmenkonzept nicht als Zwecksetzungen vorgesehen. Faktisch werden indes durchaus Rechtsfolgen an IFRS-Abschlüsse geknüpft,

---

75 Vgl. hierzu und im Folgenden Pellens / Fülbier / Gassen / Sellhorn (2008) S. 12-13.

76 Vgl. RK.12.

77 Das Rahmenkonzept ist die Deduktionsgrundlage für die einzelnen IFRS-Standards, jedoch ist es kein sogenanntes „Overriding Principle". Vgl. dazu Gassen / Fischkin / Hill (2008) S. 32-33.

78 Vgl. hierzu und im Folgenden Pellens / Fülbier / Gassen / Sellhorn (2008) S. 112-113.

79 Vgl. Baetge / Lienau (2005) S. 68.

80 Vgl. hierzu und im Folgenden Pellens / Fülbier / Gassen / Sellhorn (2008) S. 113.

dabei kann es sich beispielsweise um die Bemessung von Dividendenzahlungen am Konzernabschluss handeln.[81]

2.2.3.2 Adressatenkreis

Eng mit den Zwecksetzungen verbunden ist der mit der Rechnungslegung angesprochene Adressatenkreis. Grundsätzlich gilt, dass ein größerer Adressatenkreis auch umfassendere Informationsbedürfnisse nach sich zieht.[82] Unterschiedliche Adressaten bergen auch die Gefahr von Zielkonflikten, denen durch die Gewährung von Wahlrechten – mit den daraus resultierenden Erweiterungen der Möglichkeiten der Bilanzpolitik – entsprochen werden kann. Eine Konzentration auf eine singuläre Adressatengruppe besitzt hingegen den Vorteil, dass eindeutige Regeln zur Anwendung kommen können und – damit verbunden – den Adressaten weniger Gestaltungsspielraum zugestanden werden muss.

Rein formal betrachtet gehen beide Rechnungslegungssysteme zunächst einmal von einem weit gefassten Adressatenkreis aus. Die IFRS nennen u.a. gegenwärtige und potenzielle Investoren, Arbeitnehmer, Kreditgeber, Lieferanten, Kunden, staatliche Einrichtungen sowie auch die Öffentlichkeit (RK.9). Das Problem der Interessenheterogenität wird allerdings umgangen, indem die Annahme getroffen wird, dass die Informationsbedürfnisse von Investoren einerseits sehr umfassend und andererseits repräsentativ für die Interessen der anderen Stakeholder sind. Die Entscheidungsnützlichkeit von Informationen wird demzufolge auf die Investoren ausgerichtet (RK.10).

Das HGB richtet sich nicht an einer singulären Stakeholder-Gruppe aus, sondern strebt einen Interessenausgleich zwischen verschiedenen Adressaten an, darunter die Ersteller des Jahresabschlusses selbst, die Gesellschafter, Gläubiger und Arbeitnehmer.[83] Der wesentliche Zielkonflikt besteht zwischen den Gesellschaftern, die im Zweifel eine hohe Ausschüttung und einen Ausweis von realisierten und realisierbaren Gewinnen befürworten und den Gläubigern, die besonders die Kapitalerhaltung als wichtig erachten und dafür i.d.R. eine restriktive Ermittlung der Gewinngröße akzeptieren.[84] Im Großen und Ganzen ist eine Dominanz des Vorsichtsprinzips innerhalb der *Grundsätze ordnungsgemäßer*

81 Vgl. Pellens / Crasselt / Sellhorn (2009) S. 102-113 ausführlich für Mechanismen des Corporate Governance-Systems, die an die IFRS gebunden sind. Als weitere Beispiele nennen die Autoren die Höhe der Eigenkapitalhinterlegung bei Banken und Zahlungen auf Grund von rechnungswesenbasierten Vergütungssystemen für Vorstände und Aufsichtsräte.

82 Vgl. hierzu und im Folgenden Pellens (2007) Sp. 1547.

83 Vgl. Baetge / Kirsch / Thiele (2007) S. 104.

84 Vgl. Pellens (2007) Sp. 1547.

Buchführung (*GoB*) sowie der Einkommensbemessungsfunktion zu attestieren.[85] Daher kann geschlussfolgert werden, dass die Gläubigerschutzinteressen die Eigentümerinteressen dominieren. Allerdings gab es durch die Verabschiedung des BilMoG eine leichte Verschiebung hin zur Informationsfunktion und damit in Richtung der Eigentümerinteressen.[86]

2.2.3.3 Entstehung und Systematik

Die Entstehung und Systematik von Rechnungslegungssystemen ist in starkem Maße von nationalen Rechtstraditionen geprägt.[87] Dabei lassen sich das *Code Law-System* und das *Common Law-System* unterscheiden. Das *Code Law-System*, das u.a. dem deutschen, französischen und japanischen Recht zu Grunde liegt, ist durch relativ abstrakte Gesetzesvorschriften charakterisiert, die auch auf nicht explizit angesprochene Spezialfälle Anwendung finden. Der Vorteil liegt in einem relativ kompakten Recht, wie sich am Beispiel des HGB zeigt. Allerdings hat sich zur Auslegung der darin kodifizierten Regelungen eine nicht unbeträchtliche Kommentarliteratur entwickelt.[88]

Im *Common Law-System*, das in den USA sowie in Großbritannien vorherrscht, gibt es eine Dominanz einzelfallbezogener Regelungen, die jeweils spezifische Sachverhalte adressieren und i.d.R. nicht verallgemeinert werden.[89] Nicht selten setzen Länder mit *Common Law* privatrechtliche Gremien zur Regelung fachlicher Problembereiche ein.

Auch das International Accounting Standards Board (IASB) ist ein solches privatrechtliches Gremium; jedoch handelt es nicht im Auftrag eines bestimmten Landes. Bevor Regelungen der IFRS in der EU bzw. in einzelnen Ländern Anwendung finden, müssen sie ein Genehmigungsverfahren durchlaufen. Die IAS-Verordnung der EU[90] schreibt den sogenannten „Endorsement Mechanism" vor.[91] Neue IFRS-Regelungen können erst nach der Anerkennung durch eine Rechtsverordnung der Europäischen Kommission Rechtsverbindlichkeit erlangen.[92]

---

85 Vgl. hierzu und im Folgenden Hayn / Waldersee (2006) S. 43-45.

86 Vgl. dazu Rammert / Thies (2009) S. 36-37.

87 Vgl. Choi / Meek (2005) S. 56-57.

88 Exemplarisch sei hier auf den Beck'schen Bilanzkommentar und den Kommentar von Adler / Düring / Schmaltz verwiesen.

89 Vgl. hierzu und im Folgenden Pellens (2007) Sp. 1547-1548.

90 Siehe ausführlich Kapitel 2.2.2 zur Bedeutung der untersuchten Rechnungslegungssysteme.

91 Vgl. Art. 3 Abs. 1 der Verordnung (EG) Nr. 1606/2002 des Europäischen Parlaments und des Rates vom 19. Juli 2002.

92 Vgl. Baetge / Kirsch / Thiele (2007) S. 64-67 für Details.

Es lässt sich konstatieren, dass innerhalb eines *Common Law-Systems* schneller und effizienter auf aktuelle Rechnungslegungsfragen reagiert werden kann. Der Nachteil dieser Konzeption ist hingegen in einer unübersichtlichen Ansammlung von Einzelfallregelungen zu sehen.

2.2.3.4 Definition der rechnungslegenden Einheit

Die rechnungslegende Einheit ist gleichzusetzen mit dem Gegenstand der Rechnungslegung und kann entweder nach rechtlichen oder wirtschaftlichen Kriterien abgegrenzt werden.[93] Abhängig von dieser Abgrenzung bezieht sich die rechnungslegende Einheit entweder auf ein Einzelunternehmen (rechtliche Einheit) oder auf alle unter gemeinsamer Kontrolle stehende Unternehmen (wirtschaftliche Einheit).[94] HGB und IFRS besitzen jeweils für Einzel- und Konzernabschluss Geltung, allerdings mit unterschiedlicher Gewichtung.

Nach HGB werden alle natürlichen und juristischen Personen, die unter den Kaufmannsbegriff fallen, als rechnungslegende Einheit angesehen.[95] Rechnungslegungsdaten beziehen sich daher immer auf die Rechtspersonen. Folgerichtig sind alle Geschäftsvorfälle abzubilden, die zwischen dieser Rechtsperson (rechnungslegende Einheit) und der Umwelt stattfinden. Im HGB dominiert der Einzelabschluss rechtlich selbständiger Unternehmen, an den unterschiedliche materielle Rechtsfolgen geknüpft sind – darunter die Höchst- und Mindestausschüttung an die Anteilseigner sowie die Steuerbemessung.[96] In den IFRS hingegen besitzt die Betrachtung der wirtschaftlichen Einheit des Konzerns eine überragende Bedeutung. Die IFRS enthalten lediglich einige wenige Regelungen, die speziell für Einzelgesellschaften und deren spezifische Probleme konzipiert sind.

2.2.3.5 Bilanzansatz- und Bewertungskonzeptionen

Zur Beurteilung der wirtschaftlichen Entwicklung eines Unternehmens über dessen gesamte Lebensdauer müssen sämtliche Zahlungsflüsse zwischen dem Unternehmen und seiner Umwelt erfasst werden.[97] Das Instrument der Rechnungslegung dient dazu, den Gesamterfolg zu periodisieren und somit eine wirtschaft-

---

93 Vgl. Busse von Colbe / Ordelheide / Gebhardt / Pellens (2003) S. 20-22.

94 Vgl. hierzu und im Folgenden Pellens (2007) Sp. 1548-1549. Das HGB folgt dem internationalen Vorbild und stellt nach der Verabschiedung des BilMoG ausschließlich auf das Control-Konzept ab. Das Konzept der einheitlichen Leitung ist nicht mehr im deutschen Handelsrecht kodifiziert. Vgl. dazu Zülch / Hoffmann (2009) S. 746, vgl. auch Schurbohm-Ebneth / Zoeger (2009) S. 53.

95 Vgl. hierzu und im Folgenden Pellens / Fülbier / Gassen / Sellhorn (2008) S. 11.

96 Vgl. hierzu und im Folgenden Pellens (2007) Sp. 1548-1549.

97 Vgl. hierzu und im Folgenden Pellens (2007) Sp. 1549-1551.

liche Bewertung einzelner Perioden vorzunehmen. Dies gelingt durch die Transformation von Zahlungsströmen in Vermögenswerte, Schulden, Erträge und Aufwendungen nach bestimmten Regeln. Das wesentliche Unterscheidungsmerkmal unterschiedlicher Systeme der Rechnungslegung ist das jeweilige Kapitalerhaltungskonzept, welches die Bewertung des Nettovermögens sowie die Gewinnermittlung für die einzelnen Perioden determiniert.

Grundsätzlich gilt es zu unterscheiden, ob das Nettovermögen unter der Annahme der Fortführung oder der Zerschlagung des Unternehmens definiert und bewertet wird. Wird der Zerschlagungsannahme gefolgt, so geschieht eine Bewertung der Vermögenswerte und Schulden zum Liquidationswert am Bilanzstichtag. In der Regel gehen die beiden hier betrachteten Rechnungslegungssysteme von der Fortführungshypothese aus und stellen somit nicht auf Liquidationswerte ab, da diese den Wert des Vermögens für das am Markt operierende Unternehmen regelmäßig unterschätzen würden. Ausgaben für Investitionen werden gewöhnlich gerade deshalb getätigt, da sie zukünftige Rückflüsse erwarten lassen.

Prinzipiell lässt sich das Fortführungsvermögen entweder durch eine Gesamtbewertung oder durch eine Einzelbewertung ermitteln. Eine Gesamtbewertung berücksichtigt Wertkomponenten aus dem Zusammenwirken einzelner Vermögenspositionen und lässt sich durch die Diskontierung zukünftig erwarteter Zahlungsströme berechnen.[98] Das mit diesem Bilanzierungskonzept korrespondierende Periodenergebnis ist der *ökonomische Gewinn.*[99] Die Gesamtbewertung in ihrer reinen Form lässt sich jedoch nur unter Verwendung von Schätzungen durchführen und würde zu einer in starkem Maße entobjektivierten Bilanz führen. Demzufolge folgt keines der beiden betrachteten Rechnungslegungssysteme der Gesamtbewertung in ihrer Reinform. Grundsätzlich wird vielmehr auf die Einzelbewertung identifizierbarer Vermögenswerte und Schulden abgestellt.[100]

---

98 Siehe Kapitel 2.1.1.1 zur Technik von DCF-Verfahren.

99 Vgl. Crasselt (2003) S. 47-50 und Grinyer (1985) S. 133-134 zum ökonomischen Gewinn. Siehe Kapitel 3.2.5 zur Entscheidungsverbundenheit und für Details zum Konzept des ökonomischen Gewinns sowie einem Vergleich mit dem Residualgewinn.

100 Nach deutschem Handelsrecht gilt grundsätzlich das Einzelbewertungsprinzip nach §252 Abs. 1 Nr. 3 HGB. Ausnahmen von diesem Prinzip sind in §240 Abs. 4 HGB, §256 HGB und §240 Abs. 3 HGB zu finden. Bei IFRS ist die Einzelbewertung aus dem Rahmenkonzept sowie aus einzelnen Standards abzuleiten. Abweichungen gibt es im Wesentlichen aus Vereinfachungsgründen bei der Vorratsbewertung, der Forderungsbewertung sowie der Bewertung von Finanzinvestitionen. Vgl. dazu Hayn / Waldersee (2006) S. 78-79.

Das Vollständigkeitsgebot stellt für die betrachteten Rechnungslegungssysteme sicher, dass zumindest alle nach den jeweiligen Regeln als identifizierbar angesehenen Vermögenswerte und Schulden tatsächlich angesetzt werden müssen.[101] Die Einzelbewertung hat im Vergleich zur Gesamtbewertung eine Wertlücke zur Folge, da Werte, die aus der Kombination einzelner Vermögenswerte entstehen, nicht berücksichtigt werden.[102] Diese Lücke entspricht bei reiner Einzelbewertung genau dem Geschäfts- oder Firmenwert. Dieser wird weder in der Rechnungslegung nach HGB noch nach IFRS vollständig in die Bilanz eingestellt. Lediglich bei Unternehmenstransaktionen kann es zur Aktivierung eines derivativen Geschäfts- oder Firmenwertes kommen.[103] Der originäre Teil des Goodwills ist indes nicht aktivierungsfähig.[104] Gerade da durch die Nichtaktivierung des originären Geschäfts- oder Firmenwertes eine Wertlücke in der Bilanz entsteht, sind die Regelungen zu Ansatz und Bewertung der einzelnen Vermögenswerte und Schulden von großer Bedeutung.

Hier bestehen wesentliche Unterschiede zwischen den betrachteten Systemen der Rechnungslegung, die nicht zuletzt durch die unterschiedlichen in Kapitel 2.2.3.1 erläuterten Zwecksetzungen beeinflusst sind.[105] Die Definition der Vermögenspositionen nach IFRS ist weiter gefasst als nach HGB. Während Letzteres auf die Einzelverwertbarkeit[106] abstellt, fordern die IFRS einen ökonomischem Nutzenzufluss bzw. Nutzenabfluss zur Bilanzierung eines Vermögenswertes oder einer Schuld.[107]

Die Erstbewertung von Vermögenswerten geschieht bei beiden betrachteten Systemen i.d.R. nach Anschaffungs- oder Herstellungskosten.[108] Die Folgebewertung kann entweder nach fortgeführten Anschaffungs- bzw. Herstellungskos-

101 Im HGB ist das Vollständigkeitsgebot in §246 Abs. 1 kodifiziert. Nach IFRS folgt die Vollständigkeit aus der qualitativen Anforderung der Verlässlichkeit. Vgl. dazu RK.38.

102 Vgl. hierzu und im Folgenden Pellens (2007) Sp. 1549-1551.

103 Der derivative Geschäfts- oder Firmenwert entspricht einem entgeltlich erworbenen Goodwill. Vgl. Coenenberg / Haller / Schultze (2009) S. 181.

104 Keines der betrachteten Rechnungslegungssysteme erlaubt die Aktivierung des originären Goodwills. Jedoch kann es durch einzelne Regelungen dazu kommen, dass Teile des originären Geschäfts- oder Firmenwertes unbeabsichtigt aktiviert werden, so z.B. beim Impairment-Test nach IAS 36. Vgl. dazu Coenenberg / Haller / Schultze (2009) S. 690.

105 Vgl. Coenenberg / Straub (2008) S. 22-23 zum Einfluss der Rechnungslegungszwecke auf Ansatz und Bewertung in der Bilanz.

106 Vgl. Baetge / Kirsch / Thiele (2007) S. 131.

107 Vgl. RK.49(a).

108 Vgl. Velthuis / Wesner / Schabel (2006) S. 876, vgl. Kußmaul / Weiler (2009a) S. 167 zu Ausnahmen innerhalb der IFRS. Eine Erstbewertung zum Fair Value wird z.B. im Rahmen von Unternehmenszusammenschlüssen (IFRS 3.18), bei Finanzinstrumenten (IAS 39.43) sowie bei biologischen Vermögenswerten und landwirtschaftlichen Erzeugnissen (IAS 41.12-41.13) vorgeschrieben.

ten[109] oder nach Fair Value[110] erfolgen. Welcher der Wertmaßstäbe gewählt wird, hängt von den Rechnungslegungsgrundsätzen der jeweiligen Systeme ab. Auch nach der Verabschiedung des BilMoG nimmt das Vorsichtsprinzip im HGB im Gegensatz zu den IFRS eine exponierte Stellung ein.[111] Daher ist die Folgebewertung mit den fortgeführten Anschaffungs- oder Herstellungskosten weiterhin die Regel.[112] Die IFRS verfolgen das sogenannte Mixed Fair Value-Konzept, welches besagt, dass einige (jedoch nicht alle) Vermögenspositionen mit dem beizulegenden Zeitwert bewertet werden.[113] Der Fair Value ist in den IFRS folgendermaßen definiert: „The fair value is the amount for which an asset could be exchanged, or a liability settled, between knowledgeable, willing parties in an arm's length transaction."[114]

Durch die Verwendung der Fair Value-Konzeption soll eine möglichst marktnahe Abbildung von Vermögenswerten und Schulden erreicht und eine Legung stiller Reserven und daraus resultierender Manipulationsspielräume vermieden werden.[115] Von diesem – im Vergleich zum Anschaffungs- und Herstellungskostenansatz – verbesserten Ausweis der wirtschaftlichen Lage des Unternehmens könnten grundsätzlich neben Investoren auch andere Zielgruppen, so z.B. Kreditgeber profitieren. Jedoch führt die Unvollkommenheit der Märkte in einigen Fällen dazu, dass ein Marktpreis für das zu bewertende Gut nicht vorliegt. In diesem Fall wird entweder auf den Marktpreis ähnlicher Vermögenswerte abgestellt oder – sofern dieser auch nicht ermittelbar ist – muss ein mit Hilfe von

---

109 Die Bewertung mit den fortgeführten Anschaffungs- und Herstellungskosten entspricht dem Periodisierungsgedanken der dynamischen Bilanztheorie. Vgl. dazu ausführlich Baetge / Kirsch / Thiele (2007) S. 17-23.

110 Die Bewertung mit dem beizulegenden Zeitwert folgt der Idee des richtigen Vermögensausweises im Sinne der statischen Bilanztheorie. Vgl. dazu ausführlich Baetge / Kirsch / Thiele (2007) S. 12-17.

111 Vgl. Lorson (2009) S. 24. Nach IFRS (RK.37 und IAS 8.10) ist zwar eine angemessene Berücksichtigung von Unsicherheiten und Risiken vorgeschrieben, jedoch sind die Unterbewertung von Vermögensgegenständen und die damit verbundene Bildung und spätere willkürliche Auflösung von stillen Reserven explizit untersagt.

112 Für das deutsche Handelsrecht wurde die Aufnahme des Fair Value-Konzepts für alle Kaufleute im Zuge der Entwicklung des BilMoG zwar diskutiert, jedoch letztendlich nicht eingeführt. Allerdings gibt es einzelne Vorschriften, über die der Fair Value erstmals in das deutsche Bilanzrecht Einzug hält, darunter die Bewertung von zu Handelszwecken erworbenen Finanzinstrumenten bei Kreditinstituten und der Ansatz von Vermögensgegenständen, die mit Alterversorgungsverpflichtungen verrechnet werden. Vgl. Lüdenbach / Hoffmann (2009) S. 297-299.

113 Die Konzeption des Fair Value findet in den IFRS u.a. in IAS 16, IAS 36, IAS 38, IAS 39, IAS 40, IAS 41, IFRS 2 und IFRS 3 Anwendung.

114 Definitionen des Fair Value-Begriffs finden sich in IAS 18.7, IAS 21.7, IAS 22.8, IAS 32.5 IAS 33.9, IAS 39.8 und IAS 41.8.

115 Vgl. hierzu und im Folgenden Baetge / Lienau (2005) S. 71-72.

DCF-Verfahren geschätzter Wert herangezogen werden.[116] Dieser subjektive Wert führt in einigen Fällen dazu, dass das Einzelbewertungsprinzip unterhöhlt wird.[117] Durch die Verwendung der Anschaffungs- und Herstellungskosten sowie des Fair Value – je nach Bilanzposition – und zusätzlichen Verletzungen des Einzelbewertungsprinzips in Ausnahmefällen entsprechen IFRS-Abschlüsse einem schwer zu interpretierenden Konglomerat verschiedener Bewertungspositionen.

Die Gewinnermittlung knüpft an die jeweilige Bewertungskonzeption an, da Wertänderungen – bei Einhaltung des Kongruenzprinzips[118] – in Erträgen und Aufwendungen resultieren.[119] Teilweise verstoßen einzelne Regelungen in den untersuchten Rechnungslegungssystemen jedoch gegen das Kongruenzprinzip, um mit Bilanz und GuV unterschiedliche Zielsetzungen zu verfolgen.[120] Tendenziell stehen der Erfüllung dieses Prinzips nach IFRS mehr Regeln entgegen als nach dem HGB.[121]

Unterschiede bestehen zwischen den einzelnen Systemen bei der Periodisierung von Erträgen.[122] Nach dem Realisationsprinzip, welches in §252 Abs. 2 Nr. 4 HGB kodifiziert ist und das in enger Verbindung mit dem Vorsichtsprinzip steht, dürfen Erträge erst ausgewiesen werden, wenn sie realisiert sind.[123] Die IFRS hingegen erlauben neben dem Ausweis realisierter Erträge auch den Ausweis realisierbarer Erträge. Hier besitzt das sogenannte *Matching Principle*[124] starkes Gewicht.[125] Dieser Punkt wird in Kapitel 4 von Relevanz sein, wenn untersucht wird, wie ein Residualgewinn auf Basis der unterschiedlichen Rechnungslegungssysteme zur Unterstützung einer wertorientierten Steuerung beitragen kann.

---

116 Vgl. Baetge / Kirsch / Thiele (2007) S. 291.

117 Als Beispiel sei hier die Durchführung des Impairment-Tests nach IAS 36 genannt. Vgl. Coenenberg / Haller / Schultze (2009) S. 687-688.

118 Siehe Kapitel 3.2.3 für eine detaillierte Erläuterung des Kongruenzprinzips.

119 Vgl. Pellens (2007) Sp. 1549-1551.

120 Siehe Kapitel 3.2.3.

121 Siehe Kapitel 3.2.3.

122 Hayn / Waldersee (2006) S. 76-78.

123 Das Realisationsprinzip wurde zwar durch die Verabschiedung des BilMoG etwas unterhöhlt, jedoch besitzt es im Großen und Ganzen weiterhin Gültigkeit. Auch die Percentage of Completion-Methode bleibt handelsrechtlich weiter untersagt. Vgl. Lorson (2009) S. 24.

124 Das Matching Principle gilt als zentraler Bilanzierungsgrundsatz der Auftrags- und Ertragsabgrenzung nach IFRS. Danach sollen Ausgaben genau dann als Aufwendungen ausgewiesen werden, wenn die zugehörigen Erträge realisiert werden. Vgl. dazu RK.95, vgl. auch Alfredson / Leo / Picker / Pacter / Radford / Wise (2007) S. 139.

125 Vgl. Weißenberger (2006) S. 53 zur umfassenden Umsetzung des Matching Principle in den IFRS.

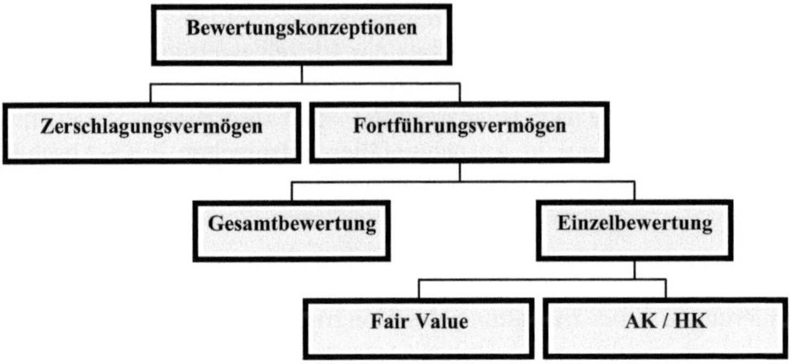

Abbildung 2-1: Systematik der Bewertungskonzeptionen[126]

2.2.3.6 Bestandteile, Detaillierungsgrad und Veröffentlichungspflicht

Bestandteile, Detaillierungsgrad und Veröffentlichungspflicht sind weitere Unterscheidungsmerkmale von Rechnungslegungssystemen auf die im Folgenden kurz eingegangen wird.[127]

Grundsätzlich ist die Veröffentlichungspflicht abhängig von Zweck und Adressatenkreis der Rechnungslegung. Da die IFRS die Informationsvermittlung an gegenwärtige und potenzielle Investoren in den Fokus stellen, ist eine Veröffentlichung unumgänglich. Ein Gegenbeispiel wäre die Aufstellung eines Abschlusses, der lediglich der Bemessung des steuerlichen Einkommens dient.

Im HGB werden Bestandteile, Detaillierungsgrad und Veröffentlichungspflicht im Wesentlichen durch Rechtsform, Größe und Kapitalmarkorientierung des bilanzierenden Unternehmens determiniert. Tendenziell ist die Rechnungslegung nach IFRS als aufwändiger zu beurteilen. Während ein Einzelabschluss einer Kapitalgesellschaft nach §264 Abs. 1 HGB lediglich Bilanz, GuV und Anhang verpflichtend nach sich zieht, fordert ein Abschluss nach IFRS zusätzlich die Veröffentlichung einer Kapitalflussrechnung, einer Eigenkapitalveränderungsrechnung sowie einer detaillierten Segmentberichterstattung. Zudem sind die verpflichtenden Anhangangaben nach IFRS umfangreicher und detaillierter im Vergleich zum deutschen Handelsrecht.

126 Grafik in Anlehnung an Pellens (2007) Sp. 1549.
127 Vgl. hierzu und im Folgenden Pellens (2007) Sp. 1552.

2.3 Konvergenz des Rechnungswesens

2.3.1 Vergleich der Teilbereiche des Rechnungswesens

In Kapitel 2.2 wurden bereits der Begriff und die Rechnungszwecke der Rechnungslegung eingeführt. Im Laufe dieser Arbeit werden die Begriffe Rechnungslegung und externes Rechnungswesen als Synonyme verwendet. Um sich der Thematik der Konvergenz[128] des Rechnungswesens anzunähern, ist es sinnvoll mit einer Gegenüberstellung der Teilbereiche internes und externes Rechnungswesen zu beginnen.[129]

Zunächst wird eine ausführliche Definition des Begriffs des Rechnungswesens als Ganzes von Coenenberg vorangestellt: „Das betriebswirtschaftliche Rechnungswesen kann folglich als spezielles Informationssystem innerhalb einer Unternehmung charakterisiert werden, dessen Funktion in der vorwiegend mengen- und wertmäßigen Erfassung von ökonomisch relevanten Daten über vergangene, gegenwärtige und zukünftige wirtschaftliche Tatbestände und Vorgänge im Betrieb sowie über zurückliegende, bestehende und zukünftige wirtschaftliche Beziehungen des Unternehmens zu seiner Umwelt, deren Speicherung auf Datenträgern, der nachfolgenden Transformation entsprechend den zu Grunde liegenden Zwecken und deren Weitergabe an interne und externe Informationsbenutzer besteht.“[130]

Aus dieser Definition ist bereits das in der Literatur zumeist genannte Unterscheidungskriterium zwischen den beiden Teilbereichen des Rechnungswesens erkenntlich – die Unterscheidung in externe und interne Informationsempfänger.[131] Darüber hinaus liegen beiden Konzeptionen unterschiedliche Rechnungszwecke zu Grunde.[132] Während das externe Rechnungswesen – wie in Kapitel 2.2 erläutert – die Informationsvermittlung bezüglich der Vermögens-, Finanz- und Ertragslage und – je nach Rechnungslegungssystem – even-

---

128 Der Begriff der Konvergenz bezieht sich hier und im Folgenden auf die Annäherung bzw. Vereinheitlichung von internem und externem Rechnungswesen. Konvergenzbestrebungen zwischen einzelnen Systemen der Rechnungslegung sind indes nicht Gegenstand dieser Arbeit.

129 Die Unterscheidung zwischen externem und internem Rechnungswesen findet sich bei der Mehrzahl der Autoren. Vgl. Pellens / Fülbier / Gassen / Sellhorn (2008) S. 2, vgl. auch Küpper (2001) S. 488 stellvertretend für viele.

130 Vgl. Coenenberg (1999) S. 26.

131 Vgl. Schaier (2007) S. 122.

132 Der Rechnungszweck betrifft den Grund, weshalb Rechnungssysteme in einer Unternehmung Verwendung finden. Eine Rechnung soll gewisse Wissenswünsche erfüllen, welche in einer beobachtbaren Größe, dem Rechnungsziel, abgebildet werden müssen. Vgl. hierzu Wielenberg (2002) Sp. 1670.

tuell auch die Einkommensbemessung zum Zweck hat, soll das interne Rechnungswesen einerseits Informationen als Entscheidungsgrundlage für die Unternehmensführung liefern und andererseits eine Verhaltenssteuerungsfunktion ausfüllen.[133]

Die Entscheidungsfunktion besitzt Bedeutung für Situationen, in denen keine Zielkonflikte auftreten oder implizit angenommen wird, dass zwischen Unternehmenseignern und Management Zielkongruenz gegeben ist. Im Vordergrund steht die Gestaltung von Rechnungen, um für bestimmte Entscheidungstypen[134] eine möglichst gute Informationsbasis bereit zu stellen. Im Gegensatz zur Entscheidungsfunktion dient die Verhaltenssteuerungsfunktion der Beeinflussung von Entscheidungen bei Trennung von Unternehmenseigentümern und Management in Verbindung mit potenziell vorhandenen Zielkonflikten. Es wird versucht – trotz asymmetrisch verteilter Information – Zielkongruenz[135] zwischen den unterschiedlichen Akteuren innerhalb des Unternehmens herzustellen.

Neben den Adressaten und Rechnungszwecken werden in der Literatur weitere Unterschiede zwischen den beiden Teilbereichen des Rechnungswesens genannt. Das interne Rechnungswesen besitzt vergleichsweise kürzere Auswertungszyklen, das heißt die daraus gewonnenen Daten werden in geringeren Zeitabständen analysiert.[136] Außerdem ist die Aufstellung eines internen Zahlenwerks freiwillig, während die Rechnungslegung verpflichtend und eine bestimmte Berechnung der Komponenten gesetzlich normiert ist.[137] Darüber hinaus variieren internes und externes Rechnungswesen in Bezug auf die verwendeten Größen.[138] In letzterem bildet die Differenz aus Erträgen und Aufwendungen den Erfolg. Innerhalb des internen Rechnungswesens finden im Rahmen der Kosten- und Erlösrechnung vor allem Kosten und Leistungen als Rechnungsgrößen Anwendung. Subsumiert man auch die Investitionsrechnung unter dem

---

133 Vgl. hierzu und im Folgenden Ewert / Wagenhofer (2005) S. 6-10, vgl. Baetge / Kirsch / Thiele (2007) S. 101-103 zur Zwecksetzung der Einkommensbemessung.

134 Entscheidungen können sich nach Ewert / Wagenhofer (2005) S. 8 u.a. auf das Produktionsprogramm, die Preisgestaltung, die Beschaffungspolitik oder etwa das Kostenmanagement beziehen. In der vorliegenden Arbeit werden explizit auch Investitionsentscheidungen miteinbezogen, da diese in Verbindung mit der wertorientierten Unternehmensführung von besonderer Bedeutung sind.

135 Siehe Kapitel 3.2.6 zu einer ausführlichen Auseinandersetzung mit dem Begriff der Zielkongruenz.

136 Vgl. Schaier (2008) S. 89.

137 Vgl. Ewert / Wagenhofer (2005) S. 4.

138 Vgl. hierzu und im Folgenden Küpper (2001) S. 118-122 zu den verschiedenen Rechnungsgrößen sowie zu den Beziehungen zwischen Bilanz-, Investitions- und Kosten- und Erlösrechnung.

Begriff „internes Rechnungswesen“, so spielen auch Ein- und Auszahlungen eine Rolle.

2.3.2 Vor- und Nachteile einer Konvergenz des Rechnungswesens

Grundsätzlich bestand in der deutschen Literatur lange Zeit beinahe Einigkeit darüber, dass die Unterschiede der beiden Teilbereiche des Rechnungswesens keine Vereinheitlichung zulassen.[139] Insbesondere wurde zum großen Teil davon ausgegangen, dass vor allem die zuvor aufgezeigten divergierenden Zwecksetzungen unterschiedliche Rechnungswesenskonzeptionen bedingen. Aktuelle Entwicklungen, darunter vor allem die Internationalisierung der Rechnungslegung, haben jedoch dazu geführt, dass Chancen für eine Konvergenz zunehmend diskutiert werden.[140]

Zunächst einmal stellt sich die Frage, warum eine solche Vereinheitlichung oder zumindest eine Vereinheitlichung von Teilbereichen sinnvoll sein könnte. Ein erster Vorteil einer Konvergenz ist darin zu sehen, dass Verständnisprobleme, die bei der parallelen Kommunikation zweier unterschiedlicher Rechenwerke entstehen, abgebaut werden könnten.[141] Eine Verwendung interner Zahlen zur Leistungsmessung und Vergütung des Managements kann auf Unverständnis stoßen, wenn diese wesentlich besser ausfallen als vergleichbare Zahlen aus dem externen Rechnungswesen. Weitere Vorteile, die mit einer Konvergenz einhergehen können, sind die Reduktion der Komplexität sowie eine steigende Wirtschaftlichkeit, beides begünstigt durch ein nun übersichtlicheres Zahlenwerk.[142] Unter anderem kann die Wirtschaftlichkeit dadurch gefördert werden, dass die unterschiedlichen Rechnungswesens- und Controlling-Abteilungen organisatorisch zusammengelegt werden könnten.[143]

Neben den eingangs erwähnten Problemen, die aus den unterschiedlichen Zwecksetzungen der beiden Teilbereiche des Rechnungswesens erwachsen und die sicherlich immer noch ihre Gültigkeit besitzen, gibt es weitere Gründe, die einer Konvergenz entgegenstehen. So führt der verpflichtenden Charakter des externen Rechnungswesens im Falle einer Konvergenz dazu, dass Standardänderungen sich unmittelbar auf interne Steuerungskennzahlen auswirken, wo-

139 Vgl. hierzu und im Folgenden Schaier (2008) S. 123-124.

140 Vgl. Eierle / Schultze / Bischof / Thiericke (2008) S. 289, vgl. auch Schaier (2008) S. 122-123 stellvertretend für viele.

141 Vgl. Kerkhoff / Thun (2007) S. 457, vgl. auch Müller / Ordemann / Pampel (2005) S. 2120-2121, die anmahnen, dass Unterschiede interner und externer Größen häufig nur schwer nachvollziehbar sind.

142 Vgl. Müller / Ordemann / Pampel (2005) S. 2120-2122.

143 Vgl. Kerkhoff / Thun (2007) S. 457-459 zum Beispiel der deutschen Telekom.

durch die Vergleichbarkeit der internen Kenngrößen über die Zeit beeinträchtigt wird.[144] Als weiteres Hindernis für eine Angleichung des Rechnungswesens wird die Tendenz der Rechnungslegungssysteme hin zur statischen Bilanztheorie gesehen, deren Fokus weniger auf der sachgerechten Berechnung des Periodenerfolgs, als auf der Ermittlung der richtigen Werte der Vermögenswerte und Schulden liegt.[145] Dies führt zu einer Erhöhung der Volatilität des Periodenerfolgs als Resultat von Wertschwankungen.[146] Gerade periodische Erfolgsgrößen sind naturgemäß für die interne Steuerung von großer Bedeutung.

Insgesamt wird hier unter Berücksichtigung der zuvor angeführten Argumente die Auffassung vertreten, dass eine vollständige Vereinheitlichung des Rechnungswesens nicht erstrebenswert ist. Vielmehr werden Chancen für eine Konvergenz dahingehend gesehen, dass eine einheitliche Datenbasis aus dem externen Rechnungswesen Verwendung finden kann. Diese Daten können dann für die interne Steuerung angepasst oder ergänzt werden.[147] Im Folgenden werden die sich daraus ergebenden Chancen im Hinblick auf die wertorientierte Unternehmenssteuerung beleuchtet.

2.3.3 Konvergenz des Rechnungswesens und Wertorientierung

Bei der wertorientierten internen Steuerung erfolgt bereits regelmäßig ein Rückgriff auf Daten aus dem externen Rechnungswesen.[148] Es handelt sich daher bei der wertorientierten Unternehmensführung um einen Bereich, der großes Potenzial für eine Konvergenz besitzt. Dies liegt nicht zuletzt daran, dass im Rahmen der wertorientierten Steuerung eine Verknüpfung von periodischen Erfolgsgrößen mit der Investitionsrechnung über das *Lücke-Theorem* möglich ist.[149]

---

144 Vgl. Kerkhoff / Thun (2007) S. 459.

145 Vgl. Wüstemann / Kierzek (2006) S. 245, vgl. auch Kußmaul / Weiler (2009b) S. 209-216 zur Kritik an Gewinngrößen, die auf einer Fair Value-Bewertung beruhen.

146 Vgl. Kerkhoff / Thun (2007) S. 460.

147 Im Sinne einer Wertorientierung ist einerseits eine Ergänzung der Daten aus dem externen Rechnungswesen um Eigenkapitalkosten geboten. Geht man vom Residualgewinnkonzept aus, sind andererseits eine Reihe von Anpassungen der Vermögens- und Gewinnbasis möglich, die den ökonomischen Gehalt des Residualgewinnkonzepts steigern sollen. Letztere werden in der Praxis aber nur in geringem Umfang durchgeführt. Vgl. dazu Velthuis / Wesner / Schabel (2006) S. 875. Zu Anpassungen in Residualgewinnkonzepten siehe ausführlich Kapitel 3.1.4.

148 Vgl. hierzu und im Folgenden Velthuis / Wesner / Schabel (2006) S. 875.

149 Vgl. hierzu und im Folgenden Krotter (2007) S. 693, vgl. ausführlich Henselmann (2001) S. 162-167. Das Lücke-Theorem besagt, dass eine Maximierung kurzfristiger Erfolgsgrößen – unter bestimmten Bedingungen – zu einer Maximierung des Kapitalwerts auf Basis der DCF-Methode führt. Siehe Kapitel 3.1.2 zu einer ausführlichen Darstellung und Kapitel 3.2.3 speziell zum Kongruenzprinzip.

Diese Verknüpfung basiert auf dem Kongruenzprinzip, das fordert, dass die Summe der Zahlungsüberschüsse über die Totalperiode mit dem Totalerfolg auf Basis der verwendeten periodisierten Größen übereinstimmt. Dieser Forderung kann grundsätzlich mit der Verwendung eines pagatorischen Kostenbegriffs nachgekommen werden, wie er dem externen Rechnungswesen zu Grunde liegt.[150] Demzufolge bietet sich an – anstatt einer eigenständigen Kostenrechnung – direkt auf die Datenbasis des externen Rechnungswesens zurückzugreifen.[151]

Ausschlaggebend für das Vereinheitlichungspotenzial sind nicht zuletzt die Periodisierungsregeln, die in den jeweiligen Rechnungslegungssystemen zum Einsatz kommen. Nach der umfassenden Analyse der Eignung der Rechnungslegungssysteme nach HGB und IFRS für eine wertorientierte Steuerung anhand von Residualgewinnen in den Kapiteln 4 und 5 werden sich hierzu konkrete Aussagen treffen lassen. Im Rahmen des nächsten Kapitels werden bereits einige in der Literatur diskutierten Punkte zu dieser Thematik angesprochen.

2.3.4 Auswirkungen der Zeitwertbilanzierung auf die Konvergenz des Rechnungswesens

In der Literatur werden Konvergenztendenzen meist in Verbindung mit dem Übergang von der HGB-Rechnungslegung hin zur internationalen Rechnungslegung diskutiert.[152] Ein großer Unterschied zwischen dem HGB und den internationalen Rechnungslegungsvorschriften ist bezüglich der Bewertungskonzeptionen und der Verwendung des Fair Value zu konstatieren.[153] Dieser spielt im Regelwerk der IFRS eine ungemein größere Rolle. Daher stellt sich die Frage, inwiefern die Fair Value-Bewertung konkret zu einer Vereinheitlichung des Rechnungswesens beitragen kann. Da das interne Rechnungswesen prinzipiell darauf ausgerichtet ist, Erfolgskomponenten früh auszuweisen, liegt die

---

150 Vgl. hierzu und im Folgenden Dirrigl (1998) S. 543-544. Eine pagatorische Erfolgsrechnung schließt die Verwendung von Anderskosten, z.B. einer Abschreibungssumme größer als die Differenz aus Anschaffungsauszahlung und Restverkauferlös, sowie Zusatzkosten, denen keine Zahlungen gegenüberstehen, aus. Die kalkulatorischen Zinsen, die eine bedeutende Komponente der Zusatzkosten darstellen, finden in der Verbindung der periodischen Erfolgsrechnung mit dem Unternehmenswert über das Lücke-Theorem Berücksichtigung. Siehe dazu Kapitel 3.1.2.

151 Dem Kritikpunkt, dass eine für die interne Steuerung relevante Erfolgsrechnung nur die betriebliche Sphäre mit Bezug zum Sachziel der Unternehmung betrachten sollte, kann durch spätere Modifikationen der Daten aus dem externen Rechnungswesen entgegengewirkt werden. Siehe dazu Kapitel 3.1.4.

152 Vgl. Kerkhoff / Thun (2007) S. 455-461, vgl. auch Dirrigl (1998) S. 540-579, vgl. auch Eierle / Schultze / Bischof / Thiericke (2008) S. 289-298 stellvertretend für viele.

153 Siehe Kapitel 2.2.3.5.

Vermutung nahe, dass die Bewertung mit Fair Value der Verhaltenssteuerung im Unternehmen und somit auch einer Konvergenz dienlich sein könnte.[154]

Als Grundvoraussetzung für die Vereinbarkeit von Fair Value mit einer internen Steuerung wird die Einhaltung des Kongruenzprinzips angesehen. Im Rahmen der IFRS wird in einigen Standards jedoch gegen dieses Prinzip verstoßen, so beispielsweise bei der Anwendung der Neubewertungsmethode nach IAS 16 und IAS 38, wo Werterhöhungen ergebnisneutral verbucht werden.[155] Ein gestiegener Fair Value bewirkt dann, dass die Vermögensgröße steigt, was bei Residualgewinnkonzepten eine Erhöhung der Kapitalkosten zur Folge hat. Die korrespondierende Erfolgsgröße jedoch bleibt – abgesehen von etwaigen zusätzlichen Abschreibungen – von der Zeitwerterhöhung unberührt, woraus Fehlsteuerungen resultieren können.[156]

Da das Management i.d.R. für eine – verglichen mit der Lebensdauer des Unternehmens – recht kurze Zeitdauer im Unternehmen verbleibt, ist ein frühzeitiger Erfolgsausweis wünschenswert.[157] Dazu eignet sich die Bewertungskonzeption des Fair Value ausgesprochen gut und bietet diesbezüglich Chancen für eine Konvergenz des Rechnungswesens. Allerdings ist zu befürchten, dass der Fair Value eventuell antizipierte Erfolge abbildet, die möglicherweise niemals realisiert werden. Wenn hohe Gewinne zu Lasten späterer Perioden ausgewiesen werden und dies zu späteren Verlusten führt, so gewinnt die Problematik der Haftungsbeschränkung an Bedeutung, da eine Verlustbeteiligung des Managers praktisch häufig nicht durchsetzbar ist.[158]

Eine weitere Eigenschaft, die der Eignung des Fair Value zur internen Steuerung entgegensteht, ist seine hohe Volatilität durch exogene Einflüsse.[159] So können etwa Marktpreisschwankungen die Steuerungsgrößen und somit die daran gekoppelte Managerentlohnung beeinflussen, obwohl das Management darauf keinen Einfluss hat.[160] Als Beispiel im Rahmen der IFRS sei hier die Bilanzierung

154 Vgl. Velthuis / Wesner / Schabel (2006) S. 875 zum frühzeitigen Ausweis von Erfolgskomponenten im internen Rechnungswesen.

155 Vgl. Pellens / Fülbier / Gassen (2008) S. 485-487, die von einer ergebnisneutralen Eigenkapitalveränderung sprechen, wenn die Erfassung nicht im Net Income, sondern im Comprehensive Income erfolgt.

156 Siehe Kapitel 3.2.3 zum Kongruenzprinzip.

157 Siehe hierzu ausführlich Kapitel 3.2.5 zum Kriterium der Entscheidungsverbundenheit.

158 Vgl. Schabel (2004) S. 137 ausführlich zur Haftungsproblematik.

159 Vgl. hierzu und im Folgenden ausführlich Pellens / Neuhaus / Sawazki / Zimmermann (2008) S. 137-145.

160 Hier wird das Kriterium der sachlichen Entscheidungsverbundenheit verletzt. Siehe dazu Kapitel 3.2.5.

von Immobilien nach IAS 40 genannt.[161] In der Vergangenheit hat sich gezeigt, dass die Marktpreise von Immobilien starken Schwankungen unterworfen sein können.[162]

Falls ohnehin keine Marktpreise und keine marktorientierten Vergleichswerte zur Bestimmung des Fair Value vorliegen, so muss – wie in Kapitel 2.2.3.5 bereits angesprochen – auf eine Schätzung mit Hilfe von *DCF-Verfahren* zurückgegriffen werden. Deren Objektivität ist zumindest fragwürdig und öffnet Manipulationsmöglichkeiten Tür und Tor,[163] was gerade der internen Steuerung nicht zuträglich ist, insbesondere wenn Entlohnungssysteme an Steuerungsgrößen gekoppelt sind.[164]

An dieser Stelle kann noch kein endgültiges Urteil darüber gebildet werden, welche Bewertungskonzeptionen im Sinne einer Konvergenz des Rechnungswesens zu befürworten ist. Nach Durchführung der Analyse in Kapitel 4 und 5 wird eine präzisere Aussage dahingehend angestrebt.

2.4 Zwischenfazit

Im Zuge der Globalisierung und Deregulierung der Kapitalmärkte hat die Orientierung am Unternehmenswert in der Praxis in den letzten Jahrzehnten einen immensen Bedeutungszuwachs erfahren. Diese Entwicklung – verbunden mit der wachsenden Kritik an rein gewinnbasierten Größen – führte zum Bedürfnis, periodische Erfolgsgrößen mit Bezug zum Unternehmenswert, die sich gleichzeitig als Basis für strategisch ausgerichtete Anreizsysteme nutzen lassen, in die Unternehmenssteuerung zu integrieren. Ein besonders beachtetes Instrument, das diese Kriterien erfüllt, stellt das Residualgewinnkonzept dar. Dieses wird in Kapitel 3 ausführlich erläutert und in der Folge daraufhin überprüft, ob es sich zur Erfüllung der wesentlichen Aufgaben der wertorientierten Unternehmensführung, der wertorientierten Planung von Investitionsvorhaben und der wertorientierten Steuerung, eignet.[165]

Die Berechnung des Residualgewinns basiert auf dem Zahlenwerk des externen Rechnungswesens. In der deutschen Unternehmenspraxis wird dieses i.d.R. nach

161 Siehe hierzu Kapitel 4.1.1.

162 Vgl. Francke (2005) S. 287-301.

163 Siehe dazu ausführlich Kapitel 3.2.4 zum Kriterium der Manipulationsresistenz.

164 Vgl. hierzu und im Folgenden Velthuis / Wesner / Schabel (2006) S. 876-877.

165 Der Aufgabe der Kapitalmarktkommunikation, die aus der externen Unternehmensrechnung abgeleitet wird und neben der wertorientierten Planung und Steuerung regelmäßig genannt wird, kommt im weiteren Verlauf der Arbeit keine wesentliche Bedeutung zu.

Maßgabe des HGB oder der IFRS ermittelt. Im Laufe der Arbeit wird herausgearbeitet werden, welche Auswirkungen die unterschiedlichen Rechnungszwecke und Bilanzierungs- und Bewertungsregeln dieser beiden Rechnungslegungssysteme für die Verwendbarkeit des Residualgewinnkonzepts besitzen und inwiefern sie das prinzipiell vorhandene Konvergenzpotenzial des Residualgewinnkonzepts fördern.

3 Konzeption, Anwendungsbereiche und Beurteilungskriterien des Residualgewinnkonzepts

3.1 Konzeption des Residualgewinns

3.1.1 Konkretisierung der Komponenten des Residualgewinns

Der Residualgewinn repräsentiert einen nach Abzug von Kapitalkosten verbleibenden Übergewinn.[166] In der Folge wird unter dem Begriff Residualgewinn stets die anschaffungskostenbasierte Variante des Residualgewinnkonzepts verstanden. Die in Theorie und Praxis meist verbreitete Operationalisierung dieses Konzepts stellt der EVA™ von Stern Stewart dar.[167]

Grundsätzlich basiert die Ermittlung eines solchen Residualgewinns – unabhängig von seiner spezifischen Ausprägung – stets auf drei Kernkomponenten: einer Gewinngröße (G), einer definierten Kapitalbasis (V), die in der Folge als investiertes Kapital bezeichnet wird sowie einem Kapitalkostensatz (i).[168] Dieser Kapitalkostensatz wird mit dem investierten Kapital der Vorperiode multipliziert und von der Gewinngröße subtrahiert, um zum Residualgewinn (RG) zu gelangen.

$$RG_t = G_t - i \times V_{(t-1)}$$

Der zur Berechnung verwendete Periodengewinn kann entweder eine Vor- oder Nachsteuergröße darstellen. Während das EVA-Originalkonzept von Stern Stewart den *Net Operating Profit After Taxes* (*NOPAT*) als Ausgangsgröße zur EVA-Ermittlung vorsieht, findet in der Praxis nicht selten eine Vorsteuergröße wie beispielsweise der *Earnings Before Interest and Taxes* (*EBIT*) Anwendung.[169] Letzterer bildet ebenfalls die Basis für die *NOPAT*-Ermittlung, falls eine Nachsteuergröße präferiert wird.[170] Der *EBIT* wird dann steuerbereinigt in dem Sinne, dass alle Ertragssteuern, die unter Fiktion der vollständigen Eigenfinanzierung anfallen würden, subtrahiert werden.[171]

166 Vgl. Laux (1999) S. 146.

167 Vgl. Homburg / Toksal / Gödde (2004) S. 9, vgl. auch Fischer (2002) S. 164, vgl. auch Fischer / Rödl (2005) S. 25, vgl. auch Horváth / Minning (2001) S. 274-281 zur Bedeutung des EVA in der Unternehmenspraxis.

168 Vgl. hierzu und im Folgenden Laux (1999) S. 146.

169 Vgl. Fischer / Rödel (2005) S. 26 zu der Verwendung von Vor- respektive Nachsteuergrößen als Ausgangsbasis für die Berechnung wertorientierter Kennzahlen deutscher Unternehmen.

170 Vgl. Young / O'Byrne (2001) S. 34-35.

171 Vgl. hierzu und im Folgenden Young / O'Byrne (2001) S. 54-55.

Das investierte Kapital, das zur Berechnung des Residualgewinns herangezogen wird, untergliedert sich in das Anlagevermögen zu Restbuchwerten und das Umlaufvermögen abzüglich der unverzinslichen Verbindlichkeiten.[172] Teilweise erfolgen darüber hinaus sogenannte Bewertungskorrekturen.[173]

Als Kapitalkostensatz besitzt der *WACC,* welcher einen gewichteten Durchschnitt aus Eigen- und Fremdkapitalzinssatz repräsentiert, in Theorie und Praxis eine dominierende Stellung.[174] Als Ermittlungsbasis für das Fremdkapital für die *WACC*-Berechnung werden die Schulden der Unternehmung abzüglich der unverzinslichen Verbindlichkeiten verwendet.[175] Bildet eine Nachsteuergröße wie der *NOPAT* den Ausgangspunkt zur Residualgewinn-Berechnung, so muss der Steuervorteil, der aus der Fremdkapitalfinanzierung resultiert, vom Fremdkapitalkostensatz abgezogen werden. In einem solchen Fall lässt sich der *WACC* wie folgt berechnen:

$$WACC = rEK \times \frac{EK}{GK} + rFK \times (1-s) \times \frac{FK}{GK}$$

Wichtig ist stets, dass die Konsistenz zwischen verwendeter Gewinngröße und angewandtem Kapitalkostensatz gewahrt wird.[176] Somit ergibt sich bei Verwendung einer Vorsteuergröße folgender *WACC*:

$$WACCvSt = rEKvSt \times \frac{EK}{GK} + rFK \times \frac{FK}{GK}$$

---

172 Unter den nicht-zinstragenden Verbindlichkeiten werden u.a. erhaltene Anzahlungen und kurzfristige Verbindlichkeiten aus Lieferung und Leistung subsumiert.

173 Siehe Kapitel 3.1.4 für eine ausführliche Darstellung der möglichen Anpassungsmaßnahmen, die im Rahmen des EVA-Originalkonzepts von Stern Stewart vorgeschlagen wurden.

174 Vgl. Pellens / Rockholtz / Stienemann (1997) S. 1936, vgl. auch Arbeitskreis Finanzierung (1996) S. 547-568, vgl. auch Herter (1994) S. 89-121, vgl. auch Hostettler (2002) S. 155-176 jeweils zu ausführlichen Darstellungen der Berechnung des WACC. Einige Autoren bevorzugen jedoch die Verwendung eines risikofreien Kapitalkostensatzes und propagieren die Kennzahl Earnings Less Risk Free Interest Charge (ERIC™). Vgl. dazu Hebertinger / Schabel / Velthuis (2005) S. 159-166, vgl. auch Christensen / Feltham / Wu (2002) S. 1-23 zu den Nachteilen risikoadjustierter Kapitalkosten bei der Managemententlohnung. Andere Quellen widersprechen wiederum der Überlegenheit einer solchen Kennzahl verglichen mit der Verwendung des WACC. Vgl. dazu Kunz / Pfeiffer / Schneider (2007) S. 259-277.

175 Vgl. hierzu und im Folgenden Young / O'Byrne (2001) S. 162-164.

176 Vgl. Pellens / Rockholtz / Stienemann (1997) S. 1937-1938, die aufzeigen, dass die Konsistenz der Berechnungen im Rahmen der Unternehmensbewertung häufig mehr Bedeutung zugemessen wird als bei der wertorientierten Steuerung.

Beim Eigenkapital erfolgt ein Rückgriff auf Marktwerte.[177] Die Berechnung des Eigenkapitalkostensatzes fußt i.d.R. auf dem *Capital Asset Pricing Model* (*CAPM*), dem – in Abhängigkeit von der Berücksichtigung von Steuern – folgende Formeln zu Grunde liegen:

Nachsteuer-*CAPM*: $rEK = rFK + \beta \times (rm - rFK)$

Vorsteuer-*CAPM*: $rEKvSt = rEK/(1-s)$

Das *CAPM* unterstellt die nachvollziehbare Annahme der Risikoaversion der Anleger.[178] Neben dem risikofreien Zinssatz wird demzufolge ein zusätzlicher Verzinsungsanspruch in Form einer Risikoprämie berücksichtigt. Vergütet wird einerseits das Marktrisiko, das als Differenz zwischen der durchschnittlichen Rendite des Aktienmarktes und dem Fremdkapitalzinssatz in die Berechnung des Eigenkapitalkostensatzes eingeht. Andererseits wird ein spezifisches Risiko der Unternehmung durch Betafaktoren berücksichtigt. Betafaktoren messen nicht das unsystematische Risiko[179], sondern die Volatilität des Aktienkurses im Vergleich zum Gesamtmarkt. Konkret lässt sich das Beta eines Unternehmens als Quotient aus der statistischen Kovarianz der betrachteten Aktie zum Marktportfolio und der Varianz des Marktportfolios ermitteln.

Die drei beschriebenen Kernkomponenten des Residualgewinns bieten gleichzeitig auch Ansatzpunkte zu einer möglichen Verbesserung der Kennziffer.[180] Während der *NOPAT* respektive *EBIT* die Ebene der operativen Entscheidungen betrifft, bezieht sich das investierte Kapital auf die Investitionspolitik und der Kapitalkostensatz auf die Finanzierungspolitik. Zu einer Verbesserung des Residualgewinns können – daraus abgeleitet – vier Handlungsempfehlungen gegeben werden. Diese sind im Einzelnen die Steigerung der operativen Effizienz, die Durchführung von Investitionsprojekten, deren Rendite den Gesamtkapitalkostensatz übersteigt, die Reduzierung des gebundenen Kapitals sowie die Senkung der durchschnittlichen Kapitalkosten.

---

177 Vgl. hierzu und im Folgenden Young / O'Byrne (2001) S. 163-166, vgl. hierzu und im Folgenden Copeland / Weston / Shastri (2008) S. 206-239 ausführlich zum CAPM, vgl. Sharpe (1964) grundlegend zum CAPM.

178 Vgl. hierzu Schwetzler (2000) S. 81-83 zur Dominanz des CAPM.

179 Das unsystematische Risiko äußert sich z.B. in der Gefahr von individuellen Managementfehlern.

180 Vgl. hierzu und im Folgenden Crasselt / Schremper (2000) S. 813-814 zum Beispiel des EVA.

Die Komponenten *NOPAT* und investiertes Kapital werden in Kapitel 3.1.4 im Zusammenhang mit möglichen Bereinigungsmaßnahmen im Rahmen des EVA-Konzepts von Stern Stewart nochmals eingehend diskutiert.

3.1.2 Das Lücke-Theorem und seine Bedeutung

Das sogenannte *Lücke-Theorem* stellt eine Verbindung zwischen der zahlungsorientierten Kapitalwertrechnung und kurzfristigeren Erfolgsrechnungen dar.[181] Diese Beziehung wurde zunächst von Preinreich (1937) skizziert und dann von Lücke (1955) bewiesen.[182] Die Übereinstimmung des Kapitalwerts auf Basis von Zahlungsströmen mit dem Kapitalwert auf Basis von Periodenerfolgen ist allerdings nur dann gegeben, wenn folgende zwei Bedingungen erfüllt sind: Zunächst einmal muss die Summe aller Periodenerfolge dem Totalerfolg über alle Perioden entsprechen, sprich das *Summentheorem* muss eingehalten werden.

$$\sum_{t=0}^{T} G_t = \sum_{t=0}^{T} (E_t - A_t)$$

Lücke unterstellt, dass Zahlungen grundsätzlich am Periodenende anfallen, zu Beginn des Planungszeitraums nur Ausgaben vorliegen und in der Periode t=0 keinerlei Gewinne entstehen. Die zweite Bedingung fordert, dass kalkulatorische Zinsen auf den Kapitalbestand der Vorperiode vom Periodengewinn subtrahiert werden. Die Kapitalbindung ist dabei definiert als Differenz der bis zur Vorperiode angesammelten Gewinne und Zahlungsüberschüsse.

$$V_{t-1} = \sum_{s=0}^{t-1} G_s - \sum_{s=0}^{t-1} (E_s - A_s)$$

Somit ergibt sich der Kapitalwert für jeden beliebigen Planungszeitraum T bei einem Kapitalkostensatz i wie folgt:

$$KW = \sum (E_t - A_t) \times (1+i)^{-t} = \sum_{t=0}^{T} (G_t - i \times V_{t-1}) \times (1+i)^{-t}$$

Wird den beiden angesprochenen Prämissen entsprochen, so trifft die Aussage des *Lücke-Theorems* unabhängig von der spezifischen Ausgestaltung der verwendeten Erfolgsgröße zu.[183] Wie die Zahlungsströme auf einzelne Perioden zugerechnet werden, ist für die vorliegende Beziehung dann irrelevant. Diese Fragestellung ist jedoch durchaus relevant, um einige der Hauptanwendungsbereiche des Residualgewinns – siehe hierzu Kapitel 3.1.3 – möglichst gut erfül-

---

181 Vgl. Küpper (2001) S. 126.

182 Vgl. hierzu und im Folgenden Lücke (1955) S. 310-324, vgl. auch Preinreich (1937) S. 209-226.

183 Vgl. Küpper (2001) S. 126-127.

len zu können, wie im Laufe der Arbeit aufgezeigt wird. Es handelt sich beim *Lücke-Theorem* also keineswegs um eine umfassende Anleitung, wie eine auf mehrperiodige zahlungsstromorientierte Zielgrößen ausgerichtete Erfolgsrechnung gestaltet werden sollte.[184]

Bezüglich der Informationsanforderungen, die das *Lücke-Theorem* bedingt, ist zu beachten, dass sowohl die zukünftige Entwicklung der Periodenerfolge als auch der Zahlungsströme bis zum Planungshorizont T bekannt sein müssen.[185] Andernfalls ist es nicht möglich, die Kapitalbindung sowie – darauf aufbauend – die kalkulatorischen Zinsen zu bestimmen.

Das *Lücke-Theorem* besitzt gerade für das Residualgewinnkonzept eine enorme Bedeutung, da der Anspruch dieses als wertorientiertes Steuerungsmaß die Kompatibilität mit dem Kapitalwertkriterium ist.[186] Es schlägt die Brücke zwischen dem einperiodigen Erfolgsmaß und dem Unternehmenswert.[187] Die Summe aller zukünftigen mit den Kapitalkosten auf den Betrachtungszeitpunkt diskontierten Residualgewinne wird als Market Value Added (MVA) bezeichnet.[188] Dieser entspricht dem originären Geschäfts- oder Firmenwert des Unternehmens.[189]

$$MVA = \frac{\sum_{t=1}^{T} RG_t}{(1+WACC)^t}$$

Addiert man den Buchwert des Eigenkapitals im Betrachtungszeitpunkt zum MVA hinzu, ergibt sich der Marktwert des Eigenkapitals.[190]

---

184 Vgl. Crasselt (2003) S. 74-75, vgl. auch Küpper (2001) S. 130, vgl. auch Baldenius / Fuhrmann / Reichelstein (1999) S. 54, die das Lücke-Theorem als „Irrelevanz-Theorem für das Rechnungswesen" bezeichnen.

185 Vgl. hierzu und im Folgenden Küpper (2001) S. 129.

186 Vgl. Schabel (2004) S. 66 zum Anspruch des EVA-Konzepts stellvertretend für das Residualgewinnkonzept.

187 Vgl. Crasselt (2003) S. 74, vgl. Hebertinger (2002) S. 131, vgl. auch Richter / Honold (2000) S. 265-267. Dies bedeutet nicht, dass die einperiodige Kennzahl Residualgewinn regelmäßig die in der Periode generierte Wertsteigerung angibt. Siehe Kapitel 3.2.6 für eine ausführliche Erklärung.

188 Vgl. Zirkler (2002) S. 103, vgl. auch Greth (1998) S. 75-76. Es ist zu beachten, dass die Summe aller Residualgewinne nicht der Summe der Zahlungsüberschüsse entspricht, da im Residualgewinn die kalkulatorischen Zinsen bereits berücksichtigt sind. Folglich ist hier keine Summen- sondern eine Barwertidentität gegeben.

189 Vgl. Schabel (2004) S. 89.

190 Die Summe aus MVA und dem gesamten investierten Kapital ergibt hingegen den Gesamtunternehmenswert bzw. den Marktwert des Gesamtkapitals. Vgl. Hostettler (1995) S. 311.

$$MW\ des\ EK = \frac{\sum_{t=1}^{T} RG_t}{(1+WACC)^t} + bilanzielles\ EK$$

Die skizzierte Beziehung zwischen Residualgewinn und MVA gilt analog zur allgemeinen Form des *Lücke-Theorems* unabhängig von der Verteilung der Abschreibungen auf die Perioden, von Rückstellungsbildung und -auflösung, der Höhe des Buchwerts der investierten Kapitals sowie der konkreten Ausprägung des Kapitalkostensatzes.[191]

3.1.3 Hauptanwendungsbereiche des Residualgewinnkonzepts

Für Residualgewinnkonzepte gibt es im Wesentlichen drei Anwendungsbereiche, die im Rahmen dieser Arbeit von besonderer Bedeutung sind. Diese leiten sich aus den Aufgaben für eine wertorientierte Unternehmenssteuerung ab.[192] Die für diese Arbeit relevanten Aufgaben bilden die wertorientierte Planung und die wertorientierte Steuerung.[193] Während die Begrifflichkeit „wertorientierte Planung" synonym auch als einer der Anwendungsbereiche bezeichnet wird, so entstehen aus der Aufgabe der „wertorientierten Steuerung" die beiden Anwendungsbereiche „wertorientierte Performancemessung" und „wertorientierte Managemententlohnung".[194]

Die wertorientierte Planung dient zur Entscheidung über die Vorteilhaftigkeit der Durchführung von einzelnen Projekten sowie der Beurteilung der Vorteilhaftigkeit von Investitionen in ganze Geschäftsbereiche und Unternehmen. Grundsätzlich ist dieser Bereich durch einen starken Zukunftsbezug gekennzeichnet. Er dient der Entscheidungsfindung, indem Auswirkungen von möglichen Entscheidungen auf den Unternehmenswert betrachtet werden. Damit soll erreicht werden, dass lediglich Wert generierende Maßnahmen durchgeführt werden.

Der zweite Hauptanwendungsbereich des Residualgewinns, die wertorientierte Performancemessung, dient der Kontrolle von zuvor mit Hilfe der wertorientierten Planung getroffenen Entscheidungen. Es soll kontrolliert werden, ob eine Wertsteigerung tatsächlich eingetreten ist und wie sich die Residual-

---

191 Vgl. Richter / Honold (2000) S. 267.

192 Siehe Kapitel 2.1.1.2 zu den Aufgaben einer wertorientierten Unternehmensführung.

193 Die Aufgabe der Kapitalmarktkommunikation steht nicht im Fokus dieser Arbeit. Siehe dazu Kapitel 2.1.1.2.

194 Diese Anwendungsbereiche für den Residualgewinn sind von den Anwendungsbereichen des Value-based Management abgeleitetet. Vgl. hierzu und im Folgenden Velthuis / Wesner (2005) S. 12-14. Vgl. auch Velthuis (2004) S. 296.

gewinne im Zeitablauf entwickeln.[195] Es ist zu empfehlen, einen Vergleich zwischen der tatsächlichen ex post beobachteten Ausprägung und einer Benchmark durchzuführen, um Abweichungen vom geplanten Residualgewinn zu identifizieren. Der Einfluss von Umweltentwicklungen auf den Residualgewinn darf dabei nicht unterschätzt werden. Dieser kann zur Folge haben, dass geplante positive Wertbeiträge letztendlich doch in negativen Residualgewinnen resultieren oder vice versa. Die ex post gemessenen Residualgewinne werden sowohl im Rahmen des Controllings intern als auch extern im Rahmen des Value Reporting genutzt.

An die Performancemessung schließt sich der Anwendungsbereich der wertorientierten Managemententlohnung an. Ziel ist es, finanzielle Anreize so zu setzen, dass der Entscheidungsträger im Sinne des Gesamtunternehmens handelt; sprich, er soll motiviert werden den Marktwert des Eigenkapitals zu maximieren. Im Idealfall wird dadurch eine Interessenharmonisierung zwischen Entscheidungsträger und Eigentümer des Unternehmens erreicht, die durch eine Langfristorientierung beider Seiten geprägt ist. Wie die wertorientierte Planung besitzt auch die wertorientierte Managemententlohnung einen Zukunftsbezug. Dieser folgt daraus, dass der Entscheidungsträger die finanziellen Wirkungen, die sich durch seine Entscheidungen auf die Bemessungsgrundlage ergeben, abschätzen wird, um für sich eine möglichst hohe Entlohnung zu erzielen.

3.1.4 Überblick vorgeschlagener Modifikationen der Vermögens- und Gewinnbasis

Wie in Kapitel 3.1.1 erläutert knüpft das Residualgewinnkonzept an bilanzielle Größen an. Der *NOPAT* respektive *EBIT* wird aus der GuV abgeleitet, das investierte Kapital aus der Bilanz. Das Residualgewinnkonzept soll jedoch eine relevante Beurteilungsgrundlage für Investitionen, Strategien und ganze Unternehmen darstellen.

In der Folge wird das EVA-Konzept nach Stern Stewart als Operationalisierung und Konkretisierung des Residualgewinnkonzepts betrachtet. Durch den EVA wird die Erklärung eines erheblichen Teils der Ertragswertänderung und damit eine Annäherung an den *ökonomischen Gewinn*[196] angestrebt, wohl wissend, dass dieses theoretische betriebswirtschaftliche Ideal bereits aus Objekti-

---

195 Wie in Kapitel 3.2.6 zur Zielkongruenz erläutert wird, ist ein positiver Residualgewinn isoliert betrachtet nicht mit einer Unternehmenswertsteigerung durch die in dieser Periode getroffenen Maßnahmen gleichzusetzen. Die Interpretation muss vorsichtig und unter Einbeziehung mehrerer Perioden erfolgen.

196 Siehe Kapitel 3.2.5 zu einer ausführlichen Erläuterung des Konzepts des ökonomischen Gewinns.

vierungsgesichtspunkten in seiner Reinform in der Unternehmenspraxis nicht für die in Kapitel 3.1.3 beschriebenen Hauptanwendungsbereiche einsetzbar ist.[197]

Ziel der von Stern Stewart vorgeschlagenen Modifikationen ist es daher, aus den vorsichtig ermittelten Größen des externen Rechnungswesens nach HGB oder den zumindest objektivierten Größen nach IFRS eine ökonomisch relevante Kennzahl abzuleiten. Dabei soll die Erfolgsgröße *NOPAT* in eine zahlungsstromorientierte Cash-Größe transferiert werden und das investierte Kapital an Marktwerte angenähert werden. Grundsätzlich sollten aus dem von Stern Stewart entwickelten Katalog von 164 Modifikationen diejenigen durchgeführt werden, die eine wesentliche Steigerung der ökonomischen Relevanz des EVA zur Folge haben.[198]

Bei den Vertretern des EVA-Konzepts herrscht die Meinung vor, dass die Aussagekraft des EVA in hohem Maße von den durchgeführten Konversionen determiniert wird.[199] Ehrbar (1998) unterscheidet vier unterschiedliche EVA-Ausprägungen.[200] Der „basic" EVA geht von der Berechnung seiner Basiskomponenten auf Grundlage der unangepassten Rechnungslegungsdaten gemäß Kapitel 3.1.1 aus und verwendet keine der in diesem Kapital beschriebenen Modifikationen. Der „disclosed" EVA hingegen impliziert die Durchführung genau derjenigen Anpassungen, die sich auf Grund von Informationen durchführen lassen, die unternehmensexternen Akteuren zugänglich sind. Dabei handelt es sich um etwa 12 Modifikationen, die dazu führen sollen, dass ein solcher EVA etwa die Hälfte der Veränderung des MVA erklären kann. Am Ende des Spektrums steht der „true" EVA, der die Durchführung sämtlicher vorgeschlagenen Konversionen fordert. Für die Anwendung in der Unternehmenspraxis erachten Stern Stewart jedoch einen „tailored" EVA für angemessen, der den spezifischen Gegebenheiten einer Unternehmung Rechenschaft trägt und etwa 60 bis 85% der Entwicklung des MVA widerspiegeln soll. Unabhängige Quellen gelangen indes zu anderen Ergebnissen mit deutlich geringerem Erklärungsgehalt.[201]

---

197 Vgl. hierzu und im Folgenden Böcking / Nowak (1999) S. 285.

198 Vgl. Stewart (1994) S. 74.

199 Vgl. grundlegend Stewart (1991) S. 34-35.

200 Vgl. Ehrbar (1998) S. 165, vgl. hierzu und im Folgenden auch Böcking / Nowak (1999) S. 285.

201 Vgl. Biddle / Bowen / Wallace (1999) S.69-49 und Chen / Dodd (2001) S. 65-86, die nachweisen, dass Ergebnisgrößen einen höheren Zusammenhang mit Aktienrenditen aufweisen als der EVA, vgl. Dodd / Chen (1996) S. 26-28, die zeigen, dass der Residualgewinn in seiner allgemeinen Form eine höhere Korrelation mit der Aktienrendite aufweist als der EVA im Speziellen, vgl. Siebrecht / Heidorn / Klein (2001) S. 560-564 zum niedrigen Erklärungsgehalt des EVA bei negativen Ausprägungen sowie in zykli-

Insgesamt ist zu konstatieren, dass ein Tradeoff zwischen Informationsnutzen und Komplexität besteht, wobei angenommen werden kann, dass eine hohe Komplexität auch in einer niedrigeren Verständlichkeit resultiert. Daher ist sehr vorsichtig und präzise zu analysieren, welche Anpassungen tatsächlich einen Zusatznutzen besitzen.

Im Folgenden werden die möglichen Anpassungsmaßnahmen in Anlehnung an Hostettler in vier Kategorien eingeordnet:[202] *Operating Conversions, Funding Conversions, Shareholder Conversions* und *Tax Conversions*. Die *Operating Conversions* haben zum Ziel, dass nur diejenigen Gewinn- und Erfolgsbestandteile ausgewiesen werden, die mit dem eigentlichen Geschäftsbetrieb in Verbindung stehen. Diese Prüfung auf betriebliche Zugehörigkeit gestaltet sich beim *NOPAT* relativ unproblematisch, da die Gewinn- und Verlustrechnung bereits nach betrieblichen und nichtbetrieblichen Aufwendungen und Erträgen aufgegliedert werden muss. Bei der Bilanz ist dies nicht der Fall. Falls der jeweilige Jahresabschluss eine Segmentberichterstattung erfordert, kann diese jedoch für eine detailliertere Analyse herangezogen werden. Konkrete Größen, die im Zuge der *Operating Conversions* eliminiert werden, sind u.a. Finanzerträge und -aufwendungen, außergewöhnliche Aufwendungen und Erträge sowie aktiviertes, noch nicht betrieblich genutztes Vermögen wie z.B. Anlagen im Bau.

Mit der Durchführung der *Funding Conversions* wird die vollständige Erfassung aller betrieblich genutzten Finanzierungsmittel angestrebt. Insbesondere wird hier eine wirtschaftliche Betrachtungsweise zu Grunde gelegt, die sich nicht zu stark an formalen Kriterien orientiert. Vermögensgegenstände im Zusammenhang mit *Operating Leasing* sind im Rahmen der betrachteten Rechnungslegungssysteme beim Leasinggeber auszuweisen.[203] Im Rahmen des EVA-Konzeptes wird vorgeschlagen, den Barwert der Leasingverpflichtungen im investierten Vermögen des Leasingnehmers zu aktivieren. Der Barwert der Leasingverpflichtungen ergibt sich dabei aus den mit dem Fremdkapitalkostensatz vor Steuern diskontierten zukünftigen Leasingraten. Gleichzeitig müssen dann auch die in den Leasingraten implizit enthaltenen Finanzierungskosten wieder zum *NOPAT* addiert werden. Folglich findet lediglich der Tilgungsanteil der Leasingraten im *NOPAT* Niederschlag. Diese Vorgehensweise ist vergleichbar mit der Verteilung eines Kaufpreises auf die einzelnen Perioden mit Hilfe von Abschreibungen. Gemäß dem beschriebenen Vorgehen ist stets zu beachten,

---

schen Branchen, vgl. Richter / Honold (2000) S. 270 zur Problematik negativer EVAs bei positivem MVA in wachsenden Unternehmen.

202 Vgl. hierzu und im Folgenden Hostettler (1995) S. 311, vgl. hierzu und im Folgenden ausführlich Hostettler (1997) S. 301-314.

203 Siehe dazu ausführlich Kapitel 4.4.1.

dass sich eine Korrektur des investierten Vermögens auch im *NOPAT* wieder finden muss.

Die *Shareholder Conversions* sind – verglichen mit den anderen Modifikationen – zahlenmäßig dominant. Sie zielen auf einen periodengerechten Gewinnausweis ab, der nicht durch konservative Bilanzierungsregeln beeinträchtigt ist. Es wird empfohlen Aufwendungen zu aktivieren, sofern diese einen Beitrag zur nachhaltigen Erzielung zukünftiger betrieblicher Erfolge leisten und damit Investitionscharakter besitzen. Zu diesen sind u.a. Forschungs- und Entwicklungskosten zu zählen, die aktiviert und dann über die voraussichtliche Nutzungsdauer abgeschrieben werden sollen. Ein äquivalenter Umgang wird mit Aufwendungen für Restrukturierungen sowie marktwertbildenden Vorlaufkosten gefordert. Letztere sollen nicht dazu führen, dass vielversprechende Neuprodukteinführungen auf Grund von Anlaufverlusten unterbleiben. Somit wird dem Problem der Unterinvestition entgegengewirkt. Die beschriebenen *Equity Equivalents* führen zu einer Annäherung des Buchwerts des Eigenkapitals an den Marktwert. Eine wichtige Rolle spielt in diesem Zusammenhang auch ein erworbener Goodwill, da dieser quantitativ äußerst bedeutsam sein kann. Dieser soll – unabhängig von den Rechnungslegungsvorschriften – in voller Höhe unabgeschrieben ausgewiesen werden, sofern keine tatsächliche Wertminderung nachzuweisen ist.[204] Stern Stewart lehnen außerdem die Bildung von Rückstellungen zur Antizipation künftiger Zahlungen ab und befürworten stattdessen eine Erfolgswirksamkeit der Zahlungen.[205]

Die vierte Kategorie betrifft die *Tax Conversions*, welche die Umrechnung der Steuerbelastung auf diejenige einer fiktiv eigenfinanzierten Unternehmung zum Ziel haben. Dies ist geboten, weil der durch die Abzugsfähigkeit des Fremdkapitals von der Bemessungsgrundlage entstehende Steuervorteil bereits im

204 Sofern der Goodwill bei der Akquisition nicht aktiviert wurde, ist dies nachzuholen. Pellens / Crasselt / Schremper (2002) S. 126-130 führen aus, dass der EVA nur dann Aussagen über die Vorteilhaftigkeit einer getätigten Akquisition erlaubt, wenn der Goodwill aktiviert wird. Zudem muss vom Management erwartet werden, dass es eine Verzinsung auf das investierte Kapital inklusive des Goodwill erwirtschaftet, im Speziellen wenn es an der Akquisition beteiligt war. Kritisch merken die Autoren indes an, dass der Vergleich zwischen einem akquirierten Tochterunternehmen mit einem selbst gegründeten Tochterunternehmen auf Grund der unterschiedlichen bilanziellen Behandlung der immateriellen Werte im jeweiligen Unternehmen nicht mehr gelingt und dies zu einer unvorteilhaften Kapitalallokation führen kann. Vgl. dazu auch Pellens / Crasselt / Sellhorn (2002) S. 143, die zusätzlich auf den nachteiligen Effekt eines Impairment auf die interperiodische Vergleichbarkeit von Residualgewinnen sowie auf die Vergleichbarkeit intern gewachsener mit akquirierten Einheiten hinweisen.

205 Vgl. hierzu und im Folgenden Hostettler (1995) S. 311, vgl. hierzu und im Folgenden ausführlich Hostettler (1997) S. 301-314.

WACC berücksichtigt wird und eine zweifache Berücksichtigung eine zu hohe Ausprägung des EVA zur Folge hätte. Es ist zu beachten, dass ein höheres Ergebnis durch die im Rahmen der *Shareholder Conversions* zusätzlich angesetzten *Equity Equivalents* zu einer höheren Steuerbemessungsgrundlage führt.

Die beschriebenen Anpassungsmaßnahmen wurden bereits Ende der Neunzigerjahre entwickelt und basieren meist auf den damals gültigen Regeln der US-GAAP. Somit besitzen heute nicht mehr alle dieser Modifikationen Bedeutung bei der Ableitung eines EVA aus dem Zahlenwerk aktuell gültiger Rechnungslegungssysteme. Es kann bezüglich der Planung und Bewertung konstatiert werden, dass die vorgeschlagenen Konversionen – sofern die *Clean Surplus-Bedingung* eingehalten wird – barwertneutral sind.[206] Anpassungen resultieren lediglich in einer unterschiedlichen Gewichtung von investiertem Kapital und MVA bzw. dem originären Geschäfts- oder Firmenwert.

Allerdings kann die Einhaltung der *Clean Surplus-Bedingung* gerade durch die *Operating Conversions* und die Nichtberücksichtigung von nicht betrieblich genutztem Vermögen verletzt werden.[207] Für die Performancemessung und die Entscheidungsrelevanz der gelieferten Informationen sind Periodisierungen der Gewinne durch Anpassungen der Vermögens- und Gewinnbasis – im Gegensatz zu Zwecken der Planung und Bewertung – hingegen stets bedeutsam.[208]

3.2 Beurteilungskriterien für Residualgewinne

3.2.1 Diskussion und Strukturierung von Beurteilungskriterien

In der Literatur finden sich eine Vielzahl von Kriterien anhand derer sich die Eignung wertorientierter Kennzahlen beurteilen lässt.[209] Im vorliegenden Kapitel wird eine Strukturierung dieser Kriterien vorgenommen. Im Anschluss daran

---

206 Vgl. Schabel (2004) S. 88-89. Die Clean Surplus-Bedingung besagt, dass alle Einzahlungen und Auszahlungen irgendwann auch in der Periodenerfolgsrechnung erfasst werden müssen. Siehe dazu Kapitel 3.1.2 zum Lücke-Theorem und Kapitel 3.2.3 zum Kongruenzprinzip.

207 Vgl. Schabel (2004) S. 102-103. Geht eine Marktwertveränderung von nicht betrieblich genutztem Vermögen auf Grund der Operating Conversions nicht in den EVA ein, so kann dies Unter- oder Überinvestitionen zur Folge haben. Zusätzlich kann davon ein Anreiz ausgehen, Verluste vom betrieblichen in den nichtbetrieblichen Bereich zu verschieben. Demzufolge kann es durchaus sinnvoll sein, dem Entscheidungsträger sämtliche Konsequenzen seiner Handlungen zuzurechnen.

208 Vgl. Schabel (2004) S. 91-94.

209 Vgl. Weber / Bramsemann / Heineke / Hirsch (2004) S. 84-87 und Hebertinger (2002) S. 9-64 für einen Überblick der in der Literatur zur Beurteilung wertorientierter Kennzahlen herangezogenen Kriterien.

werden einige Kriterien ausgewählt, die zur Beantwortung der in dieser Arbeit aufgeworfenen Forschungsfragen von besonders hohem Nutzen erscheinen.

Zunächst einmal sollten sämtliche Instrumente des Controllings – Residualgewinne eingeschlossen – den Anforderungen der Effizienz und Effektivität genügen.[210] Die Effektivität betrifft die Wirksamkeit eines Instruments, welche sich in diesem Fall auf die Unterstützung bei der Unternehmenswertmaximierung bezieht, da dies das relevante in dieser Arbeit betrachtete Unternehmensoberziel ist. Die Anforderung der Effizienz verlangt, dass der mit dem Residualgewinnkonzept beabsichtigte Zweck nicht durch Aufzehrung des erlangten Zusatznutzens in Form von Ressourcenverbrauch wie Geld und Zeit beim Einsatz des Controlling-Instruments erkauft werden darf. Effektivität und Effizienz fordern also, dass der Einsatz eines Instruments immer ökonomisch sinnvoll sein sollte. Alle im Folgenden diskutierten Beurteilungskriterien leiten sich aus einer der beiden genannten Anforderungen ab.

Wie oben angedeutet ist die Verwendung einer Kennzahl sinnvoll, wenn der Nutzen aus ihrem Einsatz die Kosten überkompensiert.[211] Während die Kosten i.d.R. quantifizierbar sind, ist eine zahlenmäßige Bestimmung der Nutzenkomponente nicht ohne weiteres möglich.

Unter den anfallenden Gesamtkosten werden Kosten der Kennzahleneinführung und Kosten der Kennzahlennutzung subsumiert.[212] Bei letzteren unterscheidet man weiterhin Kosten der Kennzahlenermittlung und Kosten der Kennzahleninterpretation. Da der Residualgewinn im Wesentlichen auf Vergangenheitsdaten aus der externen Rechnungslegung beruht, zieht seine Berechnung relativ geringe Ermittlungskosten nach sich.[213] Die Kosten für die periodisch aufzustellenden Jahresabschlüsse fallen ohnehin an.[214] Kosten treibend wirken bei der Ermittlung hingegen in erster Linie die im vorherigen Kapitel angesprochenen Anpassungen. Wie hoch diese ausfallen hängt davon ab, wie gut sich die unangepassten Rohdaten aus HGB respektive IFRS als Basis für das Residualgewinnkonzept eignen.

---

210 Vgl. Heinen (1991) S. 16 dazu, dass alle organisatorischen Maßnahmen den Anforderungen der Effizienz und Effektivität genügen müssen. Vgl. Heinen (1991) S. 77 ausführlich zu Effektivität und Effizienz.

211 Vgl. hierzu und im Folgenden Weber / Bramsemann / Heineke / Hirsch (2004) S. 87.

212 Vgl. hierzu und im Folgenden Weber / Bramsemann / Heineke / Hirsch (2004) S. 102-103.

213 Vgl. auch Burger / Ulbrich (2005) S. 586.

214 Vgl. auch Littkemann / Michalik (2004) S. 160.

Die durch Interpretation entstehenden Kosten sind einerseits durch die zeitliche Bindung von Personal, andererseits durch Kosten der Fehlinterpretation getrieben. Kosten erhöhend erweist sich hier vor allem die relativ hohe Komplexität des Residualgewinns, die Zeit in Anspruch nimmt und Fehlinterpretationen begünstigt.[215]

Auch bei der Kennzahleneinführung sind die hohen Anforderungen an die Verständlichkeit des Residualgewinns ausschlaggebend für das Gros der Kosten.[216] So sind Aufwendungen für Schulungen in größerem Umfang keine Seltenheit. Teilweise wird dieser Part von externen Beratungsgesellschaften übernommen, deren Beratungsleistungen sehr kostspielig sein können. An dieser Stelle ist ein Zielkonflikt zwischen Kosten und Nutzen zu konstatieren, da schlecht geschulte Mitarbeiter mit geringerer Wahrscheinlichkeit sinnvolle Schlüsse aus den berechneten Kennzahlen ziehen können und somit der Nutzen aus der Kennzahleneinführung in einem solchen Fall begrenzt sein dürfte.

Nachdem bisher im Wesentlichen die Kosten der Verwendung des Residualgewinns erläutert wurden, die einen starken Bezug zu dessen Effizienz und Wirtschaftlichkeit aufweisen, wird sich nun der schwer quantifizierbaren Nutzenkomponente zugewandt und somit der Effektivität. Hier ist es wichtig, sich den Grund für die Verwendung des Residualgewinns zu vergegenwärtigen. Er soll eine wertorientierte Unternehmenssteuerung unterstützen und die in Kapitel 3.1.3 beschriebenen Anwendungsbereiche abdecken. Zur Beurteilung der Eignung des Residualgewinns für dessen Zwecke werden die folgenden Beurteilungskriterien herangezogen:

- Einhaltung des Kongruenzprinzips
- Manipulationsresistenz
- Entscheidungsverbundenheit
- Zielkongruenz.

Die Einhaltung des Kongruenzprinzips (Kapitel 3.2.3) wird als wichtig erachtet, da diese die Voraussetzung für die Gültigkeit des *Lücke-Theorems* darstellt.[217] Wie in Kapitel 3.1.2 dargelegt, gelingt es mit Hilfe letzterem, eine Verbindung zwischen den einperiodigen Residualgewinnen und dem mehrperiodigen über-

215 Das Grundschema des Residualgewinns z.B. in Form des EVA ist – gerade im Vergleich mit anderen wertorientierten Kennzahlen wie z.B. dem CFROI – relativ eingängig. Zu einem tieferen Verständnis allerdings sind fundierte Kenntnisse der Rechnungslegung sowie der Kapitalmarkttheorie von Nöten. Vgl. Weber / Bramsemann / Heineke / Hirsch (2004) S. 100-102.

216 Vgl. hierzu und im Folgenden Weber / Bramsemann / Heineke / Hirsch (2004) S. 102-103.

217 Siehe hierzu und im Folgenden auch Kapitel 3.1.2.

geordneten Ziel der Unternehmenswertsteigerung herzustellen. Für die vorliegende Untersuchung ist dieses Kriterium u.a. deshalb von hoher Bedeutung, weil sich für die jeweiligen Rechnungslegungssysteme unterschiedliche Ergebnisse erwarten lassen.

Weiterhin wird das Gegensatzpaar der Manipulationsresistenz (Kapitel 3.2.4) und der Entscheidungsverbundenheit (Kapitel 3.2.5) betrachtet. Einerseits ist ein früher Gewinnausweis aus verschiedenen Gründen erstrebenswert,[218] andererseits darf er nicht zu teuer durch die Eröffnung von Manipulationsspielräumen erkauft werden. Bei beiden Kriterien werden auf Grund der unterschiedlichen Zwecksetzungen der betrachten Rechnungslegungssysteme wiederum materielle Unterschiede erwartet.[219]

Zur konkreten Überprüfung, in welchem Maße eine Steuerung anhand des Residualgewinns auf Basis der jeweiligen Rechnungslegungsgrundsätze tatsächlich einer Wertorientierung dient, wird das Kriterium der Zielkongruenz (Kapitel 3.2.6) herangezogen. Im Speziellen werden hier Anreizwirkungen für den unterstellten Fall einer Prinzipal-Agenten-Beziehung beleuchtet. Ein Wertsteigerungsmaß ist zielkongruent, wenn es den Entscheidungsträger zur ausschließlichen Durchführung von Projekten mit positivem Wertbeitrag veranlasst.[220] Bei der Zielkongruenz-Analyse erfolgt keine explizite Berücksichtigung von Entlohnungskosten.[221] Häufig findet zur Untersuchung von Anreizwirkungen auch das Kriterium der Anreizkompatibilität Anwendung. Dieses weist eine gewisse Ähnlichkeit zum Kriterium der Zielkongruenz auf, besitzt jedoch einen anderen Blickwinkel. Sein Ziel ist es sicherzustellen, dass nur Projekte durchgeführt werden, die einen Kapitalwert besitzen, der die anfallenden Entlohnungskosten übersteigt. Für die Zwecke dieser Arbeit wird die Bedingung der Zielkongruenz der Anreizkompatibilität vorgezogen, da sich diese Arbeit konkret mit der Bemessungsgrundlage der Entlohnung, dem Residualgewinn, beschäftigt und mit der Fragestellung wie dieser durch unterschiedliche Rechnungslegungssysteme beeinflusst wird. Das Design der Entlohnungsfunktion steht dabei nicht im Fokus.

Die vier soeben vorgestellten Beurteilungskriterien werden in Kapitel 4 herangezogen, um konkrete Bilanzierungsmaßnahmen und deren Wirkung auf die Ef-

---

218 Siehe dazu ausführlich Kapitel 3.2.5.

219 Zu den unterschiedlichen Rechnungslegungszwecken der betrachten Rechnungslegungssysteme siehe Kapitel 2.2.3.1.

220 Vgl. Mohnen (2002) S. 23-24.

221 Vgl. Crasselt (2003) S. 86-90 hierzu und im Folgenden ausführlich zur Abgrenzung der Kriterien der Zielkongruenz und der Anreizkompatibilität, vgl. auch Schabel (2004) S. 55-56, vgl. auch Dahlhaus (2009) S. 144-145.

fektivität des Residualgewinns zu analysieren. Zum Abschluss dieses Kapitels soll eine Grafik darüber Aufschluss geben, wie die einzelnen Kriterien einzuordnen sind. Es ist ersichtlich, dass sich die vorliegende Arbeit vorrangig mit der Beurteilung der Effektivität des Residualgewinns beschäftigt.

Effektivität	**Effizienz**
Einhaltung des Kongruenzprinzips	Kosteneffizienz
Manipulationsresistenz	
Entscheidungsverbundenheit	
Zielkongruenz	

Abbildung 3-1: Beurteilungskriterien für Residualgewinne

3.2.2 Verbindung zwischen Beurteilungskriterien und Hauptanwendungsbereichen

Bevor die soeben festgelegten Beurteilungskriterien für Aussagefähigkeit und Anreizwirkungen von Residualgewinnen näher analysiert werden, gilt es deren Bezug zu den Hauptanwendungsbereichen aufzuzeigen.

Die Einhaltung des Kongruenzprinzips impliziert stets die Einhaltung des *Summentheorems*, d.h. dass der Totalgewinn einer Unternehmung der Summe der Einzahlungsüberschüsse entspricht.[222] Eine Rechnungslegung im Einklang mit dem Kongruenzprinzip ermöglicht die Herstellung der in Kapitel 3.1.2 beschriebenen Verbindung zwischen investiertem Kapital, geplanten zukünftigen Residualgewinnen und dem Unternehmenswert über das *Lücke-Theorem* und leistet somit einen essenziellen Beitrag für das Gelingen der wertorientierten Planung.[223] Zusätzlich besitzt das Kongruenzprinzip auch Bedeutung für die wertorientierte Performancemessung, da mit seiner Hilfe eine theoretisch fundierte Interpretation der erzielten Residualgewinne im Hinblick auf das Ziel der Unternehmenswertsteigerung erst möglich wird.[224] Da das Kongruenzprinzip fundamental für die wertorientierte Planung ist und die Erwartungsbildung des mit Hilfe der Kennzahl beurteilten Entscheidungsträgers bezüglich seiner Vergütung gerade auf dieser fußt, besitzt das Kongruenzprinzip neben den beiden zuvor beschriebenen Anwendungsbereichen auch für die Managemententlohnung Bedeutung.

222 Vgl. Krotter (2007) S. 694-695.

223 Vgl. Velthuis / Wesner (2005) S. 19 zur Bedeutung der Einhaltung der Barwertidentität des Lücke-Theorems für den Anwendungsbereich der wertorientierten Planung.

224 Vgl. Schabel (2004) S. 89-90 zur Bedeutung der angesprochenen Verknüpfung für die Aussagekraft des EVA-Konzepts.

Das Kriterium der Manipulationsresistenz betrifft vorrangig die wertorientierte Performancemessung, da eine Manipulation bilanzieller Größen sowie von Determinanten des Residualgewinnkonzepts sich in den ex post beobachtbaren Kennzahlen wiederfindet. Indirekt gewinnt auch dieses Kriterium wiederum Bedeutung für den Bereich der Managemententlohnung. Eine an die Performance geknüpfte variable Entlohnung verstärkt den Anreiz für Manipulationen, sofern der beurteilte Entscheidungsträger Einfluss auf die Bilanzierung oder die Anpassungen im Rahmen der Residualgewinn-Berechnung nehmen kann.[225]

Die zeitliche Entscheidungsverbundenheit erfordert eine zeitnahe Performancemessung.[226] Als Folge dessen übt das Kriterium auch eine Wirkung auf die Bemessungsgrundlage zur Managemententlohnung und damit auf die zeitliche Verteilung der an den Manager fließenden Entlohnungszahlungen aus. Die sachliche Entscheidungsverbundenheit betrifft die wertorientierte Performancemessung; sie verlangt, dass die Ex-post-Größen durch den Entscheidungsträger zu verantworten sind.[227]

Das Kriterium der Zielkongruenz betrifft alle drei angesprochenen Anwendungsbereiche, da bei Verwendung des Residualgewinnkonzepts primär die angestrebte Wertorientierung sicherzustellen ist. In der Literatur hat die Zielkongruenz in den letzten Jahren jedoch insbesondere zur Beurteilung von Wertsteigerungsmaßen im Hinblick auf eine anreizgerechte Managemententlohnung einen starken Bedeutungszuwachs erfahren.[228] Auch im Laufe dieser Arbeit wird dieses Kriterium im Wesentlichen im Zusammenhang mit der Managemententlohnung diskutiert.

Folgende Darstellung veranschaulicht die Ergebnisse dieses Kapitels. Als besonders wichtig erachtete Verbindungen zwischen Kriterien und Hauptanwendungsbereichen, welche in den Folgekapiteln vorrangig aufgegriffen werden, wurden mit Fettschrift hervorgehoben.

---

225 Vgl. Weber / Bramsemann / Heineke / Hirsch (2004) S. 98 zum verstärkten Anreiz zur Manipulation von Kennzahlen, falls diese die Bemessungsgrundlage zur Entlohnung darstellen.

226 Vgl. Weber / Bramsemann / Heineke / Hirsch (2004) S. 96 zur zeitlichen Entscheidungsverbundenheit.

227 Vgl. Weber / Bramsemann / Heineke / Hirsch (2004) S. 97 zur sachlichen Entscheidungsverbundenheit. Dieses Kriterium wird in der Literatur auch als Controllability bezeichnet. Vgl. dazu Merchant (1985) S. 21-22, vgl. auch Atkinson / Banker / Kaplan / Young (1997) S. 564-565, vgl. auch Riegler (2000) S. 36-37.

228 Vgl. Mohnen (2005) S. 277-297, vgl. auch Gillenkirch / Schabel (2001) S. 216-245, vgl. auch Dierkes / Hanrath (2002) S. 246-267 stellvertretend für viele.

Beurteilungskriterien	Anwendungsbereiche		
	Planung	Performance-messung	Management-entlohnung
Einhaltung des Kongruenzprinzips	**X**	x	X
Manipulationsresistenz		**X**	X
Entscheidungs-verbundenheit		**X**	X
Zielkongruenz	x	x	**X**

Abbildung 3-2: Verbindung zwischen Anwendungsbereichen und Beurteilungskriterien des Residualgewinns

3.2.3 Erstes Kriterium: Einhaltung des Kongruenzprinzips

Wie in Kapitel 3.1.2 dargelegt, gelingt es über das *Lücke-Theorem* eine Verbindung zwischen der Kapitalmarkttheorie und dem Rechnungswesen herzustellen. Die Barwerte der zukünftigen Residualgewinne entsprechen der Differenz aus Unternehmenswert und Buchwert – allerdings nur bei Einhaltung der *Clean-Surplus Bedingung*, die vom Kongruenzprinzip impliziert wird.[229]

Konkret verlangt das Kongruenzprinzip, dass – mit Ausnahme von direkten Transaktionen zwischen Eignern und Unternehmen – sämtliche Eigenkapitaländerungen in das Periodenergebnis der GuV eingehen.[230] Alle Ein- und Auszahlungen, die nicht Einlagen oder Entnahmen sind, sollten dementsprechend während der Lebensdauer der Unternehmung zu Erträgen und Aufwendungen führen. Ist dies gewährleistet, entspricht die Summe aller Periodenerfolge während der Lebensdauer des Unternehmens dem Totalerfolg. Vorteile, die mit dieser Eigenschaft in Verbindung gebracht werden, sind eine eingeschränkte Manipulierbarkeit der Erfolgsgrößen sowie eine bessere Vergleichbarkeit zwischen den einzelnen Perioden.[231] Allerdings wird mit der vollständigen Einhaltung des Kongruenzprinzips auch der Nachteil verbunden, dass außergewöhnliche Ein-

229 Siehe Kapitel 3.1.2.

230 Vgl. Krotter (2007) S. 693.

231 Vgl. hierzu und im Folgenden Krotter (2007) S. 693. Befürworter der vollständigen Einhaltung des Kongruenzprinzips werden auch als Vertreter des All Inclusive-Konzepts bezeichnet, da ihrer Meinung nach neben gewöhnlichen Geschäftsvorfällen auch einmalige Sachverhalte in den Periodenerfolg Eingang finden sollen.

flüsse die Prognosefähigkeit der Gewinngröße beeinträchtigen.[232] Dieser Nachteil wird vor allem im Zusammenhang mit den Vorschriften zur internationalen Rechnungslegung immer wieder diskutiert.[233] Es wird argumentiert, dass entscheidungsnützliche zukunftsgerichtete Informationen eher durch einen prognosefähigen als durch einen vollständigen Gewinn bereitgestellt würden.[234]

Die Befürwortung oder Ablehnung einer vollständigen Erfüllung des Kongruenzprinzips ist nicht unabhängig von der angestrebten Zwecksetzung des Rechnungswesens. So kann es der Informationsfunktion dienlich sein, einen prognosefähigen Gewinn auszuweisen. Dieser enthält für die Anteilseigner Informationen darüber, mit welchen Gewinnen sie in Zukunft rechnen können. Für die Steuerungsfunktion des Rechnungswesens wird die vollständige Einhaltung der *Clean Surplus-Bedingung* hingegen von vielen Autoren als notwendig angesehen.[235] Die Planung der künftigen Wertentwicklung bei Durchführung eines bestimmten Investitionsprogramms auf Basis des Residualgewinnkonzepts basiert auf der Barwertidentität des *Lücke-Theorems*, die voraussetzt, dass alle Ein- und Auszahlungen in den Jahresüberschuss eingehen.[236] Diese Planung ist die Grundlage für Entscheidungen, die ein Manager bezüglich alternativer Investitionsprojekte trifft. Demzufolge ist anzunehmen, dass Steuerungsanreize auf Basis einer Gewinnrechnung, die dem Kongruenzprinzip Rechnung trägt, zielgerichteter gesetzt werden können.

Im Folgenden werden Kongruenzverstöße charakterisiert und klassifiziert. Ein Kongruenzverstoß liegt grundsätzlich vor, wenn eine Eigenkapitalmehrung oder -minderung, welche nicht aus einer direkten Transaktion zwischen Eignern und Unternehmen resultiert, ergebnisneutral verrechnet wird.[237] In einem solchen Fall ergibt sich der Jahresüberschuss nicht mehr allein aus der Differenz aus Eigenkapitaländerung und Ausschüttung. Kongruenzverstöße werden im Folgen-

---

232 Vgl. auch Holzer / Ernst (1999) S. 369, die die entgegengesetzte Position einnehmen und davon ausgehen, dass mit der Verfolgung des All Inclusive-Konzepts eine bessere Prognosefähigkeit einhergeht.

233 Ablehnung der vollständigen Einhaltung des Kongruenzprinzips kommt vor allem von Vertretern der Current Operating Profit-Theorie, die der Auffassung sind, dass lediglich Bestandteile aus der gewöhnlichen Geschäftstätigkeit im Jahresüberschuss enthalten sein sollten. Vgl. Gaber (2005) S. 280-284 ausführlich zu den beiden angesprochenen Standpunkten.

234 Vgl. hierzu auch Barker (2004) S. 157-172.

235 Vgl. Terstege (2005) S. 589 stellvertretend für viele.

236 Vgl. hierzu und im Folgenden Krotter (2007) S. 693-696.

237 Vgl. hierzu und im Folgenden Krotter (2007) S. 696-704, vgl. auch Pellens / Fülbier / Gassen / Sellhorn (2008) S. 485-487, die von einer ergebnisneutralen Eigenkapitalveränderung sprechen, wenn diese nicht im Net Income, sehr wohl aber im Comprehensive Income erfasst wird.

den einerseits bezüglich ihrer *Dauerhaftigkeit* und andererseits im Hinblick auf ihr *Auftreten relativ zum Betrachtungszeitpunkt* differenziert.

Einige Kongruenzverstöße sind lediglich *temporär*, d.h. dass zwar zunächst eine ergebnisneutrale Verrechnung mit dem Eigenkapital stattfindet, später jedoch eine ergebniswirksame Auflösung erfolgt. In solchen Fällen stimmt der Totalerfolg des Unternehmens mit der Summe aller Periodenerfolge während der Lebenszeit des Unternehmens überein. Das *Summentheorem* bleibt somit weiterhin erfüllt. Obgleich der Beibehaltung dieser Eigenschaft ist im Zusammenhang mit dem Residualgewinnkonzept eine Verletzung der Barwertidentität die Folge, da die in Rechnung gestellten Kapitalkosten auf Grund der durch den Kongruenzverstoß zwischenzeitlich veränderten Kapitalbasis fehlerhaft ausgewiesen werden.[238] Bei einer Neubewertung nach oben erhöhen sich die Kapitalkosten im Vergleich zu einer *Clean Surplus*-Bilanzierung. Dadurch unterschreitet der Barwert der Residualgewinne den Kapitalwert.[239]

Neben *temporären* existieren auch *dauerhafte* Kongruenzverstöße.[240] Eine einmal ergebnisneutral verrechnete Komponente wird in einem solchen Fall zu keinem Zeitpunkt als Ertrag bzw. Aufwand erfasst. Ergo wird dann neben dem Kongruenzprinzip auch das *Summentheorem* verletzt. Es lässt sich feststellen, dass die Dauerhaftigkeit des Verstoßes das Ausmaß der verursachten Verzerrung beeinflusst.[241] Während ein lediglich *temporärer* Verstoß die Barwertidentität – in Abhängigkeit von der Länge des Zeitraums zwischen Auftreten und Korrektur des Kongruenzverstoßes – über das *Lücke-Theorem* nur geringfügig verletzt, hat ein permanenter Verstoß drastischere Auswirkungen.[242] Der Bewertungsfehler entspricht dann dem gesamten Barwert der ergebnisneutralen Buchung.[243] Daher ist eine relativ zielgerichtete wertorientierte Planung bei *temporären*, sich zeitnah umkehrenden, Durchbrechungen möglich, nicht jedoch bei *dauerhaften*.

Auch in Bezug auf die Performancemessung sind sowohl bei *permanenten* als auch bei *temporären* Kongruenzverstößen Verzerrungen zu konstatieren, da die Realisierung von Aufwendungen und Erträgen nicht in den theoretisch korrekten Perioden erfolgt und somit die interperiodische Allokation der Residualgewinne

---

238 Vgl. dazu Crasselt / Nölte (2007) S. 529.

239 Vgl. Krotter (2007) S. 701-704, der die Wirkungen, die von einem temporären Kongruenzverstoß ausgehen, am Beispiel der Available for Sale-Bilanzierung nach US-GAAP veranschaulicht.

240 Vgl. hierzu und im Folgenden Krotter (2007) S. 698-701.

241 Vgl. Schildbach (1999) S. 1815.

242 Vgl. hierzu und im Folgenden Krotter (2007) S. 698-704.

243 Vgl. dazu Crasselt / Nölte (2007) S. 529.

beeinträchtigt wird. Bei *temporären* Verstößen sind diese Verzerrungen wiederum umso schwerwiegender, desto größer der zeitliche Abstand zwischen ergebnisneutraler Verrechnung und ergebniswirksamer Auflösung ausfällt.[244]

Im Hinblick auf das Auftreten eines Kongruenzverstoßes relativ zum Betrachtungszeitpunkt lassen sich *Ex-ante-* und *Ex-post-Kongruenz* voneinander abgrenzen. Wird das Kongruenzprinzip in allen zukünftigen Perioden erfüllt, liegt *Ex-ante-Kongruenz* vor. Ist dies für die laufende sowie alle früheren Perioden der Fall, spricht man von *Ex-post-Kongruenz*. Für eine fehlerfreie wertorientierte Planung von Investitionsprojekten genügt das Vorliegen von *Ex-ante-Kongruenz*, da eine in den Vorperioden kumulierte Inkongruenz keinen Einfluss auf das Bewertungskalkül ausübt. Problematisch sind jedoch sehr wohl temporäre Verstöße, die in der Vergangenheit eingetreten sind, sich aber noch nicht wieder aufgelöst haben. Im Gegensatz zum Anwendungsbereich der wertorientierten Planung bedingt eine konsistente wertorientierte Performancemessung, die u.a. auf den Vergleich einzelner Perioden abzielt, immer die vollständige Einhaltung des Kongruenzprinzips.

Bei einer Gegenüberstellung von Kongruenzverstößen der beiden betrachteten Rechnungslegungssysteme fällt auf, dass die Rechnungslegung nach IFRS wesentlich mehr Verletzungen der *Clean Surplus-Bedingung* kennt als das HGB.[245] Ein (quantitativ) bedeutsamer Verstoß im Rahmen des HGB, der sich aus der erfolgsneutralen Verrechnung eines Geschäfts- oder Firmenwerts ergab, wurde durch das BilMoG aufgelöst.[246]

Nach dem *Modified All Inclusive Concept* werden sämtliche nicht ergebniswirksam berücksichtigte Erträge und Aufwendungen nach IFRS im *Other Comprehensive Income (OCI)* abgebildet und gehen ins *Comprehensive Income (CI)* ein.[247] Das *OCI* ist ein Sonderkonto, welches offen vom Eigenkapital abgesetzt wird. Nach HGB enthält die Eigenkapitalveränderungsrechnung nach §297

244 Dies kann Auswirkungen auf die Zielkongruenzproblematik haben, z.B. wenn Entscheidungsträger einen relativ kurzen Planungshorizont oder eine höhere Zeitpräferenzrate als das Unternehmen besitzen. Insbesondere ist dies problematisch, wenn eine Erfolgswirksamkeit erst durch den Verkauf eines Vermögenswertes eintritt.

245 Das HGB fordert in §252 Abs. 1 Nr. 1 den Grundsatz der Bilanzidentität, der sich so interpretieren lässt, dass die Summe alle Periodenerfolge dem Totalerfolg des Unternehmens entsprechen sollte. Einige Autoren sehen darin die Befürwortung des All Inclusive-Konzepts durch das HGB, vgl. Schildbach (1999) S. 1813. Dabei ist jedoch anzumerken, dass die Erfüllung des Summentheorems – wie zuvor erwähnt – keine hinreichende Voraussetzung für die Erfüllung des Kongruenzprinzips ist.

246 §309 Abs. 1 Satz 3 HGB wurde aufgehoben. Die Neuregelung fordert eine planmäßige Abschreibung nach §253 Abs. 3 HGB.

247 Vgl. hierzu und im Folgenden Krotter (2007) S. 697.

Abs. 1 einen mit dem *OCI* vergleichbaren Posten.[248] Empirische Erhebungen zeigen, dass der betragsmäßige Anteil des *OCI* am Gesamterfolg (*CI*) beträchtlich sein kann.[249]

Einige neue Entwicklungen haben in den letzten Jahren Einfluss auf die formellen Anforderungen der Erfolgsrechnung nach IFRS genommen.[250] Am 01. Januar 2009 ist der neue IAS 1 (revised 2007) in Kraft getreten.[251] Nach IAS 1.7 umfasst das *CI* alle Eigenkapitalveränderungen, die sich nicht auf Transaktionen mit den Eigenkapitalgebern in deren primärer Funktion zurückführen lassen.[252] Es ist als Summe aller ergebniswirksamen und ergebnisunwirksamen Aufwendungen und Erträge definiert und lässt Einlagen und Entnahmen unberücksichtigt. Die Summe der ergebniswirksamen Aufwendungen und Erträge bildet das *Net Income*, die Gesamtheit aller erfolgsunwirksamen Aufwendungen und Erträge das *OCI*. Die nunmehr klare Abgrenzung zwischen Transaktionen mit Anteilseignern und Nichtanteilseignern führt im Vergleich zur alten Fassung des IAS 1 (revised 2003) zu einer erhöhten Transparenz.[253]

Der neue IAS 1 eröffnet dem Bilanzierenden die Wahl zwischen der Darstellung der Erfolgsrechnung anhand des *One-Statement Approach* oder des *Two-*

---

248 Dies ist dann der Fall, wenn dem DRS 7 gefolgt wird.

249 Vgl. Krotter (2007) S. 697-698 zu einer Zusammenfassung der Ergebnisse empirischer Untersuchungen. Vgl. Küting / Reuter (2009) S. 44-49 zur empirischen Bedeutung des OCI bei deutschen Industrie- und Handelsunternehmen, vgl. auch Haller / Ernstberger / Buchhauser (2008) S. 325. Die letzten beiden Untersuchungen zeigen, dass ein negatives OCI nicht selten das CI beträchtlich mindern kann.

250 Vgl. hierzu und im Folgenden Leibfried / Eisele (2009) S. 511-519, vgl. auch Fülbier / Maier / Sellhorn (2009) S. 405-410.

251 Die überarbeitete Fassung des IAS 1 (revised 2007) ist das Resultat der ersten Phase des Gemeinschaftsprojekts von IASB und Financial Accounting Standards Board (FASB) mit dem Titel „Financial Statement Presentation". Der Fokus dieser ersten Phase lag auf der Erhöhung der Transparenz bei der Darstellung von Eigenkapitalveränderungen sowie auf der Konkretisierung des Begriffs des Periodenerfolgs.

252 Vgl. hierzu und im Folgenden IAS 1.7 (revised 2007), vgl. ausführlich Fülbier / Maier / Sellhorn (2009) S. 405-406, vgl. auch Küting / Reuter (2009) S. 44-45, vgl. auch Oversberg (2007) S. 339-342, vgl. auch Zülch / Fischer (2007) S. 257-260.

253 Vgl. Leibfried / Eisele (2009) S. 514, vgl. auch Freiberg (2009) S. 177, vgl. auch Oversberg (2007) S. 340-341, vgl. auch Zülch / Fischer (2007) S. 259. Nach IAS 1 (revised 2003) war es bis Ende 2008 möglich auf eine Gesamtergebnisrechnung zu verzichten und das OCI lediglich in den Eigenkapitalspiegel zu integrieren. Dieser enthielt auch Eigenkapitaltransaktionen mit Gesellschaftern des Unternehmens und führte somit zu einem Konglomerat verschiedener Eigenkapitalbestandteile. Vgl. dazu IAS 1.96 (revised 2003), vgl. auch Freiberg (2009) S. 178 und Haller / Ernstberger / Buchhauser (2008) S. 314.

Statement Approach.[254] Nach den 2008 veröffentlichtem Discussion Paper „Preliminary Views on Financial Statement Presentation" und dem 2010 veröffentlichten Staff Draft of Exposure Draft „IFRS X: Financial Statement Presentation" zur Änderung des IAS 1 soll künftig nur noch der nun als *Single-Statement Approach* bezeichnete Ausweis einer einzigen fortlaufenden Ergebnisrechnung zulässig sein.[255] Innerhalb dieser Rechnung, die das Gesamtergebnis als Saldo hat, werden gemäß dem bereits in Kraft getretenen IAS 1 (revised 2007) auch die Summen der beiden integrierten Teilrechnungen (*Net Income* und *OCI*) separat ausgewiesen.[256]

Die Gesamterfolgsrechnung *(Statement of CI)* tritt also sowohl bei Wahl des *One-Statement Approach* nach gültigem Recht als auch bei Anwendung des *Single-Statement Approach*, wie dieser in aktuellen Veröffentlichungen des IASB vorgeschlagen wird, an die Stelle der GuV.[257]

Bei der Berechnung des Residualgewinns nach IFRS ist es demzufolge denkbar nicht – wie bisher in der Literatur unterstellt – auf das *Net Income*, sondern auf das *CI* abzustellen. Diese Vorgehensweise wäre durch die nunmehr klare Trennung zwischen Transaktionen mit Eigenkapitalgebern und Nichteigenkapitalgebern bei der Aufstellung des Jahresabschlusses ohne nennenswerten Mehraufwand möglich.[258] Wenn im Rahmen von Kapitel 4 die Kongruenzverstöße nach internationalen Rechnungslegungsstandards kritisiert werden, so darf nicht vergessen werden, dass das Unternehmen bei der Residualgewinnermittlung durch die soeben beschriebene Vorgehensweise Kongruenzverstößen in starkem Maße entgegenwirken kann.[259]

---

254 Vgl. IAS 1.82 und IAS 1.81(b). In der Unternehmenspraxis scheint der Two-Statement Approach bevorzugt zu werden, da dieser die Bedeutung der GuV klarer herausstellt als der Single-Statement Approach. Vgl. dazu Haller / Ernstberger / Buchhauser (2008) S. 325, vgl. auch Fülbier / Maier / Sellhorn (2009) S. 406. Das IASB präferiert hingegen die Verwendung des Single-Statement Approach. Vgl. dazu Fülbier / Maier / Sellhorn (2009) S. 408, vgl. auch Oversberg (2007) S. 341-342.

255 Vgl. DP (2008b) 3.24 und 3.28, vgl. SD (2010) Rz. 135-136.

256 Vgl. IAS 1.82.

257 Vgl. DP (2008b) 3.24 und 3.28, vgl. auch SD (2010) Rz. 135-136 zur Präferenz des IASB für den Single-Statement Approach.

258 Die neuen Regelungen führen beim Bilanzierenden zwar durchaus zu einem Mehraufwand, jedoch fällt dieser bereits für die Aufstellung des Jahresabschlusses an und lässt sich insofern ohnehin nicht umgehen. Demzufolge kann geschlussfolgert werden, dass kein signifikanter zusätzlicher Aufwand entsteht, wenn die Größen aus der Gesamterfolgsrechnung zur Ermittlung der Residualgewinne herangezogen werden.

259 Dies gilt nicht für Kongruenzverstöße, die aus den neuen Regelungen zur Darstellung der Änderungen von Rechnungslegungsmethoden sowie zur Fehlerkorrektur erwachsen. Vgl. Bogajewskaja (2007) S. 275 zur Kritik an diesen Neuregelungen.

3.2.4 Zweites Kriterium: Manipulationsresistenz

Das Kriterium der Manipulationsresistenz stellt die objektive Ermittlung einer Kennzahl bzw. einer Bemessungsgrundlage in den Mittelpunkt.[260] Um dies zu erreichen, sollte der Entscheidungsträger keinen Spielraum bezüglich der Zurechnung von Erfolgen auf die unterschiedlichen Perioden eines Projektes besitzen.[261] Zudem sollten mögliche Manipulationen erkennbar sein und damit ihre Effektivität verlieren. Negative Einflüsse ergäben sich andernfalls vor allem auf die Performancemessung, die durch eine Manipulation von Kenngrößen nicht mehr akkurat dargestellt würde, sowie auf die Managemententlohnung und der mit ihr einhergehenden Motivationswirkung. Der Entscheidungsträger würde seine Entscheidungen bei Maximierung der an ihn fließenden Entlohnungszahlungen gegebenenfalls nicht mehr am Unternehmensinteresse und der Steigerung des Unternehmenswertes ausrichten.

Die praktische Bedeutung des Problems der Manipulationsanfälligkeit von Rechnungswesendaten verstärkt sich, wenn die Handlungen der mit Hilfe der Kennzahl Beurteilten kaum oder gar nicht beobachtbar sind und sich das Unternehmen damit in großem Maße auf die Steuerungswirkung der Kennzahl verlässt.[262] Wie in Kapitel 3.2.2 bereits angedeutet, verstärkt sich der Anreiz zur Manipulation sogar noch, wenn die Entlohnung an das Wertsteigerungsmaß gekoppelt ist und sich für den Entscheidungsträger eine finanzielle Verbesserung erzielen lässt. Möglicherweise plant dieser nicht mehr sehr lange im Unternehmen zu verbleiben und profitiert entsprechend von dem frühen Ausweis eines hohen Kennzahlenwertes.

Grundsätzlich ergibt sich die Problematik der Manipulationsanfälligkeit im Rechnungswesen immer dann, wenn es zu einer Periodisierung von Cashflows kommt.[263] Der Extremfall einer reinen Ex-post-Zahlungsstrombetrachtung würde dem Kriterium der Manipulationsresistenz hingegen in idealem Maße ent-

---

260 In der Literatur wird neben der beabsichtigten Verzerrung durch Manipulationen auch die Unempfindlichkeit gegenüber Fehleinschätzungen als Kriterium zur Beurteilung von Performancemaßen diskutiert. Dabei handelt es sich um die unbeabsichtigte Verzerrung von Kennzahlenwerten, z.B. bei der Anwendung von Schätzungsverfahren. Vgl. dazu Weber / Bramsemann / Heineke / Hirsch (2004) S. 98. Im Rahmen dieser Untersuchung wurde sich gegen eine separate Analyse von Fehleinschätzungen entschieden, da diese i.d.R. schwer bestimmbare Werte betreffen. Es wird die Auffassung vertreten, dass diese Werte durch ihren Charakter ohnehin stets auch zu einem Manipulationsspielraum führen. Daher wird von einer getrennten Analyse kein wesentlicher zusätzlicher Erkenntnisgewinn erwartet.

261 Vgl. hierzu und im Folgenden Hebertinger (2002) S. 38-39.

262 Vgl. Weber / Bramsemann / Heineke / Hirsch (2004) S. 86.

263 Vgl. hierzu und im Folgenden Dahlhaus (2009) S. 146.

sprechen, da es zu keinen Periodisierungen und zu keiner Antizipation künftiger Zahlungsströme käme, wodurch auch keine ermessensabhängigen Schätzungen von Nöten wären.[264] In der internationalen Rechnungslegung würde dies mit einer optimalen Erfüllung der Anforderung der *Reliability* einhergehen.[265]

Auf den Residualgewinn bezogen lässt sich konstatieren, dass sich dieser besser zur Erfüllung des Kriteriums der Manipulationsresistenz eignet als stärker zukunftsbezogene Größen wie z.B. der *ökonomische Gewinn*, dessen antizipierte Rückflüsse kaum intersubjektiv nachprüfbar sind.[266] Dies kann als einer der Gründe angesehen werden, warum sich das Residualgewinnkonzept einer solch großen Beliebtheit zur periodischen Steuerung erfreut.

Trotzdem ist auch der Residualgewinn nicht frei von Schwachstellen bezüglich der Anforderung der Unempfindlichkeit gegenüber Manipulationen.[267] Gefahren sind u.a. bei der Beurteilung der Nutzungsdauer des investierten Kapitals zu sehen. Eine inadäquate Festlegung der Nutzungsdauer kann die Abschreibungen verzerren. Gelingt es einem Manager, längere Nutzungsdauern zu begründen, welche im Zweifelsfall auf Grund der vorherrschenden Informationsasymmetrie nur schwer zu widerlegen sind, so ist der Ausweis von kurzfristig besseren Residualgewinnausprägungen die Folge; Umkehreffekte stellen sich teilweise erst Jahre später ein.

Weitere Freiräume bei der Ermittlung des Residualgewinns ergeben sich vor allem aus der Bestimmung des Kapitalkostensatzes.[268] Dieser hat einen erheblichen Einfluss auf die Höhe der Kennzahl. Die Verwendung des richtigen Betafaktors und die korrekte Vorgehensweise bei Berechnung der Eigenkapitalkosten bei Unternehmen oder Unternehmensteilen, die nicht öffentlich gehandelt werden, unterliegen besonderen Erfordernissen.[269] Dies resultiert daraus, dass bei solchen Unternehmenseinheiten keine Kursgewinne und -verluste an der Börse beobachtbar sind, die der Betafaktor-Berechnung zu Grunde gelegt wer-

264 Vgl. Weber / Bramsemann / Heineke / Hirsch (2004) S. 98 zu Manipulationsspielräumen bei Anwendung von Schätzungsverfahren.

265 IFRS-Abschlüsse sollen den qualitativen Anforderungen der Relevance und Reliability entsprechen. Die Relevance fordert, dass den Adressaten wirtschaftlich relevante Informationen bereitgestellt werden. Vgl. dazu RK.26. Informationen sind indes als verlässlich anzusehen, wenn sie keine materiellen Fehler und bewussten Verzerrungen enthalten. Vgl. dazu RK.31.

266 Vgl. Crasselt (2003) S. 63-64, vgl. Laux (2006) S. 98-100 zum ökonomischen Gewinn.

267 Vgl. hierzu und im Folgenden Weber / Bramsemann / Heineke / Hirsch (2004) S. 98-99.

268 Vgl. hierzu und im Folgenden Eidel (1999) S. 317-318, siehe Kapitel 3.1.1 allgemein zum WACC.

269 Vgl. Young / O'Byrne (2001) S. 176-179 hierzu und im Folgenden zu den Besonderheiten der Eigenkapitalkostenberechnung.

den könnten. Bei geografisch organisierten Unternehmen wird teilweise das Risiko auf den risikolosen Zinssatz aufgeschlagen, ohne ein Beta zu berechnen.[270] Wenn Unternehmen indessen nach Produktlinien organisiert sind, bietet es sich an, Betafaktoren von vergleichbaren Firmen der gleichen Branche als Ausgangspunkt zu nehmen und diese entsprechend dem Verschuldungsgrad des betrachteten Unternehmens oder Unternehmensteils anzupassen. In beiden Fällen ist erkennbar, dass die Vorgehensweise sowohl Probleme bei der Ermittlung als auch Ungenauigkeiten in sich birgt. Zudem muss darauf hingewiesen werden, dass in der Praxis aus Praktikabilitätsgründen weitere Vereinfachungen bei der Bestimmung der Kapitalkosten zu erwarten sind.[271]

Der Residualgewinn beruht zum großen Teil auf Datenmaterial des externen Rechnungswesens.[272] In der Literatur wird vielfach die Unsicherheit dieser Daten auf Grund möglicher Bilanzpolitik kritisiert.[273] Vor allem wird vor Bilanzierungs- und Bewertungswahlrechten sowie Ermessensspielräumen gewarnt, welche in großem Maße vom zu Grunde liegenden Rechnungslegungssystem abhängig sind. In Kapitel 4 wird dies anhand der Systeme des HGB und der IFRS für konkrete Bilanzierungssachverhalte erörtert.

Beeinflussbar sind Residualgewinn-Größen außerdem durch die Wahl der durchgeführten Anpassungen.[274] In der unternehmerischen Praxis lassen sich kontroverse Gründe für oder gegen bestimmte Konversionen anführen und somit Kennzahlenwerte in die eine oder andere Richtung lenken.

3.2.5 Drittes Kriterium: Entscheidungsverbundenheit

Das Kriterium der Entscheidungsverbundenheit lässt sich in eine sachliche und eine zeitliche Komponente unterteilen.[275] Gemäß der sachlichen Entscheidungs-

---

270 Finanziert sich ein Unternehmen oder Unternehmensteil im Wesentlichen selbst, so wird die Risikoprämie auf den risikolosen Zinssatz des jeweiligen Sitzlandes aufgeschlagen. Erfolgt die Finanzierung durch ein Mutterunternehmen, so dient der risikolose Zinssatz dessen Landes als Basis. In letzterem Fall sollte ein zusätzlicher Risikoaufschlag berücksichtigt werden, wenn sich der Sitz der Tochter nicht in einer Industrienation befindet. Vgl. dazu Young / O'Byrne (2001) S. 176-179.

271 Vgl. Günther / Landrock / Muche (2000) S. 133-134 zur Verwendung von groben Schätzungen und deren Eignung in der Praxis, vgl. auch Pellens / Rockholtz / Stienemann (1997) S. 1935-1938 zur Bestimmung von Kapitalkosten in der Praxis von Konzernunternehmen.

272 Vgl. Ballwieser (2000) S. 164 zur zunehmenden Beliebtheit der Anbindung der Konzernsteuerung an bereits vorhandene Rechenwerke.

273 Vgl. Küpper (2001) S. 229 stellvertretend für viele.

274 Vgl. hierzu und im Folgenden Weber / Bramsemann / Heineke / Hirsch (2004) S. 99. Siehe Kapitel 3.1.4 ausführlich zu den möglichen Anpassungsmaßnahmen.

275 Vgl. hierzu und im Folgenden Weber / Bramsemann / Heineke / Hirsch (2004) S. 85-86.

verbundenheit sollen sich die Folgen der Entscheidungen des an der Bemessungsgrundlage beurteilten Mitarbeiters im Wert der Kennzahl widerspiegeln. Die Kenngröße muss einerseits durch den Beurteilten beeinflussbar sein und sollte andererseits möglichst wenig von zufälligen Markteinflüssen beeinträchtigt werden, um keine negative Motivationswirkung zu erzeugen.

In der vorliegenden Untersuchung wird davon ausgegangen, dass die zeitliche Entscheidungsverbundenheit stets die Erfüllung der sachlichen Komponente bedingt. Nur wenn Kennzahlenwerte grundsätzlich mit der Entscheidung des daran Beurteilten verbunden sind, kann die zeitliche Komponente der Entscheidungsverbundenheit bejaht werden. Konkret besagt letztere, dass die Folgen getroffener Entscheidungen möglichst zeitnah ausgewiesen werden sollten, idealer Weise bereits in der Periode, in der die korrespondierenden Entscheidungen getroffen wurden.[276] Dies kann zu einer erheblichen Motivationswirkung führen, da die Beurteilung im letzteren Fall anhand der tatsächlich in der Periode erbrachten Leistung erfolgt. Eine Verletzung der zeitlichen Entscheidungsverbundenheit liegt insbesondere dann vor, wenn aus einem Projekt mit positivem Kapitalwert zunächst ein negativer Residualgewinn entsteht.

Zwischen dem Prinzip der zeitlichen Entscheidungsverbundenheit und dem Kriterium der Manipulationsresistenz besteht ein Zielkonflikt.[277] Um der Manipulationsresistenz möglichst gut zu entsprechen, sollte auf eine Ex-post-Zahlungsstrombetrachtung zurückgegriffen werden.[278] Um der zeitlichen Entscheidungsverbundenheit in besonderem Maße gerecht zu werden, bedarf es hingegen gerade in hohem Maße der Antizipation zukünftiger Zahlungsströme. Die reinste Ausprägung dieses Prinzips verkörpert das *ökonomische Gewinnkonzept*. Dieses ist definiert als die Summe der Free Cashflows einer Periode und der Ertragswertänderung.

$$\ddot{O}G_t = EW_t - EW_{t-1} + E_t - A_t$$

Werden keine neuen Projekte in das Investitionsprogramm integriert, entspricht der erwartete *ökonomische Gewinn* der Periode exakt den marktwertorientierten kalkulatorischen Zinsen auf den Ertragswert zu Beginn der Periode. Von einem *ökonomischen Gewinnzuwachs* kann in einem solchen Fall nicht gesprochen werden. Falls jedoch neue Projekte initiiert werden, sinken die Free Cashflows um die Investitionsauszahlung. Der Ertragswert steigt gleichzeitig um den Bar-

276 Vgl. Hax (1989) S. 162, vgl. hierzu und im Folgenden Weber / Bramsemann / Heineke / Hirsch (2004) S. 85 und S. 96.

277 Vgl. hierzu und im Folgenden Crasselt (2001) S. 168-169.

278 Vgl. auch Crasselt (2003) S. 64.

wert der durch das Investitionsprojekt zusätzlich erwarteten Rückflüsse. Der *ökonomische Gewinn* der Periode erhöht sich folglich genau um den Kapitalwert des neu ins Investitionsprogramm aufgenommenen Projekts, was der zeitlichen Entscheidungsverbundenheit in idealer Weise entspricht. Folgende Tabelle stellt das *ökonomische Gewinnkonzept* einer reinen Ex-post-Zahlungsbetrachtung gegenüber.

	Reine Cashflow-Betrachtung	**Ökonomischer Gewinn nach Zinsen**
Perioden-abgrenzungen	keine	Vollständig
Prinzip der externen Erfolgsrechnung	Reliability	Relevance
Prinzip der internen Erfolgsrechnung	Manipulationsresistenz	Entscheidungs-verbundenheit
Geschäfts- oder Firmenwert	Barwert der erwarteten Cashflows	Null
Marktwert des Eigenkapitals	= Kassenbestand am Bilanzstichtag + Geschäfts- oder Firmenwert	= Buchwert des Eigenkapitals

Abbildung 3-3: Systematisierung von Gewinn- und Vermögenskonzeptionen

Wie in Kapitel 2.2.3.5 bereits angedeutet, bilden die Gewinnkonzeptionen, die den derzeit geltenden Rechnungslegungssystemen zu Grunde liegen, einen Kompromiss zwischen den beiden Extremkonstellationen, die sich aus Abbildung 3-3 entnehmen lassen.[279] So ist auch der Residualgewinn zu verstehen, da er einerseits im Wesentlichen das Realisationsprinzip beachtet, welches den Anforderungen der Manipulationsresistenz und der *Reliability* genügt, und andererseits – z.B. in Form des EVA auf Grund der von Stern Stewart vorgeschlagenen Anpassungsmaßnahmen – zukunftsbezogene Bewertungsregeln enthält, was wiederum eher der Entscheidungsverbundenheit und der Anforderung der *Relevance* entspricht.[280]

279 Vgl. hierzu und im Folgenden Schabel (2004) S. 39-40.

280 Siehe Kapitel 2.2.3.5 zur unterschiedlichen Interpretation des Realisationsprinzips in den betrachteten Rechnungslegungssystemen. Vgl. Crasselt (2003) S. 63 zur grundsätzlichen Anschaffungskostenorientierung von Wertmanagementkonzepten.

Im Folgenden werden einige Argumente aus der Literatur aufgegriffen, die die Eignung des Residualgewinnkonzepts hinsichtlich des Kriteriums der Entscheidungsverbundenheit würdigen.

Die einperiodige Konzeption des Residualgewinns erfasst nur die Wirkungen auf die abgelaufene Periode, nicht jedoch den Einfluss der Entscheidungen der abgelaufenen Periode auf künftige Ausprägungen der Kennzahl.[281] Dies birgt die Gefahr, dass Entscheidungsträger eine kurzfristige Verbesserung der Kennzahl anstreben, ohne langfristige Wirkungen mit in ihr Kalkül einzubeziehen.

Ob die sachliche Komponente der Entscheidungsverbundenheit mehr oder weniger gut erfüllt ist, hängt davon ab, welche Entscheidungskompetenz die auf Basis des Residualgewinns beurteilten Mitarbeiter im Hinblick auf die einzelnen, in die Kennzahl eingehenden Bestandteile besitzen. Ein Leiter eines Investment Centers ist verantwortlich für Kosten, Erlöse und Investitionen eines Unternehmensbereichs, wodurch grundsätzlich eine ausreichende sachliche Entscheidungsverbundenheit angenommen werden kann.[282] Bei genauerer Betrachtung sind jedoch noch folgende Punkte zu beachten:

Wird wie im Rahmen des EVA-Originalkonzepts auf den *NOPAT* abgestellt, besitzt die zu zahlenden Steuerlast eine Wirkung auf die Residualgewinnausprägung, obgleich diese nicht im Einflussbereich der mit Hilfe des Residualgewinns beurteilten Entscheidungsträger liegt.[283] So können Gesetzesänderungen in bestimmten Ländern, in denen das betrachtete Unternehmen operativ tätig ist, einen starken Einfluss auf den *NOPAT* ausüben. Dennoch spricht vieles für die Verwendung dieser Nachsteuergröße in Residualgewinnkonzepten, denn das Ziel eines Unternehmens, dessen Steuerung sich am Unternehmenswert orientiert, sollten dauerhafte Überschüsse nach Abzug sämtlicher Auszahlungen sein.

Dem Residualgewinn sollten idealer Weise beide Formen der Entscheidungsverbundenheit immanent sein. Somit sollten im Sinne dieses Kriteriums Wertsteigerungen eines Vermögenswertes z.B. grundsätzlich frühzeitig in den Residualgewinn eingehen, jedoch nur dann, wenn sie auch tatsächlich vom Entscheidungsträger beeinflussbar sind und nicht jeder rationalen Basis entbehren.

---

281 Vgl. hierzu und im Folgenden Weber / Bramsemann / Heineke / Hirsch (2004) S. 96-98.

282 Vgl. Küpper (2001) S. 310-311 zum Entscheidungsspielraum von Investment-Centern sowie zu deren Abgrenzung von Profit-Centern.

283 Siehe Kapitel 3.1.1 zur Berechnung des NOPAT, vgl. hierzu und im Folgenden Weber / Bramsemann / Heineke / Hirsch (2004) S. 97.

Im weiteren Verlauf der Arbeit wird insbesondere von Interesse sein, welches Rechnungslegungssystem die beiden Formen der Entscheidungsverbundenheit am besten verkörpert und welche Konsequenzen daraus für die wertorientierte Performancemessung abgeleitet werden können.

3.2.6 Viertes Kriterium: Zielkongruenz

Das Kriterium der Zielkongruenz ist eines der in der Literatur am häufigsten diskutierten Beurteilungskriterien für Residualgewinnkonzepte sowie für wertorientierte Kennzahlen im Allgemeinen.[284] Ein zielkongruentes Performancemaß bildet die grundlegende Voraussetzung dafür, dass Entscheidungsträger ihre Handlungen am Oberziel der Unternehmung, der Unternehmenswertsteigerung, ausrichten.[285] Eine wertorientierte Kennzahl muss demnach mit dem Unternehmenswert auf Basis des *DCF* vereinbar sein. Bezogen auf einzelne Projekte soll sie einen Anreiz liefern, dass nur solche Projekte durchgeführt werden, die einen positiven Kapitalwert erwarten lassen.

Zu Analysezwecken werden im Folgenden einige Annahmen gesetzt, die in Verbindung mit der Untersuchung des Kriteriums der Zielkongruenz in Kapitel 4 notwendig sind:

Die Projekttypen, die im Laufe dieser Arbeit unterstellt werden, sehen folgendermaßen aus: Die Entscheidung über die Projektdurchführung muss in der Periode t=0 getätigt werden und kann nicht in späteren Perioden nachgeholt werden. Außerdem hat die Entscheidung über die Projektdurchführung keinen. Einfluss auf die Cashflows anderer Projekte oder auf zukünftige Investitionsmöglichkeiten.[286]

Die Untersuchung der Zielkongruenz erfolgt gewöhnlich im Rahmen von Prinzipal-Agenten-Modellen, wobei ein Prinzipal, im betrachteten Fall der Eigentümer des Unternehmens, die Maximierung des Unternehmenswerts anstrebt und ein Agent, in diesem Fall ein Manager bzw. Entscheidungsträger, Entscheidungen über die Durchführung von Investitionsprojekten für den Prinzipal trifft.[287]

---

284 Vgl. Crasselt (2004a) S. 55-76, vgl. auch Mohnen (2005) S. 277-297, vgl. auch Gillenkirch / Schabel (2001) S. 216-245 stellvertretend für viele.

285 Vgl. Weber / Bramsemann / Heineke / Hirsch (2004) S. 85.

286 Synergien zwischen Projekten sowie Realoptionen werden explizit nicht betrachtet. Vgl. Pfaff (1998) zur Auswirkung von Synergien. Vgl. Crasselt (2003) und Friedl (2007) zu Realoptionen.

287 Vgl. Dahlhaus (2009) S. 255-359 zu einer ausführlichen Zusammenstellung von Zielkongruenz-Modellen. Prinzipiell lassen sich drei Tätigkeitsbereiche unterscheiden, die vom Prinzipal an den Manager delegiert werden können, darunter die Suche nach möglichen Investitionsprojekten, das Treffen von Investitionsentscheidungen sowie die ope-

Die Delegation der Entscheidungskompetenz auf den Agenten ist sinnvoll, da dieser annahmegemäß präzisere Informationen über die durchzuführenden Projekte, insbesondere hinsichtlich der zu erwartenden Cashflows, besitzt als der Prinzipal.[288] Daher wird hier auch von einem *Hidden Information-Problem* gesprochen.[289]

Diese *Hidden Information-Problematik* ist aus Sicht des Prinzipals kritisch zu sehen, da der Agent seine eigene Zielsetzung verfolgt, die annahmegemäß in der Maximierung des Barwerts seiner Entlohnung besteht.[290] Um diese Zieldivergenz zwischen Prinzipal und Agent zu überwinden, ist ein Anreizsystem notwendig, das den Agenten genau dann belohnt, wenn er im Sinne des Prinzipals handelt.[291]

In der vorliegenden Untersuchung wird davon ausgegangen, dass der Agent lediglich über einen eingeschränkten Zugang zum Kapitalmarkt verfügt. Ihm ist es nicht möglich Kapital zu den gleichen Konditionen wie der Prinzipal aufzunehmen und anzulegen. Dies hat zur Folge, dass bestehende Interessenkonflikte besonderes Gewicht erlangen.[292] Der Agent kann Kapitalmarktgeschäfte in einer solchen Situation nicht dazu nutzen Zahlungsprofile, die nicht seinen Risiko- und Zeitpräferenzen entsprechen, zu modifizieren.

Bezüglich der Risikopräferenzen wird hier unterstellt, dass beide Akteure risikoneutral sind, da die Anreizwirkungen der Bemessungsgrundlage Residualgewinn Hauptgegenstand dieser Untersuchung sind und nicht der Tradeoff zwischen Risikoallokation und Anreizsteuerung.[293] Folglich verwenden Prinzipal

---

rative Durchführung von Investitionsprojekten. Vgl. dazu Diamond (1998) S. 931. Vgl. Rogerson (1997) für eine Auftragsbeziehung, die sowohl das Treffen von Investitionsentscheidungen als auch die Durchführung von Investitionsprojekten beinhaltet. Reichelstein (2000) ordnet dem Manager darüber hinaus die Zuständigkeit für die Suche nach Investitionsprojekten zu.

288 Der Informationsstand des Agenten sei dem Prinzipal unbekannt.

289 Vgl. Crasselt (2003) S. 82 ausführlich zur Hidden Information-Problematik.

290 Ein Anreizproblem entsteht hier dadurch, dass die Interessenheterogenität von Agent und Prinzipal mit einer asymmetrischen Informationsverteilung zusammenfällt. Vgl. dazu Crasselt (2003) S. 78 und S. 81.

291 Laut Hebertinger (2002) S. 25 wird der vertraglich gestaltbare Teil eines Anreizsystems als Belohnungssystem bezeichnet. Dessen Determinanten sind die Art der Belohnung, die Bemessungsgrundlage sowie die Belohnungsfunktion. Im Laufe dieser Arbeit wird stets von einer finanziellen Entlohnung ausgegangen. Vgl. Hofmann (2002) Sp. 69-79 ausführlich zu Anreizsystemen.

292 Vgl. hierzu und im Folgenden Crasselt (2003) S. 80.

293 Bei eingeschränktem Kapitalmarktzugang eines risikoaversen Agenten ergibt sich das Problem, dass dieser Risiken nicht im gleichen Maße diversifizieren kann wie die Anteilseigner des Unternehmens. Daraus folgt, dass der Agent auch unsystematische Risi-

und Agent jeweils einen Diskontierungssatz, der sich im Wesentlichen aus ihren individuellen Handlungsoptionen am Kapitalmarkt ergibt.[294] Beim Agenten spielen sein geplantes Konsumverhalten sowie die Wahrscheinlichkeitsverteilung bezüglich seines Verbleibs in seiner derzeitigen Position innerhalb des Unternehmens eine nicht unerhebliche Rolle. Beabsichtigt er privat bereits vor Gehaltsauszahlung eine größere Anschaffung zu tätigen, für die er Geld am Kapitalmarkt aufnehmen müsste, so wird seine Zeitpräferenzrate diesen Kapitalbedarf sowie die Konditionen einer privaten Kapitalaufnahme widerspiegeln.[295]

Im Rahmen der Zielkongruenzdiskussion in Kapitel 4 und 5 wird der realistische Fall angenommen, dass die Zeitpräferenzrate des Agenten diejenige des Prinzipals übersteigt. In der Literatur wird hier vom Problem des ungeduldigen Managers gesprochen.[296]

In der vorliegenden Untersuchung werden weder explizite Ausgestaltungen der Nutzenfunktionen der Akteure noch Variationen der Entlohnungsfunktion betrachtet.[297] Vielmehr wird eine lineare Entlohnung des Agenten am Residualgewinn unterstellt und die sich daraus ergebenden Wirkungen untersucht. Der Disnutzen des Agenten aus seiner Arbeitsleistung betrage Null. Suchanstrengungen für Investitionsprojekte führen demzufolge annahmegemäß nicht zu Arbeitsleid des Agenten bzw. werden ausgeblendet. Durch diese Vereinfachung gelingt es, die Steuerungswirkung der Bemessungsgrundlage Residualgewinn separat und unabhängig von spezifischen Präferenzen des Agenten zu analysieren. Es sei allerdings an dieser Stelle darauf hingewiesen, dass individuelle Charakteristika des Agenten in einer realen Prinzipal-Agenten-Situation einen nicht zu unterschätzenden Einfluss ausüben können.

Zielkongruenzmodelle besitzen im Vergleich zu vielen anderen Prinzipal-Agenten-Modellen tendenziell eher allgemeinere Annahmen und eine geringere Komplexität, da die Eignung der Bemessungsgrundlage als wertorientiertes Steuerungsmaß im Fokus steht und nicht spezifische Ausgestaltungen der Ent-

---

ken in sein Bewertungskalkül miteinbezieht, wodurch die Frage der Risikoteilung ein besonderes Gewicht erlangt. Vgl. dazu ausführlich Crasselt (2003) S. 137-141.

294 Vgl. hierzu und im Folgenden Crasselt (2003) S. 80.

295 Vgl. Reichelstein (1997) S. 158, vgl. auch Rogerson (1997) S. 771, vgl. auch Gillenkirch / Schabel (2001) S. 220, vgl. auch Pfaff (1998) S. 505.

296 Vgl. Baldenius / Fuhrmann / Reichelstein (1999) S. 55, vgl. auch Pfaff / Kunz / Pfeiffer (2000) S. 562, vgl. auch Gillenkirch / Schabel (2001) S. 220, vgl. auch Reichelstein (1997) S. 166.

297 Vgl. Wagenhofer / Riegler (1999), vgl. auch Gillenkirch (2004), vgl. auch Gillenkirch / Schabel (2001) exemplarisch für Arbeiten, die detailliert Agency-Kosten und die Motivation des Agenten berücksichtigen.

lohnungsfunktion.[298] Im Folgenden werden die getroffenen Annahmen noch einmal tabellarisch dargestellt:

Annahmen zur Projektstruktur
Entscheidungszeitpunkt ist Periode t=0
Nachholung der Entscheidung nicht möglich
Projektdurchführung beeinflusst Cashflows anderer Projekte nicht
Projektdurchführung besitzt keinen Einfluss auf künftige Investitionsmöglichkeiten
Annahmen zur Prinzipal-Agenten-Beziehung
Ziel des Prinzipals: Maximierung des Unternehmenswertes
Ziel des Agenten: Maximierung des Barwertes seiner Entlohnung
Risikoneutralität der beiden Akteure
Entlohnung des Agenten erfolgt linear am Residualgewinn
Kapitalkostensatz des Unternehmens < Zinssatz des Agenten
Agent besitzt keinen privaten Zugang zum Kapitalmarkt

Abbildung 3-4: Annahmen zur Analyse der Zielkongruenz

Im Kontext mit Residualgewinnkonzepten basiert das Kriterium der Zielkongruenz auf dem Prinzip der Barwertidentität.[299] Ist dieses erfüllt, so lässt sich eine formale Verbindung zwischen dem betrachteten Wertsteigerungsmaß und dem Unternehmenswert mit Hilfe des *Lücke-Theorems* herstellen.[300]

Betrachtet man einen Fall, in dem die Diskontierungsraten der Unternehmung und des Managers übereinstimmen, entfaltet ein Residualgewinn, der über die Barwertidentität mit dem Unternehmenswert verknüpft ist – unabhängig von Periodisierungen der Rechnungslegung sowie von Modifikationen der Gewinn- und Vermögensbasis – unter den getroffenen Annahmen eine Anreizwirkung, die sicherstellt, dass nur Projekte mit positivem Kapitalwert durchgeführt werden.[301] Eine Maximierung des Barwerts der erwarteten Residualgewinne führt in diesem Fall gleichzeitig zu einer Maximierung des Kapitalwerts auf Basis der

298 Vgl. Dahlhaus (2009) S. 258 und S. 353-355.

299 Siehe dazu Kapitel 3.1.2 zum Lücke-Theorem und Kapitel 3.2.3 zum Kongruenzprinzip.

300 Wie in Kapitel 3.1.2 und Kapitel 3.2.3 erläutert, ist die Einhaltung des Kongruenzprinzips erforderlich, um die Verbindung über das Lücke-Theorem herstellen zu können.

301 Vgl. hierzu und im Folgenden grundlegend Reichelstein (1997) S. 157-180, vgl. Schabel (2004) S. 115-116, der kritisiert, dass beim EVA – unter Berücksichtigung der von Stern Stewart vorgeschlagenen Anpassungen – diese Beziehung nicht mehr besteht. Ursächlich dafür sind Verletzungen der Clean Surplus-Bedingung sowie ein unvollständiger Ausweis von Erfolgskomponenten.

DCF-Methode. Ein Performancemaß, das vorstehende Eigenschaften erfüllt, lässt sich als schwach zielkongruent bezeichnen.[302]

Für den Anwendungsbereich der Managemententlohnung sind die bisher an eine Bemessungsgrundlage für die Entlohnung gestellten Anforderungen jedoch häufig nicht ausreichend.[303] Zielkongruenz wird insbesondere dann nicht zwangsläufig erreicht, wenn Agent und Prinzipal voneinander abweichende Zeitpräferenzen besitzen.[304] In der Regel diskontiert Ersterer seine zukünftigen (an den Residualgewinn geknüpften) Entlohnungszahlungen stärker als der Prinzipal. Es ist auch denkbar, dass er einen Planungshorizont besitzt, der kürzer ist als die Laufzeit des Projektes, über dessen Durchführung er entscheidet.[305] Dadurch können Investitionen in Projekte mit positivem Kapitalwert aus Sicht des Agenten unter Umständen unvorteilhaft werden.

Zur Herstellung von Zielkongruenz in solchen Situationen werden häufig Abschreibungen der mit dem Projekt in Verbindung stehenden Anfangsinvestition als Gestaltungsparameter herangezogen.[306] Rogerson (1997) und Reichelstein (1997) schlagen in ihren Modellen eine Verteilung der Abschreibungen gemäß dem *Tragfähigkeitsprinzip* auf die einzelnen Perioden vor. Der Grundgedanke ist, dass Perioden mit hohen Periodencashflows auch einen relativ hohen Anteil der Kosten tragen können und sollten.[307]

---

302 Vgl. Baldenius / Fuhrmann / Reichelstein (1999) S. 58 und S. 64-65.

303 In diesem Fall sind grundsätzlich zwei Möglichkeiten denkbar, um Zielkongruenz herzustellen. Einerseits können Anpassungen des Kapitalkostensatzes durchgeführt werden. Vgl. dazu Gillenkirch (2004) S. 47-76, vgl. auch Pfeiffer (2000) S. 68-91. Andererseits kann es durch Periodisierungen von Cashflows gelingen, Zielkongruenz herzustellen. Vgl. dazu Reichelstein (1997) S. 157-180. In dieser Arbeit wird im Wesentlichen auf die zweite Möglichkeit eingegangen, da Periodisierungen in den späteren Kapiteln eine entscheidende Rolle beim Vergleich der Rechnungslegungssysteme einnehmen. Der Kapitalkostensatz wird hingegen nicht explizit als Gestaltungsparameter untersucht. Vielmehr wird vom WACC ausgegangen sowie dessen Beeinflussbarkeit durch Periodisierungen betrachtet, z.B. durch den Buchwert des Fremdkapitals, der in die WACC-Berechnung eingeht.

304 Vgl. hierzu und im Folgenden Mohnen (2002) S. 64-65, vgl. auch Baldenius / Fuhrmann / Reichelstein (1999) S. 55, vgl. auch Pfaff / Kunz / Pfeiffer (2000) S. 562, vgl. auch Gillenkirch / Schabel (2001) S. 220, vgl. auch Reichelstein (1997) S. 166.

305 Es wird angenommen, dass der Agent nach Verlassen des Unternehmens nicht mehr an Residualgewinnen partizipiert, selbst wenn diese auf Grund seiner Investitionen in früheren Perioden dem Unternehmen zufließen.

306 Vgl. hierzu und im Folgenden Reichelstein (1997) S. 157-180, vgl. auch Rogerson (1997) S. 770-795.

307 Dabei gehen sie von Projekten aus, die lediglich positive operative Cashflows in den Folgeperioden besitzen.

Die sogenannte *Relative Benefit Allocation*, die beide entwickelt haben, stellt sicher, dass die Summe aus Abschreibungen und kalkulatorischen Zinsen, die in den Residualgewinn eingeht, proportional zu den Cashflows auf die Perioden verteilt wird. Wendet man diese Methode auf den Fall konstanter Cashflows an, so entsprechen die jährlichen Abschreibungsbeträge der Annuitätenabschreibung.[308] Folglich ist letztere ein Sonderfall des Abschreibungskonzepts von Rogerson und Reichelstein.

Die Abschreibungen fallen bei Anwendung des relativen Beitragsverfahrens tendenziell progressiv aus, da die kalkulatorischen Zinsen eines Projektes im Zeitablauf (durch das sinkende investierte Kapital auf Grund der steigenden kumulierten Abschreibungen) abnehmen und Perioden, in denen nur wenig kalkulatorische Zinsen anfallen, mehr Abschreibungen tragen können, da kalkulatorische Zinsen und Abschreibungen zusammen bei Rogerson (1997) und Reichelstein (1997) gerade die Gesamtkosten bilden. So wird verhindert, dass Residualgewinne allein durch die von Periode zu Periode sinkenden kalkulatorischen Zinsen im Zeitablauf ansteigen.[309] Ein Performancemaß, das – wie der Residualgewinn bei Verwendung der *Relative Benefit Allocation* – unabhängig von den unterstellten Zeitpräferenzen dazu führt, dass ein Projekt mit positivem Kapitalwert in jeder Periode positive Ausprägungen zur Folge hat, wird in der Literatur als stark zielkongruent bezeichnet.[310]

Im Folgenden werden Situationen betrachtet, in denen die Allokationsregel von Rogerson und Reichelstein nicht mehr zielführend ist sowie einige für solche Situationen entwickelte Lösungsansätze: Bei Vorliegen eines Projektes, welches nach einer getätigten Anfangsinvestition auch in den Folgeperioden teilweise zu

---

308 Vgl. Solomons (1965) S. 135-136 und Crasselt (2004b) S. 127-129 zur Annuitätenabschreibung. Im Falle konstanter Cashflows führt die Annuitätenmethode dazu, dass ein Projekt mit positivem Kapitalwert in jeder Periode durch einen positiven Residualgewinn gekennzeichnet ist. Auf dieser Überlegung aufbauend hatte bereits Stewart seine sogenannte „Sinking-Fund Depreciation" als Anpassung im Rahmen des EVA-Konzepts vorgeschlagen. Vgl. Stewart (1994) S. 80-81. Häufig besitzen die Projektrückflüsse jedoch eine andere zeitliche Struktur, wodurch die Annuitätenabschreibung nicht mehr zum gewünschten Erfolg führt. Mehrere Beiträge in der Literatur haben aufgezeigt, dass – unabhängig von der zeitlichen Struktur der Projektrückflüsse – Abschreibungen nach dem Tragfähigkeitsprinzip zielführend zur Herstellung starker Zielkongruenz sind. Vgl. dazu die Arbeiten von Rogerson (1997) und Reichelstein (1997).

309 Es ist anzumerken, dass ein Unternehmen i.d.R. mehrere oder sogar eine Vielzahl unterschiedlicher Projekte gleichzeitig durchführt. Befinden sich diese in unterschiedlichen Stadien, so kommt es zu einem Nivellierungs- bzw. Glättungseffekt und die sinkenden kalkulatorischen Zinsen führen dann nicht zwangsläufig zu periodisch steigenden Residualgewinnen.

310 Vgl. Baldenius / Fuhrmann / Reichelstein (1999) S. 58 und S. 64-65 zur Unterscheidung zwischen schwacher und starker Zielkongruenz.

negativen Cashflows führt (Projekt mit Vorzeichenwechsel), gelingt es dem relativen Beitragsverfahren beispielsweise nicht zwangsläufig Zielkongruenz herzustellen, da bei einer solchen Konstellation negative Residualgewinne in den Folgeperioden nicht ausgeschlossen sind.[311] In solch einem Fall sind weitere Periodisierungen, z.B. die Vorwegnahme zukünftiger Auszahlungen durch Rückstellungen, notwendig, um eine zielkongruente Steuerung sicherzustellen.[312]

Auch bei der Entscheidung über sich gegenseitig ausschließende Projekte gelingt es mit dem Rogerson-Schema nicht, das Projekt mit dem höchsten Kapitalwert für den Agenten in jedem Fall am attraktivsten zu gestalten.[313] Die *Relative Benefit Allocation* stellt lediglich sicher, dass kein Projekt mit negativem Kapitalwert durchgeführt wird. In der Literatur wurden jedoch bereits Lösungen für eine zielkongruente Steuerung bei Vorliegen einer solchen Problematik entwickelt.

Hier muss zwischen zwei Fällen unterschieden werden: Es stehen zwei oder mehrere Projekte mit entweder identischer oder divergierender Laufzeit zur Auswahl. Ziel des Prinzipals ist es stets, dass das Projekt mit dem höchsten Kapitalwert durchgeführt wird.[314] Als optimale Allokationsregel für Projekte mit identischer Laufzeit schlägt Mohnen (2002) vor, die Residualgewinne annuitätisch – das heißt zu gleichen Teilen – auf die einzelnen Perioden zu verteilen.[315] Dadurch ist sichergestellt, dass das Projekt mit dem höchsten Kapitalwert auch in jeder Periode den höchsten Residualgewinn aller Projekte ausweist. Der Agent entscheidet sich – unabhängig von seinen Zeitpräferenzen – für das vom Prinzipal bevorzugte Projekt, wodurch die angestrebte Zielkongruenz erreicht wird. In einem solchen Fall kann von perfekter Zielkongruenz gesprochen werden.[316]

---

311 Vgl. hierzu und im Folgenden Mohnen (2005) S. 277-297, vgl. ausführlich Mohnen (2002) S. 144-158.

312 Es ist durchaus denkbar, dass Reparaturaufwendungen in späteren Perioden eines Projektes anfallen. Solche sollten nach Möglichkeit durch frühzeitige Rückstellungsbildung in Perioden mit ausreichend positiven Cashflows antizipiert und in Perioden mit negativen Cashflows erfolgswirksam aufgelöst werden, so dass bei einem Projekt mit positivem Kapitalwert alle Perioden verlustfrei gehalten werden. Es ist denkbar, dass die Rückstellungsbildung – je nach Verteilung der Cashflows auf die Perioden – in mehreren Jahren aufgebaut werden muss.

313 Vgl. hierzu und im Folgenden Dahlhaus (2009) S. 284-290 ausführlich zu Auswahlentscheidungen zwischen Investitionsprojekten mit gleicher Laufzeit und ohne Vorzeichenwechsel.

314 Gemäß den getroffenen Annahmen verdrängt ein Projekt mit längerer Laufzeit keine Cashflows aus anderen laufenden Projekten.

315 Vgl. hierzu und im Folgenden Mohnen (2002) S. 185-196 und Mohnen (2003) S. 16-21.

316 Vgl. Dahlhaus (2009) S. 143 zur perfekten Zielkongruenz.

Liegen Projekte mit unterschiedlichen Laufzeiten vor, so führt auch die soeben skizzierte Allokationsregel nicht mehr zwangsläufig zu einer zielkongruenten Steuerung.[317] Die Problematik erwächst daraus, dass das länger andauernde Projekt auch dann noch zum Ausweis von Residualgewinnen führt, wenn die Nutzungsdauer des kürzeren Projekts bereits überschritten ist. In diesen Perioden ist dementsprechend die Vergleichbarkeit zwischen beiden Projekten nicht gewährleistet. Die nun in der Literatur vorgeschlagene optimale Allokationsregel besagt, dass alle Projekte nur in denjenigen Perioden Residualgewinne ausweisen, in denen beide Projekte gleichzeitig laufen, womit wieder eine Struktur vergleichbar mit der Auswahlentscheidung zwischen sich gegenseitig ausschließenden Projekten mit identischer Laufzeit vorläge. Folgerichtig können die Residualgewinne nun wieder annuitätisch auf die einzelnen Perioden verteilt und dadurch Zielkongruenz hergestellt werden.

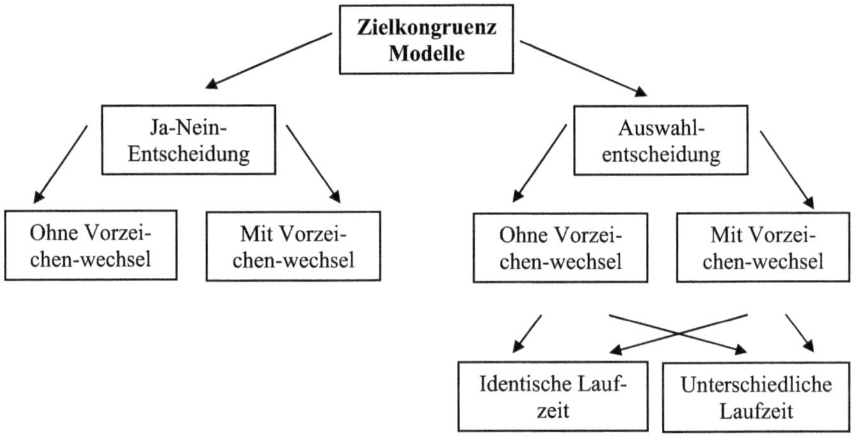

Abbildung 3-5: Entscheidungssituationen im Rahmen der Zielkongruenz[318]

Neben dem diskutierten Problem abweichender Diskontierungssätze von Unternehmung und Manager gibt es noch einen weiteren Aspekt, der dazu führen kann, dass Periodisierungsregeln zur Herstellung von Zielkongruenz durchaus Bedeutung erlangen können. In der Praxis ist es nicht immer möglich, Manager an Verlusten zu beteiligen.[319] Faktisch liegt in einem solchen Fall also eine Haf-

317 Vgl. hierzu und im Folgenden Dahlhaus (2009) S. 290-294 ausführlich zu Auswahlentscheidungen zwischen Investitionsprojekten mit unterschiedlichen Laufzeiten ohne Vorzeichenwechsel. Vgl. auch ausführlich Pfaff (1998) S. 491-526.

318 Grafik in Anlehnung an Dahlhaus (2009) S. 255.

319 Vgl. hierzu und im Folgenden Schabel (2004) S. 137-138, vgl. hierzu auch Craselt (2003) S. 83-84.

tungsbeschränkung vor. Auf Grund dieser führt eine lineare Beteiligung an der Bemessungsgrundlage auch bei identischen Zeitpräferenzen nicht automatisch zu Zielkongruenz. Der Manager partizipiert nicht an Verlusten, sondern nur an positiven Residualgewinnen, was in der Konsequenz zu Überinvestitionen führen kann. Die grundsätzliche Vorteilhaftigkeit von Periodisierungen gegenüber dem Extremfall einer reinen Cashflow-Betrachtung, bei der die Investitionsauszahlung den Residualgewinn zunächst stark mindert und hohe Erfolgswirkungen in den Folgeperioden zu erwarten wären, ist speziell bei Vorliegen einer Haftungsbeschränkung leicht ersichtlich. Prinzipiell gelten hier die gleichen Lösungsansätze wie im Zusammenhang mit dem Problem der unterschiedlichen Zeitpräferenzen bereits erläutert.[320]

Mit diesen theoretischen Überlegungen bezüglich der Ausgestaltung von Residualgewinnen zur Erreichung von Zielkongruenz wurde der Grundstein gelegt, um nunmehr die in der Unternehmenspraxis auf Basis der jeweiligen Rechnungslegungssysteme ermittelten Residualgewinne fundiert in Bezug auf dieses Kriterium evaluieren zu können.

Nachdem das Kriterium der Zielkongruenz in Verbindung mit dem Anwendungsbereich der Managemententlohnung erläutert wurde, wird nun kurz auf die Analyse der Zielkongruenz in Verbindung mit der Performancemessung eingegangen. Dabei geht es darum zu beurteilen, welche Aussagen ein realisierter Residualgewinn in Bezug auf die Wertorientierung – unabhängig vom zu Grunde liegenden Rechnungslegungssystem – grundsätzlich erlaubt und wie er interpretiert werden sollte.

Wie zuvor dargelegt, gelingt es mit einperiodigen Residualgewinn-Größen nicht, Auswirkungen heutiger Entscheidungen auf das Unternehmen in künftigen Perioden vollständig abzubilden.[321] Der Residualgewinn einer Periode gibt weder die Veränderung des Unternehmenswertes an noch kann von einem positiven Residualgewinn, der in einer einzelnen Periode berichtet wird, sicher von einer Unternehmenswertsteigerung durch die Entscheidungen innerhalb der Periode

320 Dies liegt daran, dass die zuvor skizzierten Ansätze sicherstellen, dass Projekte mit positivem Kapitalwert in sämtlichen Perioden zu positiven erwarteten Residualgewinnen führen. Ex post können indes negative Residualgewinne auftreten, obwohl der Kapitalwert ex ante positiv war.

321 Vgl. Schmidbauer (1999) S. 375, vgl. auch Gebhardt (2003) S. 77, vgl. auch Weber / Bramsemann / Heineke / Hirsch (2004) S. 88, vgl. auch Coenenberg / Salfeld (2007) S. 267.

ausgegangen werden.[322] Die Annahme, dass ein positiver Residualgewinn mit einem Zuwachs im Unternehmenswert gleichgesetzt werden kann, lässt sich einerseits genau dann nicht aufrechterhalten, wenn die Residualgewinne zukünftiger Jahre durch Entscheidungen der jetzigen Periode verringert werden und dieser Effekt die positiven Wirkungen auf die aktuelle Periode überkompensiert.[323] Andererseits kann die Steigerung des Residualgewinns und die gleichzeitige Erhöhung der Kapitalkosten, welche zu einer höheren Diskontierung künftiger Residualgewinne führt, mit einer Unternehmenswertsenkung einhergehen. Dies ist der Fall, sofern der die Kapitalkosten betreffende Effekt den Effekt aus der Steigerung des Residualgewinns überkompensiert.

Ein Bezug zum Marktwert des Eigenkapitals lässt sich – wie in Kapitel 3.1.2 gesehen – über das *Lücke-Theorem* herstellen. Aus dieser Beziehung lässt sich zumindest schlussfolgern, dass regelmäßig positive Residualgewinn-Größen mit einem positiven Unternehmenswert korrespondieren.[324] Als Einschränkung ist jedoch zu erwähnen, dass Durchbrechungen des Kongruenzprinzips – wie sie nach den in dieser Arbeit diskutierten Rechnungslegungssystemen zu beobachten sind[325] – die Gültigkeit dieser Aussage gefährden.[326]

Obgleich anschaffungskostenbasierte Residualgewinngrößen über den i.d.R. verwendeten *WACC* und das diesem zu Grunde liegende *CAPM* zur Bestimmung der Eigenkapitalkosten eine Kapitalmarktorientierung implizieren, erfolgt die Aufstellung der Kennzahlen doch aus einer unternehmensinternen Perspektive.[327] Die Verwendung des investierten Kapitals (zu Buchwerten) zur Berechnung der Kapitalkosten bringt dies zum Ausdruck. Soll der Residualgewinn als Übergewinn nach Abzug sämtlicher Renditeforderungen der Eigen- und Fremdkapitalgeber betrachtet werden, so müssten Marktwerte zu Grunde gelegt werden. Bei richtiger Interpretation des Residualgewinns jedoch ist der Einbezug des betriebsnotwendigen Kapitals (zu Buchwerten) in dessen periodische Ermittlung durchaus positiv zu beurteilen, da die unternehmensinternen Entscheidungen auf Basis des tatsächlich unmittelbar verfügbaren Kapitals getroffen werden sollten.

---

322 Vgl. Hachmeister (2003) S. 102, vgl. auch Burger / Ulbrich (2005) S. 583, vgl. auch Littkemann / Michalik (2004) S. 160, vgl. auch Schmidbauer (1999) S. 375, vgl. auch Küting / Eidel (1999) S. 838.

323 Vgl. hierzu und im Folgenden Eidel (1999) S. 308-310.

324 Vgl. Burger / Ulbrich (2005) S. 582.

325 Vgl. Pellens / Fülbier / Gassen / Sellhorn (2008) S. 460, S. 485-489 und S. 816-820, vgl. auch Gebhardt (2003) S. 73 jeweils zu Verstößen gegen das Kongruenzprinzip.

326 Vgl. Burger / Ulbrich (2005) S. 583.

327 Vgl. hierzu und im Folgenden Weber / Bramsemann / Heineke / Hirsch (2004) S. 89.

Nachdem ein Bewusstsein dafür geschaffen wurde, inwiefern und unter welchen Annahmen ein anschaffungskostenbasierter Residualgewinn überhaupt Zielkongruenz gewährleisten kann – nämlich nur durch die gemeinsame Betrachtung aktueller und zukünftiger Residualgewinne – werden in Kapitel 4 die Wirkungen untersucht, die von unterschiedlichen Rechnungslegungssystemen als Basis der Residualgewinn-Berechnung auf die Erfüllung dieses Kriteriums ausgehen. Dabei wird analysiert, wie nahe diese unmodifizierten Residualgewinne den zuvor beschriebenen optimalen Allokationsregeln in unterschiedlichen Situationen kommen.

3.3 Zwischenfazit

Der Residualgewinn stellt einen nach Abzug der Gesamtkapitalkosten verbleibenden Übergewinn dar und wird in der Praxis zur wertorientierten Planung, zur wertorientierten Performancemessung sowie zu einer anreizgerechten Gestaltung der Managemententlohnung eingesetzt. Die Eignung des Residualgewinns für diese drei Anwendungsbereiche wird im Laufe dieser Arbeit anhand von vier Kriterien diskutiert, deren Bedeutung in der Folge kurz herausgestellt wird.

Die Einhaltung des Kongruenzprinzips bildet die Voraussetzung für eine Planung von Investitionsvorhaben im Einklang mit dem Kapitalwertkriterium. Das Ausmaß einer Verzerrung wird einerseits von der *Dauerhaftigkeit* eines Kongruenzverstoßes determiniert. Andererseits ist nach dem *Auftreten relativ zum Betrachtungszeitpunkt* zu differenzieren. Während ein *Ex-post-Verstoß*, der sich bereits wieder umgekehrt hat, eine konsistente wertorientierte Planung nicht gefährdet, ist eine *Ex-ante-Verletzung* der Eignung des Residualgewinns für diesen Anwendungsbereich abträglich. Um den negativen Einfluss einer möglichen ergebnisneutralen Neubewertung zu umgehen, kann nach IFRS anstelle des *Net Income* aus der GuV nach der Neuregelung des IAS 1 (revised 2007) künftig auf das *CI* abgestellt werden, welches zusätzlich zum *Net Income* das *OCI* enthält.

Die Kriterien der Manipulationsresistenz und der Entscheidungsverbundenheit betreffen ex post beobachtbare Größen und dienen somit im Laufe dieser Untersuchung der Evaluierung der wertorientierten Performancemessung. Im Rahmen der Analyse der Manipulationsresistenz wird in der Folge überprüft werden, inwieweit die beiden betrachteten Rechnungslegungssysteme interperiodische Gewinnverlagerungen zu Gunsten des Agenten zulassen, sofern dieser die Entscheidungskompetenz für die Rechnungslegung zugeordnet bekommt.

Die zeitliche Komponente des Kriteriums der Entscheidungsverbundenheit wird zur Beurteilung der Zeitnähe der Performancemessung der auf Basis des HGB respektive der IFRS ermittelten Residualgewinne herangezogen.

Die sachliche Entscheidungsverbundenheit gilt als gegeben, wenn eine Kennzahl vorrangig das Resultat der Entscheidungen und Handlungen des Entscheidungsträgers darstellt. Nicht-rationale exogene Einflüsse sollten demnach einen möglichst geringen Einfluss auf die Kennzahlenausprägung ausüben. Die Erfüllung der sachlichen Komponente der Entscheidungsverbundenheit bildet im Rahmen dieser Arbeit eine notwendige – aber keineswegs hinreichende – Voraussetzung für die zeitliche Entscheidungsverbundenheit.

Die Zielkongruenz einer Kennzahl stellt sicher, dass der Entscheidungsträger seine Handlungen an der übergeordneten Zielsetzung des Unternehmens ausrichtet. Die Entlohnung am Residualgewinn soll einen Anreiz schaffen, dass sich der Agent ausnahmslos für die Durchführung von Projekten mit positivem Kapitalwert entscheidet und zusätzlich – bei sich gegenseitig ausschließenden Investitionen – dasjenige mit dem höchsten Kapitalwert wählt. Zum Abschluss dieses Kapitels werden unterschiedliche Formen der Zielkongruenz, die in den Folgekapiteln im Zusammenhang mit einzelnen Bilanzierungssachverhalten diskutiert werden, tabellarisch dargestellt.

Bezeichnung	**Voraussetzung**	**Hinreichende Bedingung…**
Schwache Zielkongruenz	Barwertidentität gemäß dem Lücke-Theorem wird eingehalten	…bei identischen Zeitpräferenzen von Prinzipal und Agent im Rahmen einer Ja-Nein-Entscheidung
Starke Zielkongruenz	Verteilung aller Kostenkomponenten proportional zu den Erlösen gemäß dem Tragfähigkeitsprinzip	…bei abweichenden Zeitpräferenzen von Prinzipal und Agent im Rahmen einer Ja-Nein-Entscheidung
Perfekte Zielkongruenz	Annuitätische Verteilung der Residualgewinne auf die Perioden der Laufzeit aller Projekte	…bei einer Entscheidung zwischen sich gegenseitig ausschließenden Alternativprojekten

Abbildung 3-6: Formen der Zielkongruenz

4 Beurteilung der Behandlung einzelner Bilanzpositionen im Hinblick auf die Eignung für das Residualgewinnkonzept

4.1 Auswirkungen der Bilanzierung und Bewertung des Sachanlagevermögens

4.1.1 Vergleich der Regelungen

Im HGB sind nach §247 Abs. 2 diejenigen Vermögensgegenstände als Anlagevermögen auszuweisen, die dazu bestimmt sind, dem Geschäftsbetrieb dauerhaft zu dienen.[328] Die Bewertung erfolgt grundsätzlich mit den fortgeführten Anschaffungs- oder Herstellungskosten.[329] Als Anschaffungskosten werden diejenigen Aufwendungen bezeichnet, die notwendig zum Erwerb eines Vermögensgegenstandes sind sowie Aufwendungen, die diesem einzeln zuordenbar sind und ihn in einen betriebsbereiten Zustand versetzen.[330] Berücksichtigt werden insbesondere auch Nebenkosten und nachträgliche Anschaffungskosten, während Anschaffungspreisminderungen die Anschaffungskosten reduzieren.[331] Herstellungskosten dienen der Herstellung, der Erweiterung oder einer über seinen ursprünglichen Zustand hinaus gehenden wesentlichen Verbesserung eines Vermögensgegenstandes.[332] Sie entstehen durch den Verbrauch von Gütern sowie der Inanspruchnahme von Diensten.[333]

Abnutzbares Anlagevermögen muss während seiner Nutzungsdauer um planmäßige Abschreibungen gemindert werden.[334] Bei dauerhafter Wertminderung sind zusätzlich außerplanmäßige Abschreibungen durchzuführen.[335] Der daraus resultierende niedrigere Wertansatz muss allerdings wieder nach oben angepasst werden, sofern die Gründe für die Wertminderung entfallen sind.[336]

Das Regelwerk der IFRS behandelt verschiedene Komponenten, die nach HGB allesamt dem Sachanlagevermögen zugeordnet werden, in unterschiedlichen Standards, aus denen sich auch verschiedene materielle Konsequenzen für die

---

328 Diese Definition gilt neben Sachanlagen auch für immaterielle Vermögensgegenstände und Finanzanlagen. Vgl. dazu §266 Abs. 2 A HGB.

329 Vgl. §253 Abs. 1 Satz 1 HGB.

330 Vgl. §255 Abs. 1 Satz 1 HGB.

331 Vgl. §255 Abs. 1 Satz 2 und 3 HGB.

332 Vgl. hierzu und im Folgenden §255 Abs. 2 Satz 1 HGB.

333 Für detaillierte Regelungen zu den Bestandteilen, die in die Herstellungskosten nach HGB Eingang finden vgl. §255 Abs. 2 Satz 2, 3 und 4 HGB. Siehe dazu auch Abbildung 4-1.

334 Vgl. §253 Abs. 3 Satz 1 und 2 HGB.

335 Vgl. §253 Abs. 3 Satz 3 HGB.

336 Vgl. §253 Abs. 5 HGB.

Bilanzierung und Bewertung ergeben.[337] Im Rahmen der vorliegenden Untersuchung werden die Regelungen für *Property, Plant and Equipment* (IAS 16) sowie für *Investment Properties* (IAS 40) analysiert. Im Folgenden werden zunächst die Regelungen zu IAS 16 erläutert.

In der Kategorie *Property, Plant and Equipment* werden all diejenigen materiellen Vermögenswerte erfasst, die über die Dauer einer Periode hinaus der Produktion, der Erstellung von Gütern, dem Erbringen von Dienstleistungen oder Verwaltungstätigkeiten des Unternehmen dienen.[338] Die Zugangsbewertung erfolgt analog zur handelsrechtlichen Rechnungslegung nach Anschaffungs- bzw. Herstellungskosten inklusive der direkt zurechenbaren Kosten, die notwendig sind, um den Vermögenswert in seinen betriebsbereiten Zustand zu versetzen.[339]

Die Folgebewertung *von Property, Plant and Equipment* kann entweder nach fortgeführten Anschaffungs- oder Herstellungskosten erfolgen oder aber nach der Neubewertungsmethode.[340] Die Bewertung mit fortgeführten Anschaffungs- oder Herstellungskosten unterscheidet sich in der grundsätzlichen Vorgehensweise nicht wesentlich vom HGB. Die Neubewertungsmethode kann alternativ Anwendung finden, wenn der Fair Value verlässlich bestimmbar ist.[341] Im Sinne des IAS 16 ist der Fair Value als Marktwert zu verstehen, bei dem eventuell anfallende Verkaufskosten nicht mindernd angesetzt werden dürfen.[342] Ist ein Marktpreis nicht ableitbar – z.B. wenn es sich um einen hoch spezialisierten Vermögenswert handelt – so dürfen entweder abgeschriebene Wiederbeschaffungskosten angesetzt werden oder diskontierte Cashflows.

Werterhöhungen werden ergebnisneutral in die Neubewertungsrücklage eingestellt, sofern sie keine vergangene ergebniswirksame Wertminderung rückgängig machen.[343] In letzterem Fall fände die neuerliche Wertänderung Eingang in die GuV und würde die ergebniswirksame Wertminderung umkehren. Auch bei Verkauf eines nach der Neubewertungsmethode bilanzierten Vermögenswertes

337 Regelungen zum Sachanlagevermögen finden sich in den IFRS in IAS 16 (Property, Plant, Equipment), IAS 40 (als Finanzinvestitionen gehaltene Immobilien), IFRS 5 (langfristige Vermögenswerte, die zur Veräußerung gehalten werden), IAS 17 (Sachanlagen aus Leasingverhältnissen), IAS 41 (biologische Vermögenswerte) und IFRS 6 (nicht-generative Ressourcen).

338 Vgl. IAS 16.6.

339 Vgl. IAS 16.16-16.17 und IAS 16.22-16.23.

340 Vgl. IAS 16.29.

341 Vgl. IAS 16.31.

342 Vgl. hierzu und im Folgenden IAS 16.31-16.34.

343 Vgl. IAS 16.39-16.40. Eine dauerhafte Wertminderung wird auch im Rahmen des IAS 16 unabhängig von der gewählten Folgebewertungssystematik erfolgswirksam über die GuV verrechnet.

erfolgt keine Realisierung einer zuvor ergebnisneutral verrechneten Wertsteigerung. Lediglich die Differenz aus Verkaufspreis und neubewertetem Buchwert findet sich in der GuV wieder.[344]

Abhängig von ihrer Verwendung können Gebäude und Grundstücke, die im HGB im Sachanlagevermögen bilanziert werden, unter den Anwendungsbereich des IAS 40 fallen.[345] Dies ist dann der Fall, wenn Gebäude oder Grundstücke vorrangig dazu gehalten werden, Mieteinnahmen und / oder Wertsteigerungen zu erzielen.[346] Falls eine Immobilie teilweise für Zwecke im Sinne des IAS 16 und teilweise für Zwecke des IAS 40 gehalten wird, so erfolgt eine bilanzielle Aufspaltung, wenn der Teil, der zu einem *Investment Property* führen würde, separat verkauft oder im Rahmen eines Finanzierungsleasings separat verleast werden könnte.[347] Ist eine solche Aufspaltung nicht möglich, wird die gesamte Immobilie nach IAS 16 bilanziert – es sei denn der betrieblich genutzte Teil ist unwesentlich.[348]

Die Zugangsbewertung erfolgt auch bei *Investment Properties* nach IAS 40 grundsätzlich mit Anschaffungs- bzw. Herstellungskosten einschließlich Transaktionskosten und direkt zurechenbaren Aufwendungen zur Inbetriebnahme.[349] Bei der Folgebewertung existiert wiederum ein Wahlrecht.[350] Einerseits können auch hier fortgeführte Anschaffungs- und Herstellungskosten angesetzt werden. Andererseits ist eine ergebniswirksame Fair Value-Bewertung vorgesehen, die in diesem Standard die Benchmark-Methode darstellt. Dabei ist zu beachten, dass der Fair Value nicht um erwartete Transaktionskosten gemindert werden darf.[351] Grundsätzlich fordert der Standard, dass aktuelle Preise auf aktiven, funktionierenden Immobilienmärkten oder Preise von Objekten, die hinsichtlich Lage und Zustand vergleichbar sind, die Grundlage zur Bildung des Fair Value

344 Vgl. IAS 16.41.
345 Vgl. IAS 40.8.
346 Vgl. IAS 40.7.
347 Vgl. hierzu und im Folgenden IAS 40.10.
348 IAS 40 liefert keine Antwort darauf, unterhalb welcher Grenze ein betrieblich genutzter Teil unwesentlich ist. In der Literatur werden – u.a. durch Rückgriff auf andere Rechnungslegungssysteme – unterschiedliche Schwellenwerte zwischen 5% und 30% diskutiert. Vgl. Zülch (2008) S. 20, vgl. auch Böckem / Schurbohm (2002) S. 40-41, vgl. auch Zülch (2003) S. 76-78.
349 Vgl. IAS 40.20-40.21. Ist die Immobilie durch das bilanzierende Unternehmen selbst erstellt worden, so ist seit 01. Januar 2009 neben der Bewertung zu Herstellungskosten auch eine Zeitwertbilanzierung zum Fair Value zulässig. Vgl. dazu Hold-Paetsch (2009) S. 211.
350 Vgl. hierzu und im Folgenden IAS 40.6 und IAS 40.32A.
351 Vgl. hierzu IAS 40.37.

darstellen (Stufe 1).[352] Ist ein solcher Preis nicht vorhanden, sollen Preise auf weniger aktiven Märkten für ähnliche Objekte Anwendung finden (Stufe 2).[353] Sind auch diese nicht verfügbar, kommen *DCF-Verfahren* zur Ableitung des Fair Value in Frage (Stufe 3).

Es wird als sinnvoll erachtet, einige Unterschiede zwischen der HGB- und der IFRS-Rechnungslegung im Bereich des Sachanlagevermögens kurz gegenüberzustellen. Im Folgenden findet sich eine Grafik, die die Bestandteile der Herstellungskosten, welche in beiden Systemen bei der Erstbewertung selbsterstellter Vermögenswerte zur Anwendung kommen, systematisch vergleicht.

Bestandteile der Herstellungskosten[354]	**HGB**	**IFRS**
Materialeinzelkosten	Pflicht	Pflicht
Fertigungseinzelkosten	Pflicht	Pflicht
Sondereinzelkosten der Fertigung	Pflicht	Pflicht
Material- und Fertigungsgemeinkosten	Pflicht	Pflicht
Allgemeine herstellungsbezogene Verwaltungskosten	Wahlrecht	Pflicht
Fremdkapitalzinsen	Wahlrecht[355]	Pflicht[356]
Allgemeine nicht herstellungsbezogene Verwaltungskosten	Wahlrecht	Verbot
Sondereinzelkosten des Vertriebs	Verbot	Verbot
Vertriebskosten	Verbot	Verbot
Forschungskosten	Verbot	Verbot

Abbildung 4-1: Vergleich der Herstellungskosten nach HGB und IFRS

Es ist zu konstatieren, dass sich die Unterschiede durch die Weiterentwicklung des HGB im Zuge des BilMoG im Vergleich zu den IFRS verringert haben, da die Material- und Fertigungsgemeinkosten nun auch nach HGB ansatzpflichtig sind. Betrachtet man ein und denselben Sachverhalt, so ist – je nach Ausübung

---

352 Vgl. IAS 40.45.

353 Vgl. hierzu und im Folgenden IAS 40.46.

354 Vgl. Coenenberg / Haller / Schultze (2009) S. 97-100 und S. 112.

355 §255 Abs. 3 Satz 2 HGB erlaubt die Aktivierung von Fremdkapitalkosten, die für die Herstellung eines Vermögenswertes entstehen und auf den Zeitraum der Herstellung entfallen.

356 IAS 23.8-23.9 verlangt die pflichtmäßige Aktivierung von direkt zurechenbaren Fremdkapitalzinsen bei Vorliegen eines Qualifying Asset.

des Wahlrechts – ein höherer, aber auch ein niedrigerer Ausweis der Herstellungskosten nach HGB denkbar.

Im Folgenden findet sich eine Übersicht, die sämtliche im Rahmen des Sachanlagevermögens auftretende Bewertungskonzeptionen nach HGB und IFRS systematisch darstellt.

Bezeichnung	**AK / HK-Modell**	**Neubewertung**	**Fair Value-Modell**
Anwendung	HGB IAS 16 / 40	IAS 16	IAS 40
Erstbewertung	AK / HK	AK / HK	AK / HK
Folgebewertung	fortgeführte AK / HK	beizulegender Zeitwert (ergebnisneutral)	beizulegender Zeitwert (ergebniswirksam)
Verkaufserlös bei Abgang	Verkaufspreis - fortgeführte AK / HK	Verkaufspreis - neubewerteter Buchwert	Verkaufspreis - neubewerteter Buchwert

Abbildung 4-2: Bewertung des Sachanlagevermögens nach HGB und IFRS

4.1.2 Analyse der Einhaltung des Kongruenzprinzips

Nach HGB liegen im Rahmen der Bilanzierung des Sachanlagevermögens keine Verletzungen des Kongruenzprinzips vor. Wie im vorherigen Kapitel aufgezeigt, findet immer die fortgeführte Anschaffungs- und Herstellungskostenmethode Anwendung, die sicherstellt, dass sämtliche Zahlungsströme während der Projektlaufzeit als Aufwendungen respektive Erträge erfasst werden.

Nach IFRS hingegen ist eine Verletzung des Kongruenzprinzips unter bestimmten Voraussetzungen nicht auszuschließen. Dazu muss der betrachtete Vermögenswert unter IAS 16 fallen und das Wahlrecht zur Bilanzierung gemäß der Neubewertungsmethode ausgeübt werden. In einem solchen Fall führt eine tatsächlich eintretende Höherbewertung des Vermögenswertes zu einem Kongruenzverstoß. Im Folgenden wird zur genaueren Untersuchung der Auswirkungen eines solchen Kongruenzverstoßes ein kapitalwertneutrales Projekt mit konstanten Cashflows und einer Laufzeit von 5 Jahren betrachtet, was annahmegemäß auch der Nutzungsdauer des zur Generierung der Cash Inflows verwendeten Vermögenswertes entspricht. Es wird ein Kapitalkostensatz von 5% sowie eine

Neubewertung im Umfang von einem Viertel der Anfangsinvestition am Ende der Periode t=2 unterstellt.

Neubewertungsmethode (IAS 16), g=0[357]							
Periode	**t=0**	**t=1**	**t=2**	**t=3**	**t=4**	**t=5**	Σ
Cashflows	-866	200	200	200	200	200	134
Neubewertung	0	0	216	0	0	0	216
Abschreibungen	0	173	173	245	245	245	1081
Restbuchwert	866	693	736	491	245	0	
Gewinn	0	27	27	-45	-45	-45	-82
Kalk. Zinsen	0	43	35	37	25	12	152
RG	0	-16	-8	-82	-70	-58	-234
BW des RG (5%)	0	-16	-7	-71	-57	-45	-196

Abbildung 4-3: Szenario 1 zum Sachanlagevermögen

Die Modellrechnung demonstriert, dass eine Neubewertung im vorliegenden Fall mit dem einhergehenden *permanenten* Kongruenzverstoß dazu führt, dass der Barwert der Residualgewinne bei Verwendung des Kapitalkostensatzes der Unternehmung von 5% trotz des kapitalwertneutralen Projekts eine stark negative Ausprägung annimmt (-196 GE).[358] Dies ist auf zwei Effekte zurückzuführen: Einerseits bewirkt die Neubewertung eine Erhöhung der ergebniswirksamen Abschreibungen in den Perioden nach der Bewertungskorrektur, welche zu keinem Zeitpunkt durch einen höheren Ausweis von Erträgen kompensiert wird. Andererseits erhöht sich der Restbuchwert des Vermögenswertes, was sich – im Vergleich zu einer bilanziellen Ausgestaltung im Einklang mit dem Kongruenzprinzip – in gestiegenen kalkulatorischen Zinsen widerspiegelt.

Betrachtet man die Auswirkungen des skizzierten Kongruenzverstoßes auf die für den Residualgewinn relevanten Hauptanwendungsbereiche, so lässt sich feststellen, dass eine wertorientierte Planung im Einklang mit dem *DCF*-Kalkül anhand des Barwertes der Residualgewinne in betrachtetem Fall nicht gelingt, wenn der Agent – wie im Laufe dieses Kapitels unterstellt – gegenüber der Zentrale einen Informationsvorsprung hinsichtlich der zukünftigen Wertentwicklung

357 Durch Rundung kann in diesem – sowie in den folgenden Szenarien – die Summe der einzelnen Periodenwerte von der Summenspalte abweichen.

358 Der Kapitalwert stimmt bei Erfüllung der Voraussetzungen des Lücke-Theorems immer mit dem Barwert der Residualgewinne bei Verwendung des Kapitalkostensatzes des Unternehmens überein. Siehe hierzu Kapitel 3.1.2. Eine Verletzung des Kongruenzprinzips wirkt hingegen schädlich. Siehe dazu ausführlich Kapitel 3.2.3.

des Vermögenswertes besitzt und dessen Werterhöhung antizipiert.[359] Begründet liegt dies darin, dass die vom *Lücke-Theorem* vorausgesetzte Barwertidentität nicht erfüllt ist.[360] Auch die Performancemessung wird im vorliegenden Fall beeinträchtigt, da die Vergleichbarkeit zwischen den einzelnen Perioden nicht mehr gegeben ist. Die Perioden nach der Neubewertung werden mit unverhältnismäßig hohen Abschreibungen belastet und deren Residualgewinne demzufolge unterbewertet. Ausgehend von der Performancemessung kommt es auch zu einer Verzerrung der Managemententlohnung. Der anhand des Residualgewinns Beurteilte wird in den Perioden nach der Neubewertung für die ergebnisneutrale Höherbewertung in Form überhöhter Belastungen bestraft.

Würde alternativ davon ausgegangen, dass es sich im vorliegenden Fall um eine unerwartete Werterhöhung handelt und der Agent die Wertänderung in seiner deterministischen Planung ignoriert, ließe sich indes sehr wohl eine Wert maximierende Entscheidung anhand des Residualgewinnkonzepts treffen, da es zu keiner Unterbewertung käme. Diese Aussage lässt sich genau dann aufrechterhalten, wenn sich die Werterhöhung – wie unterstellt – während der Projektlaufzeit wieder umkehrt. Wird der Wert eines Vermögenswertes allerdings dauerhaft gesteigert, führt die Nichtberücksichtigung der Zeitwertänderung wiederum zu einer Unterbewertung verglichen mit der tatsächlichen wirtschaftlichen Situation der Unternehmung.[361]

Ist sich der Agent hingegen bewusst, dass Unsicherheit vorliegt und seine Erwartungen nicht zwangsläufig eintreten, ist anzunehmen, dass er die bisher unterstellte deterministische Vorgehensweise durch eine stochastische ersetzt.[362] In einem solchen Fall richtet er seine Handlungen am erwarteten Residualgewinn aus dem Projekt aus. Ihm ist einerseits bewusst, dass eine Wertminderung des zur Durchführung der Investitionsmaßnahme benötigten Vermögenswertes seine Residualgewinne reduzieren wird, andererseits weiß er auch, dass eine etwaige Wertsteigerung nicht etwa einen positiven Effekt auf den Residualgewinn besitzt, sondern Perioden nach der Werterhöhung stärker mit Abschreibungen belastet. Dies hat zur Konsequenz, dass die erwarteten Residualgewinne bei Unsicherheit den Wert der erwarteten Cashflows aus dem Projekt unterschreiten. Die

---

359 Falls der Agent die Wertentwicklung des Vermögenswertes ex ante nicht erwartet (er erwartet eine Wertänderung von Null), beeinträchtigen die negativen Auswirkungen durch die Bilanzierung gemäß der Neubewertungsmethode nach IAS 16 die Planung anhand des Residualgewinns nicht. Eine solche wäre dann zielgerichtet möglich.

360 Siehe dazu Kapitel 3.2.3.

361 Eine solche Unterbewertung auf Grund einer unerwarteten Zeitwertsteigerung kann jedoch unabhängig vom zur Bilanzierung verwendeten Bewertungsmodell auftreten.

362 Vgl. Scholl (2001) S. 71 zur Unterscheidung zwischen deterministischer und stochastischer Planung.

Verwendung der ergebnisneutralen Neubewertung zur Planung von Investitionen führt also sowohl bei Sicherheit als auch bei Unsicherheit des Agenten über künftige Wertentwicklungen zu einer Unterbewertung.

Zusammenfassend lässt sich konstatieren, dass das Kriterium der Einhaltung des Kongruenzprinzips im Rahmen des Sachanlagevermögens nach IFRS weniger gut erfüllt ist als nach HGB. Allerdings führt eine Bilanzierung nach IFRS nur in wenigen Fällen tatsächlich zu einer Durchbrechung des Kongruenzprinzips. Die Neubewertungsmethode ist nur eine von drei möglichen Bewertungskonzeptionen im Rahmen dieser Bilanzposition. Darüber hinaus findet diese zumindest in der deutschen Unternehmenspraxis bisher eher selten Anwendung.[363]

Die Kritik, die in diesem Kapitel an den Regelungen der IFRS geübt wurde, bezieht sich auf eine Situation, in der die Ermittlung der Residualgewinne auf Basis der klassischen Periodenerfolgsrechnung (GuV) geschieht. Finden Gesamtergebnisgrößen aus dem *CI* Verwendung, so wäre die Wirkung der Neubewertung mit dem Fair Value-Modell gleichzusetzen und die Kritik hinsichtlich der Kongruenzverstöße faktisch obsolet.

4.1.3 Analyse der Manipulationsresistenz

Untersucht man die Regelungen des Sachanlagevermögens in HGB und IFRS nach Manipulationsspielräumen, so fällt auf, dass beide Systeme gewisse Freiheiten bezüglich der Wahl der Abschreibungsmethode und der Nutzungsdauer des Anlagevermögens gewähren. Sowohl das HGB als auch die IFRS stellen grundsätzlich auf die wirtschaftliche Nutzungsdauer ab, wobei im Rahmen des deutschen Bilanzrechts häufig eine Orientierung an den *AfA*[364]*-Tabellen* erfolgt.[365] Diese fordern in der Mehrzahl der Fälle einen Abschreibungszeitraum, der etwas unterhalb der wirtschaftlichen Nutzungsdauer liegt, woraus tendenziell höhere Abschreibungsbeträge pro Periode resultieren. Nach beiden Regelwerken sind grundsätzlich die leistungsabhängige und die zeitabhängige Abschreibungsmethode erlaubt. Nach HGB muss die Methode im Einklang mit den *GoB* nach §243 HGB stehen, welche implizieren, dass die Abschreibungen dem Nutzungsverlauf nicht eklatant entgegenstehen dürfen. In den IFRS regelt der IAS 16.62, dass der wirtschaftliche Nutzungsverlauf durch Wahl eines geeigneten Verfahrens sinngemäß abgebildet werden muss. Materielle Unterschiede ergeben sich hier daher kaum.

---

363 Vgl. Müller / Wobbe / Reinke (2008) S. 637-638 zu einer empirischen Untersuchung deutscher Unternehmen.

364 „Afa“ steht für Absetzung für Abnutzung.

365 Vgl. hierzu und im Folgenden Coenenberg / Haller / Schultze (2009) S. 155-160 und S. 170.

Wie in Kapitel 4.1.1 bereits dargelegt, existiert im HGB ein Bewertungswahlrecht bei den Herstellungskosten. Bei selbsterstellten Vermögensgegenständen des Sachanlagevermögens besteht daher ein gewisser Spielraum bei der Aktivierung im Erstbewertungszeitraum. Durch die Verabschiedung des BilMoG wurde dieser jedoch eingeschränkt, wodurch dieses Wahlrecht an Bedeutung verloren haben dürfte.[366] Zudem kann die Zentrale dem Agenten die Ausübung des Wahlrechts vorschreiben, z.B. durch die Bilanzierungsrichtlinien des Unternehmens. Abgesehen von den skizzierten Wahlrechten kann der Manipulationsspielraum im HGB bei der Bilanzierung des Sachanlagevermögens als relativ gering eingestuft werden.

Nach IFRS ergibt sich zunächst die grundsätzliche Problematik der Zuordnung einzelner Komponenten, die nach HGB unter das Sachanlagevermögen fallen, zu dem jeweilig einschlägigen Bilanzierungsstandard. Die Bilanzierung von Gebäuden kann beispielsweise u.a. unter IAS 16 und IAS 40, aber auch unter IFRS 5, IAS 2 oder IAS 11 fallen.[367] IFRS 5 ist einschlägig für zur Veräußerung gehaltene Immobilien, die in ihrem jetzigen Zustand sofort veräußerbar sind und deren Verkauf sehr wahrscheinlich ist.[368] Unter IAS 2, der Vorräte behandelt, fallen Gebäude dann, wenn sie zum Verkauf im normalen Geschäftsgang vorgesehen sind.[369] IAS 11 wird herangezogen, falls es sich um Langfristfertigung für einen Dritten handelt.[370] Gerade der bei beiden Standards im Vordergrund stehende Kundenbezug kann zu Abgrenzungsproblemen zwischen IAS 2 und IAS 11 führen.

In der Folge wird untersucht, welche Freiräume dem Bilanzierenden gewährt werden, wenn ein Vermögenswert des Sachanlagevermögens unter den IAS 16, *Property, Plant and Equipment*, fällt. Das Wahlrecht nach IAS 16.29 führt dazu, dass Werterhöhungen materielle Auswirkungen auf den Residualgewinn haben können.[371] Diese Wahlrechtsausübung – sofern sie denn dem Agenten überlassen wird und nicht durch die Zentrale vorgegeben wird – kann getrennt für jede Gruppe von Vermögenswerten festgelegt werden, was zu einem Konglomerat aus neubewerteten Vermögenswerten und fortgeführten Anschaffungskosten

366 Vgl. Coenenberg / Haller / Schultze (2009) S. 98-100.

367 Vgl. hierzu und im Folgenden Künkele / Zwirner (2009) S. 97-99 zu einer Gegenüberstellung der Anwendungsbereiche der thematisierten Standards.

368 Vgl. IFRS 5.7. Die Anwendung dieses Standards auf Investment Properties ist nach IFRS 5.5 ausgeschlossen.

369 Vgl. IAS 2.6 zu den Definitionskriterien für Vermögenswerte des Vorratsvermögens.

370 Vgl. IAS 11.3. Die langfristige Auftragsfertigung wird in Kapitel 4.2 thematisiert und ausführlich analysiert.

371 Siehe Kapitel 4.1.4.2 und Kapitel 4.1.5 zur Veranschaulichung.

führen kann.[372] Die Neubewertungszeitpunkte sind nicht strikt geregelt, eine Neubewertung kann beispielsweise alle drei bis fünf Jahre geschehen.[373] Dies überträgt dem Bilanzierenden ein hohes Maß an Flexibilität. Weiterhin müssen auch unterschiedliche Gruppen von Vermögenswerten nicht zwangsläufig zum gleichen Zeitpunkt neubewertet werden.

Ferner kann es bei Anwendung der Neubewertungsmethode zu Problemen der Fair Value-Bestimmung kommen, vor allem dann, wenn kein Marktpreis vorliegt – wie z.B. bei einer spezialisierten Fabrikationsanlage.[374] In einem solchen Fall empfiehlt der Standard den Rückgriff auf die abgeschriebenen Wiederbeschaffungskosten oder den Ertragswert, welcher auf Grund der Schätzung künftiger Cashflows mit einem besonders großen Ermessensspielraum einhergeht.[375]

Wird ein Vermögenswert des Anlagevermögens dem IAS 40 zugeordnet, so ergeben sich auch innerhalb dieses Standards wiederum Spielräume für den Bilanzierenden. IAS 40.30 enthält ein Wahlrecht, das die Folgebewertung nach den fortgeführten Anschaffungs- bzw. Herstellungskosten sowie nach Fair Value erlaubt.[376] Das in diesem Standard vorgesehene Fair Value-Modell sieht eine ergebniswirksame Erfassung aller Wertänderungen vor, wodurch im Vergleich zur Anschaffungskostenmethode starke materielle Unterschiede resultieren können.[377] Grundsätzlich gilt das Gebot der Stetigkeit, welches die Beibehaltung eines einmal gewählten Bewertungsmodells fordert.[378] Allerdings erlaubt der Standard explizit den Wechsel hin zum Fair Value-Modell, da hiermit eine aussagekräftigere Darstellung der wirtschaftlichen Verhältnisse des Unternehmens verbunden wird. Auch der umgekehrte Fall – der Wechsel hin zur Anschaffungs- bzw. Herstellungskostenmethode – ist nicht auszuschließen, wenn sich der Fair Value einer Immobilie nicht mehr verlässlich ermitteln lässt.[379] Zudem wird sich jene verlässliche Bewertbarkeit in Grenzfällen nur schwer intersubjektiv nachprüfen lassen.

---

372 Vgl. IAS 16.29.

373 Vgl. IAS 16.34.

374 Vgl. IAS 16.32-16.33.

375 Vgl. 16.33 zu Ersatzwerten, die an Stelle des Marktwerts herangezogen werden können. Vgl. Coenenberg / Haller / Schultze (2009) S. 104 zu den Ermessensspielräumen, die mit der Parameterschätzung im Rahmen von Ertragswertverfahren einhergehen.

376 Vgl. IAS 40.30. Wiederum stellt sich hier die Frage, ob die Ausübung des Wahlrechts von der Zentrale vorgeschrieben wird oder dem Agenten überlassen wird.

377 Vgl. IAS 40.35 zur Erfolgswirksamkeit der Wertänderungen im Rahmen der Anwendung des Fair Value-Modells.

378 Vgl. hierzu und im Folgenden IAS 40.31.

379 Vgl. IAS 40.55 zum grundsätzlichen Verbot eines Wechsels von einer Fair Value-Bilanzierung zur Anschaffungs- und Herstellungskostenmethode.

Analog zum IAS 16 kann es auch innerhalb des IAS 40 wiederum zu Problemen bei der Fair Value-Bestimmung kommen, wenn der angestrebte Marktwert nicht ableitbar ist.[380] In einem solchen Fall ist die Verwendung eines auf Basis von vorliegenden Marktdaten geschätzten Wertes vorgesehen (Stufe 2).[381] Ist auch dieser nicht ermittelbar, so wird der Fair Value von Anlageimmobilien durch die Simulation der Barwerte ermittelt (Stufe 3),[382] womit ein geringeres Maß an Verlässlichkeit einhergeht.[383]

Insgesamt lässt sich festhalten, dass die IFRS im Rahmen der Bilanzierung des Sachanlagevermögens einen größeren Manipulationsspielraum bieten als die Regelungen nach HGB, was sich unmittelbar auf die Residualgewinne der einzelnen Perioden auswirken kann.

4.1.4 Analyse der Entscheidungsverbundenheit

4.1.4.1 Analyse der sachlichen Entscheidungsverbundenheit

Im Rahmen der Analyse der sachlichen Entscheidungsverbundenheit fällt auf, dass bei Anwendung der IFRS zur Bilanzierung des Sachanlagevermögens Marktwerte in Bilanz und GuV Eingang finden können.[384] Diese üben einen nicht unerheblichen Einfluss auf den Residualgewinn aus, was die sachliche Entscheidungsverbundenheit gefährden kann.[385] Jedoch liegt es auch in der Verantwortung des Beurteilten, Marktwertschwankungen zu antizipieren und auf diese angemessen und rechtzeitig zu reagieren, wodurch deren Eingang in die Bemessungsgrundlage eine gewisse Berechtigung besitzt.[386]

Ob sich Wertänderungen als mit einer Entscheidung verbunden charakterisieren lassen, hängt davon ab, inwiefern diese rational begründet und frei von zufallsbedingten Verzerrungen sind. Dies bestimmt sich anhand der Informationseffizienz des Marktes, auf dem der betrachtete Vermögensgegenstand gehandelt wird.[387] Die schwache Form der Informationseffizienz beschreibt eine Situation, in der sämtliche Daten aus vergangenen Kursentwicklungen im

---

380 Vgl. IAS 40.45 zum Marktwert.

381 Vgl. IAS 40.46.

382 Vgl. IAS 40.46(c).

383 Vgl. Coenenberg / Haller / Schultze (2009) S. 104.

384 Siehe Kapitel 4.1.1 und Kapitel 4.1.3.

385 Zum Einfluss von Marktwertänderungen auf den Residualgewinn siehe die Szenarioanalysen zur zeitlichen Entscheidungsverbundenheit und zur Zielkongruenz in Kapitel 4.1.4.2 und 4.1.5.

386 Vgl. Weber / Bramsemann / Heineke / Hirsch (2004) S. 97.

387 Auf einem informationseffizienten Markt sind alle Informationen vollständig im Marktwert eingepreist. Vgl. hierzu und im Folgenden Fama (1970).

Marktpreis Berücksichtigung finden.[388] Die mittelstrenge Informationseffizienz bedingt darüber hinaus den Eingang aller öffentlich zugänglichen Informationen in den Marktpreis, während dieser bei Vorliegen strenger Informationseffizienz zusätzlich Insiderinformationen widerspiegelt. Abbildung 4-4 demonstriert den Zusammenhang zwischen der Informationseffizienz eines Marktes und der Entscheidungsverbundenheit einer ergebniswirksamen Fair Value-Bilanzierung.

Informationseffizienz	Charakter von Wertänderungen	Entscheidungsverbundenheit
Keine	zufällig, irrational	nicht gegeben
Schwach	rational, sofern weder öffentliche noch private nicht eingepreiste Fundamentaldaten dem entgegenstehen	eher nicht gegeben
Mittelstreng	rational, sofern keine nicht eingepreiste Insiderinformationen dem entgegenstehen	eher gegeben
Streng	Rational	Gegeben

Abbildung 4-4: Zusammenhang zwischen Informationseffizienz und Entscheidungsverbundenheit im Rahmen einer Fair Value-Bilanzierung

Es ist davon auszugehen, dass an Immobilienmärkten i.d.R. weder strenge noch mittelstrenge Informationseffizienz vorzufinden ist, wodurch der sachlichen Entscheidungsverbundenheit bei einer Bilanzierung gemäß IAS 40 nur bedingt Rechnung getragen wird.[389]

Der ergebnisneutrale Eingang von Zeitwerten nach IAS 16 in die Periodenerfolgsrechnung steht der sachlichen Entscheidungsverbundenheit – unabhängig

388 Vgl. auch Mohnen (2002) S. 16-21 zur Problematik der Verwendung von Marktwerten, die aus nicht informationseffizienten Märkten abgeleitet wurden, zur Erfolgsbeurteilung.

389 Vgl. Leibold (2000) S. 21 zur Abwesenheit von mittelstrenger Informationseffizienz auf Immobilienmärkten. Vgl. Mohnen (2002) S. 167-168 dazu, dass der Ansatz von Marktwerten im Rahmen der Bilanzierung von Immobilien indes durchaus sinnvoll sein kann, da es sich um einen funktionierenden Markt für gebrauchte Vermögensgegenstände handele.

von der Informationseffizienz des Marktes – stets entgegen.[390] Die erhöhten Belastungen in Form von zusätzlichen Abschreibungen nach Eintritt einer Werterhöhung, denen zu keinem Zeitpunkt Erträge gegenüber stehen, verzerren den durch die Entscheidung zur Projektdurchführung generierten Wert.

Auf Grund des Wahlrechts zur ergebnisneutralen Neubewertung nach IAS 16 sowie der mangelnden Informationseffizienz auf Immobilienmärkten, die die sachliche Entscheidungsverbundenheit bei der Bilanzierung von *Investment Properties* nach IAS 40 gefährden, ist dem HGB eine Überlegenheit hinsichtlich dieses Beurteilungskriteriums zu bescheinigen.

4.1.4.2 Analyse der zeitlichen Entscheidungsverbundenheit

Bei der Untersuchung der zeitlichen Entscheidungsverbundenheit gilt es die Bewertungsmodelle, die im Zuge der Bilanzierung des Sachanlagevermögens zum Einsatz kommen, miteinander zu vergleichen, um Schlussfolgerungen bezüglich der Eignung der jeweiligen Rechnungslegungssysteme ziehen zu können.[391] Diese Bewertungsmodelle sind Abbildung 4-2 zu entnehmen.

Als Maßstab für die Erfüllung des betrachteten Kriteriums wird der realisierte Kapitalwert herangezogen, der angibt, welcher Teil des Projektkapitalwerts am Ende der jeweiligen Periode bereits in den Residualgewinn Eingang gefunden hat.[392] Dem Ideal der zeitlichen Entscheidungsverbundenheit entspräche der *ökonomische Gewinn*, der den Kapitalwert sofort in der Periode der Investitionsentscheidung vollumfänglich ausweisen würde.[393]

Zur bestmöglichen Veranschaulichung der Entwicklung der Kapitalwertrealisierung wurde ein Projekt mit einem positiven Kapitalwert von 100 GE gewählt. Der Kapitalkostensatz des Unternehmens betrage wiederum 5%. Am Ende der zweiten Periode trete eine Werterhöhung um ein Viertel der Anschaffungsinvestition ein, wobei davon ausgegangen wird, dass diese in der Folge zu einer Wertminderung führt, die sich proportional auf die Perioden verteilt. Etwaige Abschreibungen erfolgen linear.

---

390 Siehe Kapitel 4.1.1 und Kapitel 4.1.2 zur ergebnisneutralen Neubewertung gemäß IAS 16.

391 Diese sind – wie in Kapitel 4.1.1 erwähnt – die fortgeführten Anschaffungs- bzw. Herstellungskosten, die Neubewertungsmethode sowie das Fair Value-Modell.

392 Die Kapitalwertrealisierung lässt sich als Quotient der Summe der bisher realisierten diskontierten Residualgewinne und dem Kapitalwert errechnen.

393 Siehe Kapitel 3.2.5.

Neubewertungsmethode (IAS 16), g=0							
Periode	**t=0**	**t=1**	**t=2**	**t=3**	**t=4**	**t=5**	**Σ**
Cashflows	-766	200	200	200	200	200	234
Neubewertung	0	0	153	0	0	0	153
Abschreibungen	0	153	153	204	204	204	918
Restbuchwert	766	613	613	408	204	0	
Gewinn	0	47	47	-4	-4	-4	81
Kalk. Zinsen	0	38	31	31	20	10	130
RG	0	9	16	-35	-25	-14	-49
BW des RG (5%)	0	8	15	-30	-20	-11	-39
Realisierter KW (%)	0%	8%	17%	0%	-10%	-15%	

Abbildung 4-5: Szenario 2 zum Sachanlagevermögen

Aus Abbildung 4-5 ist ersichtlich, dass der realisierte Kapitalwert bei Verwendung der Neubewertungsmethode in den Anfangsperioden zunächst erwartungsgemäß ansteigt. Nach der Wertsteigerung am Ende der Periode t=2 dreht sich diese Entwicklung jedoch um, mit dem Resultat, dass am Ende der Projektlaufzeit ein negativer Kapitalwert durch die Residualgewinne realisiert wurde.[394] Dies liegt in zwei Effekten begründet: Erstens erhöhen sich die Abschreibungen beginnend mit der Periode t=3, da nun auch der neubewertete Betrag – zusätzlich zum ursprünglichen Abschreibungsbetrag – erfolgsmindernd auf die Perioden verteilt werden muss. Zweitens kommt es ab Periode t=3 zu einem unverhältnismäßig hohen Ausweis der kalkulatorischen Zinsen, begründet durch den Anstieg des investierten Kapitals durch die Neubewertung. Insgesamt findet sich der Kapitalwert aus dem Projekt niemals vollständig in den periodischen Residualgewinnen wieder, da den auf Grund der Neubewertung gestiegenen Aufwendungen zu keinem Zeitpunkt Erträge in gleichem Maße gegenüber stehen. Dieses Ergebnis bleibt auch dann erhalten, wenn es zu einem Verkauf des Vermögenswertes kommt, da auch in einer solchen Situation lediglich die Differenz aus Verkaufspreis und neubewertetem Buchwert einer Gewinnrealisierung unterläge.[395] Folglich eignet sich die Neubewertung gemäß IAS 16 nur sehr eingeschränkt zur Unterstützung der zeitlichen Entscheidungsverbundenheit.[396]

394 Es sei angemerkt, dass der nach Ende der Projektlaufzeit realisierte Kapitalwert nicht zwangsläufig negativ sein muss. Jedoch ist er bei tatsächlicher Werterhöhung unter den getroffenen Annahmen stets kleiner als 100%.

395 Vgl. Coenenberg / Haller / Schultze (2009) S. 171.

396 Die nachteilige Wirkung ließe sich indes durch eine Berechnung der Residualgewinne auf Basis des CI beseitigen.

Anschaffungs-/Herstellungskostenmethode (IFRS, Obergrenze HGB), g=0							
Periode	**t=0**	**t=1**	**t=2**	**t=3**	**t=4**	**t=5**	**Σ**
Cashflows	-766	200	200	200	200	200	234
Neubewertung	0	0	0	0	0	0	0
Abschreibungen	0	153	153	153	153	153	766
Restbuchwert	766	613	460	306	153	0	
Gewinn	0	47	47	47	47	47	234
Kalk. Zinsen	0	38	31	23	15	8	115
RG	0	9	16	24	32	39	119
BW des RG (5%)	0	8	15	21	26	31	100
Realisierter KW	0%	8%	23%	43%	69%	100%	

Abbildung 4-6: Szenario 3 zum Sachanlagevermögen

Abbildung 4-6 zeigt die Kapitalwertrealisierung bei Anwendung der Herstellungskostenmethode nach IFRS sowie nach HGB, sofern die Bewertung gemäß der Obergrenze gewählt wird. Hier wird davon ausgegangen, dass sämtliche Kosten im Zusammenhang mit dem Projekt aktivierungsfähig sind und sich die Herstellungskosten nach IFRS und der HGB-Obergrenze entsprechen.[397] Die Betrachtung der Kapitalwertrealisierung zeigt eine kontinuierliche Zunahme, die den an das Unternehmen fließenden Zahlungsströmen Rechnung trägt. Da hier keine Verletzung des Kongruenzprinzips vorliegt, spiegelt sich bis zum Ende der Projektlaufzeit – im Gegensatz zum Szenario zur ergebnisneutralen Neubewertung in Abbildung 4-5 – die gesamte Wertsteigerung im Residualgewinn wider, wodurch die Kapitalwertrealisierung folgerichtig 100% beträgt.

Findet indes die HGB-Untergrenze Anwendung, so werden einige Bestandteile der Herstellungskosten nicht aktiviert. Dabei kann es sich etwa um herstellungsbezogene Verwaltungskosten oder um Fremdkapitalzinsen handeln.[398] Diese Kostenbestandteile führen dann unmittelbar zu einem Aufwand, dem zunächst kein Ertrag gegenübersteht, was – bei alleiniger Betrachtung dieses Projekts – einen negativen Residualgewinn in der Periode t=0 bewirken kann. Durch die geringeren Abschreibungen in den Folgeperioden nähert sich der kumuliert realisierte Kapitalwert in einem solchen Fall jedoch dem Ergebnis der Herstellungskosten nach IFRS sowie der HGB-Obergrenze an. Am Ende der Periode t=5 ist die Wertsteigerung in vollem Maße in den Residualgewinn eingeflossen. Charakteristisch ist wiederum ein kontinuierlicher Verlauf der Kapitalwertreali-

397 Bei entsprechender Wahlrechtsausübung ist es möglich, dass die Herstellungskosten nach HGB mit den Herstellungskosten nach IFRS korrespondieren. Siehe dazu Abbildung 4-1.

398 Siehe Kapitel 4.1.1.

sierung bei konstanten Cashflows und linearer Abschreibung. Liegt keine Wertänderung des dem Projekt zu Grunde liegenden Vermögenswertes vor, gelangen die Anschaffungs- bzw. Herstellungskostenmethode sowie die Neubewertungsmethode zu identischen Ergebnissen.

Fair Value-Modell (IAS 40), g=0							
Periode	**t=0**	**t=1**	**t=2**	**t=3**	**t=4**	**t=5**	Σ
Cashflows	-766	200	200	200	200	200	234
FV-Änderung	0	-153	38	-217	-217	-217	
Restbuchwert	766	613	651	434	217	0	
Gewinn	0	47	238	-17	-17	-17	234
Kalk. Zinsen	0	38	31	33	22	11	134
RG	0	9	208	-50	-39	-28	100
BW des RG (5%)	0	8	188	-43	-32	-22	100
Realisierter KW (%)	0%	8%	196%	154%	122%	100%	

Abbildung 4-7: Szenario 4 zum Sachanlagevermögen

Die bei Verwendung des Fair Value-Modells ausgewiesene Kapitalwertrealisierung hängt in starkem Maße von der Wertentwicklung des Vermögenswertes ab. Bei einer Wertminderung beispielsweise sind keine Unterschiede zu Herstellungskosten- und Neubewertungsmethode zu erwarten.[399] Beachtenswert ist vielmehr der hier angenommene Fall einer zwischenzeitlichen Werterhöhung.[400]

Wie aus Abbildung 4-7 ersichtlich, besitzt die Werterhöhung am Ende der Periode t=2 einen starken materiellen Einfluss auf die Realisierung der Wertsteigerung anhand des Residualgewinns. In der Periode der Werterhöhung steigt Letzterer signifikant an, da die Wertsteigerung bei Anwendung des Fair Value-Modells vollumfänglich den Periodengewinn erhöht, was dazu führen kann, dass am Ende der zweiten Periode bereits ein Großteil des Kapitalwerts oder – wie im betrachteten Szenario – sogar mehr als 100% des Kapitalwertes durch die periodischen Residualgewinne abgebildet wird. Der frühe Gewinnausweis führt in den Folgeperioden zu höheren Kapitalkosten sowie – auf Grund der Annah-

399 Jedoch können theoretisch Unterschiede zwischen beiden Rechnungslegungssystemen auftreten, da der Impairment Test nach IAS 36 und die Regelungen des Niederstwertprinzips nach §253 Abs. 3 Satz 3 HGB unterschiedlich ausgestaltet sind.

400 Die Werterhöhung beträgt auch hier wieder ein Viertel der ursprünglichen Anfangsinvestition – analog zum Szenario mit der Neubewertungsmethode zuvor. Es sei angemerkt, dass die Nutzungsdauer von Gebäuden in der Praxis wesentlich über der hier angenommenen liegen kann. Jedoch wurde aus Anschaulichkeitsgründen die gewählte Darstellung bevorzugt.

me, dass der Wert des Vermögenswertes am Ende der Nutzungsdauer auf Null absinkt – auch zu höheren Wertminderungen. Diese beiden Effekte dämpfen die Kapitalwertrealisierung in den Folgeperioden, welche am Ende der Projektlaufzeit stets exakt 100% beträgt.[401]

Es lässt sich feststellen, dass bei einer hohen Informationseffizienz des Marktes dem Kriterium der zeitlichen Entscheidungsverbundenheit mit dem Fair Value-Modell nach IAS 40 – verglichen mit den anderen Bewertungskonzeptionen des Sachanlagevermögens – am besten Rechnung getragen wird, da ein Wert generierendes Projekt sich frühzeitig im Residualgewinn widerspiegelt und der Entscheidungsträger früher für eine Investitionsentscheidung im Einklang mit dem Oberziel der Unternehmung belohnt wird, womit eine zusätzliche Motivationswirkung einhergehen kann.[402] Insbesondere wenn es sich um eine dauerhafte Werterhöhung handelt und der Vermögenswert nach Beendigung des Projekts gewinnbringend verkauft werden kann, führt das Fair Value-Modell zu einer gesteigerten zeitlichen Entscheidungsverbundenheit. Einschränkend ist anzumerken, dass bei einem Immobilienmarkt i.d.R. nicht von einer solchen hohen Informationseffizienz auszugehen ist.[403] Zudem ist der IAS 40 nur für *Investment Properties* einschlägig und darf für andere Sachanlagegüter nicht angewendet werden.[404]

4.1.5 Analyse der Zielkongruenz

Zu Beginn dieses Kapitels sei daran erinnert, dass im Rahmen der Analyse der Zielkongruenz ein bestimmter, in Kapitel 3.2.6 definierter, Projekttyp unterstellt wird. Zur konkreten Ausgestaltung der Szenarien wird angenommen, dass der Kapitalkostensatz des Unternehmens 5% und der Zinssatz des Agenten in allen folgenden Szenarien 20% beträgt.[405] Analog zur Analyse der zeitlichen Entscheidungsverbundenheit werden auch hier lineare Abschreibungen sowie eine Werterhöhung des zur Erlösgenerierung eingesetzten Anlagegutes am Ende der zweiten Periode unterstellt. Abweichend davon werden im Folgenden allerdings kapitalwertneutrale Projekte herangezogen, um eine Grenzbetrachtung vorneh-

---

401 Dies ist bei Einhaltung des Kongruenzprinzips zwangsläufig der Fall. Siehe Kapitel 3.2.3.

402 Vgl. Siefke (1999) S. 55. Dieser Effekt ist besonders groß, wenn sich eine Werterhöhung in frühen Perioden ergibt. Negativ ist anzumerken, dass der durch das Projekt generierte Kapitalwert zwischenzeitlich überschätzt werden kann.

403 Vgl. Leibold (2000) S. 21 zur Abwesenheit mittelstrenger Informationseffizienz auf Immobilienmärkten.

404 Vgl. IAS 40.9(d).

405 Eine solche Konstellation, welche von einem ungeduldigen Manager ausgeht, der eine höhere Zeitpräferenz als das Unternehmen besitzt, wird in der Literatur meist im Zusammenhang mit einer Unterinvestitionsproblematik diskutiert. Siehe Kapitel 3.2.6.

men zu können. Sämtliche Szenarien sind in der Periode t=1 auf einen Rückfluss von 200 GE normiert, der gemäß der jeweils angenommenen Wachstumsrate von -0,2 bzw. 0 bzw. 0,2 in den Folgeperioden sinkt, konstant bleibt oder steigt. Abbildung 4-8 liefert einen Überblick der im Laufe des Kapitels 4.1.5 analysierten Szenarien.

	Konstante Cashflows (g=0)	**Steigende Cashflows (g=0,2)**	**Sinkende Cashflows (g=-0,2)**
Neubewertungs-methode	Abbildung 4-9 Kapitel 4.1.5.1	Abbildung A-1 Kapitel 4.1.5.2	Abbildung A-4 Kapitel 4.1.5.3
AK / HK-Methode	Abbildung 4-10 Kapitel 4.1.5.1	Abbildung A-2 Kapitel 4.1.5.2	Abbildung 4-12 Kapitel 4.1.5.3
Fair Value-Modell	Abbildung 4-11 Kapitel 4.1.5.1	Abbildung A-3 Kapitel 4.1.5.2	Abbildung A-5 Kapitel 4.1.5.3

Abbildung 4-8: Überblick der in Kapitel 4.1.5 untersuchten Szenarien

4.1.5.1 Analyse der Zielkongruenz bei konstanten Cashflows

Ein Vergleich von Abbildung 4-9 und 4-10 kann als Illustration dienen, welcher Einfluss sich aus einem permanenten Kongruenzverstoß nach IAS 16 auf die Anreizwirkungen des über die Projektdurchführung entscheidenden Agenten ergibt. Letzterer besitzt annahmegemäß private Informationen, die es ihm erlauben, Wertänderungen des bilanzierten Anlagevermögens zu antizipieren.

Neubewertungsmethode (IAS 16), g=0							
Periode	**t=0**	**t=1**	**t=2**	**t=3**	**t=4**	**t=5**	**Σ**
Cashflows	-866	200	200	200	200	200	134
Neubewertung	0	0	216	0	0	0	216
Abschreibungen	0	173	173	245	245	245	1081
Restbuchwert	866	693	736	491	245	0	
Gewinn	0	27	27	-45	-45	-45	-82
Kalk. Zinsen	0	43	35	37	25	12	152
RG	0	-16	-8	-82	-70	-58	-234
BW des RG (5%)	0	-16	-7	-71	-57	-45	-196
BW des RG (20%)	0	-13	-5	-41	-28	-18	-105

Abbildung 4-9: Szenario 5 zum Sachanlagevermögen

Anschaffungskosten-/Herstellungskostenmethode (IFRS, Obergrenze HGB), g=0							
Periode	**t=0**	**t=1**	**t=2**	**t=3**	**t=4**	**t=5**	**Σ**
Cashflows	-866	200	200	200	200	200	134
Neubewertung	0	0	0	0	0	0	0
Abschreibungen	0	173	173	173	173	173	866
Restbuchwert	866	693	520	346	173	0	
Gewinn	0	27	27	27	27	27	134
Kalk. Zinsen	0	43	35	26	17	9	130
RG	0	-16	-8	1	10	18	4
BW des RG (5%)	0	-16	-7	1	8	14	0
BW des RG (20%)	0	-13	-5	0	4	6	-8

Abbildung 4-10: Szenario 6 zum Sachanlagevermögen

Die in den Szenarien unterstellte zwischenzeitliche Werterhöhung des Anlagegutes hat zur Folge, dass bei Anwendung der Neubewertung nach IAS 16 sowohl das Kongruenzprinzip als auch das von diesem implizierte *Summentheorem* verletzt wird und somit selbst bei identischen Zeitpräferenzen von Agent und Prinzipal eine Unterinvestitionsproblematik resultiert. Folglich wird – im Gegensatz zur Anschaffungs- bzw. Herstellungskostenmethode – selbst die Anforderung der schwachen Zielkongruenz verfehlt.[406]

Bei einer Situation mit „ungeduldigem Manager" und linearen Abschreibungen bewirken die im Zeitablauf sinkenden kalkulatorischen Zinskosten auch bei der Anschaffungs- bzw. Herstellungskostenmethode einen Unterinvestitionsanreiz für den Agenten.[407] Obgleich beide Methoden nicht der Anforderung der starken Zielkongruenz genügen, lassen sich materielle Unterschiede feststellen.[408] Die Fehlsteuerung durch die Neubewertungsmethode fällt deutlich stärker aus. Der Unterschied zwischen beiden Methoden ist desto größer, je stärker das Ausmaß der Werterhöhung ist und je früher diese eintritt.[409] Im konkreten Fall ist eine Verringerung des Barwerts der Residualgewinne von -8 GE auf -105 GE zu beobachten. Im Vergleich zur Situation mit identischen Zeitpräferenzen wird der

---

406 Vgl. Baldenius / Fuhrmann / Reichelstein (1999) S. 54.

407 Vgl. Crasselt (2003) S. 100-102, vgl. auch Mohnen (2002) S. 64-69, vgl. auch Baldenius / Fuhrmann / Reichelstein (1999) S. 55, vgl. auch Pfaff / Kunz / Pfeiffer (2000) S. 562, vgl. auch Gillenkirch / Schabel (2001) S. 220, vgl. auch Reichelstein (1997) S. 166.

408 Vgl. Baldenius / Fuhrmann / Reichelstein (1999) S. 55.

409 Je größer die Werterhöhung, desto höher fallen die zusätzlichen durch die Neubewertung bedingten Abschreibungen aus. Je früher die Werterhöhung eintritt, desto früher werden die Residualgewinne mit zusätzlichen Abschreibungen belastet.

Betrag der Verringerung zwar kleiner (dort beträgt die Minderung des Barwerts der Residualgewinne 196 GE), die Tendenz ist indes eindeutig.

Bei der Anschaffungs- bzw. Herstellungskostenmethode verschärft sich die Unterinvestitionsproblematik zusätzlich, sofern der Agent einen Planungshorizont besitzt, der die Projektlaufzeit unterschreitet, da die frühen Perioden auf Grund der konstanten Cashflows und der im Zeitablauf sinkenden kalkulatorischen Zinsen vergleichsweise stark belastet werden. Mit Blick auf die Neubewertungsmethode lässt sich eine Aussage darüber nur in Abhängigkeit von Zeitpunkt und Höhe einer vom Agenten erwarteten Werterhöhung treffen, da eine solche spätere Perioden mit höheren Abschreibungsbeträgen belastet.

Allein bei Vorliegen einer Haftungsbeschränkung in dem Sinne, dass der Agent nicht an negativen Ausprägungen der Bemessungsgrundlage partizipiert, können die beiden betrachteten Methoden unter den getroffenen Konventionen im Fall konstanter Cashflows den Agenten zu einer Überinvestition anregen, da dieser dann alle negativen Residualgewinne mit Null bewertet und keine negative Entlohnung fürchten muss.

Im Folgenden wird das identische Beispiel unter Verwendung des Fair Value-Modells betrachtet.

Fair Value Modell (IAS 40), g=0							
Periode	**t=0**	**t=1**	**t=2**	**t=3**	**t=4**	**t=5**	**Σ**
Cashflows	-866	200	200	200	200	200	134
FV Änderung	0	-173	43	-245	-245	-245	
Restbuchwert	866	693	736	491	245	0	
Gewinn	0	27	243	-45	-45	-45	134
Kalk. Zinsen	0	43	35	37	25	12	151
RG	0	-16	209	-82	-70	-58	-17
BW des RG (5%)	0	-16	189	-71	-57	-45	0
BW des RG (20%)	0	-13	131	-41	-28	-18	31

Abbildung 4-11: Szenario 7 zum Sachanlagevermögen

Aus Abbildung 4-11 lässt sich ableiten, dass die Abzinsung der Residualgewinne mit dem Zinssatz des Agenten von 20% bei Anwendung des Fair Value-Modells zu einem positiven Barwert, in diesem Fall von 31 GE, führt. Hier liegt demzufolge eine Überinvestitionsproblematik vor. Der Agent würde sich allerdings am besten stellen, wenn er das Unternehmen nach der Werterhöhung am Ende der Periode t=2 verließe, da ihm danach ausschließlich negative Residualgewinne zufließen. Bei kürzerem Planungshorizont (z.B. bis einschließlich der Periode t=2) oder dem Vorliegen einer Haftungsbeschränkung würde sich die Überinvestitionsneigung des Agenten verstärken. Analog zu Reichelstein (1997) Abschnitt IV wird hier vorausgesetzt, dass der Agent die Fair Value-Änderung ex ante vorhersehen kann.[410] Wäre dies nicht der Fall, würden die Ergebnisse nicht von der Anschaffungs- bzw. Herstellungskostenmethode abweichen.

Abschließend werden einige allgemeine Aussagen zur Zielkongruenz bei Projekten mit konstanten Cashflows für die drei im Rahmen des Sachanlagevermögens betrachteten Methoden abgeleitet. Bei Anwendung der Anschaffungs- bzw. Herstellungskostenmethode führen Projekte mit positivem Kapitalwert, die konstante Cashflows aufweisen, stets dazu, dass der Barwert aus Sicht eines Agenten, dessen Zinssatz denjenigen des Unternehmens übersteigt, kleiner ist als der Kapitalwert des Projektes. Dies liegt darin begründet, dass die Residualgewinne im Zeitablauf unter den getroffenen Annahmen (lineare Abschreibungen, konstante Cashflows) zwangsläufig steigen und somit keine negativen Residualgewinne in den späteren Perioden auftreten.[411] Die Konsequenz daraus ist, dass bei solchen Projekten unter Anwendung der Anschaffungs- bzw. Herstellungskostenmethode grundsätzlich eine Unterinvestitionsproblematik entsteht, eine Überinvestitionsproblematik jedoch nur in Verbindung mit einer Haftungsbeschränkung auftreten kann.[412]

Die Neubewertungsmethode führt bestenfalls zu einer Unterinvestition in Höhe der Anschaffungskosten- bzw. Herstellungskostenmethode. Dies ist genau dann der Fall, wenn keine Höherbewertung des Vermögenswertes des Sachanlagevermögens während der Projektlaufzeit eintritt und die Ergebnisse der Neubewertungsmethode somit faktisch der Anschaffungs- bzw. Herstellungskostenmethode entsprechen. Im Fall einer vom Agenten antizipierten Werterhöhung wird die Unterinvestitionsproblematik durch Anwendung der Neubewertungsmethode stets verschärft, eine Überinvestition ist unter den getroffenen Konventionen nicht denkbar.

---

410 Vgl. Reichelstein (1997) Abschnitt IV.

411 Solche negativen Residualgewinne in späteren Perioden werden aus Sicht des Agenten – im Vergleich zum Kalkül des Unternehmens – auf Grund seiner höheren Zinsrate weniger stark gewichtet. Somit kann dieser Effekt dazu führen, dass der Barwert der Residualgewinne den Kapitalwert auch bei Verwendung der Anschaffungs- und Herstellungskostenmethode übersteigt.

412 Vgl. Crasselt (2003) S. 100-102, vgl. auch Mohnen (2002) S. 64-69, vgl. auch Baldenius / Fuhrmann / Reichelstein (1999) S. 55, vgl. auch Pfaff / Kunz / Pfeiffer (2000) S. 562, vgl. auch Gillenkirch / Schabel (2001) S. 220, vgl. auch Reichelstein (1997) S. 166 zur Unterinvestitionsproblematik.

Die Anreizwirkungen, die von einer Bilanzierung nach Maßgabe des Fair Value-Modells ausgehen, hängen entscheidend von Zeitpunkt und Ausmaß einer erwarteten Werterhöhung ab.[413] Im Gegensatz zu den anderen beiden Methoden ist eine Überinvestitionstendenz hier bei konstanten Cashflows nicht auszuschließen.

4.1.5.2 Analyse der Zielkongruenz bei steigenden Cashflows

Bei der Betrachtung von Projekten mit steigenden Cashflows behalten die Grundaussagen des Kapitels 4.1.5.1 zu Projekten mit konstanten Cashflows ihre Gültigkeit. Dies ist damit zu begründen, dass Projekte mit konstanten und steigenden Cashflows eine ähnliche Struktur bezüglich der Residualgewinne der einzelnen Perioden aufweisen. Projekte mit steigenden Cashflows führen bei positivem Kapitalwert und linearen Abschreibungen ebenfalls zu im Zeitablauf steigenden Residualgewinnen.[414] Dieser Effekt ist sogar stärker ausgeprägt als bei konstanten Cashflows, da sich kalkulatorische Zinsen und steigende Cashflows in ihrer Wirkung gegenseitig verstärken. Für die Anschaffungs- bzw. Herstellungskostenmethode gilt daher wiederum, dass die Residualgewinne ausnahmslos von Periode zu Periode ansteigen, was – unter den getroffenen Annahmen – immer dazu führt, dass der ungeduldige Agent tendenziell einen Anreiz zur Unterinvestition erhält,[415] welcher sich bei einem kürzeren Planungshorizont wiederum zusätzlich verstärkt.[416]

Auch im Hinblick auf die Neubewertungsmethode bleiben die Ergebnisse aus dem Vorkapital erhalten. Analog zur Anschaffungs- und Herstellungskostenmethode wird die Unterinvestitionstendenz im Vergleich zum Fall konstanter Cash Inflows noch verschärft.

Bei Anwendung des Fair Value-Modells können gemäß den Ergebnissen des Vorkapitals sowohl Unter- als auch Überinvestitionen hervorgerufen werden, wobei die stärkere Verlagerung positiver Residualgewinne in spätere Perioden durch steigende Cashflows Überinvestitionen tendenziell abschwächt.[417]

---

413 Siehe dazu Abbildung 4-11. Eine Überinvestitionsproblematik kann durch einen kürzeren Planungshorizont des Agenten (sofern die Werterhöhung innerhalb dieses Zeitraums eintritt) und durch eine Haftungsbeschränkung zusätzlich verstärkt werden.

414 Vgl. Crasselt (2004b) S. 127-129.

415 Siehe Abbildung A-2 im Anhang für ein Szenario unter Verwendung der Anschaffungs- und Herstellungskostenmethode mit einer Wachstumsrate von g=0,2.

416 Auch die Überinvestitionsproblematik durch eine Haftungsbeschränkung verstärkt sich wegen dem größeren Gefälle zwischen Residualgewinnen frühen und späteren Perioden.

417 Dies liegt wiederum daran, dass positive Residualgewinne in späteren Perioden für den Agenten auf Grund seines höheren Zinssatzes weniger Wert besitzen. Siehe Abbildung

4.1.5.3 Analyse der Zielkongruenz bei sinkenden Cashflows

Anschaffungs-/Herstellungskostenmethode (IFRS, Obergrenze HGB), g=-0,2							
Periode	**t=0**	**t=1**	**t=2**	**t=3**	**t=4**	**t=5**	**Σ**
Cashflows	-595	200	160	128	102	82	78
Neubewertung	0	0	0	0	0	0	0
Abschreibungen	0	119	119	119	119	119	595
Restbuchwert	595	476	357	238	119	0	
Gewinn	0	81	41	9	-17	-37	78
Kalk. Zinsen	0	30	24	18	12	6	89
RG	0	51	17	-9	-28	-43	-11
BW des RG (5%)	0	49	16	-8	-23	-34	0
BW des RG (20%)	0	41	11	-4	-11	-14	22

Abbildung 4-12: Szenario 8 zum Sachanlagevermögen

Abbildung 4-12 illustriert ein Szenario, in dem die Anschaffungs- bzw. Herstellungskostenmethode auf ein kapitalwertneutrales Projekt mit sinkenden Cashflows (Wachstumsrate g=-0,2) angewendet wird. Während bei Zinssatzidentität von Agent und Prinzipal wiederum Zielkongruenz erreicht wird, ergibt sich bei Verwendung des höheren Diskontierungsfaktors von 20% für den Agenten eine positive Abweichung des Barwerts der Residualgewinne vom Kapitalwert in Höhe von 22 GE.

Von der Kopplung der Entlohnung an das Performancemaß Residualgewinn geht demzufolge in diesem Fall bei Anwendung der Anschaffungs- bzw. Herstellungskostenmethode ein Anreiz zur Überinvestition aus, welcher unter den getroffenen Konventionen bei konstanten und steigenden Cashflows ausgeschlossen werden konnte.[418]

Ursächlich dafür ist, dass in gewähltem Beispiel negative Residualgewinne in späteren Perioden der Projektlaufzeit entstehen und diese bei höherer Zeitpräferenzrate des Agenten weniger stark gewichtet werden. Dieses Phänomen negativer Residualgewinne in späteren Perioden kann bei Projekten mit konstanten oder steigenden Cashflows nicht in Verbindung mit der Anschaffungs- bzw. Herstellungskostenmethode auftreten, da unter den getroffenen Annahmen ausnahmslos steigende Residualgewinne zu beobachten sind. Dies impliziert, dass

A-3 im Anhang, die ein Szenario unter Verwendung des Fair Value-Modells mit einer Wachstumsrate von g=0,2 repräsentiert, das zu einer leichten Unterinvestitionsproblematik führt.

418 Vgl. Crasselt (2004b) S. 128.

Residualgewinne am Ende der Projektlaufzeit genau dann negative Werte annehmen können, wenn sie bereits in frühen Perioden negative Ausprägungen aufweisen, was bei einem Projekt mit positivem Kapitalwert in dieser Konstellation nicht möglich ist. Ob Projekte, die durch sinkende Cashflows gekennzeichnet sind, tatsächlich negative Residualgewinne gegen Ende der Laufzeit nach sich ziehen und somit einen Überinvestitionsanreiz bewirken, hängt indes von Schrumpfungsrate, Nutzungsdauer und Zinssatz ab.

Analog kann auch die Neubewertungsmethode bei Projekten mit sinkenden Cashflows zu Überinvestitionen führen. Einer solchen wird jedoch bei einer vom Agenten erwarteten Wertsteigerung und den damit verbundenen höheren Belastungen des Residualgewinns in den Folgeperioden stets entgegengewirkt.[419]

Die Anwendung des Fair Value-Modells in Verbindung mit einer erwarteten zwischenzeitlichen Wertsteigerung sowie einer negativen Wachstumsrate der Cashflows birgt von allen Methoden die größte Gefahr einer Überinvestition, da die Verlagerung negativer Residualgewinne in die späteren Perioden der Projektlaufzeit in einem solchen Fall am stärksten ausfällt.[420] Unterinvestitionen können beim Fair Value-Modell wie bei den beiden anderen Methoden indes auch bei sinkenden Cashflows auftreten.[421] Entscheidend sind Höhe der Schrumpfungsrate und Ausmaß der Werterhöhung des Vermögenswertes.

4.1.5.4 Übersicht der Ergebnisse zur Zielkongruenz

Auf Grund der Verwendung von Grenzprojekten mit einem Kapitalwert von Null ist es möglich, das Ausmaß des Unter- bzw. Überinvestitionsanreizes, der jeweils von den drei betrachteten Methoden ausgeht, zu quantifizieren. Zu diesem Zweck wird der Quotient aus dem Barwert der Residualgewinne aus Sicht des Agenten (Zinssatz von 20%) und der anfänglichen Investitionsauszahlung herangezogen.[422] Die nachfolgende Tabelle illustriert die Ergebnisse in Abhän-

---

419 Siehe Abbildung A-4 im Anhang zu einem Szenario, das die Verwendung der Neubewertungsmethode bei sinkenden Cashflows (Wachstumsrate = -0,2) illustriert.

420 Siehe Abbildung A-5 im Anhang zu einem Szenario unter Verwendung des Fair Value-Modells und einer negativen Wachstumsrate von g=-0,2. Insbesondere muss die Fair Value-Bilanzierung im Zusammenhang mit dem Vorliegen einer Haftungsbeschränkung als kritisch angesehen werden, da der Agent dann an hohen Gewinnen beteiligt wird, ohne an den Verlusten zu partizipieren. Vgl. dazu Velthuis / Wesner / Schabel (2006) S. 877-878.

421 Dies liegt ganz grundsätzlich daran, dass ein positiver Residualgewinn für den Agenten auf Grund des höheren Zinssatzes immer weniger wert ist, als der gleiche Residualgewinn aus Sicht des Unternehmens.

422 Vgl. Crasselt (2004b) S. 128 zur Vorgehensweise.

gigkeit von der jeweilig verwendeten Bilanzierungsmethode sowie der Wachstumsrate. Ein Wert von Null entspricht einer Situation, in der Zielkongruenz vorliegt.

	Struktur der Cash Inflows		
	konstant (g=0)	**steigend (g=0,2)**	**sinkend (g=-0,2)**
Anschaffungskosten- / Herstellungskostenmethode	-0,93%	-4,81%	3,78%
Neubewertungsmethode (IAS 16)	-12,12%	-15,99%	-7,40%
Fair Value-Modell (IAS 40)	3,63%	-0,25%	8,34%

Abbildung 4-13: Fehlanreize anhand des Quotienten aus Barwert der Residualgewinne aus Sicht des Agenten und der Anschaffungsinvestition

Als Ergebnis der quantitativen Analyse der Zielkongruenz lässt sich festhalten, dass die Neubewertungsmethode bei Auftreten von durch den Agenten erwarteten Werterhöhungen zu besonders starken Fehlanreizen führen kann und somit für den Anwendungsbereich der Managemententlohnung wenig geeignet ist. Auch die anderen beiden Methoden erreichen im Zusammenhang mit der Bilanzierung von Sachanlagevermögen i.d.R. keine starke Zielkongruenz, ihre Fehlanreize fallen jedoch geringer aus, wie aus den berechneten Quotienten hervorgeht.[423]

In Bezug auf alle drei Bewertungsmodelle lässt sich schlussfolgern, dass starke Zielkongruenz auf Projekte beschränkt ist, deren Cashflows exakt der Entwicklung des Kapitaldienstes bei linearen Abschreibungen folgen.[424]

Stehen dem Entscheidungsträger zwei oder mehrere Alternativprojekte zur Auswahl, kann es bei der hier unterstellten linearen Entlohnung anhand des Residualgewinnkonzepts bei den drei betrachteten Bilanzierungsmethoden ebenso

423 Die Anforderung der schwachen Zielkongruenz ist sowohl bei Anschaffungs- / Herstellungskostenmethode als auch beim Fair Value-Modell erfüllt, da sämtliche Einzahlungen und Auszahlungen zu einem beliebigen Zeitpunkt erfolgswirksam in der GuV erfasst werden. Somit ist die Barwertidentität gemäß dem Lücke-Theorem gegeben und der Barwert der Residualgewinne bei Verwendung des zur Kapitalwertberechnung herangezogenen Zinssatzes aus einem Projekt entspricht genau dessen Kapitalwert. Siehe Kapitel 3.1.2 zum Lücke-Theorem und Kapitel 3.2.3 zum Kongruenzprinzip.

424 Vgl. Crasselt (2004b) S. 127, vgl. auch Mohnen (2002) S. 161-163 zum Einfluss von im Zeitverlauf abnehmenden Cashflows bei gleichzeitig linearen Abschreibungen auf das Zielkongruenzkriterium.

zu Fehlentscheidungen kommen. Dies ist – unabhängig von der Laufzeit der Projekte – immer dann der Fall, wenn die zur Auswahl stehenden Investitionsvorhaben eine unterschiedliche Struktur in Bezug auf die Zahlungsüberschüsse aufweisen. Projekte mit im Zeitablauf sinkenden Cash Inflows werden – bei identischen Kapitalwerten – durch den „ungeduldigen Manager" höher bewertet und folglich präferiert.[425] Dementsprechend gibt es einen gewissen Bereich, in dem Projekte mit sinkenden Cash Inflows trotz geringeren Beitrags zum Unternehmenswert Projekten mit konstanten oder steigenden Cashflows systematisch vorgezogen werden.[426] Weder die HGB-Normen noch die Regelungen der IFRS zum Sachanlagevermögen stellen die hier zu einer idealen wertorientierten Steuerung geforderte perfekte Zielkongruenz sicher.[427]

Insgesamt führen die IFRS bei Anwendung des Fair Value-Modells in Verbindung mit steigenden Projektrückflüssen im Vergleich mit den anderen Methoden zu relativ geringen Fehlanreizen. Einschränkend ist indes anzumerken, dass der IAS 40 nur für *Investment Properties*, nicht jedoch für andere Sachanlagegüter Anwendung finden darf.[428] Des Weiteren dürfte vor allem bei längeren Projektlaufzeiten fraglich sein, inwieweit der Entscheidungsträger – wie bisher unterstellt – Wertentwicklungen antizipieren kann. Im Zusammenhang mit den IFRS ist darüber hinaus zu kritisieren, dass die nach IAS 16 erlaubte ergebnisneutrale Neubewertung im Falle einer Werterhöhung selbst die Anforderung der schwachen Zielkongruenz verfehlt. Dieser Nachteil sollte allerdings nicht überbewertet werden, da die praktische Bedeutung der ergebnisneutralen Neubewertung gemäß IAS 16 als äußerst gering einzuschätzen ist.[429] Bei sich gegenseitig ausschließenden Investitionsprojekten konnte keine Überlegenheit eines der betrachteten Rechnungslegungssysteme festgestellt werden.

---

425 Hier sei eine identische Laufzeit der alternativ zur Auswahl stehenden Projekte unterstellt.

426 Die gleiche Problematik ist bei Projekten mit unterschiedlichen Laufzeiten zu vermuten. Projekte mit längerem Zeithorizont werden auf Grund der späteren Rückflüsse durch den Agenten benachteiligt.

427 Siehe Kapitel 3.2.6 zum Begriff der perfekten Zielkongruenz.

428 Vgl. IAS 40.9(d).

429 Vgl. Müller / Wobbe / Reinke (2008) S. 136, deren Studie aufzeigt, dass lediglich zwei von 122 untersuchten deutschen Unternehmen die ergebnisneutrale Neubewertung anwenden.

4.2 Auswirkungen der Bilanzierung und Bewertung von langfristigen Fertigungsaufträgen

4.2.1 Vergleich der Regelungen

Fertigungsprojekte, bei denen mindestens ein Bilanzstichtag zwischen Auftragsbeginn und Fertigstellung liegt, werden als langfristige Fertigungsaufträge bezeichnet.[430] Das HGB sieht keine speziellen Regelungen für die bilanzielle Handhabung solcher Aufträge vor. Vielmehr müssen das Vorsichts- sowie das Realisationsprinzip herangezogen werden, um die Angemessenheit potenzieller Verfahren zur Abbildung langfristiger Fertigungsaufträge zu beurteilen.

Nach der strengen Interpretation des handelsrechtlichen Realisationsprinzips empfiehlt sich – sofern keine Teilabnahmen durchgeführt werden – die Anwendung der *Completed Contract-Methode*, die erst nach Übergabe des vollumfänglich fertiggestellten Vermögensgegenstandes zu einer Gewinnrealisierung führt.[431] Eine anteilige Gewinnrealisierung widerspricht indessen grundsätzlich dem Vorsichts- sowie dem Realisationsprinzip.[432] Allerdings lässt sich diskutieren, ob Langfristfertigungsverträge als begründeten Ausnahmefall nach §252 Abs. 2 HGB angesehen werden können. Ein solcher begründeter Ausnahmefall kann vorliegen, wenn die Vermittlung eines den tatsächlichen Verhältnissen entsprechenden Bildes der Vermögens-, Finanz- und Ertragslage gefährdet ist.[433]

In der Literatur wird kontrovers diskutiert, ob eine Teilgewinnrealisierung unter restriktiven Voraussetzungen mit dem Regelwerk des HGB vereinbar sein kann. Dazu wird gefordert, dass langfristige Fertigungsaufträge zum Kern der betrieblichen Tätigkeit des bilanzierenden Unternehmens zu zählen sind und dass die Verzerrungen, die die Anwendung der *Completed Contract-Methode* nach sich ziehen würde, von beträchtlichem Ausmaß sind.[434] Baetge / Kirsch / Thiele (2007) lehnen Teilgewinnrealisierungen hingegen ab.[435]

Weniger problematisch ist – unter bestimmten Voraussetzungen – eine Teilgewinnrealisierung auf Grundlage von Teilabrechnungen.[436] Hier wird die Gesamtleistung in Teilleistungen aufgespalten, die – im Einklang mit dem Realisationsprinzip – einzeln erfolgswirksam berücksichtigt werden können, wenn fol-

430 Vgl. hierzu und im Folgenden Coenenberg / Haller / Schultze (2009) S. 228.
431 Vgl. §252 Abs. 1 Nr. 4 HGB zum Realisationsprinzips, vgl. Coenenberg / Haller / Schultze (2009) S. 224-225 zur Completed Contract-Methode.
432 Vgl. hierzu und im Folgenden Coenenberg / Haller / Schultze (2009) S. 229.
433 Vgl. Coenenberg / Haller / Schultze (2009) S. 229.
434 Vgl. ausführlich ADS (1995ff) §252 Tz. 87.
435 Vgl. Baetge / Kirsch / Thiele (2007) S. 686.
436 Vgl. hierzu und im Folgenden Coenenberg / Haller / Schultze (2009) S. 228-229.

gende Bedingungen erfüllt sind: Erstens müssen Teilabnahmen vertraglich vorgesehen sein und tatsächlich durch den Kunden durchgeführt werden. Zweitens darf kein Gesamtfunktionsrisiko für den Auftrag bestehen.

Ist eine Teilgewinnrealisierung auf Grund eines Gesamtfunktionsrisikos ausgeschlossen – wie in der Folge angenommen – so lässt sich eine Erhöhung der aktivierbaren Kostenbestandteile von den Herstellungskosten hin zu den Selbstkosten diskutieren. Dies scheint einigen Autoren vertretbar, wenn zum Bilanzstichtag feststeht, dass sich die Auftragsfertigung einerseits über mehr als zwei Geschäftsjahre hinzieht und andererseits daraus kein Verlust entsteht.[437] Andere Autoren lehnen auch die Aktivierung von Selbstkosten im Rahmen von nach HGB bilanzierten langfristigen Fertigungsaufträgen kategorisch ab.[438]

Im Gegensatz zum deutschen Handelsrecht finden sich in den IFRS explizite Regelungen für die Bilanzierung und Bewertung von kundenspezifischen langfristigen Fertigungsaufträgen.[439] Der IAS 11 *Construction Contracts* beinhaltet diese und legt den Fokus vordergründig auf eine periodengerechte Gewinnermittlung. IAS 11.25 nennt als Ziel des Standards die Bereitstellung entscheidungsrelevanter Informationen.[440] Ausschlaggebend für die bilanzielle Behandlung von Fertigungsaufträgen nach IFRS ist, mit welcher Zuverlässigkeit sich der Gewinn aus einem Auftrag schätzen lässt. Grundsätzlich kennt der IAS 11 zwei Vertragstypen, für die jeweils unterschiedliche Anforderungen an die verlässliche Schätzbarkeit formuliert werden – den *Fixed Price Contract* sowie den *Cost Plus Contract*. Bei beiden Vertragstypen muss der Zufluss des mit dem Auftrag verbundenen wirtschaftlichen Nutzens wahrscheinlich sein und die Kosten des Auftrags müssen eindeutig abgegrenzt und zuverlässig bestimmt werden können.[441] Darüber hinaus sind an die Erfüllung des Kriteriums der verlässlichen Schätzbarkeit von *Fixed Price Contracts* zwei zusätzliche Bedingungen geknüpft: Einerseits muss der erwartete Fertigungserlös vorhersehbar sein, andererseits müssen sich die bis zur Fertigstellung des Auftrags noch anfallenden Kosten sowie der Grad der Fertigstellung zum Bilanzstichtag verlässlich bestimmen lassen.[442] Fällt ein Vertrag nicht eindeutig in eine der beiden Kategorien, sondern besitzt Eigenschaften beider, gelten die strengeren Vorschriften für *Fixed Price Contracts*.[443]

---

437 Vgl. Beck'scher Bilanzkommentar (2006) §255 Tz. 459.

438 Vgl. Baetge / Kirsch / Thiele (2007) S. 692-693.

439 Vgl. hierzu und im Folgenden Coenenberg / Haller / Schultze (2009) S. 230.

440 Siehe Kapitel 2.2.3.5 zur geringeren Bedeutung des Realisationsprinzips nach IFRS im Vergleich zum HGB.

441 Vgl. IAS 11.23 und IAS 11.24.

442 Vgl. IAS 11.23.

443 Vgl. IAS 11.6 in Verbindung mit IAS 11.23 und IAS 11.24.

Wird die verlässliche Schätzbarkeit nach eingehender Prüfung bejaht, so fordert der IAS 11.22 zwingend die Anwendung der *Percentage of Completion-Methode*, die die erfolgswirksame Erfassung der vereinbarten Gesamterlöse gemäß dem Fertigstellungsgrad am Periodenende vorsieht.[444] Allerdings ist davon auszugehen, dass bei Erfüllung der Bedingungen zur Anwendung der *Percentage of Completion-Methode* ein faktisches Wahlrecht für den Bilanzierenden entsteht.[445] Durch eine ungenaue Kostenerfassung und den Verweis auf die fehlende Verlässlichkeit kann dann stets auf die *Modified Completed Contract-Methode* ausgewichen werden.

Wird die verlässliche Schätzbarkeit ohnehin als nicht gegeben erachtet oder übersteigen die Kosten aus dem Auftrag voraussichtlich die Erlöse, so ist zwingend die *Modified Completed Contract-Methode* anzuwenden.[446] Im Unterschied zum HGB werden bei der *Modified Completed Contract-Methode* nach IFRS in den einzelnen Perioden der Auftragsfertigung bereits Umsatzerlöse in Höhe der Selbstkosten erfasst.[447] Ein Gewinnausweis wird jedoch analog zur *Completed Contract-Methode* nach deutschem Recht vermieden.[448] Unterschiedliche Gewinnverteilungen ergeben sich indes durch den in der Szenarioanalyse hervorgehobenen betragsmäßigen Unterschied zwischen Selbstkosten und Herstellungskosten.[449]

---

444 Vgl. Coenenberg / Haller / Schultze (2009) S. 225 und S. 229. Die Bestimmung des Fertigungsgrades kann nach unterschiedlichen Methoden erfolgen. IAS 11.30 erlaubt beispielsweise die Anwendung der Cost-to-Cost-Methode, der Efforts-Expended-Methode sowie der Units-of-Work-Performed-Methode. Erstere setzt die bisher angefallenen Kosten ins Verhältnis zu den geschätzten Gesamtkosten. Die Efforts-Expended Methode hingegen betrachtet das Verhältnis der bisher erbrachten Leistung zur geschätzten Gesamtleistung. Die Units-of-Work-Performed-Methode fordert schließlich, den physikalischen Anteil des bisher erstellten Fertigungsauftrags zur vereinbarten Gesamtleistung in Relation zu setzen.

445 Vgl. hierzu und im Folgenden Wohlgemuth (2006) S. 311, vgl. auch Lüdenbach (2009) Rz. 38.

446 Vgl. Coenenberg / Haller / Schultze (2009) S. 231.

447 Eine vollständige Selbstkostenaktivierung wird nach IFRS allerdings eingeschränkt, wenn Vertriebskosten vorliegen. Diese sind nach IAS 11.20 nicht aktivierungsfähig.

448 Vgl. Coenenberg / Haller / Schultze (2009) S. 227.

449 Vgl. Bischof (1998) S. 8 zum Unterschied von Herstellungs- und Selbstkosten, vgl. Pellens / Fülbier / Gassen / Sellhorn (2008) S. 387-388 zu den Auftragskosten aus einem langfristigen Fertigungsauftrag. Die Completed Contract-Methode führt im Gegensatz zur Modified Completed Contract-Methode bei einem Unterschied zwischen Selbstkosten und Herstellungskosten zu Verlusten. Somit wird in der Periode der Fertigstellung des Projektes bei Anwendung der Completed Contract-Methode ein höherer Gewinn ausgewiesen.

An dieser Stelle sei noch erwähnt, dass ein Wechsel von der *modifizierten Completed Contract-Methode* zur *Percentage of Completion-Methode* bei Wegfall der Unsicherheit bezüglich des erwarteten Gewinns in späteren Perioden durchaus möglich ist.[450]

Im Ergebnis lässt sich festhalten, dass nach HGB i.d.R. die *Completed Contract-Methode* Anwendung finden dürfte, während nach IFRS die *Percentage of Completion-Methode* oder die *modifizierte Completed Contract-Methode* in Abhängigkeit von der Erfüllung der Voraussetzung der verlässlichen Schätzbarkeit und der Ausübung des faktischen Wahlrechts verwendet werden. Bei der Analyse anhand der in Kapitel 3.2 hergeleiteten Beurteilungskriterien wird stets davon ausgegangen, dass bei den betrachteten Projekten ein Gesamtfunktionsrisiko besteht und somit keine Teilabrechnungen möglich sind.

Zu Ende dieses Kapitels sei angemerkt, dass die zuvor herausgearbeiteten Unterschiede zwischen den beiden Rechnungslegungssystemen in Bezug auf die Ertragsrealisierung (nicht im Hinblick auf Anhangangaben und Ausweis) im Rahmen von langfristigen Fertigungsaufträgen auch auf langfristige Serviceverträge übertragbar sind.[451] IAS 18.20 legt bei Vorliegen der verlässlichen Schätzbarkeit auch bei Dienstleistungsverträgen analog zu IAS 11 die Anwendung der *Percentage of Completion-Methode* nahe.[452] In IAS 18.22-18.28 finden sich Regelungen, die teilweise dem Wortlaut des IAS 11 entsprechen.[453] Trotzdem scheint die Ertragsrealisierung gemäß dem Projektfortschritt in der Dienstleistungsbranche eher konservative Anwendung zu erfahren.[454]

4.2.2 Analyse der Einhaltung des Kongruenzprinzips

Nach den Normen des deutschen Handelsrechts sowie nach dem Regelwerk der IFRS lassen sich im Zusammenhang mit der Bilanzierung langfristiger Fertigungsaufträge keine Kongruenzdurchbrechungen identifizieren. Die in Kapitel 4.2.1 dargestellten Bilanzierungs- und Bewertungsvorschriften führen stets dazu, dass alle Erträge und Aufwendungen ergebniswirksam über die GuV verbucht werden. Demzufolge wird der Forderung nach Einhaltung des Kongruenzprinzips in beiden Rechnungslegungssystemen vollständig entsprochen.

---

450 Vgl. IAS 11.35.

451 Vgl. IAS 18.20-18.28, im Speziellen IAS 18.21. Beispiele für besagte Serviceleistungen sind u.a. die Herstellung eines immateriellen Vermögenswertes oder das Erstellen eines Gutachtens. Vgl. dazu Lüdenbach (2009) Rz. 9.

452 Vgl. IAS 18.20.

453 Vgl. IAS 18.22-18.28.

454 Vgl. Lüdenbach (2009) Rz. 9.

4.2.3 Analyse der Manipulationsresistenz

Bei der Bilanzierung nach HGB bietet die Bemessung der Herstellungskosten einen wesentlichen Spielraum, da Aktivierungen im Rahmen der Langfristfertigung nach diesen bemessen werden und ein Wahlrecht der Höhe nach besteht – sofern dieses dem Agenten überlassen wird und nicht durch etwaige Bilanzierungsrichtlinien eingedämmt wird. Hierzu sei auf die Ausführungen in Kapitel 4.1.1. verwiesen.

Den Spielräumen nach IFRS sollte eine größere Bedeutung zugemessen werden, da sich diese auf die erwarteten Erträge erstrecken.[455] Bei Anwendung der *Percentage of Completion-Methode* muss der Projekterlös geschätzt werden, was sowohl bei *Fixed Price Contracts* als auch bei *Cost Plus Contracts* mit Unsicherheiten und Spielräumen einhergeht.[456]

Der Standardsetter hat erkannt, dass vor allem der Gewinn aus *Festpreisverträgen* schwierig abzuschätzen ist und stellt daher strengere Anforderungen an die Anwendung der *Percentage of Completion-Methode* bei Vorliegen dieses Vertragstyps.[457] Insbesondere ist unsicher, ob aus einem solchen Vertrag überhaupt ein Gewinn entsteht, da der Preis grundsätzlich festgelegt ist, die Kostenentwicklung jedoch mit Unsicherheiten behaftet ist.[458] Bei *Cost Plus Contracts* ist idealtypisch zumindest die Kostendeckung – eventuell inklusive eines Aufschlags – gewährleistet, der Gewinn jedoch der Höhe nach unsicher.[459]

Unabhängig vom zu Grunde liegenden Vertragstyp existieren verschiedene Risiken, die den Gewinn aus einem langfristigen Fertigungsprojekt beeinflussen können.[460] Hier sind beispielsweise technische Schwierigkeiten bei der Projektdurchführung zu nennen. Weiterhin bestehen zum Teil Kosten-, Wechselkurs- und Länderrisiken sowie Wertrisiken aus opportunistischem Verhalten des Auf-

---

455 Vgl. hierzu und im Folgenden Coenenberg / Haller / Schultze (2009) S. 230-232.

456 Vgl. auch Bischof (1998) S. 10 zu Schätzproblemen in Verbindung mit der Anwendung der Percentage of Completion-Methode, vgl. Backhaus (1996) S. 40 zu den regelmäßig großen Unterschieden zwischen Vor- und Nachkalkulationen in der Unternehmenspraxis.

457 Siehe Kapitel 4.2.1 zu den strengeren Voraussetzungen zur Anwendung der Percentage of Completion-Methode bei Fixed Price-Verträgen verglichen mit Cost Plus-Verträgen.

458 Vgl. IAS 11.16-11.18 zu unterschiedlichen Arten direkter und indirekter Auftragskosten.

459 Vgl. IAS 11.3 zur Definition der beiden Vertragstypen.

460 Vgl. hierzu und im Folgenden Buhleier (1997) S. 37-40, vgl. auch Falk (1996) S. 70, vgl. auch Kümpel (2000) S. 153-159.

traggebers.[461] Diese Risiken können sowohl Einfluss auf die Höhe als auch auf die zeitliche Verteilung der Gewinne ausüben.

Insgesamt ist festzuhalten, dass eine akkurate Schätzung des Gewinns aus den unterschiedlichen Vertragstypen – nicht zuletzt auf Grund der benannten Risiken – schwierig sein dürfte und es daher mangels Nachprüfbarkeit zu Manipulationen bei der Schätzung des Gewinns aus dem Projekt kommen kann.

Darüber hinaus wird durch die freie Wahl des Ermittlungsverfahrens für den Fertigstellungsgrad ein Spielraum bezüglich der Verteilung des Gewinns auf die jeweiligen Perioden eröffnet. IAS 11.30 erlaubt die *Cost-to-Cost-Methode*, welche die bisher angefallenen Kosten zu den geschätzten Gesamtkosten ins Verhältnis setzt.[462] Alternativ dürfen aber auch die *Efforts-Expended-Methode*, die das Verhältnis der bisher erbrachten Leistung zur geschätzten Gesamtleistung verwendet, sowie die *Units-of-Work-Performed-Methode*, welche das Verhältnis des physikalischen Anteils des bisher erstellten Fertigungsauftrags zur vereinbarten Gesamtleistung betrachtet, Anwendung finden. Es ist denkbar, dass der Entscheidungsträger genauere Informationen darüber besitzt, zu welcher Gewinnverteilung die jeweiligen Methoden führen und seine Auswahl dann seiner persönlichen Zielsetzung entsprechend trifft. Daher wäre es sinnvoll, dem Agenten die Wahlrechtsausübung zentral vorzugeben.

Neben den Ermessensspielräumen, die mit der Anwendung der *Percentage of Completion-Methode* einhergehen, besitzt auch das zuvor angedeutete faktische Wahlrecht bei Vorliegen der Anwendungsvoraussetzungen für die *Percentage of Completion-Methode* Bedeutung.[463] Unter Berufung auf eine fehlende Schätzzuverlässigkeit ist es einem Unternehmen möglich, auf die Anwendung der Ertragserfassung gemäß dem Fertigungsfortschritt zu verzichten. Die besondere Problematik bei einem faktischen Wahlrecht ergibt sich daraus, dass dieses nicht – wie im Falle eines expliziten Wahlrechts – von der Zentrale vorgegeben werden kann.[464]

In der Praxis ist der Verzicht auf die Anwendung der *Percentage of Completion-Methode* bei Vorliegen der Anwendungsvoraussetzungen allerdings eher selten

---

461 Vgl. Bigus (2008) S. 208-218 ausführlich zu Wertrisiken, die aus opportunistischem Verhalten des Auftraggebers resultieren.

462 Vgl. hierzu und im Folgenden IAS 11.30, vgl. auch Lüdenbach (2009) Rz. 28-36 ausführlich zu Verfahren zur Ermittlung des Fertigstellungsgrades, vgl. dazu auch Bischof (1998) S. 11.

463 Vgl. hierzu und im Folgenden Lüdenbach (2009) Rz. 38.

464 Vgl. Wagenhofer (2003) S. 301-303 zur Problematik der Wahlrechtsausübung durch den Manager bei Vorliegen einer Prinzipal-Agenten-Situation.

zu beobachten, da ein solcher Zweifel an der Fähigkeit des Unternehmens Aufträge zu planen und zu kalkulieren hervorrufen könnte.[465] Somit ist die Ausübung dieses faktischen Wahlrechts i.d.R. auf Projekte mit hohen rechtlichen oder technischen Risiken beschränkt.

Im Großen und Ganzen erlauben die Regelungen nach IFRS im Rahmen der langfristigen Auftragsfertigung (sowie von langfristigen Serviceverträgen) einen größeren Bilanzierungsspielraum als das deutsche Handelsrecht.[466]

4.2.4 Analyse der Entscheidungsverbundenheit

4.2.4.1 Analyse der sachlichen Entscheidungsverbundenheit

Weder im HGB noch in den IFRS finden im Rahmen der Bilanzierung und Bewertung von langfristigen Fertigungsaufträgen – Wertminderungen ausgenommen – Marktwertschwankungen Eingang in Bilanz und GuV.[467] Es ist davon auszugehen, dass i.d.R. Verhandlungen der Festlegung eines Fixpreises (*Fixed Price Contract*) oder eines Gewinnaufschlags auf die Kosten (*Cost Plus Contract*) vorausgehen. In beiden Fällen kann unterstellt werden, dass der über Durchführung bzw. Nichtdurchführung des Projektes entscheidende Agent entweder direkt an den Verhandlungen beteiligt ist oder zumindest über deren Ergebnisse in Kenntnis gesetzt wurde. Daher lässt sich schlussfolgern, dass er anhand dieser Informationen eine fundierte Entscheidung treffen kann, die seinem Verantwortungsbereich zuzuordnen ist.

Auch hinsichtlich der Kosten aus dem Fertigungsauftrag kann die sachliche Entscheidungsverbundenheit als gegeben angesehen werden, da der Agent die Pflicht besitzt, sich über zu erwartende Kosten zu informieren und diese in sein Entscheidungskalkül mit einfließen zu lassen. Insgesamt sind bei diesem Kriterium im Hinblick auf die langfristige Auftragsfertigung keine wesentlichen Unterschiede zwischen den beiden untersuchten Rechnungslegungssystemen zu konstatieren.

4.2.4.2 Analyse der zeitlichen Entscheidungsverbundenheit

Um die Erfüllung des Kriteriums der zeitlichen Entscheidungsverbundenheit durch die beiden untersuchten Rechnungslegungssysteme zu analysieren, muss

465 Vgl. hierzu und im Folgenden Lüdenbach (2009) Rz. 38.

466 Siehe Kapitel 4.2.1 zur grundsätzlich analogen Anwendung der Regelungen von Fertigungsaufträgen auf Dienstleistungsverträge.

467 Siehe Kapitel 4.2.1 zu den HGB- und IFRS-Regelungen zur langfristigen Auftragsfertigung, vgl. IAS 36 zum Impairment nach IFRS und §255 HGB zu Wertminderungen nach deutschem Handelsrecht.

eine nähere Betrachtung der im Rahmen der Langfristfertigung vorgeschriebenen Methoden erfolgen. Stellvertretend für das HGB steht die *Completed Contract-Methode*, die eine Aktivierung lediglich in Höhe der Herstellungskosten zulässt. Auf eine Aufteilung zwischen Ober- und Untergrenze der Herstellungskosten wird im Rahmen dieser Untersuchung verzichtet. Repräsentativ für die Vorgehensweise nach IFRS steht – bei verlässlicher Schätzbarkeit des Projekterlöses – die *Percentage of Completion-Methode* und – bei Nichtvorliegen dergleichen – die *modifizierte Completed Contract-Methode*, die eine Aktivierung bis hin zu den Selbstkosten erlaubt.[468] Letztere kann – wie zuvor angedeutet – nach Meinung einiger Autoren auch nach HGB Anwendung finden.[469]

Neben der Bewertungsmethode unterscheiden sich die Szenarien zusätzlich im Zeitpunkt des Eingangs der Auftragserlöse beim fertigenden Unternehmen. Somit werden im Laufe dieses Kapitels folgende Konstellationen betrachtet:

	Einmaliger Cash Inflow in T	**Cash Inflows proportional zu den Selbstkosten**
CCM	Abbildung 4-15	Abbildung 4-18
PoCM	Abbildung 4-16	Abbildung 4-19
MCCM	Abbildung 4-17	Abbildung 4-20

Abbildung 4-14: Überblick der in Kapitel 4.2.4.2 untersuchten Szenarien

Im Folgenden werden Projekte, deren Kapitalwert auf 100 GE normiert ist, im Hinblick auf die Kapitalwertrealisierung gemäß den Residualgewinnen untersucht. Analog zu Kapitel 4.1.4.2 wird ein Kapitalkostensatz von 5% unterstellt. Die ersten drei Szenarien betrachten eine Gleichverteilung der Kosten über die Projektlaufzeit bei einmaligem Cash Inflow durch den Auftraggeber in T.

468 Siehe Kapitel 4.2.1 zum Vergleich der Regelungen.

469 Siehe dazu Kapitel 4.2.1.

Completed Contract-Methode (HGB), g=0, einmaliger Cash Inflow in T							
Periode	**t=0**	**t=1**	**t=2**	**t=3**	**t=4**	**t=5**	**Σ**
Cash Inflow	0	0	0	0	0	808	808
Cash Outflow	100	100	100	100	100	100	600
Buchwertabgang	0	0	0	0	0	300	
Selbstkosten	100	100	100	100	100	100	600
HK	50	50	50	50	50	50	300
Invest. Kapital	50	100	150	200	250	0	
Gewinn	-50	-50	-50	-50	-50	458	208
Kalk. Zinsen	0	3	5	8	10	13	38
RG	-50	-53	-55	-58	-60	445	170
BW des RG (5%)	-50	-50	-50	-50	-49	349	100
Real. KW (%)	-50%	-100%	-150%	-200%	-249%	100%	

Abbildung 4-15: Szenario 1 zur Langfristfertigung

Die Verwendung der *Completed Contract-Methode* führt gemäß Abbildung 4-15 unter den getroffenen Konventionen dazu, dass in allen Perioden – abgesehen von der letzten – ein negativer realisierter Kapitalwert ausgewiesen wird. Ursächlich sind die stets negativen Gewinne, die auf Grund der kalkulatorischen Zinskosten noch stärker negative Residualgewinne bewirken.[470] Dieser Effekt kumuliert sich, so dass sich am Ende der vierten Periode die höchste negative Kapitalwertrealisierung manifestiert. Insgesamt lässt sich feststellen, dass die im Sinne des *DCF*-Kalküls richtige Entscheidung, in dieses Projekt zu investieren, sich erst in der Periode der Abnahme des Fertigungsobjekts positiv im Residualgewinn widerspiegelt.[471] Zuvor mindert die Durchführung dieses Projektes sämtliche Residualgewinne der Unternehmung. Unterstellt man ein Projekt mit im Zeitablauf sinkenden (steigenden) Kosten, so fiele die Ausprägung des realisierten Kapitalwerts zwischenzeitlich noch stärker (weniger stark) negativ aus als im oben betrachteten Fall konstanter Kosten.

470 Der Gewinn ist in den Perioden t=0 bis t=4 negativ, da eine Aktivierung lediglich in Höhe der Herstellungskosten erlaubt ist, die nur einen Teil der Selbstkosten umfassen.

471 Nach Fertigstellung des Objektes in t=5 hat sich der gesamte Kapitalwert realisiert, was – wie im Zusammenhang mit der Bilanzierung des Sachanlagevermögens bereits erläutert – am Ende der Projektlaufzeit immer dann der Fall ist, wenn das Kongruenzprinzip nicht verletzt wird und somit das Lücke-Theorem Gültigkeit besitzt. Siehe dazu Kapitel 3.1.2 und 3.2.3.

Percentage of Completion-Methode[472] (IFRS), g=0, einmaliger Cash Inflow in T							
Periode	**t=0**	**t=1**	**t=2**	**t=3**	**t=4**	**t=5**	**Σ**
Cash Inflow	0	0	0	0	0	808	808
Cash Outflow	100	100	100	100	100	100	600
Buchwertabgang	0	0	0	0	0	808	
Selbstkosten	100	100	100	100	100	100	600
SK + Aufschlag	135	135	135	135	135	135	808
Invest. Kapital	135	269	404	539	673	0	
Gewinn	35	35	35	35	35	34	208
Kalk. Zinsen	0	7	13	20	27	34	101
RG	35	28	21	14	8	1	107
BW des RG (5%)	35	27	19	12	6	1	100
Real. KW (%)	35%	61%	81%	93%	99%	100%	

Abbildung 4-16: Szenario 2 zur Langfristfertigung

Die Anwendung der *Percentage of Completion-Methode* führt unter den getroffenen Annahmen im Gegensatz zur *Completed Contract-Methode* dazu, dass sich der Kapitalwert stetig anhand der Residualgewinne realisiert – bis hin zu einer vollständigen Realisierung von 100% in der Endperiode. Bei im Zeitablauf konstanten Selbstkosten sinkt die zusätzlich generierte periodische Kapitalwertrealisierung von Periode zu Periode, da die im Zeitablauf steigenden kalkulatorischen Zinsen – bei konstanten Gewinnen – die späteren Residualgewinne schrumpfen lassen.[473] Betrachtet man alternativ im Zeitablauf sinkende Selbstkosten so würde dies – verursacht durch eine höhere Aktivierung und höhere Residualgewinne in den frühen Perioden – zu einer beschleunigten Kapitalwertrealisierung führen. Möglich wäre in einem solchen Fall sogar, dass die kumulierte Kapitalwertrealisierung zwischenzeitlich 100% übersteigt.[474] Steigende Selbstkosten hingegen hätten im Zeitablauf steigende Gewinne und somit eine langsamere Kapitalwertrealisierung zur Folge.

---

472 Bei den Szenarien mit der Percentage of Completion-Methode wird hier und im Folgenden die Cost-to-Cost-Methode zur Ermittlung des Fertigstellungsgrades verwendet.

473 Auch bei konstanten Residualgewinnen würde sich die Kapitalwertrealisierung im Zeitablauf verlangsamen, da die Barwerte der Residualgewinne bei einem Zinssatz größer Null von Periode zu Periode sinken.

474 Dies ist z.B. möglich, wenn der letzte Residualgewinn negativ ist, also die kalkulatorischen Zinsen den Gewinn der letzten Periode, der bei der Percentage of Completion-Methode bei positivem Gesamterlös immer größer Null ist, übersteigen.

Modified Completed Contract-Methode (IFRS), g=0, einmaliger Cash Inflow in T							
Periode	**t=0**	**t=1**	**t=2**	**t=3**	**t=4**	**t=5**	**Σ**
Cash Inflow	0	0	0	0	0	808	808
Cash Outflow	100	100	100	100	100	100	600
Buchwertabgang	0	0	0	0	0	600	
Selbstkosten	100	100	100	100	100	100	600
Invest. Kapital	100	200	300	400	500	0	
Gewinn	0	0	0	0	0	208	208
Kalk. Zinsen	0	5	10	15	20	25	75
RG	0	-5	-10	-15	-20	183	133
BW des RG (5%)	0	-5	-9	-13	-16	143	100
Real. KW (%)	0%	-5%	-14%	-27%	-43%	100%	

Abbildung 4-17: Szenario 3 zur Langfristfertigung

Ähnlich der *Completed Contract-Methode* auf Basis von Herstellungskosten führt auch die *modifizierte Completed Contract-Methode* unter den getroffenen Annahmen zunächst zu einer negativen Kapitalwertrealisierung, die – bedingt durch den bewusst groß gewählten Unterschied zwischen Herstellungskosten und Selbstkosten – jedoch wesentlich schwächer ausfällt. Die negative Kapitalwertrealisierung anhand der Residualgewinne ist lediglich das Resultat kalkulatorischer Zinsen, die einen Gewinn von Null in einen negativen Residualgewinn umwandeln. Diese kalkulatorischen Zinsen fallen an, da das mit der Langfristfertigung beauftragte Unternehmen durch die anfallenden Selbstkosten in den ersten fünf Perioden bereits Cash Outflows auslöst, der Rückfluss durch den Auftraggeber jedoch erst in der letzten Periode erfolgt. Würde man alternativ von sinkenden (steigenden) Selbstkosten ausgehen, so hätte dies eine höhere (niedrigere) negative Kapitalwertrealisierung in den ersten vier Perioden zur Folge, da in den frühen Perioden eine höhere (niedrigere) Aktivierung stattfände und diese wiederum höhere (niedrigere) kalkulatorische Zinsen zur Konsequenz hätte.

In der Folge werden die Szenarien dahingehend modifiziert, dass der Auftraggeber in jeder Periode einen Betrag proportional zu den anfallenden Selbstkosten zahlt, d.h. der Projektrückfluss wird auf die einzelnen Perioden der Projektlaufzeit gemäß der Kostenstruktur des fertigenden Unternehmens verteilt.

Completed Contract-Methode (HGB), g=0, proportionale Cash Inflows							
Periode	**t=0**	**t=1**	**t=2**	**t=3**	**t=4**	**t=5**	**Σ**
Cash Inflow	119	119	119	119	119	119	713
Cash Outflows	100	100	100	100	100	100	600
Buchwertabgang	0	0	0	0	0	300	
Selbstkosten	100	100	100	100	100	100	600
Untergrenze HK	50	50	50	50	50	50	300
Buchwert VW	50	100	150	200	250	0	
Invest. Kapital	-69	-138	-206	-275	-344	0	
Gewinn	-50	-50	-50	-50	-50	363	113
Kalk. Zinsen	0	-3	-7	-10	-14	-17	51
RG	-50	-47	-43	-40	-36	380	164
BW des RG (5%)	-50	-44	-39	-34	-30	298	100
Real. KW (%)	-50%	-94%	-133%	-168%	-198%	100%	

Abbildung 4-18: Szenario 4 zur Langfristfertigung

Aus Abbildung 4-18 ist ersichtlich, dass die Einzahlungen aus dem langfristigen Fertigungsauftrag, die nun gleichmäßig über die Perioden verteilt fließen, bei der Verwendung der *Completed Contract-Methode* zu einem negativen Ausweis des investierten Kapitals aus diesem Projekt führen, was wiederum in negativen kalkulatorischen Zinsen resultiert. Letztere verringern den Verlust, der bei Anwendung der *Completed Contract-Methode* nach HGB zwangsläufig entsteht, sofern die Herstellungskosten die vollen Selbstkosten unterschreiten. Demzufolge fällt die negative Kapitalwertrealisierung schwächer aus als bei der zuvor skizzierten Einmaleinzahlung durch den Auftraggeber in der Periode der Fertigstellung. Bei extrem hohen Rückflüssen aus einem solchen Projekt ist bei Anwendung dieser Methode sogar eine positive Kapitalwertrealisierung ab Periode 2 denkbar und zwar wenn die negativen kalkulatorischen Zinsen größer sind als die Differenz aus Selbst- und Herstellungskosten. Unterstellt man – statt konstanter – im Zeitablauf sinkende (steigende) Selbstkosten, so ergibt sich eine stärkere (weniger starke) negative Kapitalwertrealisierung auf Grund des geringeren (größeren) Vorteils aus den negativen kalkulatorischen Zinsen aus dem betrachteten Projekt.

Percentage of Completion-Methode (IFRS), g=0, proportionale Cash Inflows							
Periode	**t=0**	**t=1**	**t=2**	**t=3**	**t=4**	**t=5**	**Σ**
Cash Inflow	119	119	119	119	119	119	713
Cash Outflow	100	100	100	100	100	100	600
Buchwertabgang	0	0	0	0	0	713	
Selbstkosten	100	100	100	100	100	100	600
SK + Aufschlag	119	119	119	119	119	119	713
Buchwert VW	119	238	356	475	594	0	
Invest. Kapital	0	0	0	0	0	0	
Gewinn	19	19	19	19	19	19	113
Kalk. Zinsen	0	0	0	0	0	0	0
RG	19	19	19	19	19	19	113
BW des RG (5%)	19	18	17	16	15	15	100
Real. KW (%)	19%	37%	54%	70%	85%	100%	

Abbildung 4-19: Szenario 5 zur Langfristfertigung

Die Verwendung der *Percentage of Completion-Methode* führt bei konstanten Selbstkosten und gleichmäßigen Cash Inflows durch den Auftraggeber über alle Perioden hinweg zu kalkulatorischen Zinsen von Null, da – unter den getroffenen Annahmen – der Umfang der Aktivierung stets dem Rückfluss entspricht. Daher ergibt sich eine relativ gleichmäßige Realisierung des Kapitalwerts über die Perioden, lediglich leicht sinkend durch den abnehmenden Zeitwert der ansonsten konstanten Residualgewinne. Davon abgesehen gelten die Ergebnisse bei Anwendung der *Percentage of Completion-Methode* bei einmaligem Cash Inflow aus Abbildung 4-16 analog.

Modified Completed Contract-Methode (IFRS), g=0, proportionale Cash Inflows							
Periode	**t=0**	**t=1**	**t=2**	**t=3**	**t=4**	**t=5**	**Σ**
Cash Inflow	119	119	119	119	119	119	713
Cash Outflow	100	100	100	100	100	100	600
Buchwertabgang	0	0	0	0	0	600	
Selbstkosten	100	100	100	100	100	100	600
Buchwert VW	100	200	300	400	500	0	
Invest. Kapital	-19	-38	-56	-75	-94	0	
Gewinn	0	0	0	0	0	113	113
Kalk. Zinsen	0	-1	-2	-3	-4	-5	14
RG	0	1	2	3	4	117	127
BW des RG (5%)	0	1	2	2	3	92	100
Real. KW (%)	0%	1%	3%	5%	8%	100%	

Abbildung 4-20: Szenario 6 zur Langfristfertigung

Die Ergebnisse bei Anwendung der *modifizierten Completed Contract-Methode* ändern sich grundlegend im Vergleich zum Szenario mit einmaligem Cash Inflow am Ende der Projektlaufzeit.[475] Unabhängig vom zeitlichen Anfall der Selbstkosten resultieren in allen Perioden – die letzte ausgenommen – Gewinne von Null. Dadurch werden die kalkulatorischen Zinsen zum ausschlaggebenden Faktor, der determiniert, ob sich in den Perioden vor Projektfertigstellung eine positive oder negative Kapitalwertrealisierung ergibt. Während die kalkulatorischen Zinsen bei einmaligem Cash Inflow in T von Periode 2 bis 4 stets positiv ausfielen und die Residualgewinne minderten, sind sie bei gleichmäßigen Rückflüssen unter den getroffenen Annahmen innerhalb dieses Zeitraums ausnahmslos negativ. Ein Projekt mit positivem Kapitalwert führt bei Aktivierung konstanter Selbstkosten und gleichmäßigen Rückflüssen immer zu einem negativen investierten Kapital, da die Rückflüsse in einem solchen Fall in jeder Periode die aktivierten Selbstkosten übersteigen. Ein negatives investiertes Kapital hat wiederum negative kalkulatorische Zinsen zur Folge, die einen Gewinn von Null in einen positiven Residualgewinn umwandeln.

Aus den im Laufe dieses Kapitels analysierten Szenarien lässt sich ableiten, dass dem Kriterium der zeitlichen Entscheidungsverbundenheit im Rahmen von langfristigen Fertigungsaufträgen mit Gesamtfunktionsrisiko (sowie von langfristigen Dienstleistungsverträgen) nach IFRS wesentlich besser entsprochen wird,

475 Siehe dazu Abbildung 4-16.

als es nach HGB der Fall ist.[476] So verlangen die IFRS idealtypisch – verlässliche Schätzbarkeit des Projekterlöses vorausgesetzt – die Anwendung der *Percentage of Completion-Methode.* Diese führt sowohl bei einmaligem Cash Inflow am Ende der Projektlaufzeit als auch bei gleichmäßigen Rückflüssen bei Projekten mit konstanten Selbstkosten und positivem Kapitalwert stets zu einer kontinuierlichen Kapitalwertrealisierung über die einzelnen Perioden hinweg.

Fehlt es an der verlässlichen Schätzbarkeit, so führt die Verwendung der *modifizierten Completed Contract-Methode* bei gleichmäßigen Rückflüssen im betrachteten Fall immerhin bereits in der zweiten Periode zu einer positiven Kapitalwertrealisierung, obgleich diese ein sehr geringes Ausmaß besitzt. Im vergleichbaren Szenario mit einmaliger Einzahlung durch den Auftraggeber hingegen führt ein Residualgewinn bei Verwendung der *modifizierten Completed Contract-Methode* nach IFRS zunächst zu einer negativen Kapitalwertrealisierung, wobei diese stets geringer ausfällt als bei Anwendung der *Completed Contract-Methode* nach HGB. Letztere widerspricht dem Kriterium der Entscheidungsverbundenheit grundlegend, da sie i.d.R. erst in der letzten Periode der Auftragsfertigung zu einer positiven kumulierten Kapitalwertrealisierung führt. Eine Ausnahme davon kann lediglich bei Projekten mit frühen Rückflüssen auftreten, sofern die daraus resultierenden negativen kalkulatorischen Zinsen die Verluste der Periode übersteigen. Jedoch fällt die Kapitalwertrealisierung auch in einem solchen Fall relativ gering aus und generell immer kleiner als bei der *modifizierten Completed Contract-Methode.*

4.2.5 Analyse der Zielkongruenz

Bei der Analyse der Zielkongruenz im Rahmen von langfristigen Fertigungsprojekten wird analog zur bisherigen Untersuchung von einer Situation mit einem Kapitalkostensatz des Unternehmens von 5% und einem Zinssatz des Agenten von 20% ausgegangen. Im Fokus der Betrachtung steht wiederum der Barwert der Residualgewinne aus Sicht des Agenten, da dieser bei der hier unterstellten linearen Entlohnung anhand des Residualgewinns dessen Entscheidungen determiniert. In der Folge werden kapitalwertneutrale Projekte unter Anwendung der *Completed Contract-Methode* (HGB), der *Percentage of Completion-Methode* (IFRS bei verlässlicher Schätzbarkeit des Projekterlöses) sowie der *modifizierten Completed Contract-Methode* (IFRS bei Nichtvorliegen der verlässlichen Schätzbarkeit des Projekterlöses) betrachtet. Diese variieren in Bezug auf die Struktur der Selbstkosten sowie den Zahlungszeitpunkt durch den

---

476 Dies spricht auch für die Eignung der IFRS-Regelungen im Rahmen der Langfristfertigung für die Anwendungsbereiche der Performancemessung und der Managemententlohnung. Siehe Kapitel 4.2.1 zur grundsätzlich analogen Anwendung der Regelungen zu Fertigungsaufträgen auf Dienstleistungsverträge.

Auftraggeber. Die Abbildungen 4-21 bis 4-23 geben einen Überblick über die im Laufe des Kapitels 4.2.5 untersuchten Szenarien.

	Konstante Selbstkosten (g=0)	**Steigende Selbstkosten (g=0,2)**	**Sinkende Selbstkosten (g=0,2)**
CCM	Abbildung 4-23 Kapitel 4.2.5.1	Abbildung A-6 Kapitel 4.2.5.2	Abbildung A-9 Kapitel 4.2.5.3
PoCM	Abbildung 4-24 Kapitel 4.2.5.1	Abbildung A-7 Kapitel 4.2.5.2	Abbildung A-10 Kapitel 4.2.5.3
MCCM	Abbildung 4-25 Kapitel 4.2.5.1	Abbildung A-8 Kapitel 4.2.5.2	Abbildung A-11 Kapitel 4.2.5.3

Abbildung 4-21: Überblick der in Kapitel 4.2.5 untersuchten Szenarien mit einmaligem Cash Inflow am Ende der Projektlaufzeit

	Konstante Selbstkosten (g=0)	**Steigende Selbstkosten (g=0,2)**	**Sinkende Selbstkosten (g=0,2)**
CCM	Abbildung 4-26 Kapitel 4.2.5.1	Abbildung A-12 Kapitel 4.2.5.2	Abbildung A-15 Kapitel 4.2.5.3
PoCM	Abbildung 4-27 Kapitel 4.2.5.1	Abbildung A-13 Kapitel 4.2.5.2	Abbildung A-16 Kapitel 4.2.5.3
MCCM	Abbildung 4-28 Kapitel 4.2.5.1	Abbildung A-14 Kapitel 4.2.5.2	Abbildung A-17 Kapitel 4.2.5.3

Abbildung 4-22: Überblick der in Kapitel 4.2.5 untersuchten Szenarien mit Cash Inflows proportional zu den Selbstkosten

	Konstante Selbstkosten (g=0)	Steigende Selbstkosten (g=0,2)	Sinkende Selbstkosten (g=0,2)
CCM	Abbildung A-18 Kapitel 4.2.5.1	Abbildung A-21 Kapitel 4.2.5.2	Abbildung A-22 Kapitel 4.2.5.3
PoCM	Abbildung A-19 Kapitel 4.2.5.1	Abbildung 4-29 Kapitel 4.2.5.2	Abbildung A-23 Kapitel 4.2.5.3
MCCM	Abbildung A-20 Kapitel 4.2.5.1	Abbildung 4-30 Kapitel 4.2.5.2	Abbildung A-24 Kapitel 4.2.5.3

Abbildung 4-23: Überblick der in Kapitel 4.2.5 untersuchten Szenarien mit konstanten Cash Inflows

4.2.5.1 Analyse der Zielkongruenz bei konstanten Selbstkosten

Completed Contract-Methode (HGB), g=0, einmaliger Cash Inflow in T							
Periode	**t=0**	**t=1**	**t=2**	**t=3**	**t=4**	**t=5**	**Σ**
Cash Inflow	0	0	0	0	0	680	680
Cash Outflow	100	100	100	100	100	100	600
Buchwertabgang	0	0	0	0	0	300	
Selbstkosten	100	100	100	100	100	100	600
HK	50	50	50	50	50	50	300
Invest. Kapital	50	100	150	200	250	0	
Gewinn	-50	-50	-50	-50	-50	330	80
Kalk. Zinsen	0	3	5	8	10	13	37
RG	-50	-53	-55	-58	-60	318	43
BW des RG (5%)	-50	-50	-50	-50	-49	249	0
BW des RG (20%)	-50	-44	-38	-33	-29	128	-66

Abbildung 4-24: Szenario 7 zur Langfristfertigung

Bei einem Szenario mit konstanten Selbstkosten und einmaliger Einzahlung durch den Auftraggeber am Ende der Projektlaufzeit führt ein kapitalwertneutrales Projekt bei Anwendung der *Completed Contract-Methode* in jeder – abgesehen von der letzten Periode – stets zu negativen Residualgewinnen.[477] Da frühe Entlohnungszahlungen im Kalkül des Agenten auf Grund seiner hohen Zeitpräferenz stärker gewichtet werden als spätere, nimmt der Barwert des

477 Die Residualgewinne nehmen von der ersten bis hin zur vorletzten Periode im Zeitablauf kontinuierlich stärker negative Ausprägungen an. Ursächlich ist die zunehmende Kapitalbindung.

Agenten einen negativen Wert an, in diesem Fall -66 GE. Bei der vorliegenden Projektstruktur ist bei der betrachteten Methode grundsätzlich von einer Unterinvestitionsproblematik auszugehen.[478]

Percentage of Completion-Methode (IFRS), g=0, einmaliger Cash Inflow in T							
Periode	**t=0**	**t=1**	**t=2**	**t=3**	**t=4**	**t=5**	Σ
Cash Inflow	0	0	0	0	0	680	680
Cash Outflow	100	100	100	100	100	100	600
Buchwertabgang	0	0	0	0	0	680	
Selbstkosten	100	100	100	100	100	100	600
SK + Aufschlag	113	113	113	113	113	113	680
Invest. Kapital	113	227	340	453	567	0	
Gewinn	13	13	13	13	13	14	80
Kalk. Zinsen	0	6	11	17	23	28	85
RG	13	8	2	-4	-9	-15	-5
BW des RG (5%)	13	7	2	-3	-8	-12	0
BW des RG (20%)	13	6	1	-2	-5	-6	9

Abbildung 4-25: Szenario 8 zur Langfristfertigung

Im Unterschied zur *Completed Contract-Methode* führt die *Percentage of Completion-Methode* bereits in Periode t=0 zu einem positiven Residualgewinn – vorausgesetzt der Erlös aus dem Projekt übersteigt die kumulierten Selbstkosten.[479] Auf Grund der steigenden Kapitalbindung und den daraus resultierenden periodisch steigenden kalkulatorischen Zinsen sinken die Residualgewinne im Zeitablauf. Bei einem kapitalwertneutralen Projekt – wie im vorliegenden Fall unterstellt – werden die ausgewiesenen Residualgewinne gegen Ende der Laufzeit folglich negativ. Zum einen führen die im Zeitablauf sinkenden Residualgewinne grundsätzlich zu einer Überinvestitionsproblematik; ferner besitzt der Agent einen Anreiz, das Unternehmen vor Beendigung des Projektes zu verlassen.[480]

478 Eine Überinvestitionsproblematik könnte lediglich im Falle einer Haftungsbeschränkung des Agenten in Verbindung mit einem Planungshorizont, der mindestens der Projektlaufzeit entspricht, entstehen.

479 Dies ist hier der Fall, da in der Analyse von einem kapitalwertneutralen Projekt ausgegangen wird und ein solches bei einer Einmaleinzahlung am Ende der Laufzeit und früher anfallenden Kosten tautologisch immer einen positiven Gewinn zur Folge haben muss.

480 Dieser Anreiz besteht sobald die Residualgewinne eine negative Ausprägung annehmen.

Modified Completed Contract-Methode (IFRS), g=0, einmaliger Cash Inflow in T							
Periode	**t=0**	**t=1**	**t=2**	**t=3**	**t=4**	**t=5**	**Σ**
Cash Inflow	0	0	0	0	0	680	680
Cash Outflow	100	100	100	100	100	100	600
Buchwertabgang	0	0	0	0	0	600	
Selbstkosten	100	100	100	100	100	100	600
Invest. Kapital	100	200	300	400	500	0	
Gewinn	0	0	0	0	0	80	80
Kalk. Zinsen	0	5	10	15	20	25	75
RG	0	-5	-10	-15	-20	55	5
BW des RG (5%)	0	-5	-9	-13	-16	43	0
BW des RG (20%)	0	-4	-7	-9	-10	22	-7

Abbildung 4-26: Szenario 9 zur Langfristfertigung

Bei Anwendung der *modifizierten Completed Contract-Methode* mit Aktivierung zu Selbstkosten ist in der ersten Periode stets ein Residualgewinn von Null zu konstatieren, da diese verlustfrei gehalten wird und noch keine kalkulatorischen Zinsen anfallen. In der Folge nehmen die Residualgewinne (im Fall eines einmaligen Projektrückflusses in T) – resultierend aus den steigenden kalkulatorischen Kosten – jedoch stetig ab, bevor in der letzten Periode schließlich ein stark positiver Residualgewinn entsteht. Im Vergleich zur *Completed Contract-Methode* nach HGB ist hier eine Verminderung der Unterinvestitionsproblematik zu beobachten, die lediglich Folge der Kapitalbindung und den daraus abgeleiteten kalkulatorischen Zinsen ist.

Im Folgenden wird untersucht, welche Unterschiede sich zur bisherigen Analyse ergeben, wenn Einzahlungen des Auftraggebers gemäß den anfallenden Selbstkosten (und nicht gebündelt in der Periode der Fertigstellung des Projektes) zufließen. Konkret bedeutet dies, dass der vereinbarte Preis proportional entsprechend der Selbstkosten auf die einzelnen Perioden allokiert wird.

Completed Contract-Methode (HGB), g=0, proportionale Cash Inflows							
Periode	**t=0**	**t=1**	**t=2**	**t=3**	**t=4**	**t=5**	**Σ**
Cash Inflow	100	100	100	100	100	100	600
Cash Outflow	100	100	100	100	100	100	600
Buchwertabgang	0	0	0	0	0	300	
Selbstkosten	100	100	100	100	100	100	600
HK	50	50	50	50	50	50	300
Buchwert VW	50	100	150	200	250	0	
Invest. Kapital	-50	-100	-150	-200	-250	0	
Gewinn	-50	-50	-50	-50	-50	250	0
Kalk. Zinsen	0	-3	-5	-8	-10	-13	-38
RG	-50	-48	-45	-43	-40	263	38
BW des RG (5%)	-50	-45	-41	-37	-33	206	0
BW des RG (20%)	-50	-40	-31	-25	-19	105	-59

Abbildung 4-27: Szenario 10 zur Langfristfertigung

Das Ausmaß der Unterinvestition fällt bei der *Completed Contract-Methode* gemäß Abbildung 4-27 im Vergleich zur Situation mit Einmalzahlung am Ende der Projektlaufzeit in Abbildung 4-24 etwas geringer aus. Da die geleisteten Anzahlungen in Höhe der Selbstkosten die Herstellungskosten übersteigen, wird ein negatives investiertes Kapital ausgewiesen, welches von Periode zu Periode zunimmt. Daraus resultierend nehmen die Residualgewinne von Periode t=0 bis Periode t=4 eine im Zeitablauf sinkende negative Ausprägung an. Die grundsätzliche Unterinvestitionsproblematik bleibt indes bestehen.

Percentage of Completion-Methode (IFRS), g=0, proportionale Cash Inflows							
Periode	**t=0**	**t=1**	**t=2**	**t=3**	**t=4**	**t=5**	**Σ**
Cash Inflow	100	100	100	100	100	100	600
Cash Outflow	100	100	100	100	100	100	600
Buchwertabgang	0	0	0	0	0	600	
Selbstkosten	100	100	100	100	100	100	600
SK + Aufschlag	100	100	100	100	100	100	600
Buchwert VW	100	200	300	400	500	0	
Invest. Kapital	0	0	0	0	0	0	
Gewinn	0	0	0	0	0	0	0
Kalk. Zinsen	0	0	0	0	0	0	0
RG	0	0	0	0	0	0	0
BW des RG (5%)	0	0	0	0	0	0	0
BW des RG (20%)	0	0	0	0	0	0	0

Abbildung 4-28: Szenario 11 zur Langfristfertigung

Bei Einzahlungen gemäß der Verteilung der Selbstkosten entsprechen Erlöse und Kosten bei einem kapitalwertneutralen Projekt in sämtlichen Perioden einander. Demzufolge führt der hier skizzierte Fall bei Anwendung der *Percentage of Completion-Methode* dazu, dass der Residualgewinn in allen Perioden Null beträgt. Es liegt weder eine Unter- noch eine Überinvestitionsproblematik vor. Sobald der Kapitalwert des Projektes positiv wird, wird auch in jeder Periode ein positiver Residualgewinn ausgewiesen, wodurch starke Zielkongruenz sichergestellt wird.[481] Die *Percentage of Completion-Methode* kann in diesem Fall hinsichtlich ihrer Anreizwirkungen als ideal angesehen werden, was sich wie folgt begründen lässt: Die Ertragsrealisierung gemäß dem Fertigungsfortschritt verteilt die Erträge aus dem Fertigungsauftrag bei Verwendung der *Cost-to-Cost-Methode* in Einklang mit dem *Matching Principle*.[482] Da Cash Inflows proportional zu den anfallenden Selbstkosten fließen und dies eine Aktivierung in Höhe der Cash Inflows in jeder einzelnen Periode zur Folge hat, fallen keinerlei kalkulatorische Zinsen an. Durch die Abwesenheit kalkulatorischer Zinsen geht mit der Erfüllung des *Matching Principle* auch gleichzeitig die Erfüllung des *Tragfähigkeitsprinzips* einher, da die gesamten periodischen Belastungen in Form von Kosten in jeder Periode exakt gemäß den Cash Inflows verteilt sind.[483]

481 Vgl. Baldenius / Fuhrmann / Reichelstein (1999) S. 55 zum Begriff der starken Zielkongruenz.

482 Vgl. Hayn (1994) S. 753, siehe Kapitel 4.2.3 zur Cost-to-Cost-Methode.

483 Siehe Kapitel 3.2.6 zum Tragfähigkeitsprinzip.

Modified Completed Contract-Methode (IFRS), g=0, proportionale Cash Inflows							
Periode	**t=0**	**t=1**	**t=2**	**t=3**	**t=4**	**t=5**	**Σ**
Cash Inflow	100	100	100	100	100	100	600
Cash Outflow	100	100	100	100	100	100	600
Buchwertabgang	0	0	0	0	0	600	
Selbstkosten	100	100	100	100	100	100	600
Buchwert VW	100	200	300	400	500	0	
Invest. Kapital	0	0	0	0	0	0	
Gewinn	0	0	0	0	0	0	0
Kalk. Zinsen	0	0	0	0	0	0	0
RG	0	0	0	0	0	0	0
BW des RG (5%)	0	0	0	0	0	0	0
BW des RG (20%)	0	0	0	0	0	0	0

Abbildung 4-29: Szenario 12 zur Langfristfertigung

Die Ergebnisse der *modifizierten Completed Contract-Methode* entsprechen auf den ersten Blick der *Percentage of Completion-Methode*. Betrachtet man jedoch ein Projekt mit positivem Kapitalwert, so stellt man marginale Unterschiede fest: Die Aktivierung in Höhe der Selbstkosten führt dann in der ersten Periode immer zu einem Residualgewinn von Null (während die *Percentage of Completion-Methode* zu einem positiven Residualgewinn führt). In den Folgeperioden fallen stets positive Residualgewinne an, da das investierte Kapital bei einem Projekt mit positivem Kapitalwert unter den getroffenen Annahmen (Einzahlungen proportional zu den Kosten, Gewinn größer Kosten) ab Periode t=1 immer negativ ist, was negative kalkulatorische Zinsen zur Folge hat, die den Residualgewinn erhöhen. Insgesamt führt die *Modified Completed Contract-Methode* im betrachteten Fall ebenfalls zu keinerlei Über- und Unterinvestitionen und somit zu starker Zielkongruenz.[484] Jedoch ist zu konstatieren, dass die Anreizwirkung in der ersten Periode nicht gegeben ist, was bei einem Planungshorizont des Agenten von nur einer Periode zu einer Indifferenz seinerseits führt.

Als Ergebnis der Analyse im Fall konstanter Selbstkosten lässt sich festhalten, dass alle drei Methoden der Anforderung der Zielkongruenz desto eher gerecht werden, desto mehr sich die Einzahlungen im Einklang mit den anfallenden Selbstkosten befinden. Dann führen die kalkulatorischen Zinsen zu einer weniger starken Verzerrung der Residualgewinne im Zeitablauf. Vergleicht man die

484 Vgl. Baldenius / Fuhrmann / Reichelstein (1999) S. 55 zum Begriff der starken Zielkongruenz.

drei Bewertungsmodelle, besitzt die *Completed Contract-Methode* nach HGB die unvorteilhaftesten Anreizwirkungen, da sie unabhängig vom Zeitpunkt der Projektrückflüsse immer eine Unterinvestitionstendenz bewirkt. Abgesehen von der Periode der Fertigstellung weist sie stets negative Residualgewinne aus.[485] Die *modifizierte Completed Contract-Methode* nach IFRS ist besonders gut geeignet, wenn die Struktur der Einzahlungen den Selbstkosten entspricht und erreicht in einem solchen Fall sogar starke Zielkongruenz.[486] Bei einer Einmaleinzahlung am Ende der Projektlaufzeit führt sie hingegen zu einer leichten Unterinvestition. Die *Percentage of Completion-Methode* erweist sich bei Rückflüssen gemäß den Selbstkosten als ideal. Sie wird dann der Anforderung der starken Zielkongruenz gerecht und stellt darüber hinaus noch eine Anreizwirkung in jeder einzelnen Periode sicher. Im Fall einer Einmaleinzahlung führt sie zu einer lediglich leichten Überinvestitionstendenz.

Bei Vorliegen der Voraussetzungen für die Anwendung der *Percentage of Completion-Methode* besteht – wie zuvor etabliert – indes ein faktisches Wahlrecht, auf die *Modified Completed Contract-Methode* auszuweichen. Insbesondere im Falle einer vollständigen Haftungsbeschränkung und einmaligem Cash Inflow in T könnte der Agent geneigt sein, dieses auszuüben und somit von einem (durch die negativen Residualgewinne in den Perioden t=1 bis t=4 begünstigten) hohen Residualgewinn von 43 GE in Periode t=5 zu profitieren.[487] Ein solches Vorgehen wird desto wahrscheinlicher, je niedriger die Zeitpräferenzrate des Agenten ist. Die Problematik mit Hinblick auf das Zielkongruenzkriterium liegt nun darin, dass der Agent einen Anreiz hätte, ein bei Bilanzierung gemäß der *Percentage of Completion-Methode* möglicherweise für ihn nachteiliges Pro-

---

485 Eine Ausnahme bildet der theoretische Fall, in dem die Herstellungskosten den Selbstkosten entsprechen, wodurch Gewinne von Null entstehen. Dadurch ist bei Abwesenheit von kalkulatorischen Zinsen oder in einer Situation mit negativen kalkulatorischen Zinsen ein positiver Residualgewinn in den Perioden vor Fertigstellung des Auftrags möglich. Eine Konstellation bei der eine Aktivierung von Herstellungskosten, welche unterhalb der Selbstkosten liegt, bei gleichzeitigen Cash Inflows gemäß der Selbstkosten zu positiven Residualgewinnen im Rahmen der Completed Contract-Methode führt, kann indes nicht auftreten. Das Ausmaß der kalkulatorischen Zinsen, die auf die Differenz aus aktivierten Kostenbestandteilen und Cash Inflows (entspricht in diesem Fall dem investierten Kapital) berechnet werden, kann im Fall eines kapitalwertneutralen Projektes niemals den Verlust aus der Differenz von Selbstkosten und Herstellungskosten übersteigen, da der Zinssatz auf genau diese Differenz angewendet wird und die kalkulatorischen Zinsen somit lediglich einem prozentualen Anteil des akkumulierten Verlusts entsprechen (Verlust der Periode entspricht jeweils dem in dieser Periode entstehenden negativen investiertem Kapital, da Selbstkosten den Cash Inflows annahmegemäß entsprechen).

486 Vgl. Baldenius / Fuhrmann / Reichelstein (1999) S. 55 zum Begriff der starken Zielkongruenz.

487 Siehe dazu Abbildung 4-26 in diesem Kapitel.

jekt durchzuführen.[488] In einem solchen Fall kann von einer opportunistischen Ausübung des Wahlrechts gesprochen werden.

Die beschriebene Problematik tritt indes nur bei Vorliegen einer – im Laufe dieser Arbeit nicht grundsätzlich unterstellten – Haftungsbeschränkung auf. Obgleich das faktische Wahlrecht nach IFRS in betrachtetem Fall negative Anreizwirkungen erzeugt, fällt der Vergleich mit der *Completed Contract-Methode* nach HGB weiterhin positiv aus. Diese würde – wie aus Abbildung 4-24 zu entnehmen ist – sogar zu einem positiven Residualgewinn von 318 GE in t=5 führen und die Überinvestitionsneigung auf Grund der Haftungsbeschränkung noch wesentlich verstärken.[489]

4.2.5.2 Analyse der Zielkongruenz bei steigenden Selbstkosten

Grundsätzlich lassen sich die Ergebnisse des Vorkapitels auch auf Situationen mit steigenden Selbstkosten übertragen. Die Analyse sei hier noch um den Fall konstanter Projektrückflüsse ergänzt, um die Problematik der Verlustantizipation nach IAS 11 aufzuzeigen.[490] Grundsätzlich ist eine solche unabhängig von der Cashflow-Struktur denkbar. Allerdings ergibt sich lediglich bei konstanten Cashflows und steigenden Selbstkosten eine Konstellation, in der ein Projekt mit einem Kapitalwert von Null respektive einem positiven Kapitalwert (sowohl ex ante als auch ex post) zu einer Verlustantizipation führt. Nur in einem solchen Fall unterschreitet die Summe der Cash Inflows die Selbstkosten bei gleichzeitiger Kapitalwertneutralität.

---

488 Vgl. Wagenhofer (2003) S. 303, der ebenfalls die Problematik einer Überinvestition bei einer Wahlrechtsausübung durch den Agenten sieht.

489 Hier sei angemerkt, dass die Completed Contract-Methode – wie zuvor skizziert – i.d.R. zu starken Unterinvestitionsanreizen führt und die beschriebene Überinvestition lediglich auf Grund der Haftungsbeschränkung auftritt.

490 Die Situation konstanter Rückflüsse ist – unabhängig von der Struktur der Selbstkosten – durch gleich hohe Cash Inflows in allen Perioden charakterisiert. Für Projekte mit konstanten Selbstkosten führt sie zwangsläufig zum gleichen Ergebnis wie eine Situation mit Cash Inflows proportional zu den Kosten.

Percentage of Completion-Methode (IFRS), g=0,2, konstante Cash Inflows							
Periode	**t=0**	**t=1**	**t=2**	**t=3**	**t=4**	**t=5**	Σ
Cash Inflow	161	161	161	161	161	161	968
Cash Outflow	100	120	144	173	207	249	993
Buchwertabgang	0	0	0	0	0	968	
Selbstkosten	100	120	144	173	207	249	993
SK + Aufschlag	97	117	140	168	202	243	968
Verlustantizipation	23	0	0	0	0	0	
Abschr. Rückgängig	0	3	4	4	5	6	
Buchwert VW	75	195	339	512	719	0	
Invest. Kapital	-86	-128	-145	-134	-88	0	
Gewinn	-25	0	0	0	0	0	-25
Kalk. Zinsen	0	-4	-6	-7	-7	-4	-29
RG	-25	4	6	7	7	4	4
BW des RG (5%)	-25	4	6	6	5	3	0
BW des RG (20%)	-25	4	4	4	3	2	-8

Abbildung 4-30: Szenario 13 zur Langfristfertigung

Wie in Kapitel 1 etabliert, soll der Agent seine Investitionsentscheidungen der Wertmaximierung des Unternehmens unterordnen. Die Abbildungen 4-30 und 4-31 skizzieren nun ein Szenario, in dem die Wert maximierende Alternative darin liegt, ein nach bilanziellen Maßstäben verlustreiches Projekt durchzuführen.[491] Bei Anwendung der *Completed Contract-Methode* treten keine Ergebnisse auf, die nicht mit den zuvor gezogenen Schlussfolgerungen im Einklang stehen.[492] Bei der *Percentage of Completion-Methode* sowie der *Modified Completed Contract-Methode* sind jedoch materielle Unterschiede zu den bisherigen Ergebnissen zu beobachten.

Erwartete Gesamtverluste aus langfristigen Fertigungsaufträgen müssen nach IFRS sofort nach Bekanntwerden in Bilanz und GuV vollumfänglich ausgewiesen werden.[493] Die *Percentage of Completion-Methode* würde nach ihrer Berechnungsformel eigentlich in Periode t=0 zu einer Aktivierung von 97 GE führen und daher einen Verlust von 3 GE zeigen; die *Modified Completed Contract-Methode* zu einer Aktivierung in Höhe der vollen Selbstkosten von

491 Projekte, deren Cash Inflows in den früheren Perioden die Cash Outflows übersteigen, können auf Grund des Zeitwerts des Geldes auch dann vorteilhaft sein, wenn der Gesamteffekt der Cashflows aus dem Projekt negativ ist. Dieser Fall ergibt sich hier bei einem Projekt mit konstanten Cash Inflows und im Zeitablauf steigenden Selbstkosten.

492 Siehe Abbildung A-21 im Anhang.

493 Vgl. IAS 11.22 und IAS 11.23 i.V.m. IAS 11.36.

100 GE. Nun ist es jedoch geboten zusätzlich den verbleibenden Verlust von 23 GE bzw. 25 GE zu antizipieren. Eine außerplanmäßige Abschreibung in jeweils ebendiesem Umfang stellt sicher, dass der Gesamtverlust aus dem Projekt bereits in der Anfangsperiode realisiert wird.[494] In den betrachteten Modellrechnungen führt dies dazu, dass der Residualgewinn in ebendieser Periode einen stark negativen Wert aufweist, wodurch sich insgesamt ein negativer Barwert der Residualgewinne aus Sicht des Agenten ergibt. Somit entsteht – entgegen der bisherigen Ergebnisse – in diesem Sonderfall selbst bei Verwendung der *Percentage of Completion-Methode* ein Anreiz zur Unterinvestition, der durch einen kürzeren Planungshorizont des Agenten noch verstärkt würde.

Modified Completed Contract-Methode (IFRS), g=0,2, konstante Cash Inflows							
Periode	**t=0**	**t=1**	**t=2**	**t=3**	**t=4**	**t=5**	**Σ**
Cash Inflow	161	161	161	161	161	161	968
Cash Outflow	100	120	144	173	207	249	993
Buchwertabgang	0	0	0	0	0	993	
Selbstkosten	100	120	144	173	207	249	993
Verlustantizipation	25	0	0	0	0	0	
Abschr. Rückgängig	0	0	0	0	0	25	
Buchwert VW	75	195	339	512	719	0	
Invest. Kapital	-86	-128	-145	-134	-88	0	
Gewinn	-25	0	0	0	0	0	-25
Kalk. Zinsen	0	-4	-6	-7	-7	-4	-29
RG	-25	4	6	7	7	4	4
BW des RG (5%)	-25	4	6	6	5	3	0
BW des RG (20%)	-25	4	4	4	3	2	-8

Abbildung 4-31: Szenario 14 zur Langfristfertigung

4.2.5.3 Analyse der Zielkongruenz bei sinkenden Selbstkosten

In einer Situation mit im Zeitablauf sinkenden Selbstkosten bleiben die Grundaussagen der Analyse der Zielkongruenz bei konstanten Selbstkosten in Kapitel 4.2.5.1 erhalten.[495] Eine quantitative Analyse im Folgekapital gibt Aufschluss

494 Ist noch keine Aktivierung in Höhe der pflichtmäßigen Verlustantizipation erfolgt, so muss eine Drohverlustrückstellung auf der Passivseite der Bilanz eingestellt werden. Vgl. dazu Coenenberg / Haller / Schultze (2009) S. 232.

495 Siehe Abbildungen A-6, A-7, A-8 zur Situation mit einmaligem Cash Inflow in T, A-12, A-13, A-14 zur Situation mit proportionalen Cash Inflows und A-21, A-22, A-23 zu Situationen mit konstanten Cash Inflows, allesamt im Anhang.

über das Ausmaß des Unterinvestitionsanreizes von Projekten mit sinkenden Selbstkosten im Vergleich zu anderen Situationen.

4.2.5.4 Übersicht der Ergebnisse zur Zielkongruenz

Wie in Kapitel 4.1.5.4 wird auch hier eine quantitative Analyse durchgeführt, deren Aufgabe es ist, Anreizwirkungen der betrachteten Bilanzierungsmethoden zu vergleichen. Dazu wird die zuvor verwendete Maßzahl – der Quotient aus dem Barwert der Residualgewinne aus Sicht des Agenten und der Investitionsauszahlung – herangezogen und leicht modifiziert. Auf Grund der im Laufe des Kapitels 4.2 unterstellten Projektstrukturen mit Investitionsauszahlungen, die nicht ausschließlich in Periode t=0, sondern auch in den Folgejahren fließen, muss der Zeitwert des Geldes auch im Nenner Berücksichtigung finden. Demzufolge wird in der Folge der Quotient aus dem Barwert der Residualgewinne des Agenten (Diskontierungssatz von 20%) und dem Barwert der Investitionsauszahlungen (Diskontierungssatz von 5%) verwendet. Die Ergebnisse sind den Abbildungen 4-32 bis 4-34 zu entnehmen.

	Situation mit einmaligem Cash Inflow in T		
	Struktur der Selbstkosten		
	konstant (g=0)	**steigend (g=0,2)**	**sinkend (g=-0,2)**
Completed Contract-Methode	-12,47%	-9,73%	-15,79%
Percentage of Completion-Methode	1,60%	0,87%	2,81%
Modified Completed Contract-Methode	-1,36%	-0,97%	-1,87%

Abbildung 4-32: Fehlanreize anhand des Quotienten aus Barwert der Residualgewinne aus Sicht des Agenten und Barwert der Investitionen (a)

Bei Situationen mit einmaligem Cash Inflow am Ende der Projektlaufzeit führen die beiden im Rahmen der IFRS verwendeten Methoden nur zu geringen Fehlanreizen. Lediglich in Grenzfällen sind daher Investitionsentscheidungen zu erwarten, die nicht im Einklang mit dem Ziel der Unternehmenswertmaximierung stehen. Die *modifizierte Completed Contract-Methode* führt zu einer leichten Unterinvestitionsproblematik, die bei im Zeitablauf sinkenden Selbstkosten (hohe Selbstkosten zu Beginn des Projekts) am stärksten ausgeprägt ist. Ursächlich für die Unterinvestitionstendenz sind die kalkulatorischen Zinsen, die Gewinne von Null in den ersten vier Perioden in negative Residualgewinne umwandeln.

Diese bewertet ein Agent mit hoher Zeitpräferenz tendenziell stärker als den hohen positiven Residualgewinn in der Periode der Fertigstellung des Auftrags.

Die *Percentage of Completion-Methode* besitzt eine immanente Tendenz zur Überinvestition.[496] Dies bedeutet nicht, dass das Barwert-Kalkül des Agenten stets den Kapitalwert übersteigt. Jedoch weist Ersteres häufig bereits bei einem Projekt mit marginal negativem Kapitalwert eine positive Ausprägung auf. Die Überinvestitionsneigung ist bei sinkenden Selbstkosten besonders stark ausgeprägt, da frühen Perioden gemäß der *Cost-to-Cost-Methode* hohe Erträge zugeordnet werden.

Die nach dem HGB einschlägige *Completed Contract-Methode* führt in allen betrachteten Fällen zu einer nicht unerheblichen Unterinvestitionsproblematik. Besonders sinkende Selbstkosten (hohe Selbstkosten zu Beginn des Auftrags) wirken verstärkend. Indes muss betont werden, dass der Unterschied zwischen Selbstkosten und Herstellungskosten im Rahmen der Szenarioanalyse bewusst recht groß gewählt wurde, um klare Ergebnisse aufzeigen zu können. In der Regel dürfte die Differenz wesentlich geringer ausfallen als hier angenommen und der Unterschied bei der quantitativen Analyse der Fehlsteuerungen somit weniger signifikant sein; die Tendenz der präsentierten Ergebnisse ist gleichwohl eindeutig. Wie aus Abbildung A-25 aus dem Anhang zu entnehmen ist, verringert sich der zusätzliche Unterinvestitionsanreiz, der von der Bilanzierungsweise nach HGB ausgeht, im Vergleich zur *Modified Completed Contract-Methode* proportional zur Höhe der aktivierungsfähigen Herstellungskosten. Das bedeutet, dass Herstellungskosten in Höhe von 75% der Selbstkosten die zusätzlichen Fehlanreize der *Completed Contract-Methode* im Vergleich zu Herstellungskosten von 50% exakt halbieren.

496 Dutta / Reichelstein (2005) S. 531-536 zeigen, dass der Überinvestitionsproblematik bei der Anwendung der Percentage of Completion-Methode durch eine Modifikation entgegengewirkt werden kann. Anstatt die Kosten einer Periode zu den Gesamtkosten des Projektes ins Verhältnis zu setzen, sollten die jeweiligen Kosten durch den Barwert der Projektgesamtkosten dividiert werden. Da nun der Zinseffekt auf Forderungen berücksichtigt wird und die Erlöse proportional zum Verhältnis aus Kosten der Periode und Barwert der Gesamtkosten allokiert werden, wird unabhängig vom zeitlichen Anfall der Cash Inflows starke Zielkongruenz erreicht. In jeder Periode wird ein prozentualer Anteil am Kapitalwert durch den Residualgewinn ausgewiesen.

	Situation mit proportionalen Cash Inflows		
	Struktur der Selbstkosten		
	konstant (g=0)	**steigend (g=0,2)**	**sinkend (g=-0,2)**
Completed Contract-Methode	-11,11%	-8,76%	-13,92%
Percentage of Completion-Methode	0,00%	0,00%	0,00%
Modified Completed Contract-Methode	0,00%	0,00%	0,00%

Abbildung 4-33: Fehlanreize anhand des Quotienten aus Barwert der Residualgewinne aus Sicht des Agenten und Barwert der Investitionen (b)

Führt ein Projekt zu Rückflüssen, die zeitlich proportional zu den anfallenden Selbstkosten fließen, zeigen alle Bilanzierungsmethoden eine verbesserte Eignung hinsichtlich des Zielkongruenzkriteriums. Während die *Completed Contract-Methode* in einem solchen Fall im Vergleich zu einem einmaligen Cash Inflow nur zu marginal verbesserten Anreizwirkungen führt,[497] gelingt es den nach IFRS vorgeschriebenen Methoden über die gesamte Projektlaufzeit Fehlanreize zu vermeiden und somit starke Zielkongruenz herzustellen.[498] Mit der *Percentage of Completion-Methode* gelingt es darüber hinaus in jeder Periode eine Anreizwirkung für den Agenten zu entfalten, da ein Wert generierendes Projekt in sämtlichen Perioden den Ausweis eines positiven Residualgewinns bewirkt.[499]

497 Die zusätzlichen Unterinvestitionsanreize, die von der Anwendung der Completed Contract-Methode verglichen mit der Modified Completed Contract-Methode ausgehen, entwickeln sich wiederum proportional zur Relation aus Herstellungs- und Selbstkosten. Siehe dazu Abbildung A-26 im Anhang.

498 Vgl. Baldenius / Fuhrmann / Reichelstein (1999) S. 55 zum Begriff der starken Zielkongruenz. Dies bedeutet nicht, dass das Barwert-Kalkül des Agenten immer dem Wert des Kapitalwerts entspricht. Allerdings korrespondiert ein positiver Kapitalwert mit einem positiven Barwert der Residualgewinne aus Sicht des Agenten und vice versa.

499 Vgl. Dahlhaus (2009) S. 150-152 zur mehrperiodigen Anreizwirkung.

	Situation mit konstanten Cash Inflows		
	Struktur der Selbstkosten		
	konstant (g=0)	**steigend (g=0,2)**	**sinkend (g=-0,2)**
Completed Contract-Methode	-11,11%	-8,37%	-14,43%
Percentage of Completion-Methode	0,00%	-0,92%	0,35%
Modified Completed Contract-Methode	0,00%	-0,92%	-0,51%

Abbildung 4-34: Fehlanreize anhand des Quotienten aus Barwert der Residualgewinne aus Sicht des Agenten und Barwert der Investitionen (c)

Die Situation mit konstanten Cash Inflows entspricht bei ebenfalls konstanten Selbstkosten exakt den Ergebnissen der Tabelle mit proportionalen Cash Inflows. Bei sinkenden Selbstkosten sind bei den IFRS-Methoden hingegen leichte Fehlanreize, bei der nach HGB einschlägigen *Completed Contract-Methode* – in Abhängigkeit des Ausmaßes der Differenz zwischen Selbstkosten und Herstellungskosten – wiederum starke Fehlanreize zu konstatieren.[500] Bei steigenden Selbstkosten führt eine zwingende Verlustantizipation dazu, dass in einem solchen Fall – entgegen der bisherigen Ergebnisse – auch die Verwendung der *Percentage of Completion-Methode* eine Unterinvestitionsproblematik zur Konsequenz hat.

Aus den bisherigen Ergebnissen lässt sich ableiten, dass die Regelungen der IFRS zur langfristigen Auftragsfertigung (sowie zu langfristigen Dienstleistungsverträgen) dem Kriterium der Zielkongruenz wesentlich besser entsprechen als die Normen des deutschen Handelsrechts.[501] Die nach HGB bei strenger Interpretation des Vorsichts- und Realisationsprinzips einzig zulässige *Completed Contract-Methode* führt im besten Falle – wenn die Herstellungskos-

500 Der zusätzliche Unterinvestitionsanreiz, der von der Verwendung der Completed Contract-Methode im Vergleich zur Modified Completed Contract-Methode ausgeht, entwickelt sich auch bei konstanten Cash Inflows i.d.R. proportional zur Relation aus Herstellungs- und Selbstkosten. Eine Ausnahme davon lässt sich lediglich im Sonderfall eines antizipierten Verlusts beobachten. Überschreiten die Herstellungskosten in gewähltem Beispiel 75%, so ist der Gewinn der beiden Methoden in Periode t=0 stets identisch. Die Folge daraus ist, dass sich der zusätzliche Unterinvestitionsanreiz der Completed Contract-Methode bei Herstellungskosten über diesem Schwellenwert unterproportional entwickelt. Siehe dazu Abbildung A-27 im Anhang.

501 Siehe Kapitel 4.2.1 zur grundsätzlich analogen Anwendung der Regelungen zu Fertigungsaufträgen auf Dienstleistungsverträge.

ten den vollen Selbstkosten entsprechen – zum gleichen Ergebnis wie die *Modified Completed Contract-Methode.*

Bei der Entscheidung zwischen zwei Alternativprojekten mit gleichem Kapitalwert verleitet die *Completed Contract-Methode* den Agenten – unabhängig von der Struktur der jeweiligen Rückflüsse – ein Projekt mit steigenden Selbstkosten einem Projekt mit konstanten bzw. sinkenden Selbstkosten vorzuziehen. Geht man davon aus, dass im Rahmen dieser Methode immer nur ein prozentualer Anteil der Selbstkosten als Herstellungskosten aktivierungsfähig ist, werden bei Projekten mit konstanten oder steigenden Selbstkosten in den frühen Perioden niedrigere Gewinne / höhere Verluste und somit auch niedrigere / stärker negative Residualgewinne ausgewiesen als bei Projekten mit steigenden Selbstkosten.

Wie aus der Analyse von Projekten mit einmaligem Cash Inflow in T sowie Projekten mit konstanten Cash Inflows ersichtlich wird, präferiert ein Entscheidungsträger bei Verwendung der *Percentage of Completion-Methode* Projekte mit sinkenden – im Vergleich zu Projekten mit steigenden oder konstanten – Selbstkosten. Dieses Ergebnis ist spiegelbildlich zur *Completed Contract-Methode.* Es lässt sich jedoch nachvollziehen, wenn man sich vergegenwärtigt, dass die *Percentage of Completion-Methode* bei gewinnbringenden Projekten in jeder Periode zu Erträgen führt, die die Selbstkosten übersteigen, während bei der *Completed Contract-Methode* der aktivierungsfähige Betrag die Selbstkosten unterschreitet. Abbildung 4-33 legt nahe, dass die *Percentage of Completion-Methode* bei proportionalen Cashflows zu Zielkongruenz führt. Dies ist – wie zuvor analysiert – bei einer Vorteilhaftigkeitsentscheidung hinsichtlich eines einzelnen Projektes der Fall.[502] Bei einem Vergleich von alternativen Projekten mit positiven Kapitalwerten veranlasst sie den Entscheidungsträger jedoch tendenziell wiederum das Investitionsvorhaben mit sinkenden Selbstkosten zu wählen.[503]

Ähnlich der *Completed Contract-Methode* führt auch die *modifizierte Completed Contract-Methode* dazu, dass Projekte mit im Zeitablauf steigenden Selbstkosten – bei identischen Kapitalwerten – Projekten mit sinkenden Selbstkosten vorgezogen werden. Abbildung 4-34 scheint dem zu widersprechen, jedoch ist dies auf den Sonderfall der zuvor betrachteten Verlustantizipation zurückzuführen.

502 Ein positiver Kapitalwert korrespondiert dann stets mit einem positiven Barwert-Kalkül des Agenten.

503 Die Begründung ist analog zur Situation, in der die Percentage of Completion-Methode bei konstanten Cash Inflows oder einmaligem Cash Inflow in T Anwendung findet.

Im Gegensatz zur isolierten Einzelbetrachtung von Projekten resultiert die Anwendung der IFRS bei der Auswahl von sich gegenseitig ausschließenden Projekten nicht in einem greifbaren Vorteil. Perfekte Zielkongruenz wird auch durch eine IFRS-Bilanzierung nicht erreicht. Es wird im Falle proportionaler Cash Inflows jedoch zumindest sichergestellt, dass nur solche Projekte ausgewählt werden, die einen positiven Kapitalwert aufweisen.

4.3 Auswirkungen der Bilanzierung und Bewertung von Rückstellungen

4.3.1 Vergleich der Regelungen

Das HGB enthält keine Legaldefinition des Begriffs der Rückstellung. In §249 HGB sind vielmehr alle handelsrechtlich zulässigen Rückstellungen abschließend aufgeführt.[504] §249 Abs. 1 HGB verlangt von jedem Kaufmann die Bildung einer Rückstellung für ungewisse Verbindlichkeiten sowie drohende Verluste aus schwebenden Geschäften. Verbindlichkeitsrückstellungen müssen sowohl auf Grund von rechtlichen als auch von faktischen Verpflichtungen passiviert werden. Die Möglichkeit zur Bildung von Aufwandsrückstellungen mit reinem Innenverpflichtungscharakter wurde durch die Verabschiedung des BilMoG erheblich begrenzt.[505] Zulässig ist diese nun ausnahmslos für in der abgelaufenen Berichtsperiode unterlassene Instandhaltungen, welche innerhalb der ersten drei Monate des folgenden Geschäftsjahres getätigt werden sowie für im Geschäftsjahr unterlassene Abraumbeseitigungen, die in der darauffolgenden Berichtsperiode nachgeholt werden.[506] Durch die Änderungen des BilMoG enthält der §249 HGB keine expliziten Bilanzierungswahlrechte mehr. Für alle angeführten Rückstellungen besteht ein Passivierungsgebot.[507]

Der neue §253 Abs. 1 Satz 2 HGB verlangt Rückstellungen grundsätzlich mit dem erwarteten Erfüllungsbetrag zu bewerten. Dies impliziert die Anpassung an zukünftige Preis- und Kostensteigerungen bzw. -senkungen.[508] Unter Beachtung

504 Vgl. hierzu und im Folgenden Coenenberg / Haller / Schultze (2009) S. 414-415.

505 Vgl. auch Philipps (2010) S. 75-79 ausführlich zur Neuregelung des §249 HGB durch das BilMoG.

506 Vgl. §249 Abs. 1 Satz 2 Nr. 1 HGB. Vor der Einführung des BilMoG waren sowohl Aufwandsrückstellungen für unterlassene Instandhaltung, die erst nach Ablauf von drei Monaten im neuen Geschäftsjahr durchgeführt werden sollten, als auch reine Aufwandsrückstellungen möglich. Vgl. dazu §249 Abs. 1 Satz 3 a.F. und §249 Abs. 2 a.F. HGB.

507 Vgl. §249 HGB.

508 Vgl. §253 Abs. 1 Satz 2 HGB. Auf Besonderheiten bei der Bilanzierung von Pensionsrückstellungen, denen eine abweichende Bewertungskonzeption zu Grunde liegt, sei im Rahmen dieser Untersuchung nicht eingegangen. Zum Sonderfall der Pensionsrückstellungen vgl. ausführlich Coenenberg / Haller / Schultze (2009) S. 420-427.

des Vorsichtsprinzips soll die Höhe der zu erwarteten Wertminderung möglichst präzise geschätzt werden.[509] Ist ein Rückgriff auf statistische Wahrscheinlichkeiten auf Basis von Erfahrungswerten möglich, so sind Erwartungswerte anzusetzen. Beispiele sind die Bewertung von Garantie- und Kulanzverpflichtungen. Liegen indessen keine Erfahrungswerte vor, so steht die Verwendung eines tendenziell höheren Wertes im Einklang mit den HGB-Normen. Die Einführung des BilMoG hat den §253 Abs. 2 HGB zudem dahingehend geändert, dass Verpflichtungen mit einer Restlaufzeit von mehr als einem Jahr abgezinst werden müssen.[510] Als Grundlage für diese Abzinsung ist der laufzeitäquivalente durchschnittliche Marktzinssatz der Deutschen Bundesbank der letzten sieben Geschäftsjahre heranzuziehen.[511]

Im Folgenden werden einige spezielle Rückstellungstypen und deren Behandlung nach HGB dargestellt:[512] Drohverlustrückstellungen nach §249 Abs. 1 HGB sind zu passivieren, sofern ein Verpflichtungsüberschuss aus einem schwebenden Geschäft vorliegt, d.h. wenn die erwartete Verbindlichkeit aus dem Geschäft die korrespondierende Forderung übersteigt. Die Bilanzierung der Höhe nach bemisst sich nach der Differenz aus eigener Leistung und dem Wert der Gegenleistung.

Rückstellungen für Umweltschutzmaßnahmen betreffen eine nicht versicherte Kontamination von Luft, Wasser, Boden oder Räumen, welche durch vergangene betriebliche Aktivitäten verursacht wurde.[513] Passivierungspflichtig sind diese dann, wenn eine öffentlich-rechtliche, haftungsrechtliche oder faktische Verpflichtung zur Beseitigung des Schadens seitens des Unternehmens entstanden ist. Zu den besonders bedeutsamen öffentlich-rechtlichen Verpflichtungen sind Anpassungs-, Rekultivierungs- und Entsorgungsrückstellungen zu zählen.[514] Strittig ist die Bilanzierung der Höhe nach. Überwiegend wird in der einschlägigen Literatur die Bildung einer Ansammlungsrückstellung präferiert und eine mögliche Vollrückstellung abgelehnt.

Zu Verpflichtungen, die aus geplanten Restrukturierungsmaßnahmen entstehen, finden sich im HGB keine spezifischen Regelungen. Sie sind nach herrschender Meinung auch auf Grundlage deutschen Rechts grundsätzlich nicht bilan-

509 Vgl. hierzu und im Folgenden Coenenberg / Haller / Schultze (2009) S. 417-418. Vgl. §252 Abs. 1 Nr. 4 HGB zum Vorsichtsprinzip.

510 Vgl. §253 Abs. 2 HGB.

511 Vgl. hierzu und im Folgenden Coenenberg / Haller / Schultze (2009) S. 418-419, vgl. auch Philipps (2010) S. 93.

512 Vgl. hierzu und im Folgenden Coenenberg / Haller / Schultze (2009) S. 430-431.

513 Vgl. hierzu und im Folgenden Baetge / Kirsch / Thiele (2007) S. 439.

514 Vgl. hierzu und im Folgenden Coenenberg / Haller / Schultze (2009) S. 431-432.

zierungsfähig.[515] Lediglich Sozialplanverpflichtungen sind zu passivieren, sofern ernsthaft von einer Betriebsstilllegung oder -einschränkung auszugehen ist, aus der eine Pflicht zur Aufstellung eines Sozialplans resultiert.[516]

Im Rahmen der internationalen Rechnungslegungsstandards nimmt der IAS 37 die zentrale Rolle bei der Bilanzierung von Rückstellungen ein.[517] Nach IAS 37.10 handelt es sich bei einer Rückstellung um eine Schuld, die bezüglich der Fälligkeit und / oder der Höhe nach unsicher ist.[518] Bestehen in anderen Standards speziellere Regelungen zur Rückstellungsbildung – wie z.B. zu Drohverlustrückstellungen im Zusammenhang mit langfristigen Fertigungsaufträgen in IAS 11 – so gehen diese den allgemeineren Regelungen des IAS 37 vor.[519]

Grundsätzlich erfordert die Passivierung einer Rückstellung nach IFRS die kumulative Erfüllung folgender Tatbestandsmerkmale:[520]
- Vorliegen einer gesetzlichen oder faktischen gegenwärtigen Außenverpflichtung
- Entstehung durch ein Ereignis in der Vergangenheit
- Wahrscheinlicher Abfluss von Ressourcen
- Verpflichtungshöhe verlässlich messbar.

Eine gegenwärtige Außenverpflichtung (Tatbestandsmerkmal 1) kann rechtlicher oder faktischer Natur sein. Grundlage können daher einerseits Verträge, Gesetze oder Rechtsgrundlagen darstellen, andererseits jedoch auch öffentliche Ankündigungen beim Gläubiger des betrachteten Anspruchs, die zu einer gerechtfertigten Anspruchshaltung bei diesem führen.[521] Reine Aufwandsrückstellungen genügen dem Kriterium der gegenwärtigen Verpflichtung hingegen nicht.[522] Indes kann es in Einzelfällen zu Abgrenzungsproblemen kommen – insbesondere, wie noch zu zeigen sein wird – im Zusammenhang mit Restrukturierungsaufwendungen.

---

515 Vgl. hierzu und im Folgenden Binger (2009) S. 234.

516 Vgl. Coenenberg / Haller / Schultze (2009) S. 433.

517 Vgl. Hachmeister (2006) S. 99. In der vorliegenden Untersuchung nicht betrachtet werden einige in anderen Standards behandelte Sonderregelungen zu Rückstellungen, darunter Arbeitnehmervergütungen (IAS 19), laufende und latente Steuerschulden (IAS 12) sowie aktienkursorientierte Vergütungsverpflichtungen (IFRS 2).

518 Vgl. IAS 37.10, der hier auf die Definition aus dem Rahmenkonzept verweist. Vgl. dazu RK.60-64.

519 Vgl. IAS 37.5.

520 Vgl. hierzu und im Folgenden IAS 37.14 i.V.m. IAS 37.10.

521 Vgl. hierzu und im Folgenden Hoffmann (2009) Rz. 24-26, vgl. auch IAS 37.10 i.V.m. IAS 37.20.

522 Vgl. hierzu auch IAS 37.63.

Das zweite Tatbestandsmerkmal besagt, dass der Ansatz einer Rückstellung nur dann geboten ist, wenn sich das Unternehmen einer Verpflichtung bei objektiver Betrachtungsweise nicht entziehen kann.[523] IAS 37.18-37.19 verbieten den Ansatz von Rückstellungen für Verpflichtungen, die allein auf Grund der künftigen Geschäftstätigkeit entstehen und somit nicht durch ein vergangenes Ereignis begründet sind.[524]

Angesetzt werden darf eine Rückstellung außerdem nur, wenn sie „more likely than not" ist.[525] Problematisch wird die Beurteilung der Erfüllung dieses Tatbestandmerkmals vor allem dann, wenn es an einer statistischen Berechnungsmöglichkeit fehlt.[526] Bei einzelnen Haftpflichtfällen handelt es sich beispielsweise um sogenannte singuläre Ereignisse, deren Wahrscheinlichkeit sich nicht systematisch errechnen lässt. Hier können zwangsläufig nur subjektive Wahrscheinlichkeiten zur Anwendung kommen.

Das dritte Tatbestandsmerkmal, die verlässliche Bewertbarkeit, steht der Passivierung einer Rückstellung nur in sehr seltenen Fällen entgegen; in aller Regel ist von der Verlässlichkeit der Schätzung auszugehen.[527] Die Feststellung einer Bandbreite möglicher Ereignisse ist für die Anforderung der verlässlichen Bewertbarkeit hinreichend.

Im Folgenden werden einige Sonderfälle der Rückstellungsbildung nach IFRS etwas detaillierter beschrieben, wiederum beginnend mit der Drohverlustrückstellung. Schwebende Verträge sind auch nach IFRS grundsätzlich dem Grunde nach nicht bilanzierbar.[528] Insofern bedarf es eines belastenden Vertrages, welcher vorliegt, wenn die unvermeidbaren Kosten aus der Vertragserfüllung den zu erwarteten wirtschaftlichen Nutzen übersteigen.[529] Folgerichtig verlangt IAS 37.68 den niedrigeren Betrag aus den unvermeidbaren Kosten bei Vertragserfüllung und den Kosten, die bei Nichterfüllung des Vertrages anfielen, anzusetzen.[530] Künftig erwartete Verluste aus der Geschäftstätigkeit sind nicht als Drohverlustrückstellung passivierungsfähig.[531]

523 Vgl. IAS 37.17.
524 Vgl. IAS 37.18-37.19.
525 Vgl. IAS 37.15 i.V.m. IAS 37.23.
526 Vgl. hierzu und im Folgenden Hoffmann (2009) Rz. 39-40.
527 Vgl. hierzu und im Folgenden IAS 37.25-37.26.
528 Vgl. IAS 37.67.
529 Vgl. IAS 37.10.
530 Vgl. IAS 37.68.
531 Vgl. IAS 37.63-37.65.

Entfernungs- und Wiederherstellungsverpflichtungen fallen auf Grund der Verwendung solcher Anlagegüter an, die eine Veränderung und spätere Wiederherstellung des Geländes erfordern, auf dem sie genutzt werden.[532] Eine solche Verpflichtung ist zum Zeitpunkt des Nutzungsbeginns dem Grunde nach mit Sicherheit entstanden. Aus dem langfristigen Charakter solcher Sachverhalte resultieren i.d.R. allerdings erhebliche Unsicherheiten der Höhe nach. IAS 37.14 fordert den Ausweis des vollen Verpflichtungsbetrages im Erstbilanzierungszeitpunkt der Rückstellung.[533] Gleichzeitig wird der Bilanzwert des betrachteten Vermögenswertes erhöht.[534] Technisch geschieht dies durch folgende Buchung, die nach handelsrechtlichen Bestimmungen nicht zulässig ist:

- Anschaffungskosten/-Herstellungskosten an Rückstellung.

Restrukturierungen werden von IAS 37.10 als vom Management geplantes und beherrschtes Programm zur wesentlichen Veränderung eines Geschäftsfeldes oder des Betriebes dieses Geschäftsfeldes definiert.[535] Rückstellungen für Restrukturierungsaufwendungen müssen grundsätzlich den allgemeinen Ansatzkriterien für Rückstellungen nach IAS 37.14 entsprechen.[536] Sie verkörpern faktische Verpflichtungen, denen sich das Unternehmen nicht mehr entziehen kann.[537] Voraussetzung für eine solche Rückstellungsbildung ist ein detaillierter Plan.[538] Zudem muss eine Erwartungshaltung bei Gläubigern des Anspruchs geweckt worden sein, was insbesondere durch öffentliche Ankündigung geschieht.[539]

Nachdem die Ansatzkriterien für Rückstellungen nach IAS 37 allgemein dargelegt und einige Rückstellungstypen vertieft wurden, beschäftigen sich die folgenden Ausführungen mit der Bewertung von Rückstellungen nach IFRS. Ausgangspunkt stellt die bestmögliche Schätzung des Betrages zur Begleichung der vorliegenden Verpflichtung dar.[540] Diese entspricht der Summe, die das Unternehmen am Bilanzstichtag zur Begleichung oder Übertragung der Verpflichtung auf einen Dritten zu zahlen bereit wäre.[541] Konkret legen die IFRS folgende Vorgehensweise nahe: Bei Vorliegen statistisch relevanter Größenmerkmalen sollen die Wahrscheinlichkeiten der möglichen Ereignisse zu einem Erwar-

532 Vgl. hierzu und im Folgenden Hoffmann (2009) Rz. 79.
533 Vgl. IAS 37.14.
534 Vgl. hierzu und im Folgenden IAS 16.16(c).
535 Vgl. IAS 37.10.
536 Vgl. IAS 37.71.
537 Vgl. IAS 37.72.
538 Vgl. hierzu ausführlich Hoffmann (2009) Rz. 90.
539 Vgl. IAS 37.73.
540 Vgl. IAS 37.36.
541 Vgl. IAS 37.37.

tungswert verdichtet werden.[542] Bei singulären Ereignissen ist der wahrscheinlichste Wert maßgeblich, unter Umständen nach unten oder oben angepasst, sofern die anderen Ergebnisse in eine bestimmte Richtung abweichen.[543] Weiterhin fordert IAS 37.43 der Variabilität der möglichen Ergebnisse durch eine Anpassung des Risikos Rechnung zu tragen.[544] IAS 37.45-37.46 verlangen zudem die Diskontierung langfristiger Verpflichtungen.[545]

Auf diese Anpassung der Ausgangsparameter (Erwartungswert bzw. wahrscheinlichster Wert) an das Risiko sowie die Laufzeit der Verpflichtung wird an dieser Stelle etwas ausführlicher eingegangen. Da die Bilanzierung von Verpflichtungen Zahlungsausgänge (und nicht Zahlungseingänge) betrifft, lässt sich Risikoaversion entweder durch einen Risikoabschlag auf den Diskontierungszins oder durch einen Sicherheitszuschlag auf die erwartete Auszahlung abbilden.[546] Eine Anpassung an die Laufzeit muss bei Wesentlichkeit durch Abzinsung geschehen.[547] Als wesentlich wird eine Laufzeit von mindestens einem Jahr angesehen.[548] Der risikolose Zinssatz ist laufzeitabhängig zu ermitteln. Bei der Folgebewertung langfristiger Rückstellungen ist eine jährliche Aufzinsung vorzunehmen.[549] Obgleich dem Standard keine Anweisung hinsichtlich des zu verwendenden Aufzinsungssatzes entnommen werden kann, wird sich in der einschlägigen Literatur für den risikolosen Zinssatz ausgesprochen.[550]

Die vorhergehenden Ausführungen haben gezeigt, dass die Einführung des BilMoG sowohl bei der Bilanzierung als auch bei der Bewertung von Rückstellungen zu einer Annäherung der HGB-Regelungen an die IFRS geführt hat. Trotzdem verbleiben – bzw. entstehen – einige materielle Unterschiede, die im Folgenden kurz erläutert und in den Folgekapiteln näher analysiert werden: §249 Abs. 1 Satz 2 Nr. 1 HGB verlangt weiterhin die pflichtmäßige Passivierung einer Rückstellung für unterlassene Instandhaltungen, die im ersten Quartal des Folgejahres nachgeholt werden.[551] Eine solche Rückstellung widerspricht den Passivierungsgrundsätzen der IFRS und ist daher in deren Regelwerk nicht pas-

542 Vgl. IAS 37.39.
543 Vgl. IAS 37.40.
544 Vgl. IAS 37.43.
545 Vgl. IAS 37.45-37.46.
546 Vgl. Hoffmann (2009) Rz. 119.
547 Vgl. IAS 37.45-37.46. Im Detail verlangt IAS 37.47 die Verwendung eines Vorsteuerzinssatzes.
548 Vgl. hierzu und im Folgenden Hoffmann (2009) Rz. 122-126.
549 Vgl. IAS 37.60.
550 Vgl. Hoffmann (2009) Rz. 134.
551 Vgl. §249 Abs. 1 Satz 2 Nr. 1 HGB.

sivierungsfähig.[552] Dieser Unterschied, der bereits vor der Einführung des BilMoG existierte, bleibt insofern bestehen.

Entfernungs- und Wiederherstellungsverpflichtungen führen nach IFRS – wie dargelegt – zu einer vollständigen Passivierung der Rückstellung im Entstehungszeitpunkt bei gleichzeitiger Erhöhung der Anschaffungs- bzw. Herstellungskosten des korrespondierenden Vermögenswertes. Das HGB hingegen fordert die kontinuierliche Bildung einer Ansammlungsrückstellung nach dem Prinzip der wirtschaftlichen Verursachung.[553] Folglich entstehen zwischen den beiden Regelwerken Unterschiede hinsichtlich der Bilanzsumme, während bei Eigenkapital und Ergebnis keine großen Abweichungen zu erwarten sind. Die Analyse der zeitlichen Entscheidungsverbundenheit sowie der Zielkongruenz wird jedoch illustrieren, dass die interperiodische Allokation der Residualgewinne von den Unterschieden zwischen beiden Rechnungslegungssystemen nicht unberührt bleibt.[554]

Die Abschaffung des Wahlrechts zur Bilanzierung von reinen Aufwandsrückstellungen nach §249 Abs. 2 a.F. HGB führt dazu, dass Großreparaturen nicht mehr rückstellungsfähig sind und damit in Verbindung stehende Ausgaben somit in vollem Umfang den Gewinn der Periode mindern, in der eine solche Großreparatur stattfindet.[555] Die IFRS regeln diesen Sachverhalt unter Einbeziehung der Normen des Sachanlagevermögens. IAS 16.14 verlangt die Aktivierung einer wiederkehrenden Großreparatur bzw. Wartung als „Ersatz", wenn die Ansatzkriterien für einen Vermögenswert erfüllt sind.[556] Die Abschreibung erfolgt gemäß dem Komponentenansatz getrennt von der eigentlichen Sachanlage.[557] Damit werden Ausgaben – gemäß dem *Matching Principle* – künftigen Erträgen gegenübergestellt.[558]

Weiterhin ist nach IFRS grundsätzlich ein breiteres Verständnis der Außenverpflichtung festzustellen, was sich in den gestellten Anforderungen an die Behandlung faktischer Verpflichtungen konkretisiert.[559] Der Bilanzierende kann

---

552 Vgl. Coenenberg / Haller / Schultze (2009) S. 451. IAS 37.20 fordert das Vorliegen einer Verpflichtung gegenüber einem Dritten.

553 Vgl. hierzu und im Folgenden Hoffmann (2009) Rz. 81. §249 Abs. 1 Satz 1 HGB verbietet das Vorgehen nach IFRS zwar nicht explizit, jedoch stellt §5 Abs. 4b EStG klar, dass eine Rückstellung nach deutschem Recht nur gegen einen korrespondierenden Aufwand eingebucht werden darf.

554 Siehe hierzu Kapitel 4.3.4.2 und Kapitel 4.3.5.4.

555 Vgl. Coenenberg / Haller / Schultze (2009) S. 435.

556 Vgl. IAS 16.14.

557 Vgl. IAS 16.43.

558 Vgl. Alfredson / Leo / Picker / Pacter / Radford / Wise (2007) S. 139.

559 Vgl. hierzu und im Folgenden Binger (2009) S. 239-241.

nach IFRS – entgegen der Vorschriften des deutschen Handelsrechts – zur Entstehung einer faktischen Verpflichtung beitragen, indem er durch öffentliche Ankündigung der Übernahme von Verpflichtungen eine gerechtfertigte Erwartungshaltung bei der Gegenseite weckt. Dies zeigt sich vor allem am Beispiel einer geplanten Restrukturierungsmaßnahme. Die Bilanzierung einer solchen erfordert einerseits die Erfüllung der allgemeinen Passivierungskriterien nach IAS 37.14, ist darüber hinaus jedoch zusätzlich gesondert geregelt.[560] Diese Regelungen ermöglichen dem IFRS-Bilanzierer das Auslösen eines faktischen Anspruchs durch Selbstbindung.[561] Eine solche Selbstbindung löst nach HGB hingegen keinen tatsächlichen faktischen Anspruch aus. Ebenso wenig besteht nach der Verabschiedung des BilMoG und des Wegfalls des §249 Abs. 2 a.F. HGB ein Bilanzierungswahlrecht.[562] Ausnahmen nach HGB stellen Sozialplan- oder Mietausgaben für nicht mehr genutzte Räume dar, die im Zusammenhang mit einer Restrukturierung stehen, und in einem solchen Fall als Verbindlichkeits- bzw. Drohverlustrückstellung passivierungspflichtig sind.[563]

Ferner können bei der Bewertung von Einzelverpflichtungen sowie von Garantie- oder Kulanzrückstellungen Unterschiede zwischen den betrachteten Rechnungslegungssystemen auftreten. Während nach IFRS der wahrscheinlichste Wert einer Bandbreite (bei singulären Ereignissen) bzw. der Erwartungswert (bei gegebener statistischer Berechenbarkeit) als Ausgangspunkt zur Bewertung einer Einzelverpflichtung heranzuziehen ist, gilt dies nach HGB zwar grundsätzlich auch, jedoch mit der Einschränkung, dass bei Unsicherheit eine zusätzliche Vorsichtskomponente zu berücksichtigen ist.[564] Daraus resultiert im Vergleich zum wahrscheinlichsten Wert nach IFRS ein etwas überhöhter Ansatz.[565] Bei Garantie- und Kulanzrückstellungen im Rahmen von neu eingeführten Produkten bzw. von neuen, dem Unternehmen bisher unbekannten Projekten, ist nach HGB ebenfalls ein vorsichtigerer Ansatz zu wählen.[566] Andere Unterschiede bezüglich der Bewertung ergeben sich aus den unterschiedlichen Zinssätzen, die

560 Vgl. IAS 37.70-37.83 zu den Vorschriften im Zusammenhang mit Restrukturierungsrückstellungen.

561 Vgl. Hoffmann (2009) Rz. 25-27 i.V.m. Rz. 91-94.

562 Vgl. Binger (2009) S. 241, der eine Passivierung nach HGB a.F. lediglich auf Grund des §249 Abs. 2 HGB als möglich erachtet. Vgl. auch Förschle / Kroner / Heddäus (1999) S. 50 und Moxter (2003) S. 114-115.

563 Vgl. Bertram (2009) Rz. 297.

564 Vgl. IAS 37.39-37.40 und Hoffmann (2009) Rz. 114-116.

565 Vgl. Hoffmann (2009) Rz. 116, der ein Beispiel entwickelt, in dem das HGB im Vergleich zu den IFRS zu einem höheren Wertansatz führt. Vgl. Baetge / Kirsch / Thiele (2007) S. 422 ausführlich zum Einfluss des Vorsichtsprinzips nach §252 Abs. 1 Nr. 4 HGB auf die Bestimmung des Rückstellungsbetrages bei Vorliegen einer Bandbreite möglicher Werte.

566 Siehe Kapitel 4.3.1.

nach den betrachteten Rechnungslegungssystemen zur Diskontierung von langfristigen Rückstellungen herangezogen werden.

4.3.2 Analyse der Einhaltung des Kongruenzprinzips

Im Rahmen von Entfernungs- und Wiederherstellungsverpflichtungen erhöht die antizipierte Verpflichtung nach IFRS neben der Rückstellung auch den korrespondierenden Vermögenswert des Anlagevermögens.[567] Dieser kann gemäß dem Wahlrecht nach IAS 16.29 nach Anschaffungs- bzw. Herstellungskosten oder nach der Neubewertungsmethode bilanziert werden. Somit kann ein Kongruenzverstoß über den Umweg des IAS 16 auch die Bilanzierung von Rückstellungen betreffen. An dieser Stelle sei auf die Kritikpunkte, die in Kapitel 4.1.2 an der Neubewertungsmethode geübt wurden, verwiesen.[568]

In dieser Arbeit werden ausschließlich Rückstellungstypen betrachtet, die im Rahmen der gewöhnlichen Geschäftstätigkeit, insbesondere bei der Durchführung von Investitionsprojekten, von besonderer Bedeutung sind. Auf Pensionsverpflichtungen, die nach IFRS zu erheblichen Kongruenzverstößen führen können, wird folglich nicht näher eingegangen.[569]

4.3.3 Analyse der Manipulationsresistenz

Da Rückstellungen naturgemäß mit Unsicherheiten behaftet sind, ist eine adäquate Regelungsschärfe von besonderer Bedeutung.[570] Nach IFRS eröffnen vor allem auslegungsbedürftige Formulierungen Spielräume bei der Bilanzierung von Rückstellungen. Wie in Kapitel 4.3.1 dargelegt, darf eine Rückstellung u.a. nur dann bilanziert werden, wenn sie „more likely than not“ ist.[571] Falls sich die geforderte Wahrscheinlichkeit mit statistischen Berechnungsmethoden nicht greifen lässt, treten subjektive Wahrscheinlichkeiten an die Stelle systematisch abgeleiteter Werte.[572]

Grundsätzlich ergibt sich nach deutschem Handelsrecht dasselbe Problem.[573] Das HGB fordert, dass mehr Gründe für als gegen eine Verpflichtung sprechen müssen, um die Passivierung einer Rückstellung zu rechtfertigen. Allerdings sind aus der BFH-Rechtssprechung einige feste Regeln hervorgegangen, die die Subjektivität zumindest bei einigen Problembereichen etwas einschränken:

---

567 Siehe hierzu und im Folgenden ausführlich Kapitel 4.1.3.
568 Siehe Kapitel 4.1.2.
569 Vgl. dazu Pellens / Fülbier / Gassen / Sellhorn (2008) S. 460 und S. 488.
570 Vgl. Binger (2009) S. 238.
571 Siehe Kapitel 4.3.1.
572 Vgl. Hoffmann (2009) Rz. 116.
573 Vgl. hierzu und im Folgenden Hoffmann (2009) Rz. 37-38.

- Bei Umweltverpflichtungen ist eine Inanspruchnahme nur dann als wahrscheinlich anzusehen, wenn die zuständige Behörde vom Schadensfall unterrichtet ist.[574]
- Bei anhängigen Passivprozessen ist immer eine ansatzbegründende Wahrscheinlichkeit zu vermuten.[575]

Nach IFRS hingegen lässt sich im ersten Falle eine Rückstellung bilden, wenn sich das bilanzierende Unternehmen durch Veröffentlichung eines Plans der Dekontaminierung selbst bindet.[576] Im zweiten Fall muss nach IFRS wiederum die Wahrscheinlichkeit der Inanspruchnahme nach IAS 37.16 abgewägt werden.

Um die nach IFRS geforderte Verlässlichkeit der Schätzung zu gewährleisten, genügt es laut IAS 37.25-37.26 eine Bandbreite von Ergebnissen zu identifizieren.[577] Weder ist jedoch der Begriff der Bandbreite festgelegt noch wird klargestellt, welcher Wert innerhalb der Bandbreite für die Rückstellung maßgebend ist. Daher eröffnet das Ansatzkriterium der verlässlichen Bewertbarkeit in der Praxis Spielräume – vor allem im Zusammenhang mit hohen Schadensersatzverpflichtungen oder Produkthaftungsfällen.[578] Trotz des Hinweises des IAS 37.25-37.26, dass es an dieser verlässlichen Bewertbarkeit nur in sehr seltenen Fällen fehlt, zeigt die Praxis, dass dieses Ansatzkriterium dazu genutzt werden kann, auf die Passivierung einer Rückstellung zu verzichten.

Im Gegensatz zum HGB enthalten die IFRS explizite Regelungen zu Restrukturierungsrückstellungen.[579] Trotz dieser bleibt das grundsätzliche Problem, strukturelle Neuorientierungen von Änderungen im Rahmen des operativen Geschäfts abzugrenzen, bestehen.[580] Daher eröffnet sich für das Management die Möglichkeit der Bilanzierung überhöhter Rückstellungen, um somit Gewinne folgender Perioden zu entlasten.[581] Beträge gelangen in die Bilanz, welche ohne die speziellen Regelungen zu Restrukturierungsrückstellungen einem Passivierungsverbot unterlägen, da es sich dabei grundsätzlich um Innenverpflichtungen handelt, die mit einem Passivierungsverbot belegt sind.[582] Es lässt sich schlussfolgern, dass die IFRS bei der Bilanzierung von Restrukturierungsverpflichtungen ein faktisches Wahlrecht enthalten, da eine Selbstbindung des

574 Vgl. BFH (2001) S. 541.
575 Vgl. BFH (2002) S. 713.
576 Vgl. hierzu und im Folgenden Hoffmann (2009) Rz. 46.
577 Vgl. IAS 37.25-37.26.
578 Vgl. hierzu und im Folgenden Hoffmann (2009) Rz. 50.
579 Vgl. IAS 37.10 und IAS 37.70.
580 Vgl. Beck'sches IFRS Handbuch (2006) §13 Tz. 45.
581 Vgl. Hoffmann (2009) Rz. 88-91.
582 Vgl. hierzu und im Folgenden Binger (2009) S. 240-241.

Bilanzierenden eine Innen- in eine Außenverpflichtung umwandeln kann. Eine Ausübung des Wahlrechts durch die Zentrale bzw. eine Vorgabe durch Bilanzierungsrichtlinien greift hier nicht, da das Wahlrecht faktischer Natur ist und nicht explizit in den IFRS-Normen kodifiziert ist.[583]

Dem HGB kann diesbezüglich eine höhere Regelungsschärfe attestiert werden, da eine Passivierung eine Verpflichtung gegenüber einem Dritten voraussetzt, der sich das Unternehmen aus tatsächlichen oder wirtschaftlichen Gründen nicht entziehen kann. Die Messlatte an das Bestehen einer faktischen Verpflichtung liegt im Vergleich zu den IFRS dementsprechend höher.

Bei der Bewertung von Rückstellungen im Zusammenhang mit singulären Ereignissen fordert IAS 37.40 das wahrscheinlichste Ergebnis heranzuziehen.[584] Einerseits ist dieser Bewertungsmaßstab nicht sehr aussagefähig, andererseits bleibt unklar, wie im Falle gleicher Wahrscheinlichkeiten vorzugehen ist.[585] Ein gewisser Spielraum bei der Entscheidung über die verwendete Wahrscheinlichkeit bleibt bestehen, was allerdings auch nach HGB (welches – wie dargelegt – die Verwendung eines etwas vorsichtigeren Werts fordert) nicht fundamental anders sein dürfte.

Insgesamt ist zu konstatieren, dass beide Rechnungslegungssysteme bei der Bilanzierung und Bewertung von Rückstellungen nicht frei von Spielräumen sind, was nicht zuletzt in der Natur dieses Bilanzpostens begründet liegt. Nach der Abschaffung sämtlicher Wahlrechte in §249 HGB kann dem deutschen Handelsrecht jedoch eine höhere Manipulationsresistenz bescheinigt werden. Entscheidend dafür ist einerseits das – im Vergleich zu den IFRS – engere Verständnis von Außenverpflichtungen und andererseits die bereits fortgeschrittene Konkretisierung der Bilanzierungsregeln durch die BFH-Rechtssprechung.

4.3.4 Analyse der Entscheidungsverbundenheit

4.3.4.1 Analyse der sachlichen Entscheidungsverbundenheit

Die sachliche Entscheidungsverbundenheit kann bei der Bilanzierung von Rückstellungen nach HGB und IFRS grundsätzlich als gut erfüllt angesehen werden.

583 Siehe Kapitel 4.2.3 zu einer ähnlichen Problematik im Zusammenhang mit dem faktischen Wahlrecht zwischen Percentage of Completion- und Modified Completed Contract-Methode.

584 Vgl. IAS 37.40.

585 Vgl. hierzu und im Folgenden Hoffmann (2009) Rz. 116.

Nach beiden Systemen beeinflussen zwar Marktzinssätze die Bilanzierung der Höhe nach,[586] dieser Einfluss ist aber im Normalfall als gering einzustufen.

Im Rahmen der Bilanzierung von wiederkehrenden Großreparaturen, die nach HGB n.F. weder eine Aktivierung noch eine Passivierung zur Folge haben, greifen die IFRS auf den IAS 16 zurück. Das dort kodifizierte Wahlrecht kann zur Anwendung der ergebnisneutralen Neubewertung genutzt werden – mit allen in Kapitel 4.1.4.1 und Kapitel 4.1.4.2 aufgezeigten Verzerrungen des Residualgewinns. Die Entscheidung für diese in der Praxis nur selten gewählte Vorgehensweise würde die sachliche Entscheidungsverbundenheit im Zuge einer IFRS-Bilanzierung stark einschränken.

4.3.4.2 Analyse der zeitlichen Entscheidungsverbundenheit

Die Analyse der zeitlichen Entscheidungsverbundenheit beleuchtet die zuvor herausgearbeiteten Unterschiede zwischen den Regelungen zur Rückstellungsbildung nach HGB und IFRS. Sie erlaubt Rückschlüsse auf die Eignung der beiden Rechnungslegungssysteme für eine zeitnahe Performancemessung anhand der durch die Residualgewinne ausgedrückten Kapitalwertrealisierung.[587] Im Rahmen der Untersuchung der zeitlichen Entscheidungsverbundenheit als auch der Zielkongruenz in Kapitel 4.3.5 werden folgende Sachverhalte im Zusammenhang mit einer möglichen Rückstellungsbildung diskutiert:

Sachverhalt	**HGB**	**IFRS**
Wiederkehrende Großreparatur	weder passivierungs- noch aktivierungsfähig	aktivierungsfähig
Restrukturierungs-maßnahme	nur passivierungsfähig, wenn Sozialplan-verpflichtung vorliegt	Passivierungspflichtig im Falle einer Selbstverpflichtung
Garantieverpflichtung bei neuartigen Projekten	Passivierungspflicht mit vorsichtigem Wert	Passivierungspflicht mit Erwartungswert
Entsorgungs-verpflichtung	Ansammlungsrückstellung	Vollständige Passivierung des Rückstellungsbetrags

Abbildung 4-35: Überblick der in Kapitel 4.3.4.2 untersuchten Szenarien

586 Siehe Kapitel 4.3.1.

587 Siehe Kapitel 4.1.4.2.

4.3.4.2.1 Wiederkehrende Großreparaturen

Zunächst betrachten wir den Sachverhalt einer in regelmäßigen Abständen erforderlichen Großreparatur, welche hier annahmegemäß in den Perioden t=1 und t=3 anfällt. Diese Reparatur sei notwendig für die Wartung einer Maschine, die in der Bilanz aktiviert und planmäßig linear abgeschrieben wird.

HGB – Wiederkehrende Großreparatur							
Periode	0	1	2	3	4	5	Σ
Cash Inflows	0	5000	5000	5000	5000	5000	25000
Abschreibungen	0	1000	1000	1000	1000	1000	5000
Operative Aufwendungen	0	2500	0	2500	0	0	5000
Gewinn	0	1500	4000	1500	4000	4000	15000
Invest. Kapital	5000	4000	3000	2000	1000	0	
Kalk. Zinsen	0	250	200	150	100	50	750
RG	0	1250	3800	1350	3900	3950	14250
BW des RG (5%)	0	1190	3447	1166	3209	3095	12107
Real. KW (%)	0%	10%	38%	48%	74%	100%	

Abbildung 4-36: Szenario 1 zur Rückstellungsbilanzierung

Die Behandlung dieses Sachverhalts im deutschen Handelsrecht hat sich nach Verabschiedung des BilMoG geändert.[588] Bestand zuvor ein Bilanzierungswahlrecht zur Bildung einer Aufwandsrückstellung, ist die Antizipation einer Verpflichtung nun nicht mehr möglich. Großreparaturen mindern in der Periode ihrer Durchführung unmittelbar den Gewinn. Diese Perioden werden dementsprechend besonders stark belastet. Folglich werden in den Jahren t=1 und t=3 die niedrigsten Residualgewinne ausgewiesen, was die Kapitalwertrealisierung in ebendiesen Perioden langsamer fortschreiten lässt. In Abhängigkeit von der Ausgestaltung des Szenarios, insbesondere der Höhe der Ausgaben für die Großreparatur, kann die Kapitalwertrealisierung zeitweise sogar negativ werden.

588 Siehe hierzu und im Folgenden Kapitel 4.3.1.

IFRS – Wiederkehrende Großreparatur							
Periode	0	1	2	3	4	5	Σ
Cash Inflows	0	5000	5000	5000	5000	5000	25000
Abschreibungen	0	1000	2250	2250	2250	2250	10000
Operative Aufwendungen	0	0	0	0	0	0	0
Gewinn	0	4000	2750	2750	2750	2750	15000
Invest. Kapital	5000	6500	4250	4500	2250	0	
Kalk. Zinsen	0	250	325	213	225	113	1125
RG	0	3750	2425	2538	2525	2638	13875
BW des RG (5%)	0	3571	2200	2192	2077	2067	12107
Real. KW (%)	0%	29%	48%	66%	83%	100%	

Abbildung 4-37: Szenario 2 zur Rückstellungsbilanzierung

Nach IFRS ist die Aktivierung einer wiederkehrenden Großreparatur als Vermögenswert nach dem Komponentenansatz geboten.[589] In den Perioden bis zur nächsten Großreparatur ist der aktivierte Wert planmäßig abzuschreiben. Die Abschreibungen erfolgen im betrachteten Szenario wiederum linear. Konsequenz aus der Vorgehensweise nach IFRS ist eine – verglichen mit dem HGB – frühere Kapitalwertrealisierung, da die Großreparatur erst im Zuge der Abschreibungen die Gewinne und somit auch die Residualgewinne mindert. Dieser Effekt wiegt wesentlich stärker als der gegenläufige Effekt der – im Vergleich zum HGB-Szenario – höheren kalkulatorischen Zinskosten. Insgesamt lässt sich feststellen, dass die Vorgehensweise nach IFRS in jeder – abgesehen von der letzten Periode – dazu führt, dass ein höherer Anteil des Kapitalwerts bereits in den Residualgewinnen Eingang gefunden hat als nach HGB. Die Performancemessung gelingt nach internationalen Vorschriften also zeitnäher.

4.3.4.2.2 Restrukturierungsmaßnahmen

Im Folgenden wird der Fall einer geplanten Restrukturierungsmaßnahme in Periode t=3 analysiert. Es wird davon ausgegangen, dass keine Sozialplanverpflichtung und somit auch keine Außenverpflichtung nach HGB vorliegt, jedoch durch Selbstbindung eine faktische Verpflichtung nach IFRS geschaffen wurde. Wie zuvor erläutert besitzt der Bilanzierende nach IFRS in einigen Fällen ein faktisches Wahlrecht zur Passivierung einer Restrukturierungsrückstellung, welches nach deutschem Handelsrecht nicht besteht.[590] Allerdings sind nach IFRS nur die in direktem Zusammenhang mit der Restrukturierung

589 Siehe hierzu und im Folgenden Kapitel 4.3.1.

590 Siehe Kapitel 4.3.1 und 4.3.2.

stehenden Ausgaben passivierungsfähig.[591] IAS 37.81 beinhaltet eine Aufzählung von Ausgaben, die grundsätzlich einem Passivierungsverbot unterliegen.[592] Dementsprechend wird in der folgenden Szenarioanalyse davon ausgegangen, dass nicht alle im Zuge der Restrukturierung anfallenden Kosten tatsächlich in die Rückstellung miteinbezogen werden. Ferner wird unterstellt, dass die tatsächlich notwendigen Ausgaben mit der nach IFRS geschätzten Rückstellung übereinstimmen. Die Cash Inflows erhöhen sich nach Durchführung der Restrukturierungsmaßnahme annahmegemäß um ein Drittel.

HGB – Restrukturierungsmaßnahme							
Periode	0	1	2	3	4	5	Σ
Cash Inflows	0	6000	6000	8000	8000	8000	36000
Abschreibungen	0	1000	1000	1000	1000	1000	5000
Δ Rückstellung	0	0	0	0	0	0	0
Operative Aufwendungen	0	0	0	10000	0	0	10000
Gewinn	0	5000	5000	-3000	7000	7000	21000
Invest. Kapital	5000	4000	3000	2000	1000	0	
Kalk. Zinsen	0	250	200	150	100	50	750
RG	0	4750	4800	-3150	6900	6950	20250
BW des RG (5%)	0	4524	4354	-2721	5677	5446	17279
Real. KW (%)	0%	26%	51%	36%	68%	100%	

Abbildung 4-38: Szenario 3 zur Rückstellungsbilanzierung

Die Nichtbilanzierung der Restrukturierungsrückstellung nach HGB hat zur Folge, dass die Kapitalwertrealisierung bis Ende der Periode t=2 stetig ansteigt, sich jedoch im Jahr der tatsächlichen Restrukturierungsaufwendungen verlangsamt bzw. – wie in Abbildung 4-38 – sogar negativ entwickelt.

591 Vgl. IAS 37.80. Diese Ausgaben können u.a. die Verlegung eines Geschäftsbereiches, die fundamentale Reorganisation mit wesentlichen Auswirkungen auf den Inhalt der Geschäftstätigkeit oder Änderungen des unternehmerischen Kernbereichs betreffen; konkret kann es sich um Generalüberholungen von Maschinen oder die Entlassung aus Mietverträgen handeln. Vgl. dazu Hoffmann (2009) Rz. 88.

592 Vgl. IAS 37.81.

IFRS – Restrukturierungsmaßnahme							
Periode	0	1	2	3	4	5	Σ
Cash Inflows	0	6000	6000	8000	8000	8000	36000
Abschreibungen	0	1000	1000	1000	1000	1000	5000
Δ Rückstellung	0	0	5000	-5000	0	0	0
Operative Aufwendungen	0	0	0	10000	0	0	10000
Gewinn	0	5000	0	2000	7000	7000	21000
Invest. Kapital	5000	4000	-2000	2000	1000	0	
Kalk. Zinsen	0	250	200	-100	100	50	500
RG	0	4750	-200	2100	6900	6950	20500
BW des RG (5%)	0	4524	-181	1814	5677	5446	17279
Real. KW (%)	0%	26%	25%	36%	68%	100%	

Abbildung 4-39: Szenario 4 zur Rückstellungsbilanzierung

Die Passivierung der Rückstellung nach IFRS verursacht die beschriebene Verlangsamung respektive den möglichen Rückgang der Kapitalwertrealisierung bereits eine Periode früher als nach HGB, in diesem Fall in Periode t=2. In den Jahren nach der Auflösung der Rückstellung sind keine Unterschiede zu konstatieren.

Die Ergebnisse der Analyse zu Restrukturierungsmaßnahmen sind – mit umgekehrten Vorzeichen – auch analog auf andere Sachverhalte übertragbar. Das HGB schreibt – im Gegensatz zu den IFRS – z.B. explizit die Passivierung von Rückstellungen für unterlassene Instandhaltungen vor, die innerhalb des ersten Quartals des folgenden Geschäftsjahres nachgeholt werden.[593] Eine solche Rückstellungsbildung führt zu einer Verlangsamung der Kapitalwertrealisierung nach HGB in der Periode vor Durchführung der Instandhaltungsmaßnahme.

4.3.4.2.3 Garantieverpflichtungen

Die folgenden beiden Szenarien gehen von einer Garantieverpflichtung aus, welche nach HGB und IFRS gleichermaßen passivierungspflichtig ist.[594] Indes können die anzusetzenden Werte je nach Rechnungslegungssystem divergieren.[595] Das HGB kann bei neuen, mit Unsicherheit behafteten, Projekten bzw.

593 Vgl. §249 Abs. 1 Satz 2 Nr. 1 HGB.

594 Die Analyse der zeitlichen Entscheidungsverbundenheit im Rahmen der Bilanzierung von Garantierückstellungen kann analog auf Kulanzrückstellungen übertragen werden. Beide unterscheiden sich lediglich darin, dass Garantierückstellungen rechtlich und Kulanzrückstellungen faktisch begründet sind. Vgl. Coenenberg / Haller / Schultze (2009) S. 428-429 und S. 448.

595 Siehe hierzu und im Folgenden Kapitel 4.3.1.

neuartigen Produkten zum Ansatz eines vorsichtigeren und somit höheren Werts führen, während nach IFRS der Erwartungswert Anwendung findet. Von einer solchen Situation wird in der Folge ausgegangen. In der vorliegenden Analyse wird zudem angenommen, dass der Erwartungswert auch tatsächlich zur Begleichung der Verpflichtung ausreicht.

Das in der Folge betrachtete Projekt führt zu einem Verkauf von Produkten und somit zu einer Generierung von Cash Inflows in den Perioden t=1 bis t=3. Es wird erwartet, dass Garantieleistungen jeweils zwei Perioden nach Produktabsatz zu zahlen sind. Danach besteht kein Garantieanspruch mehr gegenüber dem Unternehmen. Die Rückstellung für die in Periode t=1 am Markt abgesetzten Produkte wird bei beiden Rechnungslegungssystemen in ebendieser Periode gebildet, da die künftigen Ausgaben den mit diesen in Verbindung stehenden Einnahmen gegenüber gestellt werden sollen.[596] Die Auflösung der Rückstellung erfolgt dann jeweils mit zweiperiodiger Verzögerung, da annahmegemäß nur in dieser einen Periode damit gerechnet wird, dass etwaigen Garantieverpflichtungen nachzukommen ist.

HGB – Garantierückstellung mit vorsichtigem Wert							
Periode	0	1	2	3	4	5	Σ
Cash Inflows	0	5000	5000	5000	0	0	15000
Abschreibungen	0	2500	2500	2500	0	0	7500
Δ Rückstellung	0	1500	1500	0	-1500	-1500	0
Operative Aufwendungen	0	0	0	1250	1250	1250	3750
Gewinn	0	1000	1000	1250	250	250	3750
Invest. Kapital	7500	3500	-500	-3000	-1500	0	
Kalk. Zinsen	0	375	175	-25	-150	-75	300
RG	0	625	825	1275	400	325	3450
BW des RG (5%)	0	595	748	1101	329	255	3029
Real. KW (%)	0%	20%	44%	81%	92%	100%	

Abbildung 4-40: Szenario 5 zur Rückstellungsbilanzierung

Nach HGB wird in den Perioden t=1 bis t=3 für die jeweils generierten Erlöse eine Rückstellung mit dem vorsichtigen Wert von 1.500 GE gebildet. In Periode t=3 erfolgt die Auflösung der ersten, in Periode t=1 passivierten, Rückstellung. Auf Grund der Neubildung einer Rückstellung für die in Periode t=3 erzielten Erlöse, ergibt sich per Saldo eine Rückstellungsbildung von Null. Die folgenden

596 Vgl. Coenenberg / Haller / Schultze (2009) S. 428 zum HGB. Bezüglich der IFRS sei hier wiederum auf das Matching Principle verwiesen. Vgl. dazu Alfredson / Leo / Picker / Pacter / Radford / Wise (2007) S. 139.

Perioden weisen eine negative Entwicklung der Rückstellungsposition auf, da in diesen lediglich die Auflösung der zuvor gebildeten Passivposten erfolgt. Durch die überhöht angesetzte Rückstellungsbildung nach HGB ist eine – verglichen mit der Erzielung der Erlöse – relativ langsame Kapitalwertrealisierung zu beobachten. In Periode t=1 wurden bereits ein Drittel der Erlöse am Markt realisiert, jedoch hat bis dahin nur 20% des Kapitalwerts in die Residualgewinne Eingang gefunden. Ende der Periode t=3 wurden sämtliche Produkte verkauft und folglich sämtliche Erlöse erzielt. Die kumulierte Kapitalwertrealisierung beträgt indes lediglich 81%. Es ist zu konstatieren, dass die Performancemessung durch den Ansatz eines vorsichtigeren Rückstellungsbetrages nach HGB zeitlich verzögert erfolgt.

IFRS - Garantierückstellung mit Erwartungswert							
Periode	0	1	2	3	4	5	Σ
Cash Inflows	0	5000	5000	5000	0	0	15000
Abschreibungen	0	2500	2500	2500	0	0	7500
Δ Rückstellung	0	1250	1250	0	-1250	-1250	0
Operative Aufwendungen	0	0	0	1250	1250	1250	3750
Gewinn	0	1250	1250	1250	0	0	3750
Invest. Kapital	7500	3750	0	-2500	-1250	0	
Kalk. Zinsen	0	375	188	0	-125	-63	375
RG	0	875	1063	1250	125	63	3375
BW des RG (5%)	0	833	964	1080	103	49	3029
Real. KW (%)	0%	28%	59%	95%	98%	100%	

Abbildung 4-41: Szenario 6 zur Rückstellungsbilanzierung

Das IFRS-Szenario zum Fall einer Garantierückstellung weist – im Vergleich zum HGB-Szenario – lediglich einen Unterschied auf: Der Rückstellungsbildung liegt jeweils der Erwartungswert von 1.250 GE zu Grunde. Die niedrigere Bewertung der Rückstellung bewirkt, dass sich die Kapitalwertrealisierung relativ proportional zur Erzielung der Erlöse entwickelt. In den Perioden t=4 und t=5, in denen keine Produkte mehr verkauft werden, entsteht folgerichtig auch kein Gewinn. Der Anteil der Kapitalwertrealisierung, der auf diese beiden Perioden entfällt, resultiert ausschließlich aus den negativen kalkulatorischen Zinskosten, die durch die Rückstellungsbildung entstanden sind.

4.3.4.2.4 Entsorgungsverpflichtungen

Im Folgenden wird der Fall einer Entsorgungsrückstellung untersucht. Eine solche stellt sowohl nach HGB als auch nach IFRS eine passivierungspflichtige Außenverpflichtung dar. Die Herstellung eines Vermögenswertes geht in einem solchen Fall mit der Verpflichtung zur zukünftigen Entsorgung bzw. Entfernung der Anlage einher. Dabei kann es sich beispielsweise um den Bau und Betrieb eines Atomkraftwerkes handeln. Die Ausgaben für die Herstellung der Anlage betragen im folgenden Szenario annahmegemäß 5.000 GE, die Kosten für die Entsorgung werden auf 10.000 GE geschätzt. Trotz der Langfristigkeit des Sachverhaltes und den daraus entstehenden Schätzschwierigkeiten wird aus Vereinfachungsgründen davon ausgegangen, dass der geschätzte Wert tatsächlich eintritt. Die Anlage generiere Cash Inflows von 5.000 GE pro Periode.

Nach deutschem Handelsrecht verlangt das Vollständigkeitsgebot nach §246 HGB grundsätzlich die Passivierung einer entstandenen Verpflichtung in vollem Umfang.[597] Allerdings ist nach herrschender Meinung lediglich die Buchung „Aufwand an Rückstellung", nicht jedoch die Buchung „Anlagevermögen an Rückstellung" zulässig.[598] Da diese Vorgehensweise in einigen Fällen, z.B. bei einem Atomkraftwerkbetreiber, eine bilanzielle Überschuldung beim bilanzierenden Unternehmen bewirken könnte, wird i.d.R. auf das Prinzip wirtschaftlicher Verursachung zurückgegriffen.[599] Dieses Prinzip verlangt eine ratierliche Ansammlung des Rückstellungsbetrages über den Betriebszeitraum der Anlage. Im Gegensatz dazu fordert IAS 37.14 den vollen Ausweis des Verpflichtungsbetrags bei Entstehung, welche hier annahmegemäß zeitlich mit der Fertigstellung der Anlage zusammenfällt.[600] Nach IFRS ist die Buchung „Anlagevermögen an Rückstellung" zulässig, wodurch sich die Herstellungskosten der Anlage um den rückzustellenden Betrag erhöhen.[601]

Nach Verabschiedung des BilMoG verlangt das HGB die Diskontierung langfristiger Rückstellungen mit einem laufzeitabhängigen Marktzins sowie eine Aufzinsung in den Folgeperioden.[602] Obwohl dies eine Annäherung des HGB an die IFRS impliziert, lassen sich im Folgenden trotzdem Unterschiede bei der interperiodischen Allokation der Residualgewinngrößen identifizieren.

---

597 Vgl. §246 HGB.
598 Vgl. Hoffmann (2009) Rz. 81.
599 Vgl. Hommel / Wich (2004) S. 16-19.
600 Vgl. IAS 37.14.
601 Vgl. IAS 16.16(c).
602 Vgl. §253 Abs. 2 HGB und IAS 37.45-37.46. Siehe Kapitel 4.3.1 für Details zur Diskontierung im Rahmen der beiden betrachteten Rechnungslegungssysteme.

HGB – Entsorgungsverpflichtung							
Periode	0	1	2	3	4	5	Σ
Cash Inflows	0	5000	5000	5000	5000	5000	25000
Abschreibungen		1000	1000	1000	1000	1000	5000
Δ Rückstellungen	0	1645	1810	1987	2177	-7619	0
Rückstellung	0	1645	3455	5442	7619	0	
Zinsaufwand	0	0	82	173	272	381	908
Operative Aufwendungen	0	0	0	0	0	10000	10000
Gewinn	0	2355	2190	2013	1823	1619	10000
Invest. Kapital	5000	2355	-455	-3442	-6619	0	
Kalk. Zinsen	0	250	118	-23	-172	-331	-158
RG	0	2105	2072	2036	1995	1950	10158
BW des RG (5%)	0	2004	1880	1759	1641	1528	8812
Real. KW (%)	0%	23%	44%	64%	83%	100%	

Abbildung 4-42: Szenario 7 zur Rückstellungsbilanzierung

Die Ansammlung des Rückstellungsbetrages bewirkt nach HGB gemäß Abbildung 4-42 eine Belastung der GuV in sämtlichen Perioden, in denen die Anlage betrieben wird. Die Abzinsung und spätere Aufzinsung der Rückstellungen führt zu einer im Zeitablauf ansteigenden Belastung sowie zu periodisch sinkenden Gewinnen. Abhängig vom Ausmaß des Effekts der sinkenden kalkulatorischen Zinsen auf den Buchwert der hergestellten Anlage, hat ein solches Projekt sinkende oder steigende Residualgewinne zur Folge. Der Vergleich mit Abbildung A-28 im Anhang, die das gleiche Szenario nach HGB a.F. illustriert, zeigt die beschleunigte Kapitalwertrealisierung und die somit verbesserte zeitliche Entscheidungsverbundenheit durch die Neuregelung. Im Folgenden wird das identische Szenario nach IFRS betrachtet.

IFRS – Entsorgungsverpflichtung							
Periode	0	1	2	3	4	5	Σ
Cash Inflows	0	5000	5000	5000	5000	5000	25000
Abschreibungen	0	2567	2567	2567	2567	2567	12835
Δ Rückstellungen	7835	392	411	432	454	-9524	0
Rückstellung	7835	8227	8638	9070	9524	0	
Zinsaufwand	0	392	411	432	454	476	2165
Operative Aufwendungen	0	0	0	0	0	10000	10000
Gewinn	0	2041	2022	2001	1979	1957	10000
Buchwert Maschine	12835	10268	7701	5134	2567	0	
Invest. Kapital	5000	2041	-937	-3936	-6957	0	
Kalk. Zinsen	0	250	102	-47	-197	-348	-239
RG	0	1791	1920	2048	2176	2305	10239
BW des RG (5%)	0	1706	1741	1769	1790	1806	8812
Real. KW (%)	0%	19%	39%	59%	80%	100%	

Abbildung 4-43: Szenario 8 zur Rückstellungsbilanzierung

Nach IFRS erhöht der Rückstellungsbetrag – wie dargelegt – die Anschaffungskosten der zur Erlösgenerierung betriebenen Anlage. Die Aufwendungen werden im Wesentlichen in Form konstanter Abschreibungsbeträge auf die Perioden der Nutzung verteilt. Zusätzlich mindert die periodische Aufzinsung des vollständig bilanzierten Verpflichtungsbetrages die Gewinne. Verglichen mit dem HGB-Szenario in Abbildung 4-42 ist hier eine langsamere Kapitalwertrealisierung zu konstatieren. Ursächlich dafür sind Zinseffekte aus der vollständigen Passivierung der Rückstellung nach IFRS in ihrem Entstehungszeitpunkt. Die Aufzinsung fällt nach HGB in den frühen Perioden der Projektlaufzeit wesentlich niedriger aus als nach internationalen Vorschriften, da nach deutschem Handelsrecht lediglich die anteilig gebildete Rückstellung aufgezinst wird, während der Zinssatz nach IFRS auf den gesamten Rückstellungsbetrag Anwendung findet. Im Verlauf des Projekts steigen die Aufzinsungen nach HGB in Abhängigkeit von der bis zu einem bestimmten Zeitpunkt jeweils bereits passivierten Rückstellungssumme. Nach IFRS unterliegen die periodischen Aufzinsungsbeträge hingegen wesentlich geringeren Schwankungen, da diese ausschließlich auf Grund des Zeitwerts des Geldes ansteigen.

4.3.4.2.5 Schlussfolgerungen zur zeitlichen Entscheidungsverbundenheit

Insgesamt ergibt sich im Rahmen der Bilanzierung von Rückstellungen ein äußerst heterogenes Bild hinsichtlich der zeitlichen Entscheidungsverbundenheit. Es muss jedoch festgestellt werden, dass die IFRS im Zusammenhang mit wiederkehrenden Großreparaturen eine wesentlich zeitnähere Performancemessung erlauben als das HGB. Auch bei Garantieverpflichtungen, die auf Grund des Absatzes neuartiger Produkte zu bilden sind, bestehen Vorteile der internationalen Rechnungslegung gegenüber dem deutschen Handelsrecht. Das HGB führt indes bei Entsorgungsrückstellungen zu einer vorteilhaften zeitlichen Entscheidungsverbundenheit – resultierend aus Unterschieden bei der Aufzinsung langfristiger Verpflichtungen. Ebenso sind Sachverhalte denkbar, die nach IFRS als Restrukturierungsrückstellung passivierungsfähig sind, nach HGB jedoch nicht angesetzt dürfen und somit – falls der Bilanzierende sich nach IFRS für die Passivierung einer Rückstellung entscheidet (faktisches Wahlrecht) – vorübergehend zu einer langsameren Kapitalwertrealisierung führen als nach HGB.[603] Schlussendlich bestehen die materiellen Unterschiede bei dem betrachteten Beurteilungskriterium jedoch im Zusammenhang mit wiederkehrenden Großreparaturen und Garantieverpflichtungen, wodurch den IFRS im Rahmen der Rückstellungsbildung summa summarum eine etwas bessere zeitliche Entscheidungsverbundenheit attestiert werden muss.

4.3.5 Analyse der Zielkongruenz

Nachdem die zeitliche Entscheidungsverbundenheit und damit die Zeitnähe der Performancemessung anhand von vier ausgewählten Rückstellungssachverhalten ausführlich erörtert wurde, werden im Folgenden deren Anreizwirkungen für die Managemententlohnung untersucht. Die in Kapitel 3.2.6 getroffenen Annahmen zur Analyse der Zielkongruenz werden auch im Laufe dieses Kapitels wiederum vorausgesetzt. Insbesondere liegen der Untersuchung – im Unterschied zur Analyse der zeitlichen Entscheidungsverbundenheit – weiterhin kapitalwertneutrale Projekte zu Grunde. Abbildung 4-44 liefert einen Überblick der in Kapitel 4.3.5 untersuchten Fallkonstellationen.

603 Spiegelbildlich wäre der Fall einer Instandhaltungsaufwendung, die nach HGB zwingend zur Passivierung einer Rückstellung führt, sofern sie im ersten Quartal des Folgejahres durchgeführt wird, nach IFRS indes einem Passivierungsverbot unterliegt. In einem solchen Fall wäre – im Gegensatz zum hier betrachteten Fall – eine vorübergehend bessere zeitliche Entscheidungsverbundenheit nach IFRS zu beobachten.

	HGB-Szenario	IFRS-Szenario
Wiederkehrende Großreparatur	Abbildung 4-44 Kapitel 4.3.5.1	Abbildung 4-45 Kapitel 4.3.5.1
Restrukturierungsmaßnahme	Abbildung 4-46 Kapitel 4.3.5.2	Abbildung 4-47 Kapitel 4.3.5.2
Garantieverpflichtung	Abbildung 4-48 Kapitel 4.3.5.3	Abbildung 4-49 Kapitel 4.3.5.3
Entsorgungsverpflichtung	Abbildung 4-50 Kapitel 4.3.5.4	Abbildung 4-51 Kapitel 4.3.5.4

Abbildung 4-44: Überblick der in Kapitel 4.4.5 untersuchten Szenarien

4.3.5.1 Analyse der Zielkongruenz bei wiederkehrende Großreparaturen

HGB – Wiederkehrende Großreparatur (g=0)							
Periode	0	1	2	3	4	5	Σ
Cash Inflows	0	2204	2204	2204	2204	2204	11018
Abschreibungen	0	1000	1000	1000	1000	1000	5000
Operative Aufwendungen	0	2500	0	2500	0	0	5000
Gewinn	0	-1296	1204	-1296	1204	1204	1018
Invest. Kapital	5000	4000	3000	2000	1000	0	
Kalk. Zinsen	0	250	200	150	100	50	750
RG	0	-1546	1004	-1446	1104	1154	268
BW des RG (5%)	0	-1473	910	-1249	908	904	0
BW des RG (20%)	0	-1289	697	-837	532	464	-433

Abbildung 4-45: Szenario 9 zur Rückstellungsbilanzierung

Abbildung 4-45 zeigt die Auswirkungen der HGB-Rechnungslegung auf den Residualgewinn im Fall einer wiederkehrenden Großreparatur zum Zwecke der Wartung einer Maschine, die zur Generierung von Erlösen im Rahmen dieses Investitionsprojekts betrieben wird.[604] Die operativen Aufwendungen für eine Großreparatur mindern in den Perioden ihres Anfalls den Gewinn und somit auch den Residualgewinn in starkem Maße. Die Regelung nach HGB führt dazu, dass durch den frühen zeitlichen Anfall hoher operativer Aufwendungen und die

---

604 Siehe Kapitel 4.3.4.2 zur Analyse der Entscheidungsverbundenheit eines vergleichbaren Szenarios.

erst später erfassten korrespondierenden Erträge (Verstoß gegen das *Matching Principle*) eine Unterinvestitionsproblematik entsteht. Ein im Vergleich mit dem Unternehmen kürzerer Planungshorizont des Managers intensiviert diese Fehlanreize.

IFRS – Wiederkehrende Großreparatur (g=0)							
Periode	0	1	2	3	4	5	Σ
Cash Inflows	0	2204	2204	2204	2204	2204	11018
Abschreibungen	0	1000	2250	2250	2250	2250	10000
Operative Aufwendungen	0	0	0	0	0	0	0
Gewinn	0	1204	-46	-46	-46	-46	1018
Invest. Kapital	5000	6500	4250	4500	2250	0	
Kalk. Zinsen	0	250	325	213	225	113	1125
RG	0	954	-371	-259	-271	-159	-107
BW des RG (5%)	0	908	-337	-224	-223	-124	0
BW des RG (20%)	0	757	-258	-150	-131	-64	154

Abbildung 4-46: Szenario 10 zur Rückstellungsbilanzierung

Die Aktivierung der Großreparatur als Vermögenskomponente nach IFRS gemäß Abbildung 4-46 hält die Periode der ersten Großreparatur, t=1, frei von operativen Aufwendungen. Diese finden erst im Zuge der Abschreibungen in den Folgeperioden Eingang in die GuV.[605] Die Abschreibung der Großreparatur teilt sich jeweils auf diejenigen Perioden auf, in denen das Unternehmen von der Reparatur profitiert. Die Folge ist ein relativ hoher Gewinn in der Periode der ersten Großreparatur, wodurch der erste Residualgewinn, der Grundlage für die Entlohnung des Agenten in Periode t=1 ist, verhältnismäßig hoch ausfällt. Die Folgeperioden weisen im angeführten Szenario auf Grund der Abschreibung der Großreparatur konstant negative Gewinne aus. Die Residualgewinne sinken zusätzlich durch ein – im Vergleich mit dem HGB-Szenario – höheres investiertes Kapital und höhere kalkulatorische Zinskosten. Im Ergebnis verhindert die Behandlung nach IFRS die nach HGB zu beobachtende Unterinvestitionsproblematik. Vielmehr führt der hohe Residualgewinn vor Beginn der Abschreibung der Großreparatur zu einer Überinvestitionsneigung des Agenten. Diese verstärkt sich noch, sofern dessen Planungshorizont die Projektlaufzeit unterschreitet.

605 Siehe Kapitel 4.3.4.2 zur Analyse der Entscheidungsverbundenheit eines vergleichbaren Szenarios. Diese Vorgehensweise entspricht grundsätzlich dem Matching Principle, jedoch ist kritisch anzumerken, dass die Periode vor der ersten Großreparatur unverhältnismäßig schwach mit Kosten belastet wird, da die Wartungskomponente hier noch keinen Einfluss auf den Gewinn ausübt. Vgl. Alfredson / Leo / Picker / Pacter / Radford / Wise (2007) S. 139 zum Matching Principle.

4.3.5.2 Analyse der Zielkongruenz bei Restrukturierungsmaßnahmen

Im Folgenden wird – wie bereits im Rahmen der zeitlichen Entscheidungsverbundenheit – eine Restrukturierungsmaßnahme betrachtet, die nach HGB einem Passivierungsverbot unterliegt, nach IFRS jedoch durch eine Selbstbindung des Unternehmens passiviert werden kann.[606] Es soll nochmals betont werden, dass nicht alle im Zuge der Restrukturierung anfallenden Kosten in die Rückstellung nach IFRS mit einfließen dürfen. Die Restrukturierungsmaßnahme wird annahmegemäß in Periode t=3 durchgeführt. Die Selbstbindung des bilanzierenden Unternehmens nach IFRS erfolge in der Vorperiode t=2.

HGB – Restrukturierungsmaßnahme (g=0)							
Periode	0	1	2	3	4	5	Σ
Cash Inflows	0	2647	2647	3529	3529	3529	15881
Abschreibungen	0	1000	1000	1000	1000	1000	5000
Δ Rückstellung	0	0	0	0	0	0	0
Operative Aufwendungen	0	0	0	10000	0	0	10000
Gewinn	0	1647	1647	-7471	2529	2529	881
Invest. Kapital	5000	4000	3000	2000	1000	0	
Kalk. Zinsen	0	250	200	150	100	50	750
RG	0	1397	1447	-7621	2429	2479	131
BW des RG (5%)	0	1330	1312	-6583	1998	1942	0
BW des RG (20%)	0	1164	1005	-4410	1171	996	-74

Abbildung 4-47: Szenario 11 zur Rückstellungsbilanzierung

Die operativen Aufwendungen für die Restrukturierungsmaßnahme in Höhe von 10.000 GE in Periode t=3 verursachen nach HGB – wie aus Abbildung 4-47 ersichtlich – einen stark negativen Residualgewinn in ebendieser Periode. Auf Grund der Erhöhung der Cash Inflows nach Durchführung der Restrukturierung um ein Drittel fallen die späteren Residualgewinne vergleichsweise hoch aus. Insgesamt ist festzustellen, dass es durch die hohen operativen Aufwendungen in Periode t=3 und die erst später wirksamen positiven Cashfloweffekte aus der Restrukturierungsmaßnahme (höhere Erlöse ab Periode t=3) zu einem Unterinvestitionsanreiz kommt.

606 Siehe Kapitel 4.3.1 zur Behandlung von Restrukturierungsaufwendungen nach HGB sowie IFRS.

IFRS – Restrukturierungsmaßnahme (g=0)							
Periode	0	1	2	3	4	5	Σ
Cash Inflows	0	2647	2647	3529	3529	3529	15881
Abschreibungen	0	1000	1000	1000	1000	1000	5000
Δ Rückstellung	0	0	5000	-5000	0	0	0
Operative Aufwendungen	0	0	0	10000	0	0	10000
Gewinn	0	1647	-3353	-2471	2529	2529	881
Invest. Kapital	5000	4000	-2000	2000	1000	0	
Kalk. Zinsen	0	250	200	-100	100	50	500
RG	0	1397	-3553	-2371	2429	2479	381
BW des RG (5%)	0	1330	-3223	-2048	1998	1942	0
BW des RG (20%)	0	1164	-2468	-1372	1171	996	-508

Abbildung 4-48: Szenario 12 zur Rückstellungsbilanzierung

Die Ausübung des faktischen Wahlrechts nach IFRS durch den Bilanzierenden resultiert gemäß Abbildung 4-48 in der Rückstellung eines Betrages von 5.000 GE in Periode t=2. Dieser Betrag sei annahmegemäß passivierungsfähig. Die darüber hinaus anfallenden Kosten in gleicher Höhe gehen in t=3 – dem Jahr der Durchführung der Restrukturierung – als operative Aufwendungen direkt in die GuV ein. Über die gesamte Projektlaufzeit gesehen führt die Vorgehensweise nach IFRS zu einer Verschärfung der Unterinvestitionsproblematik, wenn das HGB-Szenario in Abbildung 4-47 als Vergleichsmaßstab dient. Ursächlich ist die Minderung des Residualgewinns durch die Rückstellungsbildung bereits im Jahr *vor* der Restrukturierungsmaßnahme im IFRS-Szenario. Dieser relativ frühe Residualgewinn wird aus Sicht des Agenten besonders stark gewichtet.

Analog zum faktischen Wahlrecht bei der langfristigen Auftragsfertigung in Kapitel 4.2.5.1 kann die Ausübung des faktischen Wahlrechts bei der Bilanzierung von Restrukturierungsrückstellungen wiederum Auswirkungen auf das Kriterium der Zielkongruenz haben.[607] Besitzt der Agent einen Planungshorizont, der die Projektlaufzeit unterschreitet, so kann ihm der Verzicht auf die Passivierung der Rückstellung dienlich sein, um eine Beteiligung an den Kosten der Restruk-

607 Vgl. Wagenhofer (2003) S. 301-303 zu den Wirkungen die von der Ausübung eines Wahlrechts durch den Agenten ausgehen können. Im Rahmen seiner Untersuchung zeigt der Autor auf, dass periodisierte Größen selbst in einem solchen Fall eher zu einer Steuerung im Sinne des Prinzipals beitragen als Cashflows. Allerdings ist aus der Analyse ersichtlich, dass eine Wahlrechtsausübung durch den Agenten den Prinzipal schlechter stellt als eine Situation, in der letzterer selbst diese Entscheidung treffen kann. Daraus lässt sich schlussfolgern, dass faktische Wahlrechte weitaus problematischer für eine wertorientierte Steuerung sind als explizite, die vom Prinzipal vorgegeben werden können.

turierung und einem möglicherweise negativen Residualgewinn in der Periode der Durchführung der Restrukturierungsmaßnahme zu verhindern. Dadurch können Projekte mit negativem Kapitalwert für den Agenten besonders attraktiv werden.[608] Auch bei einer Haftungsbeschränkung kann der Agent von einer Konzentration sämtlicher Ausgaben im Zusammenhang mit der Maßnahme in einer einzigen Periode profitieren. Wiederum wählt er die Nichtbilanzierung der Rückstellung und hat einen Anreiz ein Wert vernichtendes Projekt durchzuführen bzw. dieses einem anderen, Wert steigernden, Projekt vorzuziehen. Die beschriebenen Überinvestitionsanreize bestehen nach HGB durch das Passivierungsverbot indes ohnehin.

Eine Entscheidung des Agenten für die Passivierung der Rückstellung kann allerdings positive Wirkungen mit sich bringen. Da i.d.R. davon auszugehen ist, dass ohnehin nicht alle durch die Restrukturierung entstehenden Ausgaben passivierungsfähig sind, verteilt sich die Belastungswirkung auf zwei unterschiedliche Jahre (t=2 und t=3) und bewirkt somit eine Glättung der Residualgewinne.[609] Dies kann – in Abhängigkeit vom gewählten Beispiel – darin resultieren, dass sämtliche Periodenresidualgewinne verlustfrei gehalten werden, während sich nach HGB im vergleichbaren Szenario alle Aufwendungen in der Periode der Restrukturierungsmaßnahme akkumulieren und in dieser einen negativen Residualgewinn nach sich ziehen. Dieser Unterschied kann dazu führen, dass der Agent das Unternehmen auf Grund des negativen Residualgewinns im Zuge einer HGB-Bilanzierung verlässt, während er diesen Anreiz nach IFRS nicht besitzt. Diese Ergebnisse stehen im Einklang mit den Arbeiten von Mohnen (2005), die analytisch zeigt, dass die Rückstellungsbildung dem Herstellen von Zielkongruenz bei Projekten mit Vorzeichenwechsel dienlich sein kann.[610]

4.3.5.3 Analyse der Zielkongruenz bei Garantieverpflichtungen

Bei der Zielkongruenz-Analyse von Garantieverpflichtungen werden die Grundannahmen aus Kapitel 4.3.4.3 übernommen.[611]

---

608 Die Überinvestitionsproblematik steht im Einklang mit den Ergebnissen von Wagenhofer (2003) S. 303.

609 Siehe Kapitel 4.3.4.2 dazu, dass einige im Zuge einer Restrukturierungsmaßnahme auftretenden Ausgaben nicht in eine mögliche Restrukturierungsrückstellung eingehen dürfen.

610 Vgl. Mohnen (2005) S. 290-291.

611 Siehe Kapitel 4.3.4.2.

HGB - Garantierückstellung mit vorsichtigem Wert (g=0)							
Periode	0	1	2	3	4	5	Σ
Cash Inflows	0	3888	3888	3888	0	0	11664
Abschreibungen	0	2500	2500	2500	0	0	7500
Δ Rückstellung	0	1500	1500	0	-1500	-1500	0
Operative Aufwendungen	0	0	0	1250	1250	1250	3750
Gewinn	0	-112	-112	138	250	250	414
Invest. Kapital	7500	3500	-500	-3000	-1500	0	
Kalk. Zinsen	0	375	175	-25	-150	-75	300
RG	0	-487	-287	163	400	325	114
BW des RG (5%)	0	-464	-260	141	329	255	0
BW des RG (20%)	0	-406	-199	94	193	131	-188

Abbildung 4-49: Szenario 13 zur Rückstellungsbilanzierung

Die Abbildungen 4-49 und 4-50 verdeutlichen die Anreizwirkungen, die grundsätzlich von der Passivierung von Garantierückstellungen im Rahmen eines Investitionsprojekts auf den Residualgewinn ausgehen. In den vorliegenden Szenarien gelingt es jene Perioden, in denen die Garantieleistungen anfallen, verlustfrei zu halten. Im Vergleich zum Ansatz des Erwartungswertes nach IFRS hat die vorsichtigere Bemessung nach HGB in den Perioden der Rückstellungsbildung (solange dieser keine Rückstellungsauflösung gegenüber steht) Verluste zur Folge, was in einer Verstärkung der bereits nach IFRS vorliegenden Unterinvestitionsproblematik mündet. Ursächlich ist die Verschiebung positiver Residualgewinne in spätere Perioden, wodurch diese nur einen unwesentlichen Einfluss auf das Kalkül des Agenten besitzen.

IFRS – Garantierückstellung mit Erwartungswert (g=0)							
Periode	0	1	2	3	4	5	Σ
Cash Inflows	0	3888	3888	3888	0	0	11664
Abschreibungen	0	2500	2500	2500	0	0	7500
Δ Rückstellung	0	1250	1250	0	-1250	-1250	0
Operative Aufwendungen	0	0	0	1250	1250	1250	3750
Gewinn	0	138	138	138	0	0	414
Invest. Kapital	7500	3750	0	-2500	-1250	0	
Kalk. Zinsen	0	375	188	0	-125	-63	375
RG	0	-237	-50	138	125	63	39
BW des RG (5%)	0	-226	-45	119	103	49	0
BW des RG (20%)	0	-198	-34	80	60	25	-67

Abbildung 4-50: Szenario 14 zur Rückstellungsbilanzierung

4.3.5.4 Analyse der Zielkongruenz bei Entsorgungsverpflichtungen

HGB - Entsorgungsverpflichtung (g=0)							
Periode	0	1	2	3	4	5	Σ
Cash Inflows	0	2965	2965	2965	2965	2965	14823
Abschreibungen	0	1000	1000	1000	1000	1000	5000
Δ Rückstellungen	0	1645	1810	1987	2177	-7619	0
Rückstellung	0	1645	3455	5442	7619	0	
Zinsaufwand	0	0	82	173	272	381	908
Operative Aufwendungen	0	0	0	0	0	10000	10000
Gewinn	0	319	155	-22	-212	-416	-177
Invest. Kapital	5000	2355	-455	-3442	-6619	0	
Kalk. Zinsen	0	250	118	-23	-172	-331	-158
RG	0	69	37	1	-40	-85	-19
BW des RG (5%)	0	66	34	0	-33	-67	0
BW des RG (20%)	0	58	26	0	-19	-34	30

Abbildung 4-51: Szenario 15 zur Rückstellungsbilanzierung

Die Abbildungen 4-51 und 4-52 zeigen ein kapitalwertneutrales Projekt, das zur Passivierung einer Entsorgungsrückstellung führt. Die Szenarien gehen von konstanten Cash Inflows sowie linearen Abschreibungen aus. Das HGB-Szenario bewirkt hohe periodische Gewinne zu Beginn der Projektlaufzeit, die in der Folge stark abnehmen. Ursächlich ist der im Zeitverlauf steigende Zinsaufwand aus der Aufzinsung der Rückstellung. Diese Aufzinsung verstärkt sich von Periode zu Periode, da sich ihre Basis durch die ratierliche Passivierung der Rückstellung periodisch erhöht. Die kalkulatorischen Zinsen sinken im Zeitablauf bis sie gegen Ende der Projektlaufzeit hin sogar negative Werte annehmen, werden jedoch vom gegenläufigen Effekt der steigenden Zinsaufwendungen überkompensiert. Demzufolge weisen die Residualgewinne – analog zu den Gewinnen – sinkende Ausprägungen auf. Ergo nehmen die vom Agenten besonders stark gewichteten frühen Residualgewinne relativ hohe Werte an. Dies impliziert eine leichte Überinvestitionsproblematik bei der Bilanzierung von Entsorgungsrückstellungen nach HGB.

IFRS - Entsorgungsverpflichtung (g=0)							
Periode	0	1	2	3	4	5	Σ
Cash Inflows	0	2965	2965	2965	2965	2965	14823
Abschreibungen	0	2567	2567	2567	2567	2567	12835
Δ Rückstellungen	7835	392	411	432	454	-9524	0
Rückstellung	7835	8227	8638	9070	9524	0	
Zinsaufwand	0	392	411	432	454	476	2165
Operative Aufwendungen	0	0	0	0	0	10000	10000
Gewinn	0	6	-14	-34	-56	-79	-177
Buchwert Maschine	12835	10268	7701	5134	2567	0	
Invest. Kapital	5000	2041	-937	-3936	-6957	0	
Kalk. Zinsen	0	250	102	-47	-197	-348	-239
RG	0	-244	-116	13	141	269	63
BW des RG (5%)	0	-233	-105	11	116	211	0
BW des RG (20%)	0	-203	-80	7	68	108	-101

Abbildung 4-52: Szenario 16 zur Rückstellungsbilanzierung

Abbildung 4-52 illustriert den zuvor beschriebenen Sachverhalt bei Anwendung der IFRS-Normen. Auch hier bewirken steigende Zinsaufwendungen aus der Aufzinsung der Entsorgungsverpflichtung im Zeitverlauf abnehmende Gewinne. Allerdings ist dieser Effekt wesentlich schwächer ausgeprägt als nach HGB, da die Rückstellung nach IFRS bei Entstehung vollumfänglich zu passivieren ist und die Basis für die Aufzinsung konstant bleibt, während diese nach HGB periodisch zunimmt. Somit dominiert in Abbildung 4-52 der Effekt der sinkenden kalkulatorischen Zinsen den Effekt der periodisch steigenden Zinsaufwendungen, was zunehmende Residualgewinne zur Folge hat. Da in späteren Perioden an den Agenten fließende Zahlungen nicht im Einklang mit dessen hohen Zeitpräferenzen stehen, lässt sich nach IFRS eine Unterinvestitionsproblematik beobachten.

Deren Ausmaß hängt in starkem Maße vom Verhältnis zwischen Anschaffungskosten der Maschine und Höhe der Entsorgungsverpflichtung ab. Hohe Anschaffungskosten führen zu hohen kalkulatorischen Zinsen. Durch die folglich ebenfalls hohen linearen Abschreibungen intensiviert sich der Effekt der im Zeitablauf sinkenden kalkulatorischen Zinsen, wodurch spätere Residualgewinne absolut gesehen stark ansteigen und eine nicht unerhebliche Unterinvestitionsproblematik bewirken. Durch die zu Beginn des Projektes diskontiert ausgewiesene Rückstellung belastet ein sich jährlich erhöhender Zinsaufwand die Residualgewinne. Je höher der absolute Wert der Rückstellung, desto höher ist der Zinsaufwand und dessen absolute periodische Zunahme. Da dieser Effekt zu einer im Zeitablauf zunehmenden Belastung der Residualgewinne führt, reduziert er den

Effekt steigender Residualgewinne und somit die Unterinvestitionsneigung des Agenten. Es bleibt also festzuhalten, dass die Unterinvestition umso stärker ausfällt, desto höher der Anschaffungspreis der verwendeten Maschine und desto geringer die Entsorgungsverpflichtung ist.

4.3.5.5 Übersicht der Ergebnisse zur Zielkongruenz

In Abbildung 4-53 sind die Anreizwirkungen der vier im Laufe dieses Kapitels betrachteten Rückstellungssachverhalte in Abhängigkeit vom Rechnungslegungssystem sowie von der Struktur der Cash Inflows aufgeführt. Analog zu Kapitel 4.2.5.4 wird auch hier wiederum der Quotient aus dem Barwert der Residualgewinne aus Sicht des Agenten und dem Barwert der Investitionsauszahlung betrachtet. Aufwendungen für Großreparaturen, Restrukturierungen, Garantieleistungen sowie Aufwendungen für die Entsorgung einer Anlage werden auf die Periode t=0 abgezinst und erhöhen den Barwert der Investitionsauszahlung. Die Prozentwerte für die nicht explizit behandelten Fälle lassen sich aus den Abbildungen A-26 bis A-41 im Anhang entnehmen.

	Struktur der Cash Inflows		
	konstant (g=0)	**steigend (g=0,2)**	**sinkend (g=-0,2)**
Großreparatur HGB	-4,54%	-7,80%	-3,87%
Großreparatur IFRS	1,62%	-1,35%	2,09%
Restrukturierung HGB	-0,54%	-3,62%	3,62%
Restrukturierung IFRS	-3,72%	-6,80%	0,44%
Garantieleistungen HGB	-1,77%	-2,78%	-0,47%
Garantieleistungen IFRS	-0,63%	-1,50%	0,53%
Entsorgungsverpflichtung HGB	0,23%	-3,03%	4,17%
Entsorgungsverpflichtung IFRS	-0,78%	-4,05%	3,16%

Abbildung 4-53: Fehlanreize anhand des Quotienten aus Barwert der Residualgewinne aus Sicht des Agenten und Barwert der Investitionen

Die Bilanzierung einer Großreparatur führt nach HGB – unabhängig von der Cashflowstruktur – zu einer Unterinvestitionsneigung des Agenten, da die Auszahlung, welche lediglich auf Grund von zukünftigen damit in Verbindung stehenden Erlösen ökonomisch sinnvoll ist, unmittelbar den Residualgewinn belastet. Die Aktivierung der Großreparatur nach IFRS führt hingegen tendenziell zu einer leichten Überinvestitionsproblematik, die bei steigenden Cash Inflows allerdings auch in eine leichte Unterinvestition umschlagen kann. In allen hier betrachteten Fällen hat die Vorgehensweise nach IFRS geringere Fehlanreize zur Folge als das deutsche Handelsrecht.

Bei geplanten Restrukturierungsmaßnahmen führt eine nach IFRS mögliche Rückstellung über die gesamte Projektlaufzeit gesehen zu einer Verstärkung der Unterinvestitionsproblematik, die in geringerem Ausmaß bereits ohne Passivierung einer Rückstellung nach HGB zu beobachten ist. Im Fall sinkender Cash Inflows kann eine mögliche Überinvestition jedoch abgemildert werden.[612]

Bei Garantieverpflichtungen im Zusammenhang mit neuartigen Produkten hat der Ansatz eines vorsichtigeren und somit höheren Rückstellungsbetrages nach HGB stärkere Verzerrungen zur Konsequenz als die Verwendung des Erwartungswerts nach IFRS. Nach HGB mindern die Rückstellungen die Residualgewinne in den Perioden der Leistungserbringung unverhältnismäßig stark, was den Barwert der Residualgewinne des Agenten beträchtlich reduziert. Die HGB-Lösung kann bei stark sinkenden Cash Inflows, die grundsätzlich für einen höheren Barwert der Residualgewinne des Agenten sorgen, indes einer auftretenden Überinvestitionsproblematik entgegenwirken.

Entsorgungsverpflichtungen verursachen bei konstanten Cash Inflows nach IFRS eine leichte Unter-, nach HGB eine leichte Überinvestitionsproblematik. Bei sinkenden Cash Inflows führt die IFRS-Regelung zu einer Reduktion der Fehlanreize, bei steigenden Cash Inflows gilt dies für die Vorgehensweise nach HGB. Die Vorteilhaftigkeit einer der beiden Methoden ist demzufolge abhängig von der Struktur der Cash Inflows aus den jeweils betrachteten Investitionsprojekten.

Zum Abschluss dieses Kapitels gilt es nun, die beim Vergleich von sich gegenseitig ausschließenden Alternativprojekten auftretenden Verzerrungen aufzuzeigen und zu bewerten. Ein Projekt, das regelmäßig anfallende Großreparaturen nach sich zieht, ist für den Agenten – bei einer Behandlung nach HGB – nachteilig gegenüber einem Projekt mit identischem Kapitalwert und einer einmaligen, vollständig aktivierungsfähigen Investitionsauszahlung in Periode t=0. Ursächlich ist die im Rahmen der Großreparatur auftretende Belastung der Residualgewinne mit Aufwendungen bevor die korrespondierenden Erträge realisiert werden. Durch die IFRS-Regelung gelingt es, diese Fehlsteuerung durch Aktivierung und Streckung der mit den Großreparaturen in Zusammenhang stehenden Aufwendungen zu lindern. Somit ist die Vergleichbarkeit zwischen einem

612 Wie zuvor bereits angedeutet, kann sich im Fall einer Instandhaltungsrückstellung nach §249 Abs. 1 Satz 2 Nr. 1 HGB, welche nach IFRS nicht passivierungsfähig ist, ein spiegelverkehrtes Bild ergeben, wodurch der Agent nach HGB eine stärkere Unterinvestitionsneigung besäße.

Projekt, welches eine wiederkehrende Großreparatur nach sich zieht mit einem „klassischen" Investitionsprojekt grundsätzlich gegeben.[613]

Theoretisch kann die Bildung einer Restrukturierungsrückstellung nach IFRS ein damit in Verbindung stehendes Projekt ebenfalls nachteilig gegenüber Alternativprojekten erscheinen lassen. Allerdings dürfte sich der Fall einer Rückstellungsbildung nach IFRS bei gleichzeitigem Passivierungsverbot nach HGB auf solche Situationen beschränken, bei denen der Bilanzierende durch Selbstverpflichtung erst eine tatsächliche Verpflichtung schafft. Eine mögliche Ursache könnte eine beabsichtigte Aufteilung der Aufwendungen auf zwei Perioden sein, um dadurch möglicherweise durchgängig positive Residualgewinne zu erzielen.

Im Zusammenhang mit Garantie- und Entsorgungsverpflichtungen ist die Vergleichbarkeit mit „klassischen" Investitionsprojekten bei beiden Systemen indessen zumindest tendenziell gegeben, da die Aufwendungen hier im Gegensatz zur Bildung einer Restrukturierungsrückstellung nach IFRS oder einer Nichtaktivierung einer wiederkehrenden Großreparatur nach HGB den Erträgen aus dem Projekt gegenübergestellt werden.

Insgesamt lässt sich feststellen, dass die IFRS-Regelungen zu Großreparaturen und Garantierückstellungen i.d.R. zu deutlich besseren Anreizwirkungen führen als die Normen des deutschen Handelsrechts. Insbesondere werden Unterinvestitionsprobleme, die – wie dargelegt – im Rahmen der Bilanzierung und Bewertung von Rückstellungen vorherrschen, vermindert. Bezüglich der Behandlung von Restrukturierungsrückstellungen und Rückstellungen für Entsorgungsverpflichtungen ist indes keine eindeutige Vorteilhaftigkeit eines der beiden Rechnungslegungssysteme erkennbar.

Grundsätzlich stellt die Rückstellungsbildung ein Instrument dar, welches Anreizwirkungen im Einklang mit dem Kriterium der Zielkongruenz durch geeignete Periodisierungen fördern kann.[614] Jedoch führen die in HGB und IFRS kodifizierten Normen in Bezug auf Vorteilhaftigkeitsentscheidungen einzelner Projekte i.d.R. nicht zu starker Zielkongruenz; eine optimale interperiodische Allokation ergibt sich im besten Falle zufällig. Ebenso wird die Anforderung der perfekten Zielkongruenz verfehlt, welche einen auf das Oberziel der Unternehmung gerichteten Vergleich zwischen sich gegenseitige ausschließenden Alternativprojekten erlaube würde.

---

613 Der Begriff des „klassischen" Investitionsprojektes wird im Rahmen dieser Arbeit für eine Projektstruktur verwendet, die zu einer einmaligen Investitionsauszahlung in t=0 und in der Folge ausschließlich zu positiven Rückflüssen führt.

614 Vgl. Mohnen (2005) S. 290-291, vgl. auch Pfaff (1998) S. 509-512.

4.4 Auswirkungen der Bilanzierung und Bewertung von Leasing

4.4.1 Vergleich der Regelungen

Das vorliegende Kapitel beschäftigt sich mit dem empirisch bedeutsamen Bereich des Mobilienleasings, wobei steuerliche Wirkungen außer Acht bleiben.[615] Im deutschen Handelsgesetzbuch sind keine expliziten Regelungen zur Bilanzierung von Leasingverhältnissen enthalten. Das Vollständigkeitsgebot nach §246 Abs. 1 Satz 1 HGB verlangt lediglich, dass sämtliche Vermögenswerte, Schulden, Erträge und Aufwendungen in den Jahresabschluss aufgenommen werden müssen.[616] Erst durch die Verabschiedung des BilMoG und die Neufassung des §246 Abs. 1 Satz 2 wurde die wirtschaftliche Betrachtungsweise, die bei der Bilanzierung von Leasingverhältnissen höchste Bedeutung besitzt, erstmals im HGB kodifiziert.[617] Dort heißt es: „Vermögensgegenstände sind in der Bilanz des Eigentümers aufzunehmen; ist der Vermögensgegenstand nicht dem Eigentümer, sondern einem anderen wirtschaftlich zuzurechnen, hat dieser ihn in der Bilanz auszuweisen."[618]

Auch nach der Neufassung des §246 Abs. 1 Satz 2 HGB erfolgt – auf Grund der fehlenden Konkretisierung der wirtschaftlichen Betrachtungsweise im HGB – in der Unternehmenspraxis immer noch ein Rückgriff auf die Leasingerlasse der Finanzverwaltung.[619] Grundlegend für diese Erlasse ist eine Grundsatzentscheidung des BFH, in der folgende allgemeine Kriterien für die steuerliche Behandlung von Leasinggeschäften formuliert wurden:[620]

- Wenn sich betriebsgewöhnliche Nutzungsdauer und Grundmietzeit des Leasingobjektes annähernd entsprechen, erfolgt die Bilanzierung i.d.R. beim Leasingnehmer.
- Eine vertraglich vereinbarte, wirtschaftlich vorteilhafte Kauf- oder Mietverlängerungsoption beim Leasingnehmer kann – ungeachtet der Relation aus betrieblicher Nutzungsdauer und Grundmietzeit – dem Leasingnehmer zugeordnet werden.

---

615 Vgl. Schüler / Herrmann (2006) S. 174-175 zur empirischen Bedeutung des Mobilienleasings.

616 Vgl. §246 Abs. 1 Satz 1 HGB.

617 Vgl. Claßen / Schulz (2009) S. 314.

618 Vgl. §246 Abs. 1 Satz 2 HGB.

619 Vgl. Coenenberg / Haller / Schultze (2009) S. 194, vgl. auch Beck'scher Bilanzkommentar (2006) §246 Tz. 37. Zu den Erlassen vgl. BMF (1971), BMF (1972), BMF (1975) und BMF (1991), vgl. Claßen / Schulz (2009) S. 314-315 und S. 320 zu einer ausführlichen Diskussion zum Einfluss der Neuregelungen des §246 Abs. 1 Satz 2 HGB auf die Bilanzierung von Leasingverhältnissen.

620 Vgl. hierzu und im Folgenden BFH (1970) S. 264-265.

- Ein speziell auf die Bedürfnisse des Leasingnehmers zugeschnittener Vermögensgegenstand, der von einem anderen nicht sinnvoll genutzt werden kann, ist beim Leasingnehmer zu bilanzieren.

Im Folgenden wird die Konkretisierung der beschriebenen allgemeinen Kriterien anhand der Leasingerlasse näher erläutert: Die Erlasse unterscheiden grundsätzliche Voll- und Teilamortisationsverträge. Erstere zeichnen sich dadurch aus, dass die gesamten Kosten des Leasinggebers einschließlich Abschreibungen, Zinsen und Verwaltungskosten durch die Leasingzahlungen abgedeckt werden.[621] In solchen Fällen erfolgt bei beweglichen (Mobilien) und unbeweglichen Leasinggegenständen (Immobilien) eine Zuordnung des Leasingobjekts zum Leasingnehmer, sofern die Grundmietzeit entweder kleiner als 40% oder größer als 90% der betriebsgewöhnlichen Nutzungsdauer beträgt.[622] Bei einer Grundmietzeit größer als 90% der Nutzungsdauer wird der Leasinggeber von der Verwendung des Leasingobjekts in seinem Betrieb für den Großteil der Nutzungsdauer faktisch ausgeschlossen. Bei einer Grundmietzeit unterhalb der 40%-Grenze bei gleichzeitiger Vollamortisation wird ein verdeckter Ratenkauf vermutet.[623]

Besitzt der Leasingnehmer ein Kaufoptionsrecht, bei dem der zu zahlende Preis den Restbuchwert unterschreitet, ist die Bilanzierung auch bei einer Grundmietzeit zwischen 40% und 90% der betriebsgewöhnlichen Nutzungsdauer beim Leasingnehmer vorzunehmen, weil dann die Ausübung durch den Leasingnehmer anzunehmen ist.[624] Ähnliches gilt bei einem Mietverlängerungsrecht, bei dem die Anschlussleasingrate den Werteverzehr bzw. den marktüblichen Vergleichszins unterschreitet. Auch in einem solchen Fall führt ein Verhältnis von Grundmietzeit und betriebsgewöhnlicher Nutzungsdauer zwischen 40% und 90% zu einer Zuordnung des geleasten Vermögenswertes zum Leasingnehmer. Ursächlich dafür ist, dass der Leasinggeber bei Ausübung der Mietverlängerungsoption durch den Leasingnehmer wirtschaftlich kaum noch einen Vorteil aus der Nutzung des Leasingobjekts ziehen kann.[625] Eine Ausübung durch den Leasingnehmer ist zudem gerade dann zu erwarten, wenn dieser besonders stark von einer solchen profitiert. Die Wahrscheinlichkeit der Optionsausübung im Rahmen von Mobilienleasing versuchen die Leasingerlasse mit der Relation aus Anschlussrate und Werteverzehr bzw. marktüblichem Vergleichs-

---

621 Vgl. Coenenberg / Haller / Schultze (2009) S. 193-194.

622 Vgl. BMF (1971). Leasing von Grund und Boden wird in der vorliegenden Analyse nicht betrachtet. Vgl. dazu BMF (1972).

623 Vgl. Küting / Hellen / Brakensiek (1998) S. 1467.

624 Vgl. hierzu und im Folgenden BMF (1971).

625 Vgl. hierzu und im Folgenden Baetge / Kirsch / Thiele (2007) S. 699.

zins zu beurteilen.[626] Ein Spezialleasing gemäß den allgemeinen Kriterien des BFH führt darüber hinaus immer zu einer Bilanzierung des Leasingverhältnisses beim Leasingnehmer.

Im Folgenden wird die Zuordnung von geleasten Mobilien bei Teilamortisationsverträgen betrachtet. Ein solcher Teilamortisationsvertrag in Verbindung mit einem Andienungsrecht des Leasinggebers hat eine Bilanzierung bei eben Letzterem zur Folge, denn dieser kann veranlassen, dass der Leasingnehmer den Leasinggegenstand nach Ablauf der Grundmietzeit zu einem vertraglich fixierten Preis kaufen muss.[627] Die Möglichkeit von etwaigen Wertsteigerungen zu profitieren liegt deshalb weiterhin beim Leasinggeber. Insofern wird dieser auch – auf Basis der zu diesem bestimmten Zeitpunkt anzutreffenden wirtschaftlichen Umstände – entscheiden, ob er von seinem Andienungsrecht Gebrauch machen wird.[628]

Ist jedoch eine Veräußerung des Leasingobjekts nach Ende der Grundmietzeit vertraglich vorgesehen, ist die Verteilung eines möglicherweise entstehenden Mehrerlöses im Vergleich zum Restwert maßgebend für die Zuordnung des Vermögenswertes.[629] Wird der Leasinggeber mit weniger als 25% an einem solchen Mehrerlös beteiligt, erfolgt eine Zuordnung zum Leasingnehmer. In allen anderen Fällen gilt der Leasinggeber als in wesentlichem Umfang an Wertsteigerungen beteiligt und muss das Leasingobjekt in seiner Bilanz ausweisen.[630]

Leasingverhältnisse, die frühestens nach 40% der betriebsgewöhnlichen Nutzungsdauer gegen eine Abschlusszahlung für den noch nicht amortisierten Restwert durch den Leasingnehmer kündbar sind, werden dem Leasinggeber zugeordnet. Durch die Abschlusszahlung ist die Amortisation für den Leasinggeber gesichert und er allein besitzt den Vorteil aus einer etwaigen Wertsteigerung des Leasinggegenstandes während der Grundmietzeit.[631]

Im Regelwerk der IFRS bildet der IAS 17 das Fundament zur Bilanzierung und Bewertung von Leasinggeschäften.[632] IAS 17.4 definiert Leasingverhältnisse als Vereinbarungen, bei denen ein Leasinggeber einem Leasingnehmer das Recht zur Nutzung eines Vermögenswertes für einen festgelegten Zeitraum gewährt

626 Vgl. BMF (1971).
627 Vgl. Baetge / Kirsch / Thiele (2007) S. 700.
628 Vgl. BMF (1975) S. 173.
629 Vgl. hierzu und im Folgenden Baetge / Kirsch / Thiele (2007) S. 701.
630 Vgl. hierzu und im Folgenden BMF (1975) S. 173.
631 Vgl. Baetge / Kirsch / Thiele (2007) S. 701.
632 Darüber hinaus beschäftigen sich IFRIC 4, SIC 27 und SIC 15 mit Spezialthemen bezüglich Leasing.

und dafür eine monetäre Gegenleistung verlangt.[633] Der IAS 17 legt den Leasingbegriff sehr weit aus, da nicht die formalrechtliche Ausgestaltung von Verträgen, sondern vielmehr die wirtschaftlichen Verhältnisse, die dem Leasinggeschäft zu Grunde liegen, im Fokus der Regelungen stehen.[634] Folgerichtig ist der vorrangige Untersuchungsgegenstand des Standards, inwieweit die Risiken und Chancen von Leasingnehmer einerseits und Leasinggeber andererseits für bzw. gegen die wirtschaftliche Zurechnung des Leasingobjekts zur einen oder anderen Partei sprechen.[635]

In IAS 17.21 wird das Konzept des wirtschaftlichen Eigentums erläutert.[636] Wirtschaftlicher Eigentümer ist demnach, wer die Herrschaft über das Leasingobjekt besitzt und / oder dessen Amortisation trägt. IAS 17.10 führt folgende Kriterien an, deren Erfüllung darauf schließen lässt, dass sich das wirtschaftliche Eigentum in der Hand des Leasingnehmers befindet:[637]

- Übertragung der Eigentumsrechte am Leasingobjekt auf den Leasingnehmer am Ende der Vertragslaufzeit (IAS 17.10(a))
- Günstige Kaufoption zu Gunsten des Leasingnehmers (IAS 17.10(b))
- Vertragslaufzeit umfasst den überwiegenden Teil der verbleibenden wirtschaftlichen Nutzungsdauer des Leasingobjektes (IAS 17.10(c))
- Barwert der Leasingzahlungen weicht nur geringfügig vom beizulegenden Zeitwert des Leasingobjektes zu Beginn des Leasingkontrakts ab (IAS 17.10(d))
- Das Leasingobjekt lässt sich auf Grund seiner spezifischen Beschaffenheit ohne wesentliche Modifikationen lediglich vom Leasingnehmer nutzen (IAS 17.10(e)).

Ist eines der aufgelisteten Kriterien erfüllt, erfolgt die Bilanzierung des Leasinggegenstandes i.d.R. beim Leasingnehmer und ein *Finance Lease* liegt vor.[638] Ist keines der aufgeführten Kriterien gegeben, sind zusätzlich die Indikatoren des IAS 17.11 heranzuziehen, die unter Berücksichtigung der wirtschaftlichen Gesamtverhältnisse ebenfalls ein *Finance Lease* begründen können; diese lauten wie folgt:[639]

---

633 Vgl. IAS 17.4.

634 Vgl. Cairns (2002) S. 811. Bereits das Rahmenkonzept formuliert die Dominanz des wirtschaftlichen Eigentums über die zivilrechtliche Sichtweise im Rahmen der Zuordnung von Vermögenswerten. Vgl. RK.57.

635 Vgl. IAS 17.7.

636 Vgl. hierzu und im Folgenden IAS 17.21.

637 Vgl. hierzu und im Folgenden IAS 17.10.

638 Eine Ausnahme davon kann sich ergeben, wenn alle anderen Indikatoren – einschließlich derer in IAS 17.11 – für ein Operating Lease sprechen. Vgl. hierzu Lüdenbach / Freiberg (2009) Rz. 23.

639 Vgl. hierzu und im Folgenden IAS 17.11.

- Der Leasingnehmer besitzt ein Kündigungsrecht, das ihm die Beendigung des Leasingverhältnisses vor Ablauf der wirtschaftlichen Nutzungsdauer erlaubt, ist aber verpflichtet die dem Leasinggeber aus der Kündigung entstehenden Verluste zu begleichen (IAS 17.11(a))
- Der Leasingnehmer trägt Chancen und Risiken aus Schwankungen des beizulegenden Zeitwerts gegenüber dem vertraglich etablierten Restwert (IAS 17.11(b))
- Der Leasingnehmer besitzt die Möglichkeit der Verlängerung des Leasingverhältnisses zu Mietkonditionen unterhalb der marktüblichen Zahlungen (IAS 17.11(c)).

Das Vorliegen eines oder mehrerer dieser Indikatoren kann laut Standard zu einer Klassifizierung als *Finance Lease* führen; dies ist jedoch nicht zwangsläufig der Fall.

Im Folgenden werden das Kriterium der günstigen Kaufoption (IAS 17.10(b)), das Laufzeitkriterium (IAS 17.10(c)), das Barwertkriterium (IAS 17.10(d)) sowie das Spezialleasingkriterium (IAS 17.10(e)) etwas ausführlicher erläutert. Eine günstige Kaufoption verkörpert das Recht auf Erwerb des Leasinggegenstandes durch den Leasingnehmer nach Ablauf der Grundmietzeit zu einem Preis, der den Zeitwert des Leasinggegenstandes wesentlich unterschreitet.[640] Die Beurteilung, ob eine solche günstige Kaufoption besteht, muss auf Basis der bei Vertragsabschluss vorliegenden Informationen getroffen werden. Das Vorliegen einer Kaufoption legt nahe, dass die Chancen aus dem Vertrag beim Leasingnehmer und die Risiken beim Leasinggeber liegen. Die hohe Ausübungswahrscheinlichkeit bei einer günstigen Option deutet darüber hinaus auf die wirtschaftlich dauerhafte Herrschaft des Leasingnehmers über das Leasingobjekt hin und rechtfertigt somit die Bilanzierung des Leasingobjekts durch den Leasingnehmer.

Das Laufzeitkriterium ist hingegen als erfüllt anzusehen, wenn die Laufzeit des Leasingvertrags dem „überwiegenden Teil der wirtschaftlichen Nutzungsdauer" entspricht.[641] Eine Quantifizierung, welches Verhältnis zwischen Vertragsdauer und wirtschaftlicher Nutzungsdauer ein *Finance Lease* begründet, unterbleibt im Standard jedoch.[642] Grundsätzlich suggeriert die Erfüllung des Kriteriums die dauerhafte Herrschaft des Leasingnehmers über den Leasinggegenstand.[643] Ferner trägt dieser durch Begleichung seiner Leasingraten das Amortisationsrisiko.

---

640 Vgl. hierzu und im Folgenden Lüdenbach / Freiberg (2009) Rz. 27-33.
641 Vgl. IAS 17.10(c).
642 Die US-GAAP verlangen eine Quote von 75%. Vgl. dazu SFAS 13.7.
643 Vgl. hierzu und im Folgenden Lüdenbach / Freiberg (2009) Rz 42.

Das Barwertkriterium determiniert, welche Partei das Investitionsrisiko aus der Anschaffung des Leasinggegenstandes zu tragen hat.[644] Vergleichbar mit dem Laufzeitkriterium vermeidet der IAS 17.10 auch hier quantitative Vorgaben.[645] Vielmehr gilt es das Gesamtbild der wirtschaftlichen Verhältnisse zu würdigen. Zur Durchführung des Barwerttests werden drei Informationen benötigt: die Mindestleasingzahlungen des Leasingnehmers, der anzuwendende Diskontierungszinssatz und der beizulegende Zeitwert des Leasinggegenstandes. In die Mindestleasingzahlungen gehen folgende Beträge ein:[646]

- Jegliche Zahlungen, die der Leasinggeber vom Leasingnehmer einfordern kann[647]
- Vom Leasingnehmer getragene Kosten im Zusammenhang mit dem Abschluss des Leasingverhältnisses
- Vom Leasingnehmer übernommene Kosten des Leasinggebers, Vertragsstrafen, Übernahme von Verpflichtungen sowie garantierte Restwerte
- Barwert einer günstigen Kaufoption.

Als maßgebender Zinssatz wird der dem Leasingverhältnis zu Grunde liegende Zinssatz – der interne Zinssatz des Leasinggebers – verwendet.[648] Ist dieser nicht ohne größere Schwierigkeiten ermittelbar, so erfolgt ein Rückgriff auf den Grenzfremdkapitalkostensatz des Leasingnehmers.

Zum Vergleich mit den diskontierten Mindestleasingraten muss der Fair Value des Leasingobjekts bestimmt werden. Dafür liefert die Investitionsauszahlung des Leasinggebers für das Leasingobjekt gewöhnlich den besten Anhaltspunkt.[649] Ist ein Rückgriff auf Ertragswert- oder *DCF-Verfahren* unumgänglich, so ist der beizulegende Zeitwert unabhängig vom Leasingverhältnis zu ermitteln. Lässt sich der Fair Value nach keiner der beschriebenen Methoden verlässlich festlegen, darf das Barwertkriterium nicht zur Anwendung kommen.

Das Spezialleasing wurde nicht zuletzt in den Kriterienkatalog des IAS 17.10 aufgenommen, um Gestaltungen zu verhindern, die dazu ausgelegt sind, die übrigen Kriterien zu umgehen.[650] Ein Spezialleasing liegt vor, wenn der Leasing-

---

644 Vgl. Lüdenbach / Freiberg (2009) Rz. 43.

645 Eine Orientierung kann wiederum an den durch die US-GAAP formulierten Werten erfolgen. Der Barwert der Mindestleasingzahlungen muss demnach 90% des Fair Value des Leasingobjekts zu Beginn des Leasingvertrags übersteigen, damit das Kriterium als erfüllt angesehen wird. Vgl. dazu SFAS 13.7(d).

646 Vgl. hierzu und im Folgenden IAS 17.4.

647 Dazu zählen auch Zahlungen, die der Leasinggeber von einer mit dem Leasingnehmer im Sinne des IAS 24 verbundenen Partei verlangen kann.

648 Vgl. hierzu und im Folgenden ausführlich Lüdenbach / Freiberg (2009) Rz. 56-63.

649 Vgl. hierzu und im Folgenden Lüdenbach / Freiberg (2009) Rz. 45-55.

650 Vgl. Lüdenbach / Freiberg (2009) Rz. 66.

gegenstand nach Ablauf der Grundmietzeit wirtschaftlich sinnvoll nur durch den Leasingnehmer nutzbar ist.[651] Dabei genügt es, wenn eine Nutzung durch den Leasinggeber sehr unwahrscheinlich ist; sie muss nicht komplett ausgeschlossen werden können.[652] Dieses Kriterium betrifft die dauerhafte tatsächliche Herrschaft über das Leasingobjekt.

Im Folgenden werden die materiellen Unterschiede bei der Bilanzierung von Leasing zwischen dem deutschen Handelsrecht – konkretisiert durch die steuerlichen Leasingerlasse – und den IFRS herausgestellt. Wie zuvor gesehen, lösen sich beide betrachteten Rechnungslegungssysteme von einer zivilrechtlichen Betrachtungsweise und fokussieren die Frage nach dem wirtschaftlichen Eigentum des Leasingobjekts, welche die Zurechnung des Vermögenswertes determiniert. Die IFRS stellen die Risiken und Chancen aus der Nutzung des Leasingobjekts in den Mittelpunkt, betonen aber ebenfalls die Bedeutung der dauerhaften Herrschaft.[653] Der Bundesfinanzhof hingegen stellt vordergründig auf die dauerhafte Herrschaft ab und in zweiter Linie erst auf die mit dem Vermögenswert verbundenen Chancen und Risiken.

Der wesentliche Unterschied zwischen der Leasing-Bilanzierung nach HGB und IFRS resultiert aus dem in IAS 17.10(d) formulierten Barwertkriterium, welches sich in den steuerlichen Erlassen in ähnlicher Form nicht wieder findet. Durch die Abwesenheit dieses Kriteriums sowie die nachrangige Bedeutung des Amortisationsrisikos im deutschen Steuerrecht, können die beiden betrachteten Rechnungslegungssysteme in Einzelfällen zu unterschiedlichen Urteilen bezüglich der Zurechnung des wirtschaftlichen Eigentums gelangen. Insbesondere Leasinggegenstände, die in gebrauchtem Zustand keine hohe Marktgängigkeit mehr besitzen, werden nach IFRS auf Grund des Barwertkriteriums häufig dem Leasingnehmer zugerechnet, wenn nach deutschem Recht das wirtschaftliche Eigentum beim Leasinggeber vermutet wird.

Die Betonung des Amortisationsrisikos nach IFRS führt weiterhin dazu, dass Restwertgarantien, Andienungsrechte sowie Verpflichtungen des Leasingnehmers zur Amortisation der Investition in das Leasingobjekt in der Mehrzahl der Fälle – wiederum im Gegensatz zum HGB – zu einer Bilanzierung beim Leasingnehmer führen. Dies deutet darauf hin, dass das wirtschaftliche Eigentum nach IFRS häufiger dem Leasingnehmer zugeordnet wird als nach HGB.[654]

---

651 Vgl. IAS 17.10(e).

652 Vgl. hierzu und im Folgenden Lüdenbach / Freiberg (2009) Rz. 67.

653 Vgl. hierzu und im Folgenden Lüdenbach / Freiberg (2009) Rz. 103-108, vgl. hierzu auch IAS 17.21.

654 Vgl. dazu auch Born (2007) S. 12 und S. 527-528.

Welche Konsequenzen sich daraus auf die Beurteilungskriterien für Residualgewinne ergeben, wird im Laufe dieses Kapitels genauer analysiert.

Zunächst wird jedoch noch auf die Bewertung von Leasinggeschäften eingegangen. Für die vorliegende Arbeit ist vordergründig die Bilanzierung beim Leasingnehmer relevant, da der Spezialfall einer Leasinggesellschaft nicht betrachtet wird und daher die Sicht des Leasingnehmers, nicht die des Leasinggebers, eingenommen wird. Grundsätzlich werden in der Folge daher die Bilanzierung eines *Finance Lease* beim Leasingnehmer sowie eines *Operating Lease* beim Leasingnehmer betrachtet.

Erfolgt die Zuordnung des Leasinggegenstandes zum Leasingnehmer, so verlangt das deutsche Recht eine Aktivierung und anschließende Abschreibung des Vermögenswertes in dessen Jahresabschluss. Die Höhe der Anschaffungskosten ist durch den Barwert der künftigen Leasingraten, zuzüglich einer möglichen Einmalzahlung sowie eventueller Anschaffungsnebenkosen, abzüglich eventueller Anschaffungskostenminderungen, determiniert.[655] Zur Diskontierung der Leasingraten muss ein laufzeitäquivalenter Zinssatz verwendet werden.[656] Auf der Passivseite ist eine Verbindlichkeit in Höhe des aktivierten Wertes einzustellen.[657] Der Tilgungsanteil der Leasingraten ist erfolgsneutral von der Verbindlichkeit abzusetzen, während sowohl Zins- als auch Kostenanteil einen Aufwand der jeweiligen Periode verkörpern.[658]

Eine Zuordnung des Leasinggegenstandes zum Leasinggeber hat nach deutschem Recht zur Konsequenz, dass die laufenden Leasingraten in den Perioden ihres Anfalls als Aufwand erfasst werden.[659]

Liegt nach IFRS ein *Finance Lease* vor, hat der Leasingnehmer den geleasten Vermögenswert sowie die korrespondierende Leasingverbindlichkeit in Höhe des beizulegenden Zeitwerts in der Bilanz auszuweisen.[660] Falls der Barwert der Mindestleasingzahlungen den beizulegenden Zeitwert unterschreitet, ist Ersterer maßgeblich für die Bewertung im Zeitpunkt der Erstbilanzierung. Ansonsten bildet der beizulegende Zeitwert des Leasingobjekts zuzüglich etwaiger An-

---

655 Vgl. Baetge / Kirsch / Thiele (2007) S. 703. In den Leasingraten enthaltene Versicherungs- und Serviceleistungen sind indessen nicht Bestandteil der Anschaffungskosten. Vgl. ADS (1995 ff) §255 HGB Rn. 73.

656 Vgl. Gelhausen / Weiblein (2007) Rn. 176.

657 Vgl. Gelhausen / Weiblein (2007) Rn. 179.

658 Vgl. Knobbe-Keuk (1993) S. 81.

659 Vgl. Baetge / Kirsch / Thiele (2007) S. 702.

660 Vgl. hierzu und im Folgenden IAS 17.20.

schaffungsnebenkosten die Bewertungsobergrenze.[661] Wird im Zuge des Barwerttests nicht auf den internen Zinssatz des Leasinggebers abgestellt, sondern auf den Grenzfremdkapitalkostensatz des Leasingnehmers, kann der Barwert der Mindestleasingzahlungen den beizulegenden Zeitwert des geleasten Vermögenswertes durchaus übersteigen. In einem solchen Fall muss die – verglichen mit dem Barwert – niedrigere Leasingverbindlichkeit durch Verwendung eines höheren Zinssatzes reduziert werden.

Die Folgebewertung des geleasten Vermögenswertes richtet sich bei Vorliegen eines *Finance Lease* beim Leasingnehmer i.d.R. nach IAS 16, da es sich in den meisten Leasingsachverhalten um Sachanlagevermögen im Sinne dieses Standards handeln dürfte.[662] Wie bereits in Kapitel 4.1.1 dargelegt, können fortgeführte Anschaffungskosten oder die Neubewertungsmethode zur Anwendung kommen.[663] Handelt es sich um einen immateriellen Vermögenswert mit beschränkter Nutzungsdauer nach IAS 38, so kann analog zur Vorgehensweise beim Sachanlagevermögen eine Abschreibung nach der Anschaffungskostenmethode erfolgen.[664] Liegt indessen für den immateriellen Vermögenswert ein aktiver Markt vor, ist auch die Wahl der Neubewertungsmethode optional möglich.[665]

Die Abschreibungen des Leasinggegenstandes sind in aller Regel über die Laufzeit des Leasingvertrages zu verteilen.[666] Gilt der Übergang des rechtlichen Eigentums des Leasingobjekts an den Leasingnehmer bereits im Zeitpunkt des Beginns des Leasingverhältnisses als sicher, fordert IAS 17.28 die Abschreibung

661 Vgl. hierzu und im Folgenden Lüdenbach / Freiberg (2009) Rz. 113-115.

662 Vgl. IAS 17.53 zum Verweis auf IAS 16.

663 Siehe Kapitel 4.1.1.

664 Vgl. IAS 38.74. Ein solcher immaterieller Vermögenswert muss identifizierbar sein, in der Verfügungsmacht des Unternehmens stehen, nicht-monetär sein und darf keine physische Substanz besitzen. Eine Verwendung sollte darüber hinaus bei der Herstellung von Produkten oder Dienstleistungen oder durch entgeltliche Überlassung an Dritte möglich sein. Vgl. dazu Coenenberg / Haller / Schultze (2009) S. 176.

665 Vgl. IAS 38.72 i.V.m. IAS 38.74 und IAS 38.75, vgl. IAS 38.8 zur Definition eines aktiven Marktes. Grundsätzlich gibt es auch die Möglichkeit, dass ein immaterieller Vermögenswert eine unbegrenzte Nutzungsdauer aufweist und daher nicht planmäßig abzuschreiben ist, sondern lediglich jährlich einem Wertminderungstest zu unterziehen ist. Vgl. dazu IAS 38.88 i.V.m. IAS 38.107 und IAS 38.108. Es ist jedoch davon auszugehen, dass es in einem solchen Fall in aller Regel zu einer Bilanzierung beim Leasinggeber kommt. Eine Ausnahme könnte ein Spezialleasing eines immateriellen Vermögenswertes mit unbegrenzter Nutzungsdauer darstellen. Auf diesen Sonderfall wird im Rahmen dieser Analyse nicht weiter eingegangen.

666 Vgl. Lüdenbach / Freiberg (2009) Rz. 117.

über die möglicherweise längere wirtschaftliche Nutzungsdauer des Vermögenswertes.[667]

Die Folgebewertung der Leasingverbindlichkeit nach IAS 17 erfordert die Aufsplittung der zu leistenden Leasingraten in Finanzierungskosten, nicht aktivierbare Nebenkosten und einen Tilgungsanteil, der erfolgsneutral die verbleibende Verbindlichkeit reduziert.[668] Die Finanzierungskosten, die als Zinsaufwendungen in die GuV eingehen, gilt es so zu allokieren, dass sich unter Berücksichtigung der Zinsrate eine konstante Verzinsung ergibt.

Wird das betrachtete Leasingverhältnis als *Operating Lease* klassifiziert, entspricht die bilanzielle Behandlung beim Leasingnehmer einem Mietverhältnis. Grundsätzlich sind die gezahlten Leasingraten als Aufwand zu erfassen, wobei dieser nicht zwangsläufig der Höhe der gezahlten Leasingrate entspricht. IAS 17.33 fordert vielmehr eine lineare Verteilung der Leasingraten auf die einzelnen Perioden des Leasingverhältnisses.[669] Eine mögliche Ausnahme ist die Verteilung nach einer anderen systematischen Grundlage, welche zu einer wirtschaftlich sinnvolleren Abbildung des zeitlichen Verlaufs führt.[670]

Nachdem die geltenden Bilanzierungs- und Bewertungsregelungen nach HGB und IFRS im Detail dargelegt wurden, sei zu Ende dieses Kapitels kurz auf sich abzeichnende Änderungen bei der Behandlung von Leasinggeschäften nach IFRS eingegangen. Im Rahmen der G4+1 Arbeitsgruppe, einem Zusammenschluss der Standard Setting Boards von Australien, Kanada, Neuseeland und den USA sowie des *International Accounting Standards Committee* (*IASC*)[671], wurde bereits vor geraumer Zeit die Abkehr vom Kriterium des wirtschaftlichen Eigentums sowie die Gleichbehandlung aller Leasingverhältnisse diskutiert.[672] Demnach solle eine Differenzierung zwischen *Operating* und *Finance Lease* künftig unterbleiben.[673] Vielmehr wird die Aktivierung eines Nutzungsrechts

667 Vgl. IAS 17.28. Regelmäßig ist der Übergang des rechtlichen Eigentums anzunehmen, wenn das Eigentumsübertragungskriterium, das Kriterium einer günstigen Kaufoption oder aber der Fall des Spezialleasings bejaht wird. Vgl. dazu und im Folgenden Lüdenbach / Freiberg (2009) Rz. 117.

668 Vgl. hierzu und im Folgenden IAS 17.25.

669 Vgl. IAS 17.33.

670 Vgl. IAS 17.34.

671 Das IASC war die Vorgängerorganisation des IASB, die von letzterem im Jahr 2001 abgelöst wurde.

672 Vgl. Heitmüller / Hellen / Tesche (2009) S. 64, vgl. auch Fülbier / Fehr (2008) S. 181-182.

673 Vgl. hierzu und im Folgenden das Grundlagenpapier von McGregor (1996) und das darauf aufbauende Diskussionspapier von Nailor / Lennard (2000).

beim Leasingnehmer sowie die Passivierung der korrespondierenden Zahlungsverpflichtung bei sämtlichen Leasingverträgen empfohlen.

Aufbauend auf den Ergebnissen der G4+1 Arbeitsgruppe und mit dem Ziel der Gleichbehandlung aller Leasingverhältnisse entwickelte eine IASB / FASB-Arbeitsgruppe das sogenanntes *Right of Use*-Modell, bei dem der Übergang von Risiken und Chancen unerheblich für die Bilanzierung und eine Klassifizierung von Leasingverhältnissen obsolet wird.[674] Am 19.03.2009 veröffentlichte der IASB das Discussion Paper „Leases – Preliminary Views", das den aktuellen Stand der Leasingdebatte innerhalb des IASB (und des FASB) wiedergibt.[675] Die darin festgehaltenen Ergebnisse seien im Folgenden kurz skizziert:

Bei Abschluss eines Leasinggeschäfts erwirbt der Leasingnehmer ein Nutzungsrecht am Leasingobjekt (*Right of Use*-Ansatz), das eigenständig die Ansatzkriterien des Frameworks erfüllt und somit bilanzierungspflichtig ist.[676] Gleichzeitig entsteht eine die Leasingraten umfassende Zahlungsverpflichtung, welche passivierungspflichtig ist. Die Verpflichtung zur Rückgabe des Leasingobjekts nach Beendigung der Vertragslaufzeit hat indes keine Passivierung einer Schuld zur Folge, da keine bestehenden Nutzungsmöglichkeiten aufgegeben werden.[677] Hinsichtlich der Bewertung verlangt das IASB den Ansatz der mit dem Grenzfremdkapitalsatz diskontierten akkumulierten Leasingraten.[678] Die zu Grunde zu legende Laufzeit entspricht der wahrscheinlichsten Dauer des Leasingverhältnis, welche es periodisch zu überprüfen gilt.[679] Im Erstbewertungszeitpunkt entsprechen sich die Werte für das Nutzungsrecht und die Leasingverbindlichkeit. Die Folgebewertung unterscheidet sich bei Eintreten der im Erstbilanzierungszeitraum getroffenen Annahmen nicht wesentlich von derjenigen beim *Finance Lease* nach IAS 17. Auf Detailprobleme im Zusammenhang mit etwaigen Optionen und Restwertgarantien sei in dieser Arbeit nicht vertieft eingegangen. Jedoch führen solche Gestaltungen i.V.m. dem *Right of Use*-Ansatz zu einer hohen Komplexität der Bilanzierung.[680]

---

674 Vgl. Schulz (2008) S. 183.

675 Vgl. Bömelburg / Landgraf / Singh-Verma (2009) S. 217, vgl. auch Fülbier / Fehr (2009) S. 673.

676 Vgl. hierzu und im Folgenden Leibfried / Kleibold (2009) S. 409-411, vgl. RK.49(a) zur Kodifizierung.

677 Vgl. auch RK.62.

678 Vgl. auch DP (2009) 5.24-5.25, welches aufzeigt, dass IASB und FASB in diesem Punkt unterschiedliche Auffassungen vertreten.

679 Vgl. auch DP (2009) 6.22, 6.36 und 6.47.

680 Vgl. Schulz (2008) S. 184, vgl. Findeisen / Sabel (2009) S. 1888-1893 für eine detaillierte Diskussion von möglichen Vertragsgestaltungen und deren Auswirkungen auf den Right of Use-Ansatz.

4.4.2 Analyse der Einhaltung des Kongruenzprinzips

Die Leasing-Bilanzierung nach HGB hat keine Kongruenzverstöße zur Folge.[681] Die IFRS hingegen greifen bei einem *Finance Lease* zur Regelung der Bilanzierung beim Leasingnehmer auf den IAS 16 bzw. den IAS 38 zurück. Wird sich im Rahmen des Bewertungswahlrechts in IAS 16.29 oder in IAS 38.72 für die Neubewertungsmethode entschieden, sind Verstöße gegen das Kongruenzprinzip bei Wertsteigerungen der entsprechenden Vermögenswerte denkbar. Die Kritikpunkte an der Neubewertungsmethode aus Kapitel 4.1.2 gelten dann analog.[682] Wiederum zeigt sich (zumindest bei Verwendung der Periodenerfolge aus der GuV) – verglichen mit den internationalen Rechnungslegungsstandards – eine durchgängigere Entsprechung des Kongruenzprinzips durch das deutsche Handelsrecht, obgleich die mit der ergebnisneutralen Neubewertung verbundenen Nachteile auf Grund der geringen Praxisrelevanz nicht überbewertet werden dürfen.[683]

4.4.3 Analyse der Manipulationsresistenz

Wie in Kapitel 4.4.1 beschrieben werden die sehr vagen, allgemeinen Regelungen des HGB in Bezug auf die Bilanzierung von Leasingverhältnissen durch die Leasingerlasse der Finanzverwaltung konkretisiert.[684] Diese liefern quantitative Anhaltspunkte zur Regelung der Zuordnung von Vermögensgegenständen zu Leasingnehmer oder Leasinggeber. Einerseits lässt sich argumentieren, dass dadurch zumindest klare Regeln vorliegen, an denen sich die Bilanzierung orientieren sollte. Andererseits stellt sich die Frage, ob die Vorgaben der Höhe nach begründbar sind. Beispielsweise ist fraglich, warum ein Verhältnis zwischen Grundmietzeit und betriebsgewöhnlicher Nutzungsdauer von knapp über 40% oder unter 90% (ohne Vorliegen von Optionen und Spezialleasing) bei einem Vollamortisationsvertrag keine Bilanzierung beim Leasingnehmer begründen sollte. Insbesondere ist zu vermuten, dass die starren Regelungen aus den Leasingerlassen den teilweise komplexen wirtschaftlichen Konstellationen in der Unternehmenspraxis nicht immer gerecht werden und Sachverhalte bewusst so konzipiert werden, dass die Kriterien des BMF gerade in einer Bilanzierung beim Leasinggeber resultieren.

Ein Spielraum, der sich bei Vorliegen des wirtschaftlichen Eigentums beim Leasingnehmer ergibt, betrifft die Bestimmung der Höhe des beim Leasingnehmer

681 Siehe Kapitel 4.4.1 zu den HGB-Regelungen im Bereich der Leasingbilanzierung.

682 Siehe Kapitel 4.1.2.

683 Vgl. Müller / Wobbe / Reinke (2008) S. 637-638 zu einer empirischen Untersuchung deutscher Unternehmen.

684 Siehe hierzu und im Folgenden Kapitel 4.4.1.

zu aktivierenden Wertes.[685] Dieser ist in starkem Maße von der Festlegung des Diskontierungssatzes zur Berechnung des Barwerts der Leasingraten abhängig. Für die Ableitung dessen existieren nach HGB indes keine konkreten Vorschriften.

Die IFRS-Regelungen zur Bilanzierung von Leasingverhältnissen eröffnen eine Reihe von Spielräumen und Wahlrechten, die der Bilanzierende potenziell nach seinen Interessen auslegen kann. Im Wesentlichen beziehen sich diese einerseits auf die Abbildung von Leasinggeschäften als *Operating Lease* oder als *Finance Lease* mit den daraus folgenden Konsequenzen für die Residualgewinnausprägungen, andererseits auf die Folgebewertung bei einer Bilanzierung beim Leasingnehmer.

Positiv ist zunächst festzustellen, dass die IFRS – ähnlich wie das HGB – die wirtschaftliche Betrachtungsweise über die zivilrechtliche Qualifikation eines Vertrages stellen, was zur Eindämmung von Sachverhaltsgestaltungen führen soll.[686] Jedoch fehlt es an klaren Richtlinien, wie die Kriterien des IAS 17.10 in Zweifelsfällen auszulegen sind. Im Folgenden werden die in diesem Zusammenhang als besonders kritisch erachteten Kriterien und deren Manipulationspotenzial erörtert.

Das Kriterium der günstigen Kaufoption nach IAS 17.10(b) führt insbesondere bei einem vertraglich festgelegten Fixpreis für die Übernahme des Leasingobjekts durch den Leasingnehmer nach Ablauf der Vertragsdauer zu Ermessensspielräumen.[687] Einerseits gibt der Standard keinen Aufschluss darüber, ab welcher Höhe eine positive Differenz zwischen Fair Value des geleasten Vermögenswertes und dem Ausübungspreis als „günstig" anzusehen ist. Andererseits ergibt sich bereits ein Ermessensspielraum beim bloßen Abschätzen des zukünftigen Zeitwerts des Leasingobjekts. Denkbar sind die Extrapolation eines heutigen Zeitwerts unter Berücksichtigung des geplanten Abnutzungsgrades des geleasten Vermögenswertes oder aber die Anwendung von *DCF-Verfahren.* In beiden Fällen lässt sich der Fair Value tendenziell umso weniger verlässlich schätzen, desto länger der Optionsausübungszeitraum ist.

Das Laufzeitkriterium nach IAS 17.10(c) verlangt eine Klassifikation als *Finance Lease*, wenn der Leasinggegenstand den „überwiegenden Teil der wirtschaftlichen Nutzungsdauer" vom Leasingnehmer genutzt wird.[688] Die fehlende Quantifizierung lässt jedoch offen, ob ein Rückgriff auf die Werte nach US-

---

685 Vgl. hierzu und im Folgenden Claßen / Schulz (2009) S. 315-316.

686 Vgl. IAS 17.21, vgl. auch RK.57 zur wirtschaftlichen Betrachtungsweise.

687 Vgl. hierzu und im Folgenden Lüdenbach / Freiberg (2009) Rz. 27-30.

688 Vgl. IAS 17.10(c).

GAAP geboten ist oder ob bereits niedrigere Werte zu einer Bilanzierung beim Leasingnehmer führen.[689] Sicher scheint lediglich, dass ein Wert von etwa 50% nicht dem „überwiegenden Teil der wirtschaftlichen Nutzungsdauer" im Sinne des Standards entspricht.

Analog zum Laufzeitkriterium lässt auch das Barwertkriterium nach IAS 17.10(d) eindeutige betragsmäßige Angaben vermissen.[690] Es bleibt unklar, wie nahe die Mindestleasingzahlungen an den Fair Value des Leasingobjekts heranreichen müssen, um ein *Finance Lease* zu begründen.[691] Außerdem kann es zu Spielräumen bei der Ermittlung der diskontierten Mindestleasingzahlungen kommen, wenn der interne Zinssatz des Leasinggebers nicht bekannt, nicht nachvollziehbar oder nicht plausibel ist.[692] In einem solchen Fall findet der Grenzkapitalkostensatz des Leasingnehmers Anwendung;[693] leider gibt der Standard für diesen wiederum keine konkreten Ermittlungsregeln vor.

Den IFRS fehlt es darüber hinaus an greifbaren Regelungen, wie zu verfahren ist, wenn keines der Kriterien in IAS 17.10 erfüllt ist, jedoch Indikatoren nach IAS 17.11 für das Vorliegen eines *Finance Lease* sprechen.[694]

Alles in allem ist zu konstatieren, dass die Regelungen des IAS 17 in vielen Situationen zu faktischen Wahlrechten führen, wohingegen das HGB durch den Rückgriff auf die Leasingerlasse eine mehr oder weniger eindeutige Klassifizierung als *Operating Lease* oder *Finance Lease* ermöglicht. Die eher typisierenden Regeln des HGB können jedoch geradezu Sachverhaltsgestaltungen provozieren, da bei Einhaltung der formulierten Kriterien die eigentlich angestrebte und nun auch in §246 Abs. 1 Satz 2 HGB kodifizierte wirtschaftliche Betrachtungsweise in den Hintergrund treten kann. Letztendlich sind die häufig komplexen und differenziert ausgestalteten Leasingverträge der Grund, warum die Bilanzierung und Bewertung von Leasing nach beiden Systemen nicht unwesentliche Spielräume mit sich bringt.

Trotz der Schwierigkeiten beider Rechnungslegungssysteme, Spielräume bei der Zuordnung des Leasingobjekts einzudämmen, muss dem deutschen Handelsrecht – verglichen mit den IFRS – eine geringfügig höhere Manipulationsresistenz attestiert werden. Dies gilt vor allem dann, wenn der Agent über die Ausübung von Wahlrechten selbst entscheiden kann. In einem solchen Fall ver-

689 Vgl. hierzu und im Folgenden ausführlich Lüdenbach / Freiberg (2009) Rz. 34-38.
690 Vgl. IAS 17.10(d).
691 Vgl. Lüdenbach / Freiberg (2009) Rz. 43.
692 Vgl. hierzu Lüdenbach / Freiberg (2009) Rz. 56-61.
693 Vgl. IAS 17.20.
694 Siehe Kapitel 4.4.1.

fügt er nach IFRS im Rahmen eines *Finance Lease* über ein zusätzliches Wahlrecht bei der Folgebewertung eines Leasinggegenstandes, das sich entweder nach IAS 16 oder IAS 38 ergibt. Ungeachtet dessen, ob es sich beim Leasingobjekt um Sachanlagevermögen oder immaterielles Vermögen handelt, besteht – bei Erfüllung der jeweils notwendigen Voraussetzungen – theoretisch die Möglichkeit der Verwendung der Neubewertungsmethode anstelle des Anschaffungskostenmodells, obgleich deren Anwendung zumindest in der deutschen Unternehmenspraxis die Ausnahme darstellt.[695]

Mit Blick auf die bevorstehende Einführung des *Right of Use*-Ansatzes nach IFRS wirkt sich die einheitliche Bilanzierung aller Leasinggeschäfte positiv auf die Manipulationsresistenz aus. Wesentliche Bilanzierungsspielräume, die momentan durch die Zuordnungsproblematik noch bestehen, werden – sofern das Diskussionspapier in dieser oder ähnlicher Form umgesetzt wird – entfallen.[696] Zahlreiche Bewertungsspielräume bleiben hingegen bestehen bzw. erwachsen teilweise sogar durch die Neuregelungen. Entobjektivierungen entstehen u.a. durch die gemeinsame Bewertung von Optionen, bedingten Leasingzahlungen sowie Restwertgarantien in einer einzigen Leasingposition. Insbesondere führt die geschätzte wahrscheinliche Leasinglaufzeit gegenüber der Mindestlaufzeit nach IAS 17 zu zusätzlichen Ermessensspielräumen.

4.4.4 Analyse der Entscheidungsverbundenheit

4.4.4.1 Analyse der sachlichen Entscheidungsverbundenheit

Der Agent, der Entscheidungen im Rahmen des betrachteten Projekttyps trifft, besitzt annahmegemäß auch die Entscheidungskompetenz hinsichtlich der Durchführung des Leasingverhältnisses. Das Leasen des Vermögenswertes ist notwendig zur Generierung der Erlöse und somit integraler Bestandteil des betrachteten Projekts. Insofern kann davon ausgegangen werden, dass der Entscheidungsträger Kennzahlen, die den Erfolg des Projekts abbilden, zu verantworten hat.

Der Vollständigkeit halber sei hier erwähnt, dass die ergebnisneutrale Neubewertung über den IAS 16 und IAS 38 auch Eingang in die Bilanzierung von *Finance Lease*-Verhältnissen finden kann.[697] Für Verzerrungen durch dieses Bewertungsmodell sei auf Grund der geringen Praxisrelevanz dieser Problematik an dieser Stelle lediglich auf Kapitel 4.1.4.1 verwiesen.

---

695 Vgl. Müller / Wobbe / Reinke (2008) S. 637.

696 Vgl. hierzu und im Folgenden Fülbier / Fehr (2009) S. 675-676.

697 Siehe Kapitel 4.1.1 für Details zur Neubewertungsmethode.

Falls jene Neubewertungsmethode nach IFRS Anwendung findet, ist dem HGB eine höhere sachliche Entscheidungsverbundenheit zu attestieren. In der Mehrzahl der Fälle dürfte dieses Kriterium indes im Rahmen beider Systeme gleichermaßen erfüllt sein.

4.4.4.2 Analyse der zeitlichen Entscheidungsverbundenheit

Die Untersuchung der zeitlichen Entscheidungsverbundenheit geht von einer Situation aus, in der nach IFRS ein *Finance Lease* auf Grund des Barwertkriteriums nach IAS 17.10(d) vorliegt, nach HGB jedoch ein *Operating Lease.* In einem solchen Fall erfolgt die Abschreibung des Leasingobjekts nach IFRS über die Laufzeit des Leasingvertrags, nicht über dessen wirtschaftliche Nutzungsdauer.[698] Annahmegemäß wird in der folgenden Analyse von der Anwendung der Anschaffungs- bzw. Herstellungskostenmethode nach IAS 16 bzw. IAS 38 sowie von linearen Abschreibungen ausgegangen, was den Regelfall widerspiegeln dürfte.[699]

Weiterhin wird unterstellt, dass die Verwendung des geleasten Vermögenswerts zusammen mit einem zweiten, gekauften Vermögenswert Cash Inflows von 5.000 GE pro Periode generiert. Die zugegangene Anlage wird mit 5.000 GE aktiviert und ebenfalls linear abgeschrieben. Die Berechnung des Kapitalwerts des betrachteten Investitionsprojekts ergibt sich aus Abbildung 4-54. Der *WACC* sei *vor* Durchführung des Leasingverhältnisses identisch mit dem Kapitalkostensatz der Eigenfinanzierung. Der interne Zinssatz aus dem Leasinggeschäft betrage 4,42% und sei dem Leasingnehmer bekannt. Er weicht somit vom Kapitalkostensatz des Unternehmens ab.

---

698 Bei einem Finance Lease, das durch das Eigentumsübertragungs-, Kaufoptions- oder Spezialleasingkriteriums begründet ist, kann davon ausgegangen werden, dass das rechtliche Eigentum auf den Leasingnehmer übergeht. Somit wäre in einem solchen Fall eine Abschreibung über die (eventuell über die Laufzeit des Leasingvertrages hinausgehende) wirtschaftliche Nutzungsdauer geboten. Siehe dazu Kapitel 4.4.1.

699 Siehe Kapitel 4.1 zu den Unterschieden zwischen der Anwendung der Anschaffungs- bzw. Herstellungskostenmethode und der Neubewertungsmethode im Rahmen der Bilanzierung des Sachanlagevermögens.

Berechnung Kapitalwert des vorliegenden Investitionsprojekts							
Periode	0	1	2	3	4	5	Σ
Cash Inflows	0	5000	5000	5000	5000	5000	25000
BW der Cashflows (5%)	21647						
Cash Outflow Maschine	5000						
Leasingzahlungen	0	2500	2500	2500	2500	2500	12500
BW der Leasingzahlungen (4,42%)	11000						
Kapitalwert	5647						

Abbildung 4-54: Kapitalwertberechnung bei konstanten Cash Inflows

Im Laufe dieses Kapitels werden folgende Szenarien untersucht:
- *Operating Lease* bei Verwendung einer Zielkapitalstruktur[700] und einem *WACC* von 5% (Abbildung 4-55)
- *Finance Lease* bei Verwendung einer Zielkapitalstruktur und einem *WACC* von 5% (Abbildung 4-57)
- *Operating Lease* unter Berücksichtigung periodenspezifischer *WACC*-Sätze (Abbildung 4-59).

Operating Lease (HGB), WACC = 5%							
Periode	0	1	2	3	4	5	Σ
Cash Inflows	0	5000	5000	5000	5000	5000	25000
Leasingaufwand	0	2500	2500	2500	2500	2500	12500
Abschreibungen	0	1000	1000	1000	1000	1000	5000
Gewinn	0	1500	1500	1500	1500	1500	7500
Invest. Kapital	5000	4000	3000	2000	1000	0	
WACC	0,05	0,05	0,05	0,05	0,05	0,05	
Kalk. Zinsen (5%)	0	250	200	150	100	50	750
RG	0	1250	1300	1350	1400	1450	6750
BW des RG (5%)	0	1190	1179	1166	1152	1136	5824
Real. KW (%)	0%	21%	42%	63%	83%	103%	

Abbildung 4-55: Szenario 1 zur Leasingbilanzierung

Abbildung 4-55 veranschaulicht die Auswirkungen der Bilanzierung des Sachverhalts als *Operating Lease* nach HGB. Wie aus der Tabelle zu entnehmen ist, mindern die gesamten Leasingaufwendungen der Periode sowie die Abschreibungen des angeschafften Vermögenswertes den jeweiligen Gewinn. Da das

700 Vgl. Young / O'Byrne (2001) S. 163-164 zur Zielkapitalstruktur.

Leasingobjekt beim Leasingnehmer kein investiertes Kapital bindet, entfällt die Erfassung zusätzlicher kalkulatorischer Zinsen. Im Falle eines *Operating Lease* werden Vermögenswerte nur in der Bilanz des Leasinggebers abgebildet.[701]

Bei konstanten Cash Inflows sowie konstanten Leasingaufwendungen unterliegt der Residualgewinn – ausgelöst durch die Aktivierung des angeschafften Vermögenswertes – geringfügigen Schwankungen.[702] Betrachtet man eine Situation, in der allein der geleaste Vermögenswert zu Erzielung der Projekterlöse notwendig ist, hätte dies gleichmäßige Residualgewinne in sämtlichen Perioden zur Folge.

Die Kapitalwertrealisierung mittels der periodischen Residualgewinne verläuft kontinuierlich; letztlich ergibt sich allerdings ein Wert *größer* als 100%. Daher muss eine Verzerrung der Performancemessung konstatiert werden. Ursächlich ist die Nichtbilanzierung der mit dem Leasinggeschäft korrespondierenden Verbindlichkeit sowie des geleasten Vermögenswertes bei gleichzeitiger Beibehaltung des *WACC* von 5%. Durch den bilanziell nicht gezeigten Kredit steigt das *Leverage-Risiko* für die Eigenkapitalgeber.[703] Folglich erhöht sich der Eigenkapitalkostensatz, welcher – da lediglich der eigenfinanzierte Teil des Vermögens bilanziell erfasst wird – weiterhin mit dem *WACC* übereinstimmt, der zur Diskontierung der erwarteten Residualgewinne aus dem Projekt herangezogen wird. Die Einhaltung der Barwertidentität bedingt demzufolge eine Anpassung des *WACC* für das in der Bilanz gezeigte Kapital der Unternehmung an jenes erhöhte Risiko. Diese notwendige Modifikation unterbleibt in Abbildung 4-55 und führt somit zum fehlerhaften Ausweis der mit Hilfe des Projektes generierten Wertsteigerung.

Wie später zu zeigen sein wird, ermöglicht eine periodenspezifische Anpassung der *WACC*-Sätze den korrekten Ausweis der mit dem Projekt generierten Wertsteigerung anhand der Residualgewinne.[704] Bei identischen Zinssätzen der Unternehmung und des Leasingverhältnisses hingegen wäre eine solche Zinsadjustierung nicht notwendig, da gemäß dem *Modigliani / Miller-Theorem* der Marktwert eines Unternehmens unbeeinflusst von der zu Grunde liegenden Kapitalstruktur ist sowie die Vorteilhaftigkeit eines einzelnen Investitionsprojekts nicht von der Art der Finanzierung abhängt.[705] Indes hat dieses Theorem nur bei

701 Siehe Kapitel 4.4.1.

702 Das Ansteigen der periodischen Residualgewinne ist Folge der sinkenden Kapitalbindung durch die Abschreibungen des aktivierten Vermögenswerts und den daraus resultierenden niedrigeren kalkulatorischen Zinskosten in den Endperioden.

703 Vgl. Schüler / Herrmann (2006) S. 178.

704 Siehe dazu Abbildung 4-58 in diesem Kapitel.

705 Vgl. hierzu und im Folgenden Modigliani / Miller (1958).

friktionslosen Märkten, also unter mikroökonomischen Idealbedingungen Gültigkeit, nicht aber auf realen und damit unvollkommenen Märkten.[706]

Basisdaten für das Finance Lease nach IAS 17							
Periode	0	1	2	3	4	5	Σ
Wert des Leasingobjekts	11000	8800	6600	4400	2200	0	
Verbindlichkeit	11000	8986	6883	4687	2394	0	
Zinsaufwand	0	486	397	304	207	106	1500
Tilgung	0	2014	2103	2196	2293	2394	11000

Abbildung 4-56: Basisdaten bei Vorliegen eines Finance Lease

Wird ein *Finance Lease* nach IAS 17 gemäß der Daten aus Abbildung 4-56 unterstellt, so wird das Leasingobjekt als Vermögenswert aktiviert und eine Leasingverbindlichkeit in gleicher Höhe passiviert.[707] Die Bilanzierung der Höhe nach ergibt sich aus dem niedrigeren Wert aus diskontierten Mindestleasingzahlungen des Leasingnehmers an den Leasinggeber (hier 11.000 GE) und dem beizulegenden Zeitwert des Leasinggegenstandes (hier ebenfalls 11.000 GE). Der Buchungssatz zu Beginn des Leasingverhältnisses lautet dementsprechend:
- Anlage im Leasing an Leasingverpflichtungen 11.000 GE

In der Folge wird der geleaste Vermögenswert annahmegemäß linear abgeschrieben. Die periodisch zu zahlenden Leasingraten mindern einerseits die Verbindlichkeit und enthalten andererseits einen Zinsanteil, wodurch die Buchungen aus dem Leasinggeschäft in den Folgeperioden – hier exemplarisch dargestellt für die Periode 1 – folgende Struktur aufweisen:
- Abschreibungsaufwand an Anlage im Leasing 2.200 GE
- Leasingverpflichtungen an Bank 2.014 GE
- Zinsaufwand an Bank 486 GE

706 Friktionslose Märkte unterstellen einen vollkommenen Kapitalmarkt sowie die Abwesenheit von Steuern, Insolvenzverfahren und asymmetrischer Information.

707 Siehe hierzu und im Folgenden Kapitel 4.4.1.

Finance Lease (IFRS), WACC = 5%							
Periode	0	1	2	3	4	5	Σ
Cash Inflows	0	5000	5000	5000	5000	5000	25000
Abschreibungen	0	3200	3200	3200	3200	3200	16000
Gewinn	0	1800	1800	1800	1800	1800	9000
Invest. Kapital	16000	12800	9600	6400	3200	0	
WACC	0,05	0,05	0,05	0,05	0,05	0,05	
Kalk. Zinsen	0	800	640	480	320	160	2400
RG	0	1000	1160	1320	1480	1640	6600
BW des RG (5%)	0	952	1052	1140	1218	1285	5647
Real. KW (%)	0%	17%	35%	56%	77%	100%	

Abbildung 4-57: Szenario 2 zur Leasingbilanzierung

Im *Finance Lease*-Szenario in Abbildung 4-57 steigt das investierte Kapital im Vergleich zum Szenario mit *Operating Lease* in Abbildung 4-55 um die Anschaffungskosten des Leasingobjekts an. Ebenso erhöhen sich die periodischen Abschreibungen von 1.000 GE um 2.200 GE auf 3.200 GE. Die Behandlung des Sachverhalts als *Finance Lease* nach IAS 17 führt dazu, dass der Kapitalwert nach Ablauf des Projekts zu exakt 100% realisiert wird. Über die gesamte Projektlaufzeit liegt keine Verzerrung der Performancemessung vor, da IAS 17 bei Vorliegen eines *Finance Lease* die Passivierung der Verbindlichkeit sowie die Aktivierung des korrespondierenden Leasinggegenstandes sicherstellt. Eine periodenspezifische Anpassung des *WACC* ist nicht erforderlich, da auf das bilanzierte Kapital, welches auch das Fremdkapital aus dem Leasingverhältnis umfasst, der theoretisch korrekte Kapitalkostensatz von 5% angewendet wird. Dieser stellt nun – im Gegensatz zum Szenario zum *Operating Lease* – einen echten gewichteten Kapitalkostensatz aus dem auf Grund des Leverage-Risikos gestiegenen Eigenkapitalkostensatz und dem niedrigeren Fremdkapitalkostensatz aus dem Leasingverhältnis dar.

Die Verwendung des theoretisch korrekten *WACC* ist indes nur sichergestellt, wenn der interne Zinssatz, der dem Leasingverhältnis zu Grunde liegt, dem Leasingnehmer – wie im vorliegenden Fall – bekannt ist und somit für die Zinsberechnung herangezogen werden kann. Die Diskontierung der Mindestleasingzahlungen mit dem Grenzkapitalkostensatz des Leasingnehmers kann hingegen zu Verzerrungen der Performancemessung führen.[708]

708 Siehe Kapitel 4.4.1 zur Diskussion des zur Diskontierung der Mindestleasingzahlungen anzusetzenden Zinssatzes.

Betrachtet man die Performancemessung der einzelnen Perioden, so ist festzustellen, dass die Residualgewinne im Falle des *Finance Lease* – bei konstanten Gewinnen – im Zeitverlauf ansteigen. Ursächlich dafür sind die sukzessive fallenden kalkulatorischen Zinskosten. Dieser Effekt dominiert den Diskontierungseffekt, der dazu führt, dass später anfallende Residualgewinne stärker vermindert werden als frühere. Daher ist zunächst eine unterproportionale Kapitalwertrealisierung zu konstatieren, die periodisch zunimmt.

Die Aktivierung des Leasingobjekts in der Bilanz des Leasingnehmers mündet im Vergleich zum *Operating Lease*-Szenario in einer langsameren Kapitalwertrealisierung. Dies legt die Argumentation nahe, dass es durch eine *Operating Lease*-Bilanzierung gelänge, den Kapitalwert, der durch die Durchführung des Projektes erwirtschaftet wird, im Sinne einer verbesserten zeitlichen Entscheidungsverbundenheit früher auszuweisen. Kritisch bleibt allerdings, dass die Residualgewinne bei Vernachlässigung des „versteckten" Leverage-Risikos einen Unternehmenswertzuwachs suggerieren, der denjenigen übersteigt, der durch das Projekt tatsächlich erzielt wird.

Im Folgenden wird gezeigt, wie die zuvor beschriebenen Verzerrungen der Performancemessung bei einem *Operating Lease* nach HGB vermieden werden können. Zunächst wird die Anpassung des *WACC* an die durch das Leasinggeschäft veränderte Finanzierungsstruktur des Unternehmens analytisch dargelegt und anschließend ökonomisch erläutert:

Die erforderlichen periodenspezifischen *WACC*-Sätze lassen sich ausgehend vom ursprünglichen *WACC*, der hier annahmegemäß dem Kapitalkostensatz bei Eigenfinanzierung entspricht, wie folgt berechnen:

$$WACC_t = rEK + (rEK - rFK) \times \frac{BWLZ_{t-1}}{UWLB_{t-1}}$$

Auf Grund der unterstellten vollständigen Eigenfinanzierung der Unternehmung vor Abschluss des Leasingvertrages kann hier aus Vereinfachungsgründen die *Flow-to-Equity-Methode* Anwendung finden.[709] Der *WACC* lässt sich durch Summierung des Kapitalkostensatzes bei Eigenfinanzierung und der Differenz aus Kapitalkostensatz bei Eigenfinanzierung und Fremdkapitalkostensatz, multipliziert mit dem Quotienten aus Barwert der Leasingzahlungen der Vorperiode und Unternehmenswert nach Leasingbelastung der Vorperiode, ermitteln. Abbildung 4-58 liefert die noch fehlenden Daten zur Berechnung der periodenspezifischen, gewichteten Kapitalkostensätze:

---

709 Vgl. Inselbag / Kaufold (1997) S. 118.

DCF-Bewertung bei Leasing						
Periode	t=0	t=1	t=2	t=3	t=4	t=5
Cash Inflows	0	5000	5000	5000	5000	5000
Barwert der Cash Inflows	21647	17730	13616	9297	4762	
Leasingraten	0	2500	2500	2500	2500	2500
Barwert der Leasingraten	11000	8986	6883	4687	2394	
Unternehmenswert mit Leasing	10647	8744	6733	4610	2368	
Kapitaleinsatz	5000	4000	3000	2000	1000	
Kapitalwert	5647	4744	3733	2610	1368	

Abbildung 4-58: Periodische DCF-Bewertung bei Leasing

Die Ermittlung der periodenspezifischen Kapitalkostensätze erfolgt unter Vernachlässigung von Steuereffekten bzw. unter der Annahme eines Steuersatzes von 0%. Die Ergebnisse sind im Folgenden aufgeführt:

$$WACC_1 = 0{,}05 + (0{,}05 - 0{,}042) \times \frac{11000}{10647} = 5{,}601\%$$

$$WACC_2 = 0{,}05 + (0{,}05 - 0{,}042) \times \frac{8986}{8744} = 5{,}598\%$$

$$WACC_3 = 0{,}05 + (0{,}05 - 0{,}042) \times \frac{6883}{6733} = 5{,}595\%$$

$$WACC_4 = 0{,}05 + (0{,}05 - 0{,}042) \times \frac{4687}{4610} = 5{,}592\%$$

$$WACC_5 = 0{,}05 + (0{,}05 - 0{,}042) \times \frac{2394}{2368} = 5{,}588\%$$

Ökonomisch lassen sich die Ergebnisse wie folgt interpretieren: Die Auszahlungen im Rahmen des Leasingverhältnisses erhöhen analog zu regulären Zins- und Tilgungszahlungen an Gläubiger das Finanzierungsrisiko der Eigenkapitalgeber und somit ihren Eigenkapitalkostensatz. Da die im Rahmen des Szenarios *in* der Bilanz ausgewiesenen Vermögenswerte zu jedem Zeitpunkt ausnahmslos eigenfinanziert sind, entspricht der *WACC* ebendiesem gestiegenen Eigenkapitalkostensatz. Statt einer Beibehaltung des *WACC* auf Grund der günstigeren Fremdfinanzierung wie beim *Finance Lease* in Abbildung 4-57 ist demzufolge beim *Operating Lease* eine Erhöhung auf Grund des zusätzlichen Finanzierungsrisikos von 5% auf 5,6% in der ersten Periode des Leasingverhältnisses zu beobachten. In den Folgeperioden variiert der *WACC* / Eigenkapitalkostensatz mit dem Verhältnis aus Barwert der noch ausstehenden Leasingraten und der in ebendiesem Zeitraum erwarteten Unternehmenswertsteigerung. Diese Relation verringert sich im Zeitablauf geringfügig, da der interne Zinssatz des Leasingverhältnisses den *WACC* / Eigenkapitalkostensatz leicht unterschreitet und sich der Zeitwert der noch ausstehenden Leasingraten somit von Periode zu Periode etwas stärker reduziert als der noch zu generierende Unternehmenswert, welcher sich gerade als Differenz des Barwerts der zukünftigen Cash Inflows (Diskontierung mit 5%) und der noch zu zahlenden Leasingraten (Diskontierung mit 4,2%) berechnen lässt.

Die beschriebene Vorgehensweise ist mit einem vergleichsweise hohen Aufwand verbunden. Die Konsequenzen aus der zur Herstellung der Barwertkompatibilität notwendigen periodenspezifischen Anpassung des verwendeten Kapitalkostensatzes lassen sich aus Abbildung 4-59 entnehmen.

Operating Lease (HGB), angepasster WACC							
Periode	0	1	2	3	4	5	Σ
Cash Inflows	0	5000	5000	5000	5000	5000	25000
Leasingaufwand	0	2500	2500	2500	2500	2500	12500
Abschreibungen	0	1000	1000	1000	1000	1000	5000
Gewinn	0	1500	1500	1500	1500	1500	7500
Invest. Kapital	5000	4000	3000	2000	1000	0	
WACC	0,05	0,056	0,056	0,056	0,0559	0,0559	
Kalk. Zinsen	0	280	224	168	112	56	840
RG	0	1220	1276	1332	1388	1444	6660
BW des RG (WACC)	0	1155	1144	1131	1116	1100	5647
Real. KW (%)	0%	20%	41%	61%	81%	100%	

Abbildung 4-59: Szenario 3 zur Leasingbilanzierung

Die Modellrechnung belegt, dass die Verwendung von periodenspezifischen *WACC*-Sätzen auch bei einem *Operating Lease* eine Kapitalwertrealisierung von exakt 100% gewährleitstet. Durch die Nichtaktivierung des Leasingobjektes und der konstanten Leasingrate, die eine annuitätische Verteilung des Kapitaldienstes mit 4,42% im Rahmen des *Operating Lease* sicherstellt, unterliegen die Residualgewinne keinen wesentlichen Schwankungen. Der Vergleich mit Abbildung 4-57 zeigt, dass das *Operating Lease* bei Verwendung der theoretisch korrekten Kapitalkostensätze eine bessere Erfüllung des Kriteriums der zeitlichen Entscheidungsverbundenheit gewährleistet, als es das *Finance Lease* vermag. Die Realisierung des Kapitalwerts erfolgt kontinuierlicher und zeitnäher.

Kritisch bleibt allerdings festzuhalten, dass in der Unternehmenspraxis nicht selten eine Zielkapitalstruktur Anwendung finden dürfte.[710] In einem solchen Fall – so zeigt der Vergleich zwischen Abbildung 4-55 und Abbildung 4-57 – wäre ein *Finance Lease* nach IFRS der Performancemessung dienlicher – zumindest dann, wenn wie in der Unternehmenspraxis üblich die Anschaffungskostenmethode der Neubewertungsmethode vorgezogen wird.[711] Insgesamt lässt sich keine pauschale Aussage über die Vorteilhaftigkeit eines der beiden betrachteten Rechnungslegungssysteme hinsichtlich der zeitlichen Entscheidungsverbundenheit in Bezug auf die Leasing-Bilanzierung treffen. Eine solche ist nur in Abhängigkeit von der Vorgehensweise bei der Ermittlung des unternehmensspezifischen Kapitalkostensatzes bei einem *Operating Lease* nach HGB sowie der gewählten Folgebewertungsmethode bei einem *Finance Lease* nach IFRS möglich.

Die Einführung des *Right of Use*-Ansatzes im Rahmen der internationalen Rechnungslegungsvorschriften würde die Aussagen dieses Kapitels tendenziell verstärken, da in der Analyse bereits davon ausgegangen wurde, dass die *Finance Lease*-Bilanzierung repräsentativ für die IFRS steht. Wie in Kapitel 4.1.4.1 dargelegt, werden nach dem *Right of Use*-Modell alle Leasingverhältnisse im Grundsatz (Aktivierung und Abschreibung des Leasingobjekts bzw. des Nutzungsrechts) ähnlich dem jetzigen *Finance Lease* behandelt.[712]

4.4.5 Analyse der Zielkongruenz

Aufbauend auf der Untersuchung der zeitlichen Entscheidungsverbundenheit und den dort getroffenen Annahmen wird auch bei der Zielkongruenz von einer Situation ausgegangen, in der HGB und IFRS zu abweichenden Leasingklassifizierungen gelangen. Wie bei der bisherigen Analyse der Zielkongruenz werden in diesem Kapitel wiederum kapitalwertneutrale Investitionsprojekte zu Grunde gelegt. Abbildung 4-60 liefert einen Überblick der in der Folge behandelten Leasing-Szenarien.

---

710 Vgl. Weber / Bramsemann / Heineke / Hirsch (2004) S. 91, vgl. auch Young / O'Byrne (2001) S. 163-164.

711 Siehe Kapitel 4.1.3 und Kapitel 4.1.4 zu Schwächen der Neubewertungsmethode bei der Performancemessung.

712 Siehe Kapitel 4.4.1.

	Konstante Cash Inflows (g=0)	Steigende Cash Inflows (g=0,2)	Sinkende Cash Inflows (g=0,2)
Operating Lease (WACC = 5%)	Abbildung 4-61 Kapitel 4.4.5.1	Abbildung 4-65 Kapitel 4.4.5.2	Abbildung A-46 Kapitel 4.4.5.3
Finance Lease (WACC = 5%)	Abbildung 4-62 Kapitel 4.4.5.1	Abbildung 4-66 Kapitel 4.4.5.2	Abbildung A-47 Kapitel 4.4.5.3
Operating Lease (angepasster WACC)	Abbildung 4-63 Kapitel 4.4.5.1	Abbildung 4-67 Kapitel 4.4.5.2	Abbildung A-48 Kapitel 4.4.5.3

Abbildung 4-60: Überblick der in Kapitel 4.4.5 untersuchten Szenarien

4.4.5.1 Analyse der Zielkongruenz bei konstanten Cashflows

Aus Abbildung 4-61 lassen sich die Bestandteile entnehmen, aus denen sich der Kapitalwert des Investitionsprojekts bei konstanten Cash Inflows zusammensetzt. Es wird weiterhin davon ausgegangen, dass der dem Leasingverhältnis zu Grunde liegende Zinssatz (4,42%) den Kapitalkostensatz der Unternehmung in Höhe von 5% unterschreitet.

Berechnung Kapitalwert des vorliegenden Investitionsprojekts							
Periode	0	1	2	3	4	5	Σ
Cash Inflows	0	3696	3696	3696	3696	3696	18478
BW der Cashflows (5%)	16000						
Cash Outflow Maschine	5000						
Leasingzahlungen	0	2500	2500	2500	2500	2500	12500
BW der Leasingzahlungen (4,42%)	11000						
Kapitalwert	0						

Abbildung 4-61: Kapitalwertberechnung bei konstanten Cash Inflows

Operating Lease (HGB), WACC=5%, g=0							
Periode	0	1	2	3	4	5	Σ
Cash Inflows	0	3696	3696	3696	3696	3696	18478
Leasingaufwand	0	2500	2500	2500	2500	2500	12500
Abschreibungen	0	1000	1000	1000	1000	1000	5000
Gewinn	0	196	196	196	196	196	978
Invest. Kapital	5000	4000	3000	2000	1000	0	
WACC	0,05	0,05	0,05	0,05	0,05	0,05	
Kalk. Zinsen (5%)	0	250	200	150	100	50	750
RG	0	-54	-4	46	96	146	228
BW des RG (5%)	0	-52	-4	39	79	114	176
BW des RG (20%)	0	-45	-3	26	46	59	83

Abbildung 4-62: Szenario 4 zur Leasingbilanzierung

Ein Projekt mit konstanten Rückflüssen und Leasingraten ist bei einer Behandlung als *Operating Lease* durch konstante Gewinne gekennzeichnet. Durch die im Zeitablauf sinkenden kalkulatorischen Zinsen aus dem zugegangen Vermögenswert steigen die Residualgewinne periodisch an. Dieser Effekt ist einem *Operating Lease* jedoch nicht immanent und wäre nicht zu beobachten, wenn der geleaste Vermögenswert unabhängig von einem anderen angeschafften Vermögensgegenstand die modellierten Cash Inflows generieren würde. Die Fallkonstellation wurde dennoch bewusst gemäß Abbildung 4-62 gewählt, um die Verzerrungen, die ohne Anpassung des *WACC* bzw. des Eigenkapitalkostensatzes auftreten, zu veranschaulichen.[713] Es ist erkennbar, dass sowohl der Barwert der Residualgewinne des Unternehmens als auch das Kalkül des Agenten überbewertet werden und die Barwertkompatibilität somit verletzt wird. Eine Bilanzierung des Sachverhalts als *Operating Lease* ohne Anpassung des *WACC* resultiert bei konstanten Cash Inflows folglich in einer Überinvestitionsproblematik.[714] Ökonomisch lässt sich aufbauend auf der Analyse in Kapitel 4.4.4.2 argumentieren, dass dem durch die Durchführung des Leasingverhältnisses erhöhten Leverage-Risiko der Eigenkapitalgeber nicht durch eine Erhöhung des Diskontierungssatzes Rechnung getragen wird. Die zu niedrig bemessenen Kapitalkosten münden dann in der besagten Überinvestitionsproblematik.

713 In einem Szenario ohne Berücksichtigung eines zweiten, angeschafften Vermögensgegenstandes, welcher Kapitalkosten nach sich zieht, hätte ein kapitalwertneutrales Projekt in jeder Periode Kapitalkosten von Null und damit auch Residualgewinne von Null zur Folge. Im Sonderfall der Kapitalwertneutralität hätte dies irrtümlicherweise auf eine nicht vorhandene Zielkongruenz hingedeutet.

714 Siehe Kapitel 4.4.4.2 ausführlich zur Problematik der Zinssatzadjustierung.

Finance Lease (IFRS), WACC=5%, g=0							
Periode	0	1	2	3	4	5	Σ
Cash Inflows	0	3696	3696	3696	3696	3696	18478
Abschreibungen	0	3200	3200	3200	3200	3200	16000
Gewinn	0	496	496	496	496	496	2478
Invest. Kapital	16000	12800	9600	6400	3200	0	
WACC	0,05	0,05	0,05	0,05	0,05	0,05	
Kalk. Zinsen	0	800	640	480	320	160	2400
RG	0	-304	-144	16	176	336	78
BW des RG (5%)	0	-290	-131	13	144	263	0
BW des RG (20%)	0	-254	-100	9	85	135	-125

Abbildung 4-63: Szenario 5 zur Leasingbilanzierung

Die Behandlung des Projektes als *Finance Lease* führt gemäß Abbildung 4-63 neben der Aktivierung des angeschafften Vermögenswertes auch zur bilanziellen Erfassung des Leasingobjekts und zieht dementsprechend auch für dieses kalkulatorische Zinsen nach sich. Bei konstanten Cashflows und linearen Abschreibungen bedeutet dies zunächst negative Residualgewinne, die mit Fortschreiten des Projekts deutlich zunehmen. Dies resultiert bei Gesamtbetrachtung des Projekts in einer Unterinvestitionsproblematik, die zusätzlich verstärkt wird, wenn der Agent beabsichtigt, das Unternehmen in naher Zukunft zu verlassen. Die gegebene Barwertkompatibilität führt nicht dazu, dass Fehlanreize gänzlich verhindert werden.

Operating Lease (HGB), angepasster WACC, g=0							
Periode	0	1	2	3	4	5	Σ
Cash Inflows	0	3696	3696	3696	3696	3696	18478
Leasingaufwand	0	2500	2500	2500	2500	2500	12500
Abschreibungen	0	1000	1000	1000	1000	1000	5000
Gewinn	0	196	196	196	196	196	978
Invest. Kapital	5000	4000	3000	2000	1000	0	
WACC	0,05	0,0628	0,0627	0,0626	0,0625	0,0624	
Kalk. Zinsen	0	314	251	188	125	62	940
RG	0	-118	-55	8	71	133	38
BW des RG (WACC)	0	-111	-49	7	55	98	0
BW des RG (20%)	0	-99	-38	5	34	54	-45

Abbildung 4-64: Szenario 6 zur Leasingbilanzierung

Wie in Kapitel 4.4.4.2 dargelegt, kann die Barwertkompatibilität bei Klassifizierung eines Vertrages als *Operating Lease* im Falle einer Zinsdifferenz zwischen internem Zinssatz des Leasingverhältnisses und Kapitalkostensatz der Unternehmung durch eine periodische Anpassung der Kapitalkostensätze hergestellt werden.[715]

Ebenfalls analog zur Analyse in Kapitel 4.4.4.2 steigt der *WACC* / Eigenkapitalkostensatz auf Grund des gestiegenen Leverage-Risikos in Periode t=1 zunächst an. In den Folgeperioden ist wiederum eine leichte Reduktion zu konstatieren, die auf dem abnehmenden Verhältnis von Barwert der noch ausstehenden Leasingraten und noch erwarteter Unternehmenswertsteigerung beruht. Getrieben wird diese Entwicklung durch die stärkere Diskontierung der zukünftigen Cash Inflows im Vergleich zu den Leasingraten. Im Gegensatz zum äquivalenten *Finance Lease*-Szenario gelingt es durch die skizzierte Vorgehensweise in einer Situation mit konstanten Cash Inflows der Unterinvestitionsneigung des Agenten entgegenzuwirken; sie wird jedoch nicht vollständig kompensiert.

4.4.5.2 Analyse der Zielkongruenz bei steigenden Cashflows

Abbildung 4-65 gibt Aufschluss über die Zusammensetzung des Kapitalwerts bei einem Investitionsprojekt mit im Zeitverlauf steigenden Cash Inflows.

Berechnung Kapitalwert des vorliegenden Investitionsprojekts							
Periode	0	1	2	3	4	5	Σ
Cash Inflows	0	2527	3033	3639	4367	5240	18806
BW der Cashflows (5%)	16000						
Cash Outflow Maschine	5000						
Leasingzahlungen	0	2500	2500	2500	2500	2500	12500
BW der Leasingzahlungen (4,42%)	11000						
Kapitalwert	0						

Abbildung 4-65: Kapitalwertberechnung bei steigenden Cash Inflows

715 Siehe Kapitel 4.4.4.2.

Operating Lease (HGB), WACC=5%, g=0,2							
Periode	0	1	2	3	4	5	Σ
Cash Inflows	0	2527	3033	3639	4367	5240	18806
Leasingaufwand	0	2500	2500	2500	2500	2500	12500
Abschreibungen	0	1000	1000	1000	1000	1000	5000
Gewinn	0	-973	-467	139	867	1740	1306
Invest. Kapital	5000	4000	3000	2000	1000	0	
WACC	0,05	0,05	0,05	0,05	0,05	0,05	
Kalk. Zinsen (5%)	0	250	200	150	100	50	750
RG	0	-1223	-667	-11	767	1690	556
BW des RG (5%)	0	-1165	-605	-9	631	1324	176
BW des RG (20%)	0	-1019	-463	-6	370	679	-439

Abbildung 4-66: Szenario 7 zur Leasingbilanzierung

Unterstellt man eine positive Wachstumsrate der Cash Inflows (hier g=0,2) und weiterhin konstante Leasingraten, so kann (in Abhängigkeit von der Höhe der Wachstumsrate) auch ein *Operating Lease*-Verhältnis in Verbindung mit der Verwendung einer Zielkapitalstruktur zu einer Unterinvestitionsproblematik führen. Eine solche verstärkt sich indes insbesondere bei einer bilanziellen Behandlung als *Finance Lease*, wie aus Abbildung 4-67 ersichtlich ist. Die theoretisch „unsaubere“ Vorgehensweise aus Abbildung 4-66 kann bei steigenden Cashflows und höherem Zinssatz des Agenten – verglichen mit einem *Finance Lease* – also durchaus positive Anreizwirkungen zur Folge haben. Dies gilt jedoch nur dann, wenn die Wachstumsrate ein Ausmaß besitzt, welches die Verzerrung durch die zu niedrig angesetzte Verzinsung überkompensiert.

Finance Lease (IFRS), WACC=5%, g=0,2							
Periode	0	1	2	3	4	5	Σ
Cash Inflows	0	2527	3033	3639	4367	5240	18806
Abschreibungen	0	3200	3200	3200	3200	3200	16000
Gewinn	0	-673	-167	439	1167	2040	2806
Invest. Kapital	16000	12800	9600	6400	3200	0	
WACC	0,05	0,05	0,05	0,05	0,05	0,05	
Kalk. Zinsen	0	800	640	480	320	160	2400
RG	0	-1473	-807	-41	847	1880	406
BW des RG (5%)	0	-1403	-732	-35	697	1473	0
BW des RG (20%)	0	-1227	-561	-24	408	756	-647

Abbildung 4-67: Szenario 8 zur Leasingbilanzierung

Auch ein *Operating Lease* mit angepassten *WACC*- / Eigenkapitalsätzen mindert die Unterinvestitionsneigung des Agenten im Vergleich zu einem *Finance Lease* wie aus Abbildung 4-68 zu entnehmen ist. Eine Überinvestitionsproblematik ist zudem – unter den getroffenen Annahmen – ausgeschlossen, sofern die Cashflows entweder periodisch steigen oder zumindest konstant bleiben.

Die stärkere Reduktion der periodenspezifisch ermittelten *WACC*- bzw. Eigenkapitalkostensätze im Vergleich zu Abbildung 4-64 ist in diesem Szenario neben dem bereits beschriebenen Effekt der Zinsdifferenz (zwischen internem Zinssatz des Leasingverhältnisses und Eigenkapitalkostensatz) auf die im Zeitverlauf steigenden Cash Inflows zurückzuführen. Diese bewirken, dass sich ein unverhältnismäßig großer Teil der Wertsteigerung aus dem Projekt erst in den Endperioden realisiert. Dadurch sinkt die Relation aus Barwert der Leasingraten und ausstehendem Unternehmenswert im Zeitablauf wesentlich stärker als bei einer Situation mit konstanten Cash Inflows.

Operating Lease (HGB), angepasster WACC, g=0,2							
Periode	0	1	2	3	4	5	Σ
Cash Inflows	0	2527	3033	3639	4367	5240	18806
Leasingaufwand	0	2500	2500	2500	2500	2500	12500
Abschreibungen	0	1000	1000	1000	1000	1000	5000
Gewinn	0	-973	-467	139	867	1740	1306
Invest. Kapital Maschine 1	5000	4000	3000	2000	1000	0	
WACC	5%	6.3%	6%	5.8%	5.7%	5.5%	
Kalk. Zinsen	0	314	240	174	113	55	896
RG	0	-1287	-707	-35	754	1685	411
BW des RG (WACC)	0	-1211	-628	-29	599	1268	0
BW des RG (20%)	0	-1072	-491	-20	364	677	-542

Abbildung 4-68: Szenario 9 zur Leasingbilanzierung

4.4.5.3 Analyse der Zielkongruenz bei sinkenden Cashflows

Abbildung 4-69 illustriert die Kapitalwertberechnung bei einem Investitionsprojekt mit sinkenden Cash Inflows.

Berechnung Kapitalwert des vorliegenden Investitionsprojekts							
Periode	0	1	2	3	4	5	Σ
Cash Inflows	0	5382	4305	3444	2755	2204	18091
BW der Cashflows (5%)	16000						
Cash Outflow Maschine	5000						
Leasingzahlungen	0	2500	2500	2500	2500	2500	12500
BW der Leasingzahlungen (4,42%)	11000						
Kapitalwert	0						

Abbildung 4-69: Kapitalwertberechnung bei sinkenden Cash Inflows

Bei einem *Operating Lease* in Verbindung mit festgelegter Zielkapitalstruktur führt das Zugrundeliegen einer entsprechend hohen negativen Wachstumsrate tendenziell zu hohen Residualgewinnen in frühen Perioden und damit zu einer Verstärkung der Überinvestitionsproblematik, die bereits im Fall konstanter Cash Inflows zu konstatieren war.[716]

Der Vergleich zwischen Abbildung A-46 und A-47 im Anhang zeigt eine Abschwächung dieser Überinvestitionsproblematik durch die Bilanzierung des Leasinggeschäfts als *Finance Lease* nach IFRS. Bei niedrigeren Wachstumsraten ist hier theoretisch auch eine zielkongruente Situation sowie eine Unterinvestitionsproblematik denkbar. Insgesamt scheint die Einordnung als *Finance Lease* bei sinkenden Cashflows zu einer vergleichsweise guten Anreizwirkung zu führen, da sich zwei gegenläufige Effekte (sinkende Kapitalkosten und abnehmende Cash Inflows) gegenüberstehen, deren individuelle Fehlanreize sich teilweise nivellieren.

Auch bei einem *Operating Lease* mit an das erhöhte Leverage-Risiko der Eigenkapitalgeber angepassten *WACC*- bzw. Eigenkapitalkostensätzen sind in Abhängigkeit von der Höhe der negativen Wachstumsrate unter den getroffenen Annahmen sowohl Unter-, Überinvestitionsanreize als auch eine zielkongruente Situation denkbar, wobei der Barwert der Residualgewinne aus Sicht des Agenten stets höher ausfällt als beim *Finance Lease.*[717]

Betrachtet man die Ausprägungen der periodenspezifischen *WACC*-Sätze, fällt auf, dass diese ausgehend von Periode t=1 zunächst ansteigen. Die im Zeitablauf sinkenden Cash Inflows implizieren, dass – bei wiederum konstanten Leasing-

716 Siehe Abbildung A-43 im Anhang.
717 Siehe Abbildung A-45 im Anhang.

raten – ein Großteil der Unternehmenswertsteigerung in frühen Perioden realisiert wird und die Relation aus Barwert der noch ausstehenden Leasingraten und Barwert des noch zu realisierenden Unternehmenswerts stetig zunimmt. Diese Entwicklung dominiert den gegenläufigen Effekt, der aus der unterschiedlichen Diskontierung von künftigen Leasingzahlungen (mit dem internen Zinssatz des Leasingverhältnisses) und dem noch zu realisierenden Unternehmenswert (mit dem vergleichsweise höheren *WACC* bzw. Eigenkapitalkostensatz) erwächst.[718]

4.4.5.4 Übersicht der Ergebnisse zur Zielkongruenz

	Struktur der Cash Inflows		
	konstant (g=0)	**steigend (g=0,2)**	**sinkend (g=-0,2)**
Operating Lease (5%)	0,52%	-2,75%	4,46%
Finance Lease (5%)	-0,78%	-4,05%	3,16%
Operating Lease (WACC)	-0,28%	-3,39%	5,92%

Abbildung 4-70: Fehlanreize anhand des Quotienten aus Barwert der Residualgewinne aus Sicht des Agenten und Barwert der Investitionen

Eine Aussage über die Vorteilhaftigkeit der Anreizwirkungen der Klassifizierung eines Leasing-Verhältnisses als *Operating* oder *Finance Lease* lässt sich nur in Abhängigkeit von der Struktur der Cash Inflows des betrachteten Projekts treffen. Führen die Projekte eines Unternehmens tendenziell zu im Zeitablauf steigenden Rückflüssen, vermindert eine Klassifizierung als *Operating Lease* die auftretenden Unterinvestitionsanreize für den Agenten. Bei sinkenden Cash Inflows reduziert hingegen die Bilanzierung als *Finance Lease* eine entstehende Überinvestitionsproblematik.

Einen wesentlichen Vorteil besitzt die nach IFRS bevorzugte Abbildung von Leasinggeschäften beim Leasingnehmer indes: Diese Vorgehensweise stellt auch ohne Anpassung des *WACC* die Einhaltung der Barwertkompatibilität sicher, die bei einem *Operating Lease* i.d.R. nur durch aufwendige Anpassungen des Kapitalkostensatzes erreicht wird. Somit führt ein *Finance Lease* zumindest dann zu Zielkongruenz, wenn der Agent einen Planungshorizont besitzt, der mindestens der Projektlaufzeit entspricht und gleichzeitig eine Zeitpräferenz

718 Außerdem ist aus Abbildung A-45 im Anhang zu entnehmen, dass eine Periode einen negativen Zinssatz aufweist. Dies ist dadurch möglich, dass in den späteren Perioden eine negative Unternehmenswertrealisierung erwartet wird.

aufweist, die nicht von derjenigen des Unternehmens abweicht. Die Anforderung der schwachen Zielkongruenz ist somit stets erfüllt.[719]

Allerdings existieren auch Fallkonstellationen, bei denen sich ein *Operating Lease* als vorteilhaft erweist. Besteht die Notwendigkeit der Anschaffung eines zusätzlichen Vermögenswertes neben dem Leasingobjekt nicht (investiertes Kapital von Null aus einem Projekt) kann eine bilanzielle Behandlung als *Operating Lease* sogar zu starker Zielkongruenz führen. Sofern konstante Leasingaufwendungen konstanten Cash Inflows gegenüberstehen, ist das *Matching Principle* erfüllt. Durch die Abwesenheit kalkulatorischer Zinsen bei einem investierten Kapital von Null ist auch das *Tragfähigkeitsprinzip* erfüllt, wodurch starke Zielkongruenz erzeugt wird.

Eine Bilanzierung als *Finance Lease* fingiert gerade die Anschaffung eines Vermögenswertes. Daher gelingt bei dieser Bilanzierungsform ein Vergleich zwischen möglichen Alternativen der Projektdurchführung, z.B. dem Kauf eines Vermögenswerts und dem Leasing desgleichen. Führt ein Rechnungslegungssystem zu einer Abbildung eines Leasinggeschäfts beim Leasinggeber (wie häufig nach HGB der Fall), kann es beim Vergleich der Kauf- und der Leasingalternative anhand des Residualgewinnmodells beim Leasingnehmer leicht zu Fehlentscheidungen kommen. Bei gleichen Auswirkungen der beiden Alternativen auf den Kapitalwert, wird sich ein Agent mit höherer Zeitpräferenz – sofern er seine Entscheidung auf Basis der erwarteten Residualgewinne trifft – für die Durchführung des Leasinggeschäfts entscheiden. Dies ist auch bei geringfügig besseren Wirkungen des Kaufs auf den Projektkapitalwert zu erwarten. Dies hat im Zweifelsfall Entscheidungen zur Folge, die nicht mit dem Wertmaximierungskalkül des Unternehmens in Einklang stehen. Gleichwohl muss festgestellt werden, dass auch ein *Finance Lease* keine perfekte Zielkongruenz bewirkt.[720] Lediglich Projekte, deren Cash Inflow-Struktur Ähnlichkeit aufweist, stellen die Wahl der in Bezug auf die Wertsteigerung überlegenen Alternative durch den Agenten sicher.

Die vorangegangene Untersuchung legt nahe, dass sich eine vermehrte Behandlung von Leasinggeschäften als *Finance Lease* in der Unternehmenspraxis (Annahmen: Investiertes Kapital ist ungleich Null und Zinssatz des Leasingverhältnisses weicht vom *WACC* der Unternehmung ab) für den Anwendungsbereich der Managemententlohnung als vorteilhaft erweist. Dies gilt indes nicht zwangsläufig für Situationen mit konstanten und steigenden Cash Inflows bei höherer

---

719 Ein Finance Lease führt bei Abschreibungen gemäß des von Rogerson (1997) und Reichelstein (1997) entwickelten relativen Beitragsverfahrens zu starker Zielkongruenz. Vgl. dazu Dutta / Reichelstein (2005) S. 536-537.

720 Vgl. Dahlhaus (2009) S. 143 zum Begriff der perfekten Zielkongruenz.

Zeitpräferenz des Agenten. Jedoch zeigt sich ein *Finance Lease* bei Projekten mit sinkenden Cash Inflows sowie bei Entscheidungen zwischen Alternativprojekten als überlegen. Auch die häufige Verwendung der Zielkapitalstruktur in der Unternehmenspraxis und die damit verbundenen Nachteile bei einem *Operating Lease* unterstreichen dieses Urteil.[721] Lediglich in praxisfernen Szenarien, in denen der Zinssatz des Leasingverhältnisses dem *WACC* entspricht oder im Fall, dass das Unternehmen alle seine Vermögenswerte mittels Leasing bezieht, zeigt sich ein *Operating Lease* zur Herstellung von Zielkongruenz als überlegen.

Die obigen Ergebnisse sind – analog zur Analyse der zeitlichen Entscheidungsverbundenheit – grundsätzlich wiederum auf die Situation nach einer möglichen Einführung des *Right of Use*-Ansatzes nach IFRS übertragbar, da das *Finance Lease* in der Analyse bereits stellvertretend für die IFRS verwendet wurde. Besonders vorteilhaft würde sich die IFRS-Neuregelung auf die Vergleichbarkeit von sich gegenseitig ausschließenden Alternativprojekten auswirken, da sich neben der Gleichbehandlung aller Leasinggeschäfte auch die dadurch entstehende Vergleichbarkeit sämtlicher Leasingprojekte mit „klassischen" Investitionsprojekten positiv auswirken würde. Eine perfekte Zielkongruenz ist indes auch durch eine solche Vorgehensweise nicht zwangsläufig gegeben.

---

721 Vgl. Copeland / Koller / Murrin (2002) S. 252-253 und Young / O'Byrne (2001) S. 163-164 zur Zielkapitalstruktur.

5 Beurteilung der Gesamtheit der untersuchten Bilanzierungsregelungen nach HGB und IFRS für die Anwendungsbereiche des Residualgewinnkonzepts

5.1 Beurteilung der Eignung zur wertorientierten Planung

Das Residualgewinnkonzept soll Entscheidungsträger dazu befähigen, Investitionsmöglichkeiten, die im Einklang mit dem Kapitalwertkriterium stehen, zu identifizieren.[722] Dazu ist es notwendig, Auswirkungen von Entscheidungen auf den Unternehmenswert analysieren zu können. Im Gegensatz zum Anwendungsbereich der wertorientierten Managemententlohnung betrifft die wertorientierte Planung also die *grundsätzliche Möglichkeit* eines Agenten zielgerichtet anhand des Residualgewinnkonzepts im Sinne der Maximierung des Eigenkapitals der Unternehmung zu handeln. Hierdurch wird sichergestellt, dass eine Orientierung an geplanten Residualgewinnen zu wertorientierten Entscheidungen führt.[723]

Als Entscheidungsgrundlage im Sinne einer wertorientierten Unternehmenssteuerung kann das Residualgewinnkonzept immer dann herangezogen werden, wenn das Kongruenzprinzip eingehalten wird und somit alle Einzahlungen und Auszahlungen, die nicht auf Transaktionen zwischen Unternehmung und Eigentümern beruhen, in der GuV Berücksichtigung finden.[724] Folglich ist die Erfüllung des Kongruenzprinzips bzw. die Abwesenheit von Kongruenzverstößen entscheidend für die Eignung eines Rechnungslegungssystems als Datengrundlage für eine wertorientierte Planung mit Hilfe des Residualgewinnkonzepts.

Das deutsche Handelsrecht führt im Rahmen der in Kapitel 4 untersuchten Bilanzpositionen zu keinerlei Kongruenzverstößen. Somit besitzt das *Lücke-Theorem* stets seine Gültigkeit und der Agent kann eine Verbindung zwischen einzelnen periodischen Residualgewinnen sowie der übergeordneten Zielsetzung der Unternehmenswertmaximierung herstellen. Eine zielgerichtete Planung von Investitionsvorhaben ist dementsprechend grundsätzlich möglich. Eine solche kann sich einerseits auf die Vorteilhaftigkeitsprüfung eines einzelnen Projektes, andererseits auf sich gegenseitig ausschließende Alternativprojekte beziehen. Der Agent wird anhand der geplanten Residualgewinne in die Lage versetzt, fundiert auszuwerten, welches Projekt aus der Menge der durchführbaren Alter-

---

722 Siehe hierzu und im Folgenden Kapitel 3.1.3.

723 Ob der Agent sein Wissen tatsächlich dazu nutzt, wertorientiert zu handeln und zu entscheiden, hängt im Rahmen dieser Arbeit annahmegemäß von den sich für ihn ergebenden finanziellen Anreizen ab. Siehe Kapitel 5.3 zur Beurteilung der Eignung des Residualgewinns in Bezug auf die Managemententlohnung.

724 Siehe Kapitel 3.2.3.

nativen den höchsten Kapitalwert erwarten lässt und sollte sich für die Durchführung ebendieses entscheiden.

Die internationalen Rechnungslegungsvorschriften nach IFRS führen neben Kongruenzverstößen, die keinen direkten Bezug zu konkreten Investitionsvorhaben aufweisen (wie z.B. Verstöße im Zusammenhang mit Fehlerkorrekturen oder Pensionsverpflichtungen), auch zu solchen, welche die Eignung des Residualgewinnkonzepts als Instrument der Entscheidungsfindung im Rahmen der wertorientierten Planung berühren und in Frage stellen.[725] Im Speziellen sei hier auf die Neubewertungsmethode verwiesen, die sowohl nach IAS 16 als auch nach IAS 38 anwendbar ist.[726] Sie kann bei materiellen sowie bei immateriellen Anlagegütern zur Folgebewertung herangezogen werden. Die vorliegende Untersuchung hat gezeigt, dass sich eine solche ergebnisneutral gestaltete Neubewertung im Rahmen der zuvor genannten Standards auch auf die Bilanzierung von Rückstellungen und Leasingverhältnissen auswirken kann.[727]

Die besondere Problematik der angeführten Kongruenzverstöße nach IFRS ergibt sich aus ihrem *permanenten* Charakter.[728] Da die ergebnisneutral verbuchten Eigenkapitaländerungen zu keinem Zeitpunkt in die GuV eingehen, führt eine Werterhöhung eines Anlagegutes zwangsläufig zu einer Verletzung des *Summentheorems*. Auf Grund der resultierenden überhöhten Abschreibungen und kalkulatorischen Zinsen in den Folgeperioden, denen keine korrespondierenden Erträge gegenüberstehen, ist die Barwertidentität gemäß dem *Lücke-Theorem* nicht mehr gegeben.[729] Projekte, die eine Wertsteigerung des verwendeten Vermögenswertes erwarten lassen, werden durch eine Planung anhand des Residualgewinnkonzepts systematisch unterbewertet, was zur Ablehnung von Investitionen mit positivem Wertbeitrag führen kann. Ebenso ist denkbar, dass Projekte mit einem geringeren Kapitalwert, welche keine zukünftige Wertsteigerung des verwendeten Vermögenswertes erwarten lassen, Projekten mit höherem Kapitalwert, die mit einer antizipierten Werterhöhung verbunden sind, vorgezogen werden.

---

725 Kongruenzverstöße, die nicht direkt im Zusammenhang mit konkreten Investitionsvorhaben stehen, finden sich in IAS 8 (Methodenänderung und Fehlerberichtigung) sowie in IAS 19 (Pensionsverpflichtungen). Vgl. dazu Pellens / Fülbier / Gassen / Sellhorn (2008) S. 460 und S. 816-820.

726 Siehe Kapitel 4.1.1 und Kapitel 4.1.2 zur Anwendung der Neubewertungsmethode im Rahmen des IAS 16 und Kapitel 4.4.1 zur Anwendung im Rahmen der Bilanzierung immaterieller Vermögenswerte nach IAS 38.

727 Siehe Kapitel 4.3.2 und 4.4.2.

728 Siehe hierzu und im Folgenden Kapitel 3.2.3.

729 Eine Verletzung der Barwertidentität ist indes auch bei temporären Kongruenzverstößen zu erwarten, obgleich diese i.d.R. ein deutlich geringeres Ausmaß besitzen.

Die Relevanz der zuvor beschriebenen Kongruenzverstöße für die Unternehmenspraxis hängt davon ab, ob künftige Wertänderungen bzw. die Wiederbeschaffungskosten einer Maschine bereits in der Planungsrechnung eines Unternehmens Berücksichtigung finden. Dies dürfte nicht in allen Unternehmen der Fall sein und kann grundsätzlich auch nur dann geschehen, wenn dem Agenten Informationen über zukünftige Wertentwicklungen vorliegen bzw. er diese zumindest verlässlich schätzen kann. Ist Letzteres nicht der Fall, ist eine deterministische Planung anhand der erwarteten Auswirkungen der Neubewertung auf die Profitabilität des Projektes – wie in Kapitel 4.1.2 angenommen – nicht möglich. Allerdings wirkt sich die Anwendung der Neubewertungsmethode – sofern das Residualgewinnkonzept zur Planung eingesetzt wird – auch bei Unsicherheit hinsichtlich zukünftiger Wertentwicklungen auf die Bewertung von Investitionsvorhaben aus. Die asymmetrischen Wirkungen, die von Wertminderungen bzw. Wertsteigerungen auf den Residualgewinn ausgehen, haben zur Folge, dass der erwartete Residualgewinn den Wert, der sich bei Berechnung mit dem erwarteten Cashflow und ohne Wertänderung ergäbe, unterschreitet.[730] Somit führt die Neubewertungsmethode entweder direkt (bei deterministischer Planung durch einen vollständig informierten Agenten) oder indirekt (durch die Wirkung der asymmetrischen Behandlung von Wertänderungen bei Unsicherheit) zu Planungsfehlern.

Wie in Kapitel 3.2.3 ausführlich erläutert, bietet die Neuregelung des IAS 1 (revised 2007) die Chance, anstelle des klassischen Periodenerfolgs aus der GuV das *CI* als Datenbasis für die Berechnung des Residualgewinns heranzuziehen. Dies war zuvor teilweise mit erheblichem Mehraufwand verbunden, da IAS 1 (revised 2003) eine separate Gesamtergebnisrechnung nicht zwangsläufig vorschrieb, sondern eine alternative Erfassung der ergebnisneutralen Beträge des *OCI* im Eigenkapitalspiegel, der auch Transaktionen zwischen den Gesellschaftern und dem Unternehmen beinhaltet, erlaubte.[731] Durch die Neuregelungen des IAS 1 (revised 2007) lassen sich die wesentlichen, im Zusammenhang mit Investitionsprojekten auftretenden Kongruenzverstöße nun recht einfach durch Abstellen auf das *CI* vermeiden.

---

730 Bei Anwendung der Neubewertungsmethode reduzieren Wertminderungen den Gewinn, während Werterhöhungen – selbst bei Verkauf des Vermögenswertes – keinen positiven Niederschlag in der Periodenerfolgsrechnung finden und zusätzlich in der Folge höhere Abschreibungen nach sich ziehen. Die Anschaffungs- bzw. Herstellungskostenmethode führt zwar auch nicht zu einem unmittelbaren Gewinnausweis in der Periode einer Wertsteigerung, bewirkt jedoch keine zusätzlichen Abschreibungen und berücksichtigt den Wertanstieg immerhin bei einem möglichen Verkauf des Anlagegutes gegen Ende der Projektlaufzeit. Siehe dazu Kapitel 4.1.4.2.

731 Vgl. IAS 1.96 (revised 2003), vgl. auch Freiberg (2009) S. 178.

Es lässt sich schlussfolgern, dass die Verwendung des Residualgewinnkonzepts zur wertorientierten Planung im Rahmen von Investitionsprojekten bei Bilanzierung nach IFRS grundsätzlich kritisch gesehen werden muss. Bei einer Vielzahl von Bilanzierungssachverhalten – langfristige Fertigungs- und Dienstleistungsverträge sind hiervon explizit ausgenommen – besteht die Möglichkeit, Vermögenswerte ergebnisneutral neu zu bewerten. Falls sich innerhalb des Unternehmens in solchen Fällen tatsächlich für die Anwendung der Neubewertungsmethode entschieden wird, sollte eine wertorientierte Planung anhand des Residualgewinnkonzepts entweder gänzlich unterbleiben und andere Instrumente zur Erfüllung dieser Aufgabe herangezogen werden, oder aber die Gesamtergebnisrechnung (*CI*) sollte als Ausgangspunkt zur Residualgewinnermittlung dienen.

Demgegenüber steht einem Einsatz des Residualgewinnkonzepts zur wertorientierten Planung bei Bilanzierung gemäß dem HGB nach der vorangegangenen Analyse nichts entgegen. Abgesehen von allgemeinen planungsimmanenten Unsicherheiten ist das Residualgewinnkonzept bei einer Rechnungslegung nach deutschem Handelsrecht prinzipiell geeignet, eine auf das Ziel der Unternehmenswertsteigerung gerichtete Entscheidungsgrundlage zu liefern.

5.2 Beurteilung der Eignung zur wertorientierten Performancemessung

Die wertorientierte Performancemessung dient der Kontrolle der auf Basis der wertorientierten Planung getroffenen Entscheidungen.[732] Insbesondere soll sie Antworten darauf liefern, ob geplante Wertsteigerungen in der abgelaufenen Periode tatsächlich realisiert werden konnten. Darüber hinaus wird gefordert, dass die einzelnen Residualgewinngrößen untereinander vergleichbar sind, so dass Entwicklungen im Zeitablauf identifiziert werden können und die periodischen Kennzahlenausprägungen auch die Leistung des verantwortlichen Entscheidungsträgers widerspiegeln.

Die Eignung eines Rechnungslegungssystems als Datenbasis für die wertorientierte Performancemessung lässt sich jedoch nicht mittels eines einzigen Beurteilungskriteriums greifen. In dieser Arbeit wurde es daher als sinnvoll erachtet, eine Beurteilung anhand der Manipulationsresistenz und der Entscheidungsverbundenheit vorzunehmen.

5.2.1 Beurteilung anhand der Manipulationsresistenz

Eine mögliche Einflussnahme des Agenten auf die Residualgewinne kann zu interperiodischen Verzerrungen der Performancemessung führen und damit der

732 Siehe hierzu und im Folgenden Kapitel 3.1.3.

geforderten Vergleichbarkeit einzelner Perioden entgegenstehen.[733] Daher ergibt sich die Frage, welches Rechnungslegungssystem die Möglichkeit der willkürlichen Zurechnung von Erfolgen im Rahmen der Durchführung von Investitionsprojekten am effektivsten einschränkt und insofern dem Kriterium der Manipulationsresistenz besser gerecht wird. Rechnungslegungssysteme eröffnen i.d.R. immer dann Spielräume für den Bilanzierenden, wenn sie eine Periodisierung von Zahlungsströmen – insbesondere eine Antizipation zukünftiger Cashflows – vorschreiben bzw. erlauben.

Bei der Bilanzierung des Sachanlagevermögens nach HGB kann der Entscheidungsträger durch die Bemessung der Höhe der Herstellungskosten Einfluss auf die interperiodische Verteilung der Residualgewinne nehmen.[734] Darüber hinaus beeinflussen die Festlegung der Nutzungsdauer für die einzelnen Vermögensgegenstände sowie die Wahl der Abschreibungsmethode die in den Folgeperioden zu beobachtende Performance. Das Methodenwahlrecht hinsichtlich der Abschreibungsmethode kann indes von der Zentrale vorgegeben werden, um Manipulationsspielräume einzudämmen.

Nach IFRS besteht zwar kein Wahlrecht bei der Bemessung der Herstellungskosten, jedoch wirken die Wahl der Abschreibungsmethode sowie der Nutzungsdauer in gleicher Weise auf die Allokation der Residualgewinne. Zusätzlich ergibt sich die Problematik der Zuordnung einzelner Komponenten des Sachanlagevermögens zu unterschiedlichen IFRS-Standards mit teilweise beträchtlichen materiellen Auswirkungen. Grundsätzlich können – je nach einschlägigem Standard – die Anschaffungs- bzw. Herstellungskostenmethode, die Neubewertungsmethode sowie das Fair Value-Modell Anwendung finden. Auch in diesem Zusammenhang sollte überlegt werden, ob eine Vorgabe der jeweiligen Methode durch die Zentrale sinnvoll sein könnte.

Insbesondere der Fall einer Werterhöhung eines zur Generierung von Erlösen genutzten Vermögenswertes des Sachanlagevermögens hat – in Abhängigkeit von der Klassifizierung – sehr unterschiedliche interperiodische Verteilungen der Residualgewinne zur Konsequenz. Es ist kritisch anzumerken, dass die Verwendung eines bestimmten Bewertungsmodells nicht eindeutig durch die Zuordnung des Sachanlageguts zu einem Standard determiniert wird, sondern innerhalb einiger Standards (IAS 16 und IAS 40) durch die Kodifizierung eines Wahlrechts dem Ermessen des Agenten obliegt, sofern diesem die Entschei-

---

733 Siehe Kapitel 3.2.4.

734 Ein Bewertungswahlrecht eröffnet die Möglichkeit, einen Teil der Aufwendungen im Zusammenhang mit der Nutzung des Vermögensgegenstandes sofort gewinnmindernd zu berücksichtigen und gleichzeitig zukünftige Residualgewinne zu entlasten. Siehe hierzu und im Folgenden Kapitel 4.1.1 und Kapitel 4.1.3.

dungskompetenz zur Wahlrechtsausübung übertragen wird. Ferner sind den nach IFRS bei entsprechender Wahlrechtsausübung geforderten Zeitwerten – bei Nichtvorliegen eines aktiven Marktes – erhebliche Bewertungsspielräume immanent.

Es ist zu konstatieren, dass die IFRS im Zusammenhang mit der Bilanzierung und Bewertung von Sachanlagevermögen wesentlich größere Spielräume erlauben als das deutsche Handelsrecht. Im Speziellen sind solche Wahlrechte problematisch, die dem Agenten die Entscheidung zwischen einer Anschaffungskosten- und einer Zeitwertbilanzierung überlassen und ihm somit einen erheblichen Einfluss auf die jeweiligen Residualgewinnausprägungen zugestehen. Dies lässt sich in vielen Fällen indes mittels einer Wahlrechtsvorgabe durch die Zentrale unterbinden.

Bei der Bilanzierung von langfristigen Fertigungsaufträgen nach HGB beziehen sich die Handlungsspielräume des Bilanzierenden wiederum lediglich auf die Bemessung der Herstellungskosten, obgleich diesen bei der unterstellten Projektform eine erhebliche Bedeutung zukommt. Die Spielräume nach IFRS erstrecken sich hingegen auf die Realisierung der Erträge aus dem Projekt. Die *Percentage of Completion-Methode*, die den Benchmark in IAS 11 darstellt und auch für langfristige Serviceverträge nach IAS 18 anwendbar ist, erfordert sowohl bei *Festpreis-* als auch bei *Cost Plus*-Verträgen eine Schätzung des gesamten Projekterlöses.[735] Durch die damit verbundenen Unsicherheiten und die Vielzahl der Risiken bei der Durchführung eines langfristigen Fertigungsprojekts, ergeben sich zwangsläufig Spielräume für den Agenten.[736] Geht dieser von zu optimistischen Erwartungen aus, kann eine erhebliche Verzerrung der Performancemessung auftreten, die zunächst zu einer Überbewertung der Residualgewinne und in der Folge zu Umkehreffekten führt.

Eine Möglichkeit zu einer gezielten interperiodischen Gewinnallokation bietet das Wahlrecht bezüglich der Methode zur Ermittlung des Fertigstellungsgrades des Projekts, sofern es in den Kompetenzbereich des Agenten fällt. Es steht zu vermuten, dass dieser eine Vorstellung davon besitzt, wie eine ausgewählte Methode die Verteilung des Gewinns sowie des Residualgewinns beeinflussen wird. Demzufolge empfiehlt es sich ihm die zu verwendende Methode beispielsweise durch Bilanzierungsrichtlinien verbindlich vorzuschreiben.

---

735 Siehe Kapitel 4.2.1 zur analogen Anwendbarkeit der Percentage of Completion-Methode auf langfristige Dienstleistungsverträge.

736 Insbesondere kann es bei Festpreisverträgen fraglich sein, ob überhaupt ein Gewinn resultiert und insofern eine Ertragsrealisierung in den Anfangsperioden des Fertigungsauftrages gerechtfertigt ist.

Einen Spielraum, der sich nicht durch Vorgabe der Zentrale auflösen lässt, eröffnet das faktische Wahlrecht bei Vorliegen der Voraussetzungen für die *Percentage of Completion-Methode*. Hier ist es dem Agenten möglich, zwischen der Ertragserfassung gemäß dem Fertigungsfortschritt und der *Modified Completed Contract-Methode* zu wählen, ohne dass die Zentrale intervenieren kann. Basierend auf den vorangegangenen Ausführungen lässt sich schlussfolgern, dass die Manipulationsresistenz nach IFRS auch bei der Bilanzierung und Bewertung von langfristigen Fertigungsaufträgen geringer einzuschätzen ist als nach HGB.

Bei der Rückstellungsbildung bieten sich dem Bilanzierenden sowohl nach HGB als auch nach IFRS insbesondere Spielräume in Verbindung mit dem Abschätzen von Wahrscheinlichkeiten.[737] Diese beziehen sich zunächst auf den Ansatz der Rückstellung und – sofern dieser bejaht wird – auf deren Bewertung. Einen zusätzlichen Spielraum innerhalb der IFRS eröffnet das Kriterium der verlässlichen Bewertbarkeit. Wird dieses als nicht gegeben erachtet, so kann unter Umständen auf die Passivierung einer nach allen anderen Kriterien anzusetzenden Rückstellung verzichtet und eine Gewinnverlagerung in frühere Perioden erreicht werden. Das ist für den Agenten in besonderem Maße vorteilhaft, wenn dieser beabsichtigt, das Unternehmen mittelfristig zu verlassen. Nach HGB existiert kein vergleichbares Ansatzkriterium; insofern besteht ein solcher Spielraum im deutschen Handelsrecht nicht.

Zudem sei an dieser Stelle nochmals betont, dass die Regelungen zu Restrukturierungsrückstellungen nach IFRS als besonders kritisch einzustufen sind, da der Agent gemäß IAS 37 eine Innenverpflichtung durch öffentliche Ankündigung und Selbstbindung in eine Außenverpflichtung transformieren kann. Damit besteht ein faktisches Wahlrecht, welches dem Agenten ermöglicht, zukünftige Perioden von hohen Aufwendungen freizuhalten. Auf Grund der allgemeinen Vorschriften zu Rückstellungen sowie den speziellen Vorschriften zu Restrukturierungsrückstellungen lässt sich schlussfolgern, dass der Entscheidungsträger im Rahmen einer Rückstellungsbilanzierung nach IFRS einen stärkeren Einfluss auf die Periodisierung von Residualgewinnen besitzt als nach HGB.

Im Bereich der Leasingbilanzierung ist hinsichtlich des Kriteriums der Manipulationsresistenz vor allem die Klassifizierung von Leasingverhältnissen als *Operating* oder *Finance Lease* mit den sich daraus ergebenden Konsequenzen von Bedeutung. Das HGB selbst beinhaltet keine spezifischen Regelungen zur Leasingbilanzierung; vielmehr werden die Steuererlasse der Finanzverwaltung zur Auslegung herangezogen. Diese beinhalten klare, quantitative Kriterien, mit

737 Siehe hierzu und im Folgenden Kapitel 4.3.1 und 4.3.3.

Hilfe derer eine eindeutige Klassifizierung angestrebt wird. Dies ist allerdings nicht ausschließlich positiv zu beurteilen, da die Klarheit der Regelungen im Umkehrschluss gerade zu Sachverhaltsgestaltungen anregt. Es dürfte kaum möglich sein, alle in der Unternehmenspraxis denkbaren Fallkonstruktionen derart zu antizipieren, dass die Kriterien der Finanzverwaltung immer zu einer Bilanzierung beim „wahren" wirtschaftlichen Eigentümer führen.

Die Kriterien zur Beurteilung von Leasinggeschäften nach IFRS gehen bewusst einen anderen Weg und vermeiden klare quantitative Grenzen, um einer wirtschaftlichen Beurteilung des jeweiligen Sachverhalts nicht entgegenzuwirken. Jedoch führt dies dazu, dass der Bilanzierende letztendlich in strittigen Fällen selbst entscheiden kann, ob er eine Bilanzierung als *Operating Lease* oder als *Finance Lease* vorzieht.[738] In der Konsequenz führen die Regelungen beider Rechnungslegungssysteme dazu, dass die Bilanzierung in Einzelfällen nicht beim „eigentlichen" wirtschaftlichen Eigentümer stattfindet. Gelingt es diesem, das Leasinggeschäft als *Operating Lease* zu klassifizieren, so bewirkt dies eine Entlastung der Residualgewinne zu Beginn der Leasinglaufzeit im Vergleich zu einem *Finance Lease*.

Liegt hingegen ein *Finance Lease* vor, kann der Agent bei der Bilanzierung des Vermögenswertes nach IFRS zwischen der Anschaffungs- bzw. Herstellungskostenmethode und der ergebnisneutralen Neubewertung wählen,[739] sofern die Zentrale dieses Wahlrecht nicht einschränkt. Dieser Nachteil der IFRS wiegt allerdings weniger schwer, wenn berücksichtigt wird, dass der Agent sich bei Verwendung der Benchmark-Methode (Anschaffungs- bzw. Herstellungskosten) ohnehin besser stellt und diese somit in aller Regel bevorzugen wird.

Die Untersuchung der unterschiedlichen Bilanzierungssachverhalte in Bezug auf die Manipulationsresistenz hat ergeben, dass das deutsche Handelsrecht dem Agenten weniger Möglichkeiten zur Periodisierung von Aufwendungen respektive Erträgen einräumt als die IFRS. Folglich sind die nach HGB beobachtbaren Performancegrößen tendenziell weniger durch die Präferenzen des Entschei-

738 Unter anderem geht aus den IFRS-Normen nicht eindeutig hervor, wann eine günstige Kaufoption vorliegt, wann das Laufzeitkriterium erfüllt ist (keine Definition des „überwiegenden Teil der wirtschaftlichen Nutzungsdauer") und wann die Kriterien für das Barwertkriterium als gegeben anzusehen sind (gefordertes Verhältnis zwischen Mindestleasingzahlungen und Fair Value bleibt offen).

739 In Abhängigkeit vom Vorliegen einer physischen Substanz findet im Rahmen eines Finance Lease nach IFRS entweder IAS 16 oder IAS 38 Anwendung. Bei immateriellen Anlagegütern nach IAS 38 setzt die Verwendung der Neubewertungsmethode die Existenz eines aktiven Marktes voraus. Siehe dazu Kapitel 4.4.1.

dungsträgers geprägt, wodurch sie einen höheren Grad an Objektivität vermuten lassen.

5.2.2 Beurteilung anhand der Entscheidungsverbundenheit

5.2.2.1 Beurteilung anhand der sachlichen Entscheidungsverbundenheit

Die sachliche Entscheidungsverbundenheit fordert, dass ein Performancemaß maßgeblich durch die Handlungen des daran gemessenen Entscheidungsträgers beeinflusst ist. Erst dadurch werden Rückschlüsse auf dessen Leistung möglich, weshalb dieses Kriterium eine grundlegende Anforderung an ein jedes Performancemaß darstellt. Eine Verzerrung durch zufällige äußere Einflüsse wie beispielsweise irrationale Marktwertentwicklungen ist dem Kriterium der sachlichen Entscheidungsverbundenheit hingegen abträglich.

Wie in der vorangegangenen Analyse dargelegt, üben Marktpreisschwankungen in den internationalen Rechnungslegungsnormen teilweise beträchtlichen Einfluss auf Bilanz und GuV sowie – daraus abgeleitet – auf den Residualgewinn aus. Während Residualgewinne auf HGB-Basis im Wesentlichen bei Wertminderungen und eventuellen Wertaufholungen exogenen Einflüssen unterliegen, gilt dies nach IFRS partiell auch für Werterhöhungen.[740] Bei der Bilanzierung des Sachanlagevermögens führt eine Verwendung der Neubewertungsmethode nach IAS 16 bei einer Wertsteigerung z.B. zu höheren Abschreibungen in den Folgeperioden, die eine zusätzliche Belastung der Residualgewinne darstellen, welche nicht vom Agenten zu verantworten ist. Der Einsatz des Fair Value-Modells nach IAS 40 hingegen beschert dem Agenten bei günstiger Wertentwicklung gesteigerte Residualgewinne, welche Resultat der sofortigen Ertragsrealisierung in der GuV sind und sich nicht unbedingt auf seine Performance zurückführen lassen. Während eine ergebnisneutrale Zeitwertbilanzierung im Hinblick auf das Kriterium der sachlichen Entscheidungsverbundenheit grundlegend abzulehnen ist, gilt dies für eine ergebniswirksame Fair Value-Bilanzierung nur dann, wenn der Markt, in dem die betrachteten Vermögenswerte gehandelt werden, eine niedrige Informationseffizienz aufweist und Wertänderungen demzufolge keine rationale Basis besitzen.

Auch im Zusammenhang mit Rückstellungs-Sachverhalten sowie Leasingverhältnissen können Marktwertschwankungen – wie zuvor illustriert – durch

---

740 Vgl. IAS 36 zur Vorgehensweise bei Wertminderungen und Wertaufholungen nach IFRS, vgl. §253 Abs. 3 Satz 3-4 HGB und §253 Abs. 4 HGB zur Vorgehensweise bei Wertminderungen sowie §253 Abs. 5 HGB zur Wertaufholung im deutschen Handelsrecht.

eine Verwendung der Neubewertungsmethode nach IAS 16 Residualgewinngrößen beeinträchtigen.[741] Im Rahmen der langfristigen Auftragsfertigung sind nach IFRS hingegen keine durch Marktwertentwicklungen verursachten Schwankungen der Kennzahlenwerte festzustellen, welche nicht auch nach HGB auftreten würden.[742] Eine Berücksichtigung sämtlicher untersuchter Bilanzpositionen muss letztlich zum Schluss gelangen, dass das Regelwerk des HGB besser mit der Anforderung der sachlichen Entscheidungsverbundenheit vereinbar ist als die IFRS.

5.2.2.2 Beurteilung anhand der zeitlichen Entscheidungsverbundenheit

Das Kriterium der zeitlichen Entscheidungsverbundenheit verlangt eine möglichst zeitnahe Abbildung der Auswirkungen getroffener Entscheidungen durch ein verwendetes Performancemaß.[743] Das Residualgewinnkonzept soll Wertsteigerungen aus eingeleiteten Maßnahmen dementsprechend möglichst frühzeitig widerspiegeln, so dass der Agent bei Fehlentwicklungen rechtzeitig gegensteuern kann. Ein Verstoß gegen die zeitliche Entscheidungsverbundenheit lässt sich insbesondere dann konstatieren, wenn die Entscheidung für die Durchführung eines Projektes mit positivem Kapitalwert den Ausweis negativer Residualgewinne in den Anschlussperioden nach sich zieht.

Die Bilanzierung des Sachanlagevermögens erfolgt gemäß HGB nach der Anschaffungs- bzw. Herstellungskostenmethode. Abhängig von der Ausübung der (nach der Verabschiedung des BilMoG verbleibenden) Wahlrechte wird bei den Herstellungskosten zwischen einer Aktivierungsunter- und -obergrenze differenziert. Bei isolierter Betrachtung eines einzigen Investitionsprojekts ergibt sich bei Verwendung der Herstellungskostenobergrenze bei positivem Kapitalwert i.d.R. eine stetige Kapitalwertrealisierung, die in den frühen Perioden auf Grund der vergleichsweise hohen kalkulatorischen Zinskosten unterproportional zu den Cash Inflows verläuft und in diesen theoretisch auch negative Werte annehmen kann. Entscheidet sich das Unternehmen für die Verwendung der Herstellungskostenuntergrenze, ergibt sich in der Periode $t=0$ immer eine negative Kapitalwertrealisierung, sofern ein Teil der im Zusammenhang mit der Herstellung des Anlagegutes anfallenden Ausgaben unmittelbar ergebniswirksam in die GuV

741 Siehe Kapitel 4.3.4.1 und Kapitel 4.4.4.1.

742 Bei beiden untersuchten Rechnungslegungssystemen können beispielsweise gestiegene Beschaffungspreise oder andere unvorhergesehene Kostensteigerungen die Bildung einer Drohverlustrückstellung auslösen. Hier kann lediglich die Passivierung der Höhe nach insofern variieren, dass eine frühzeitige Ertragsrealisierung durch die nach IFRS gängige Percentage of Completion-Methode den rückzustellenden Betrag erhöht. Siehe dazu Kapitel 4.2.4.1.

743 Siehe hierzu und im Folgenden Kapitel 3.2.5.

eingeht und diesem noch keine Zahlungseingänge entgegenstehen. Dies stellt einen Verstoß gegen das Prinzip der zeitlichen Entscheidungsverbundenheit dar.

Nach IFRS ist ebenfalls die Herstellungskostenobergrenze mit den soeben beschriebenen Wirkungen anwendbar. Je nach Klassifizierung der jeweiligen Anlagenkomponente können jedoch auch die Neubewertungsmethode oder das Fair Value-Modell Verwendung finden. Diese führen – bei Abwesenheit von Wertsteigerungen – zu Resultaten analog zur Herstellungskostenobergrenze. Eine eingetretene Werterhöhung reduziert bei einer Neubewertung des Vermögenswertes indessen die kumulierte Kapitalwertrealisierung auf einen Wert von kleiner als 100%. Folglich kommt es also nicht nur zu intertemporären Verzerrungen, sondern auch zu einem fehlerhaften Ausweis der Gesamtwertsteigerung aus dem Projekt, was einen besonders schwerwiegenden Verstoß gegen das hier untersuchte Kriterium darstellt.

Eine Werterhöhung kann bei Verwendung des Fair Value-Modells indes durchaus positiv auf die zeitliche Entscheidungsverbundenheit wirken. Sie erhöht den Residualgewinn in der Periode ihres Eintritts, wohingegen sich die Folgeresidualgewinne durch gestiegene kalkulatorische Zinsen verringern. Insgesamt mündet die Bilanzierung nach dem Fair Value-Modell in einer Kapitalwertrealisierung von exakt 100%. Kritisch ist allerdings eine mögliche Kapitalwertrealisierung von zeitweise über 100%, die bei starken, sich im Zeitablauf umkehrenden Wertsteigerungen, entstehen kann. Zudem muss die Entscheidungsverbundenheit grundsätzlich dann verneint werden, wenn das Marktumfeld, in dem der Vermögenswert gehandelt wird, eine geringe Informationseffizienz aufweist. Während in Hauptsegmenten entwickelter Aktienmärkte immerhin das Vorliegen mittelstrenger Informationseffizienz angenommen werden kann, ist dies für Immobilienmärkte i.d.R. nicht der Fall.[744]

Welches Rechnungslegungssystem hinsichtlich der zeitlichen Entscheidungsverbundenheit im Zusammenhang mit der Bilanzierung des Sachanlagevermögens als überlegen erachtet werden kann, lässt sich nur in Abhängigkeit von der gewählten Folgebewertungsmethode beantworten. Während die Verwendung der Herstellungskostenuntergrenze sowie die ergebnisneutrale Neubewertung einer zeitnahen Performancemessung abträglich sind, entspricht die Wirkungsweise des Fair Value-Modells – bei Vorliegen von Informationseffizienz – am ehesten dem *ökonomischen Gewinnkonzept*. Eine Fair Value-Bewertung kann diesem Ideal bei ergebniswirksamer Verbuchung sämtlicher

744 Vgl. Steiner / Bruns (2002) S. 41-42 zur mittelstrengen Informationseffizienz von Hauptsegmenten entwickelter Aktienmärkte, vgl. Leibold (2000) S. 21 zur Abwesenheit mittelstrenger Informationseffizienz auf Immobilienmärkten.

Wertänderungen näher kommen, als es ein *Matching* zwischen Aufwendungen und Erträgen vermag.[745]

Die zeitliche Entscheidungsverbundenheit lässt sich auch im Rahmen der langfristigen Auftragsfertigung nur in Abhängigkeit von der jeweiligen Bilanzierungsmethode beurteilen. Hier ergibt sich jedoch ein klareres Bild. Die nach HGB einzig zulässige *Completed Contract-Methode* führt i.d.R. in jeder – abgesehen von der letzten Periode – zu einer negativen Kapitalwertrealisierung.[746] Infolgedessen wird der Agent für die Auswahl und Durchführung eines Wert steigernden Projektes erst nach Ablauf der Projektlaufzeit belohnt. Zuvor wird seine Performance – entgegen der ökonomischen Realität – stets negativ bewertet.

Im Regelwerk der IFRS kommt bei verlässlicher Schätzbarkeit des Gewinns aus dem Projekt die *Percentage of Completion-Methode* zur Anwendung.[747] Diese besitzt – bezogen auf die zeitliche Entscheidungsverbundenheit – äußerst positive Wirkungen: Auf Grund der mit ihr verbundenen anteiligen Ertragsrealisierung in jeder Periode lässt sich eine stetige Kapitalwertrealisierung bis zu exakt 100% beobachten. Bei einem einmaligen Cash Inflow in T wird der Agent in frühen Perioden sogar überproportional stark belohnt, da die kalkulatorischen Zinskosten im Zuge der Aktivierung im Zeitverlauf zunehmen.[748] Ein zeitnaher Performanceausweis ist gewährleistet.

745 Das Fair Value-Modell kann dem Matching Principle widersprechen, sofern es zu einem unmittelbaren Ausweis einer Werterhöhung führt und künftige, durch den Zeitverlauf bedingte, Wertminderungen auftreten. Siehe dazu Abbildung 4-7 in Kapitel 4.1.4.2. Vgl. auch Grinyer (1985) S. 133-137 zum Zusammenhang zwischen Matching und Zeitwertbilanzierung, der ausgehend vom ökonomischen Gewinnkonzept eine Performancegröße entwickelt, die ein Matching der periodischen Größen unter Berücksichtigung des Zeitwerts des Geldes erlaubt. Der Autor nutzt dabei die Eigenschaft, dass eine Maximierung des Endwerts bei Vorliegen eines vollkommenen Kapitalmarkts zu den gleichen Entscheidungen führt wie die Maximierung des Kapitalwerts. Der Endwert dient dann als Ausgangspunkt für die Verteilung der Gewinne auf die Perioden. Vgl. dazu auch Grinyer (1987) S. 44.

746 Eine Ausnahme davon kann nur auftreten, wenn das vorliegende Projekt hohe Rückflüsse in frühen Perioden generiert, die dann negative kalkulatorische Zinskosten zur Folge haben. Dieser Effekt muss dann eine eventuell negative Gewinngröße (auf Grund der fehlenden Aktivierungsfähigkeit einiger Kosten, die Teil der Selbstkosten, jedoch nicht Teil der Herstellungskosten darstellen) überkompensieren. Siehe hierzu Kapitel 4.1.4.2.

747 Dies gilt i.d.R. auch für langfristige Dienstleistungsverträge. Siehe dazu Kapitel 4.2.1.

748 Bei Rückflüssen gemäß den anfallenden Kosten erfolgt immerhin eine kontinuierliche, wenn auch – auf Grund des Diskontierungseffekts – periodisch leicht abnehmende Kapitalwertrealisierung.

Fehlt es bei einem Investitionsprojekt an der verlässlichen Schätzbarkeit des Projekterlöses, verlangen die IFRS die Anwendung der *Modified Completed Contract-Methode.*[749] Diese hat – zumindest verglichen mit der nach deutschem Handelsrecht gebotenen Vorgehensweise – i.d.R. ebenfalls bessere interperiodische Verteilungen der Residualgewinne im Sinne der zeitlichen Entscheidungsverbundenheit zur Folge. Dies gilt immer dann, wenn die Herstellungskosten nicht die gesamten Selbstkosten umfassen. Je größer der Unterschied zwischen Selbst- und Herstellungskosten ausfällt, desto signifikantere Unterschiede ergeben sich im Ergebnisausweis beider Methoden. Bei der *Modified Completed Contract-Methode* bilden die kalkulatorischen Zinskosten den entscheidenden Faktor: Ein Projekt mit einem einmaligem Cash Inflow in T führt zu negativen kalkulatorischen Zinsen mit dem Ergebnis einer – mit Ausnahme der letzten Periode – negativen Kapitalwertrealisierung. Proportionale Cash Inflows hingegen resultieren bereits in der Periode nach Aufnahme des Projekts in einer positiven Kapitalwertrealisierung. Ursächlich ist, dass die proportional bemessenen Cash Inflows bei einem Projekt mit positivem Kapitalwert in jeder Periode die Selbstkosten übersteigen; ergo folgt – bei isolierter Betrachtung – ein negatives investiertes Kapital beim betrachteten Unternehmen, welches in negativen kalkulatorischen Zinsen resultiert.

Bei Projekten der langfristigen Auftragsfertigung (dies gilt analog für langfristige Dienstleistungsverträge) muss den IFRS somit eine klare Überlegenheit gegenüber dem deutschen Handelsrecht attestiert werden.[750] Dies gilt in besonderem Maße für Fälle, in denen die *Percentage of Completion-Methode* Anwendung findet, was den Regelfall darstellen dürfte.[751] Die mäßige Entsprechung der Anforderung einer zeitnahen Performancemessung bei Verwendung der *Modified Completed Contract-Methode* erweist sich gegenüber der Vorgehensweise nach HGB als immerhin etwas weniger nachteilig. Die HGB-Regelungen zur Langfristfertigung werden dem hier untersuchten Kriterium in keiner Weise gerecht. Zukünftige Veränderungen bei den Regelungen der Ertragsrealisierung nach IFRS, die im Rahmen des Diskussionspapiers „Preliminary Views on Revenue Recognition in Contracts with Customers" von IASB und FASB anvisiert werden, könnten den Anwendungsbereich der *Percentage of Completion-*

749 Siehe Kapitel 4.2.1.

750 Siehe Kapitel 4.2.1 zur grundsätzlich analogen Anwendung der Regelungen zu Fertigungsaufträgen auf Dienstleistungsverträge.

751 Von der Anwendung dieser Methode sollte nur dann abgesehen werden, wenn die verlässliche Schätzbarkeit des Gesamterlöses aus dem Projekt nicht gegeben ist. Siehe dazu Kapitel 4.2.1.

Methode jedoch mittelfristig erheblich einschränken.[752] Darunter würde die Eignung der IFRS-Normen für die zeitliche Entscheidungsverbundenheit im Rahmen der Langfristfertigung leiden.

Bei der Rückstellungsbilanzierung zeigt sich ein etwas heterogeneres Bild. Eine wiederkehrende Großreparatur führt nach aktuellem Rechtsstand in keinem der beiden Systeme zur Passivierung einer Rückstellung.[753] Nach HGB werden die Perioden, in denen die Großreparaturen durchgeführt werden, durch sofortige Aufwandswirksamkeit der Ausgaben besonders stark belastet, was in einer Verzerrung der Performancemessung resultiert. Die IFRS fordern im Sinne des *Matching Principle* indes eine Aktivierung und Abschreibung von Großreparaturen in denjenigen Perioden, in denen das Unternehmen von diesen profitiert. Diese Vorgehensweise wird als wirtschaftlich sinnvoll erachtet und verhindert eine Verzögerung der Kapitalwertrealisierung, wie sie nach HGB in den Perioden der Durchführung der Großreparaturen zu beobachten ist.

Bei der bilanziellen Behandlung von Restrukturierungsmaßnahmen kann die Vorteilhaftigkeit der IFRS allerdings nicht generell bejaht werden. Die mögliche Rückstellungsbildung nach internationalen Standards dämpft die Kapitalwertrealisierung gegenüber der Vorgehensweise nach HGB, die eine Rückstellungsbildung nur in Sonderfällen erlaubt, bereits in der Periode *vor* Durchführung der Restrukturierung.[754]

Die Behandlung von Entsorgungsrückstellungen unterscheidet sich in beiden Systemen dadurch, dass die IFRS die vollumfängliche Passivierung der Verpflichtung im Entstehungszeitpunkt verlangen. Da die Rückstellung gleichzeitig die Herstellungskosten der zur Generierung von Erlösen verwendeten Anlage erhöht, scheinen zunächst keine materiellen Unterschiede aus der unterschiedlichen Vorgehensweise zu erwachsen. Bei genauerer Betrachtung führt die anders geartete Verteilung der Aufzinsungsbeträge in beiden Systemen allerdings zu einem zeitnäheren Performanceausweis nach HGB.[755]

---

752 Vgl. Fink / Kunath (2009) S. 225 und S. 230, vgl. auch Zülch / Pronobis / Fischer (2009) S. 1944-1946 und Hommel / Schmitz / Wüstemann (2009) S. 375 und S. 378. Das besagte Diskussionspapier wurde am 19.12.2008 veröffentlicht und hat die Beseitigung von Inkonsistenzen bei der Ertragsrealisierung zum Ziel. Vgl. DP (2008a) 1.3-1.16.

753 Siehe Kapitel 4.3.1.

754 Ein spiegelverkehrtes Bild ergibt sich – wie zuvor dargelegt – bei unterlassenen Instandhaltungen innerhalb des ersten Quartals der Folgeperiode, die nach HGB rückstellungspflichtig sind, nach IFRS jedoch nicht den Passivierungsvoraussetzungen entsprechen. Siehe dazu Kapitel 4.3.4.2.

755 Das HGB a.F. hätte hingegen eine – im Vergleich zu den IFRS – schlechtere zeitliche Entscheidungsverbundenheit zur Folge gehabt. Siehe dazu Abbildung A-25 im Anhang.

Unterschiede zwischen beiden Rechnungslegungssystemen ergeben sich zusätzlich bei Garantierückstellungen, sofern diese Bezug zu neuartigen Produkten bzw. Projekten aufweisen, zu denen noch keine Erfahrungswerte vorliegen.[756] Der vorsichtigere und somit höhere Ansatz der Rückstellung nach HGB bewirkt, dass ein beträchtlicher Teil der Kapitalwertrealisierung erst in den Perioden nach dem eigentlichen Absatz der Produkte ausgewiesen wird.[757] Das Vorgehen nach IFRS führt bei tatsächlicher Inanspruchnahme des Erwartungswertes hingegen zu keinerlei Gewinnen in den Perioden nach dem Verkauf der Produkte, wodurch sich die Residualgewinne relativ proportional zur Erzielung der Erlöse entwickeln.

Nach eingehender Untersuchung verschiedener Rückstellungstypen erscheinen die IFRS-Regelungen – Restrukturierungs- und Entsorgungsverpflichtungen ausgenommen – einer zeitnahen Performancemessung im Sinne des untersuchten Kriteriums geeigneter als die HGB-Normen. Dies ist vor allem auf die Regelungen zu wiederkehrenden Großreparaturen und Garantieverpflichtungen im Zusammenhang mit neuartigen Produkten zurückzuführen. Eine pauschale Aussage über die Vorteilhaftigkeit der Rückstellungsregelungen eines der beiden Systeme hinsichtlich der zeitlichen Entscheidungsverbundenheit lässt sich indes nicht treffen, da sich die Behandlung der einzelnen Rückstellungstypen grundlegend unterscheidet.

Die Diskussion der zeitlichen Entscheidungsverbundenheit bei der Bilanzierung von Leasinggeschäften läuft im Wesentlichen auf die Unterscheidung von *Operating Lease* und *Finance Lease* hinaus. Letzteres findet nach den IFRS-Normen häufiger Anwendung als nach deutschem Handelsrecht.[758] Bei einer Behandlung als *Finance Lease* spielen die kalkulatorischen Zinsen, die aus der Aktivierung des Leasingobjekts beim Leasingnehmer entstehen, eine entscheidende Rolle. Sie belasten frühere Perioden – wie bereits bei der Bilanzierung des Anlagevermögens veranschaulicht – verhältnismäßig stark. Dadurch schreitet die Kapitalwertrealisierung langsamer fort als bei der nach HGB bevorzugten Bilanzierungsweise, dem *Operating Lease*.

Generell sprechen der schnellere und zugleich gleichmäßigere Niederschlag der generierten Wertsteigerung im Residualgewinn für eine bessere zeitliche Entscheidungsverbundenheit nach HGB. Kritisch bleibt jedoch, dass ein *Operating*

756 Siehe Kapitel 4.3.4.2.

757 Hier wird vorausgesetzt, dass der Erwartungswert tatsächlich eintritt. Dadurch fallen bei der eher vorsichtigeren Vorgehensweise nach HGB einige Gewinne erst in den Perioden der Rückstellungsauflösung an, in denen gar keine Produkte mehr am Markt abgesetzt werden. Siehe dazu Kapitel 4.3.4.2.

758 Siehe Kapitel 4.4.1.

Lease in aller Regel eine periodenspezifische Anpassung der *WACC*-Sätze erfordert, um die Barwertkompatibilität des Residualgewinnkonzepts sicherzustellen. Unterbleibt eine solche periodische Adjustierung, resultiert ein fehlerhafter Ausweis der Wertsteigerung aus dem Gesamtprojekt, welcher im Zweifel schwerer wiegt als die interperiodischen Verzerrungen bei *Finance Lease*-Verhältnissen nach IFRS.

Insgesamt ergibt sich bei der Beurteilung der zeitlichen Entscheidungsverbundenheit der beiden Systeme ein recht heterogenes Bild, welches von vielen Einzelfaktoren geprägt ist. In ihrer Gesamtheit bilden die IFRS-Normen jedoch eine geeignetere Basis für eine zeitnahe Performancemessung. Dies liegt in erster Linie in der besseren Entsprechung des *Matching Principle* bei langfristigen Fertigungsaufträgen, langfristigen Dienstleistungsverträgen sowie wiederkehrenden Großreparaturen begründet. Darüber hinaus kann die vermehrte Anwendung der Fair Value-Bewertung nach IFRS positive Auswirkungen auf die zeitliche Entscheidungsverbundenheit besitzen, da sie theoretisch das Ideal des *ökonomischen Gewinns* am besten approximiert. Dem stehen in der Praxis jedoch irrationale Marktpreisschwankungen als Ausdruck von Marktunvollkommenheiten gegenüber.

5.2.3 Gesamtbeurteilung

Eine fundierte Gesamtbeurteilung der beiden untersuchten Rechnungslegungssysteme hinsichtlich ihrer Eignung für eine wertorientierte Performancemessung bedingt eine Abwägung der herangezogenen Beurteilungskriterien. Die Manipulationsresistenz zeigt auf, inwieweit es dem Agenten möglich ist, auf die interperiodische Allokation der Residualgewinne Einfluss zu nehmen. Dies ist vorrangig im Zusammenhang mit Periodisierungen von Zahlungsströmen, z.B. der Antizipation künftiger Cashflows, möglich. Eine zeitnahe Abbildung der Auswirkungen eingeleiteter Maßnahmen durch die Residualgewinngrößen – wie sie die zeitliche Entscheidungsverbundenheit verlangt – erfordert jedoch gerade eine Vorwegnahme von zukünftigen Zahlungsströmen, wie das theoretische Ideal des *ökonomischen Gewinns* verdeutlicht. Daher verwundert es nicht, dass die tendenziell höhere zeitliche Entscheidungsverbundenheit nach IFRS mit einer vergleichsweise niedrigen Manipulationsresistenz einhergeht.[759]

Es lässt sich schlussfolgern, dass die geforderte zeitnahe Abbildung der Wertsteigerung durch das Residualgewinnkonzept nur unter Inkaufnahme von gewissen Spielräumen für den Agenten erreichbar ist. Insbesondere die Vergleichbarkeit von Residualgewinnen im Zeitverlauf bedingt geradezu zwangsläufig eine

---

759 Siehe auch Kapitel 3.2.5 zur Erläuterung des Zielkonflikts zwischen Manipulationsresistenz und Entscheidungsverbundenheit.

Periodisierung von Cashflows. Durch die der Bilanzierung immanenten Logik kehren sich Auswirkungen etwaiger Manipulationen bzw. Ausübungen von Spielräumen bis spätestens Ende der Projektlaufzeit um. Explizit hiervon ausgenommen sind solche Aktivitäten, die die Barwertkompatibilität gemäß dem *Lücke-Theorem* verletzen. Somit kann bei Investitionsprojekten mit übersichtlichem zeitlichen Rahmen argumentiert werden, dass der Erfüllung des Kriteriums der zeitlichen Entscheidungsverbundenheit bei der Performancemessung eine stärkere Gewichtung zukommen sollte als der Manipulationsresistenz. Aufbauend auf dieser Sichtweise werden im Folgenden generelle Schlussfolgerungen für die Eignung der betrachteten Rechnungslegungssysteme für eine wertorientierte Performancemessung abgeleitet:

- Im Rahmen des Sachanlagevermögens kann eine Zeitwertbilanzierung, wie sie nach IFRS möglich ist – im Vergleich zur verpflichtenden Verwendung historischer Kosten nach HGB – zu einer verbesserten, weil zeitnäheren Performancemessung führen. Notwendige Bedingungen dazu sind die Einhaltung der Barwertidentität sowie eine möglichst hohe Informationseffizienz des betrachteten Marktes.
- Bei der der Performancemessung von Projekten der langfristigen Auftragsfertigung und Dienstleistungserbringung erweisen sich die IFRS – vor allem bei Anwendung der *Percentage of Completion-Methode* – gegenüber der Vorgehensweise nach HGB trotz geringerer Manipulationsresistenz als deutlich überlegen.
- Die Fokussierung der IFRS auf das *Matching Principle* bei der bilanziellen Abbildung von Großreparaturen sowie der konsequente Ansatz des Erwartungswertes bei Garantierückstellungen verbessern – verglichen mit der HGB-Vorgehensweise – die interperiodische Verteilung der Residualgewinne nach ökonomischen Maßstäben und steigern deren Vergleichbarkeit.
- Bei der Klassifizierung von Leasinggeschäften treten bei beiden Rechnungslegungssystemen vergleichbare Zuordnungsprobleme auf, wobei die größte Gefahr für eine zielgerichtete Performancemessung jeweils von Verletzungen der Barwertkompatibilität ausgeht.[760]

Die sachliche Entscheidungsverbundenheit unterscheidet sich von den beiden zuvor diskutierten Kriterien dadurch, dass sie nicht vordergründig den ökonomischen Gehalt sowie die Beeinflussbarkeit der Residualgewinne evaluiert, sondern das Ausmaß der exogenen Störfaktoren auf die Kenngröße.[761] Diese neh-

760 Nach IFRS kann eine Verletzung der Barwertidentität durch die Verwendung der erfolgsneutralen Neubewertung nach IAS 16 bzw. IAS 38 im Rahmen eines Finance Lease auftreten. Nach HGB ist eine solche bei Verwendung unangepasster Kapitalkosten im Zuge eines Operating Lease möglich.

761 Siehe Kapitel 3.2.5 zur sachlichen Entscheidungsverbundenheit.

men nach IFRS durch die stärkere Betonung der Zeitwertbilanzierung einen größeren Stellenwert ein als nach HGB. Allerdings sollte bedacht werden, dass sich *negative* Wertänderungen bei *beiden* Systemen umgehend im Residualgewinn niederschlagen. Insofern ist zu überlegen, ob es nicht angemessen wäre, wenn der Agent bei einer von ihm angeschafften Maschine neben den Risiken einer Wertminderung auch die Chancen aus einer potenziellen Wertsteigerung trägt.

Zum Abschluss dieses Kapitels ist zu konstatieren, dass eine zeitnahe Performancemessung sowie eine wirtschaftlich sinnvolle Allokation der periodischen Residualgewinne ohne weitreichende Anpassungen der Gewinn- und Vermögensbasis nach IFRS – im Gegensatz zum HGB – zumindest grundsätzlich möglich erscheinen.[762] Dazu empfiehlt sich eine konsistente Anwendung der IFRS verbunden mit einem Verzicht auf die ergebnisneutrale Neubewertung.

5.3 Beurteilung der Eignung zur wertorientierten Managemententlohnung

Nachdem ausführlich die Eignung des Residualgewinnkonzepts zur wertorientierten Planung und Performancemessung nach HGB und IFRS diskutiert wurde, stellt sich nun die Frage, ob auch eine Entlohnung des Entscheidungsträgers bzw. des Agenten anhand von Residualgewinnen zweckmäßig ist. Während sich die Planung darauf bezieht, inwiefern die Vorteilhaftigkeit von Projekten prinzipiell anhand von Residualgewinnen ablesbar ist, hat das Kapitel zur wertorientierten Managemententlohnung die Frage zum Inhalt, ob ein rationaler, auf seinen eigenen finanziellen Vorteil bedachter Agent tatsächlich im Sinne einer Unternehmenswertmaximierung handelt, wenn eine lineare Entlohnung anhand des Residualgewinnkonzepts unterstellt wird. Dies ist immer dann zu erwarten, wenn die Durchführung der aus Unternehmenssicht sinnvollen Maßnahmen auch für den Agenten finanziell lohnenswert ist. Zur Beurteilung der Eignung des Residualgewinnkonzepts für eine wertorientierte Managemententlohnung wurde in der vorangegangenen Untersuchung das Kriterium der Zielkongruenz herangezogen.[763] Die vielschichtigen Ergebnisse, die mit Hilfe der Szenariotechnik abgeleitet wurden, werden im Folgenden auf die wesentlichen Punkte verdichtet, beginnend mit den Anreizwirkungen der drei vorherrschenden Bewertungskonzeptionen des Sachanlagevermögens.

---

762 Die geringere sachliche Entscheidungsverbundenheit der IFRS ist zwar zu kritisieren, gefährdet die Zielsetzung einer wertorientierten Performancemessung jedoch weit weniger, als der verspätete Ausweis realisierter Wertbeiträge nach HGB.

763 Siehe dazu ausführlich Kapitel 3.2.6.

Die Anschaffungs- und Herstellungskostenmethode (HGB / IFRS) und die ergebnisneutrale Neubewertung (IFRS), jeweils kombiniert mit linearen Abschreibungen, resultieren im Fall konstanter und steigender Cash Inflows in einer Unterinvestition durch den Agenten.[764] Diese liegt grundsätzlich unabhängig von dessen Planungshorizont vor, verstärkt sich jedoch, wenn er beabsichtigt, das Unternehmen in den frühen Perioden der Projektlaufzeit zu verlassen. Im Falle einer vom Agenten antizipierten Werterhöhung kommt es bei der Neubewertungsmethode zu einer drastischen Verschärfung der Unterinvestitionsproblematik.[765] Auf Grund des *permanenten* Kongruenzverstoßes würde selbst ein Entscheidungsträger, dessen Zeitpräferenz mit derjenigen des Unternehmens identisch ist, in zu geringem Ausmaß investieren. Folglich ist eine Verletzung der schwachen Zielkongruenz zu konstatieren. Ausschließlich in einer Situation, die von im Zeitablauf sinkenden Cash Inflows geprägt ist, lässt sich keine definitive Aussage über die Richtung der aus beiden Methoden hervorgehenden Fehlanreize ableiten.[766] Ein Überinvestitionsverhalten ist insofern auch bei der Anschaffungs- bzw. Herstellungskostenmethode sowie der ergebnisneutralen Neubewertung zumindest theoretisch möglich, wenn eine stark negative Wachstumsrate der Cash Inflows hohe Residualgewinne zu Beginn der Projektlaufzeit und negative Kenngrößen in den Endperioden zum Ergebnis hat.

Das Fair Value-Modell (IFRS) weicht im Falle einer Werterhöhung von den anderen beiden Bewertungskonzeptionen derart ab, dass es der generellen Unterinvestitionsproblematik entgegenwirkt bzw. eine Überinvestitionsneigung verursacht. Je früher der Agent mit dem Eintreten einer Wertsteigerung des betrachteten Anlagegutes rechnet, desto wahrscheinlicher ist eine Überinvestition. Prinzipiell können von Projekten mit konstanten, steigenden und sinkenden Cash

---

764 Lineare Abschreibungen führen bei konstanten und steigenden Cash Inflows zu im Zeitverlauf steigenden Residualgewinnen. Bei einem Projekt mit positivem Kapitalwert können diese dann in den Endperioden keine negativen Werte annehmen. Somit unterschreitet der Barwert aus Sicht des Agenten (Zinssatz von 20%) immer den aus dem Projekt generierten Kapitalwert für das Unternehmen. Siehe dazu Kapitel 4.1.5.1 und Kapitel 4.1.5.2.

765 Selbst wenn Unsicherheit bezüglich künftiger Wertentwicklungen besteht, ist eine solche Verschärfung der Unterinvestitionsproblematik die logische Konsequenz. Ursächlich ist die asymmetrische Behandlung von Wertminderungen und Werterhöhungen. Während erstere unmittelbar den Gewinn mindern, führen letztere anstatt zu einer Gewinnerhöhung zu steigenden Abschreibungsbelastungen in den Folgeperioden. Daher unterschreitet der Erwartungswert der Residualgewinne bei Anwendung der ergebnisneutralen Neubewertung denjenigen bei Verwendung der Anschaffungs- bzw. Herstellungskostenmethode.

766 Diese sind dann abhängig von der Wachstumsrate g sowie bei der Neubewertungsmethode zusätzlich von einer etwaigen Werterhöhung. Eine solche kann Überinvestitionsanreize verringern.

Inflows jeweils sowohl Unter- als auch Überinvestitionsanreize ausgehen. Neben der Wachstumsrate der Cash Inflows spielen Zeitpunkt und Ausmaß der erwarteten Wertsteigerung eine entscheidende Rolle.

Auf Grund der Unterinvestitionsproblematik, die eine Situation mit „ungeduldigem Manager" i.d.R. nach sich zieht, ist davon auszugehen, dass das Fair Value-Konzept nach IFRS Fehlanreize tendenziell am besten verringert. Eine Überinvestition ist auch bei Bilanzierung gemäß dieser Bewertungskonzeption auf solche Fälle beschränkt, in denen die Perioden gegen Ende der Projektlaufzeit deutlich negative Residualgewinne aufweisen, was – gerade bei linearen (sowie degressiven) Abschreibungen und den dadurch im Zeitablauf sinkenden kalkulatorischen Zinsen – nicht die Regel sein dürfte. Das Fair Value-Modell führt jedoch nicht zur Einhaltung des *Matching Principle*, welches verbunden mit dem Ziel einer zielkongruenten Steuerung äußerst positive Wirkungen entfalten kann.[767]

Während dem Fair Value-Modell nach IFRS eine relative gute Eignung für eine zielkongruente Steuerung bescheinigt werden konnte, gilt dies für die Neubewertungsmethode nach IFRS nicht. Diese wird auf Grund ihrer starken Fehlanreize und zusätzlichen – nicht durch den Agenten zu verantwortenden – höheren Belastungen als Folge einer Werterhöhung für den Anwendungsbereich der Managemententlohnung als gänzlich ungeeignet erachtet.

Betrachtet man die Entscheidung zwischen sich gegenseitig ausschließenden Alternativprojekten, so bewirken alle drei Bewertungsmethoden – bei identischem Kapitalwert der Projekte – eine Bevorzugung von Investitionen mit sinkenden Cash Inflows. Keinem der Modelle gelingt es, diese durch den Diskontierungseffekt (Agent diskontiert zukünftige Zahlungsströme stärker als die Unternehmung) ausgelöste Problematik zu lindern. In Anbetracht dessen kann keine Vorteilhaftigkeit eines der beiden Rechnungslegungssysteme bezüglich Auswahlentscheidungen festgestellt werden.

Auch bei der Analyse der Zielkongruenz im Rahmen der langfristigen Auftragsfertigung sind – wie zuvor dargelegt – grundsätzlich drei Bewertungsmodelle zu unterscheiden.[768] Die *Completed Contract-Methode* (HGB) erlaubt nach herrschender Meinung lediglich eine Aktivierung in Höhe der Herstellungskosten. Liegen diese – wie anzunehmen – unterhalb der Selbstkosten, ergeben sich in jeder Periode vor Projektfertigstellung negative Residualgewinne. Dies induziert

767 Vgl. Penman (2007) S. 37-41, der zum Ergebnis kommt, dass eine Fair Value-Bilanzierung i.d.R. nicht mit einem Matching von Erträgen und Aufwendungen einhergeht. Siehe Kapitel 4.2.5.1 zu einer Situation, in der die Einhaltung des Matching Principle der Zielkongruenz in hohem Maße dienlich ist.

768 Siehe hierzu und im Folgenden Kapitel 4.2.1 i.V.m. Kapitel 4.2.5.

– unabhängig von der Struktur der Selbstkosten sowie dem zeitlichen Anfall der Rückflüsse aus dem Projekt – immer eine immense Unterinvestitionsproblematik. Besitzt der Agent einen Planungshorizont, der die Projektlaufzeit um mindestens eine Periode unterschreitet, so hat er faktisch und zwar unabhängig von der Höhe des Projektkapitalwerts keinen Anreiz, die Investition durchzuführen. Die Vorgehensweise nach HGB steht folglich in keiner Weise in Einklang mit einer zielkongruenten Steuerung.

Nach IFRS findet bei verlässlicher Schätzbarkeit des Gesamtprojekterlöses die *Percentage of Completion-Methode* Anwendung. Betrachtet man ein Projekt, welches zu einem einmaligen Rückfluss nach Fertigstellung führt, bewirken steigende kalkulatorische Zinsen abnehmende Residualgewinne, die bei Kapitalwertneutralität in den Endperioden negative Ausprägungen annehmen. Unabhängig von der zu Grunde liegenden Struktur der Selbstkosten erzeugt die *Percentage of Completion-Methode* dann leichte Überinvestitionsanreize.[769] Generiert das Projekt indes Rückflüsse proportional zu den anfallenden Selbstkosten, gelingt es mit der angeführten Methode – unabhängig von der Struktur der Selbstkosten – auch bei divergierenden Zeitpräferenzen (starke) Zielkongruenz herzustellen. Dies liegt in der am *Matching Principle* orientierten Vorgehensweise sowie in der Abwesenheit kalkulatorischer Zinsen begründet, wodurch die Erfüllung des *Tragfähigkeitsprinzips* gewährleistet ist.[770]

Kann die geforderte verlässliche Schätzbarkeit des Gesamtprojekterlöses nicht bejaht werden, verlangen die IFRS die Anwendung der *Modified Completed Contract-Methode*. Bei einmaligem Cash Inflow am Ende der Projektlaufzeit bringt diese leichte Unterinvestitionsanreize mit sich, welche ihren Ursprung ausschließlich in der Berücksichtigung der kalkulatorischen Zinsen haben. Im Zusammenhang mit proportionalen Rückflüssen führt die *Modified Completed Contract-Methode* weder zu Unter- noch zu Überinvestitionsanreizen und erreicht somit ebenso starke Zielkongruenz.[771] Nachteilig gegenüber der *Percentage of Completion-Methode* ist indes zu konstatieren, dass die erste Pe-

---

769 Eine Unterinvestitionsproblematik ist hingegen die Ausnahme und auf Projekte beschränkt, die eine Verlustantizipation mittels einer außerplanmäßigen Abschreibung bzw. einer Drohverlustrückstellung bedingen.

770 Siehe Kapitel 3.2.6 zum Tragfähigkeitsprinzip.

771 Vgl. Baldenius / Fuhrmann / Reichelstein (1999) S. 55 zum Begriff der starken Zielkongruenz.

riode immer einen Residualgewinn von Null aufweist und demnach keinerlei Anreizwirkung für den Agenten entfaltet.[772]

Insgesamt muss den nach IFRS im Rahmen der Langfristfertigung angewendeten Methoden (dies gilt analog für die Erbringung von langfristigen Dienstleistungen) bei der Beurteilung der Zielkongruenz eine klare Überlegenheit attestiert werden.[773] Bei einmaligem Rückfluss in T führen beide IFRS-Methoden lediglich zu geringen Fehlanreizen, die – sofern der Agent die gesamte Projektlaufzeit in sein Kalkül miteinbezieht – nur in Ausnahmefällen Entscheidungen nach sich ziehen dürften, die nicht mit dem Kapitalwertkriterium in Einklang stehen.[774] Bei Cash Inflows proportional zu den Selbstkosten bewirken beide Methoden äußerst günstige Anreizwirkungen.

Wie in Kapitel 5.2.2.2 angedeutet, könnte der Anwendungsbereich für die *Percentage of Completion-Methode* jedoch in Zukunft eingeschränkt werden. Gemäß dem 2008 veröffentlichten Diskussionspapier von IASB und FASB folgen die beabsichtigten Neuregelungen zum Ertragsausweis dem *Asset-Liability-Approach*, nach dem Erträge und Aufwendungen als Wertänderungen von Vermögens- und Schuldpositionen verstanden werden.[775] Dieses Bilanzverständnis steht dem Grundgedanken des *Matching Principle* entgegen,[776] wodurch sich die tatsächliche Einführung der angesprochenen Regelungen voraussichtlich negativ auf die Eignung der IFRS für eine zielkongruente Steuerung im Rahmen der langfristigen Auftragsfertigung auswirken dürfte.

Bei der Betrachtung von sich gegenseitig ausschließenden Alternativprojekten lässt sich die festgestellte Überlegenheit der IFRS-Regelungen im Zusammen-

---

772 Da die Modified Completed Contract-Methode in sämtlichen Perioden – mit Ausnahme der letzten – zu Gewinnen von Null führt, werden die (positiven oder negativen) kalkulatorischen Zinsen zum entscheidenden Faktor und determinieren, ob die Residualgewinne negative oder positive Werte annehmen. Die erste Periode zieht jedoch noch keine kalkulatorischen Zinsen nach sich, da in der Vorperiode kein investiertes Kapital gebunden war. Beabsichtigt der Agent das Unternehmen in ebendieser Periode zu verlassen, so steht er der Projektdurchführung indifferent gegenüber.

773 Siehe Kapitel 4.2.1 zur grundsätzlich analogen Anwendung der Regelungen zu Fertigungsaufträgen auf Dienstleistungsverträge.

774 Ein kürzerer Planungshorizont des Agenten hätte bei Anwendung der Modified Completed Contract-Methode insofern drastische Auswirkungen, dass diese bei einmaligem Cash Inflow in T grundsätzlich zu einer Unterinvestition führen würde. Grund dafür sind in einem solchen Fall die – mit Ausnahme der Schlussperiode – allesamt negativen Residualgewinne.

775 Vgl. Hommel / Schmitz / Wüstemann (2009) S. 374, vgl. RK.70(a) zum Ertragsverständnis nach IFRS, vgl. Berger (2010) S. 35 ausführlich zum Asset-Liability-Approach.

776 Vgl. Fink / Kunath (2009) S. 225-229.

hang mit der Zielkongruenz bei Projekten der langfristigen Auftragsfertigung nicht aufrechterhalten. Unabhängig vom zeitlichen Anfall der Rückflüsse bevorzugt der Agent bei Verwendung der *Completed Contract-* sowie der *Modified Completed Contract-Methode* Projekte mit steigenden Selbstkosten.[777] Bei der *Percentage of Completion-Methode* ergibt sich ein spiegelbildliches Resultat. Projekte mit sinkenden Selbstkosten werden präferiert, da höhere Selbstkosten zu Beginn der Projektlaufzeit bei dieser Methode mit einer hohen Ertragsrealisierung einhergehen. Selbst in Situationen mit proportionalen Cash Inflows ist beim Vergleich von Alternativprojekten keine Zielkongruenz gegeben.[778] Die Anforderung der perfekten Zielkongruenz wird somit sowohl nach HGB als auch nach IFRS verfehlt.

Die Eignung der beiden untersuchten Rechnungslegungssysteme zur Herstellung von Zielkongruenz wurde im Zusammenhang mit der Rückstellungsbilanzierung anhand von wiederkehrenden Großreparaturen, Restrukturierungsmaßnahmen, Garantieleistungen und Entsorgungsverpflichtungen untersucht.[779] Nach HGB führt eine wiederkehrende Großreparatur dazu, dass die im Zuge dieser verursachten operativen Aufwendungen zeitlich *vor* den korrespondierenden Erträgen anfallen. Dies hat bei den untersuchten Szenarien – selbst bei sinkenden Cash Inflows – eine Unterinvestitionsproblematik zur Konsequenz, die durch einen möglicherweise kürzeren Planungshorizont des Agenten noch verstärkt würde. Die IFRS-Regelung orientiert sich hingegen näher am *Matching Principle* und verteilt die Aufwendungen für Großreparaturen auf die Perioden ihrer Nutzung. Die Perioden nach der Durchführung der Großreparatur sind demzufolge durch erhöhte Abschreibungen und kalkulatorische Zinsen charakterisiert. Dadurch kann sich – abhängig von der Cashflow-Struktur – eine Überinvestitionsproblematik entwickeln, welche ebenfalls durch einen kürzeren Planungshorizont des Agenten verstärkt würde. Indes ist auch eine – im Vergleich zum HGB weniger schwerwiegende – Unterinvestition denkbar, was nahelegt, dass die Fehlanreize nach IFRS tendenziell abgemildert werden. Dies bestätigt auch die in Kapitel 4.3.5.4 durchgeführte quantitative Analyse.

Nach IFRS können in Verbindung mit geplanten Restrukturierungsmaßnahmen in einigen Fällen – durch Selbstbindung des Bilanzierenden – Rückstellungen

777 Dies ist dadurch begründet, dass früher anfallende Residualgewinne in solchen Fällen weniger stark mit kalkulatorischen Zinskosten belastet werden und somit höher ausfallen.

778 Die Szenarien scheinen in diesem Fall eine Zielkongruenz zu implizieren; Datenänderungen zeigen jedoch, dass zwar die Betrachtung eines einzelnen Projekts eine zielkongruente Entscheidung zur Folge hätte, ein Vergleich mehrerer Projekte jedoch nicht zwangsläufig.

779 Siehe hierzu und im Folgenden Kapitel 4.3.1 i.V.m. Kapitel 4.3.5.

gebildet werden, die nach HGB einem Passivierungsverbot unterliegen. Über die Gesamtlaufzeit eines Projekts betrachtet führt eine solche Vorgehensweise zu einer Verschärfung der Unterinvestitionsproblematik, die bereits nach HGB – auf Grund der hohen, nicht aktivierungsfähigen Restrukturierungsaufwendungen – grundsätzlich vorliegt.[780] Da davon ausgegangen werden muss, dass nicht alle im Zusammenhang mit der Restrukturierung anfallenden Aufwendungen passivierungsfähig sind, kann die Rückstellungsbildung nach IFRS indes zu einer Glättung der Residualgewinne beitragen. Eine solche verhindert möglicherweise den Ausweis eines negativen Residualgewinns in der Periode der Restrukturierung, welcher nach HGB auf Grund der Konzentration sämtlicher Aufwendungen in dieser einen Periode wahrscheinlich ist und einer zielkongruenten Steuerung abträglich wäre. Welcher der beiden Ansätze bei einer bevorstehenden Restrukturierung im Sinne der Zielkongruenz vorteilhaft ist, lässt sich nur einzelfallabhängig bestimmen.

Die Bildung einer Rückstellung für Garantieleistungen als integraler Teil eines Investitionsprojekts hat bei beiden untersuchten Rechnungslegungssystemen ebenfalls eine Tendenz zur Unterinvestition zur Folge. Kommt nach HGB der Ansatz eines vorsichtigeren Wertes zur Anwendung, wird diese Problematik – im Vergleich zu den IFRS – noch verstärkt.[781] Ursächlich sind die erhöhten Aufwendungen zur Bildung der Rückstellung im Zeitpunkt der Erzielung der Erlöse, welche erst in den Endperioden des Projekts erfolgswirksam aufgelöst werden. Auf Grund der geringeren Unterinvestitionsanreize durch eine Rückstellungsbildung in Höhe des Erwartungswertes weisen die IFRS hier eine höhere Kompatibilität mit der Anforderung der Zielkongruenz auf.

Entsorgungsverpflichtungen haben auf Grund der Zuordnung der Aufwendungen zu den Perioden der Ertragsrealisierung gemäß dem *Matching Principle* nach beiden Systemen lediglich geringe Fehlanreize zur Folge. Die Vorgehensweise nach IFRS vermindert bei sinkenden Cash Inflows tendenziell eine entstehende Überinvestitionsproblematik, wohingegen die HGB-Regelung Unterinvestitionen abschwächt. Keine der beiden Bilanzierungsweisen erweist sich bei diesem Aspekt der anderen als konzeptionell überlegen.

---

780 In den untersuchten Szenarien waren sowohl nach HGB als auch nach IFRS Unterinvestitionen bei Projekten mit konstanten sowie steigenden Cash Inflows zu beobachten. Stark sinkende Cash Inflows können indes – je nach Ausgestaltung des Szenarios – auch Überinvestitionstendenzen zur Folge haben.

781 Vgl. Abbildung 4-49 in Kapitel 4.3.5.3 zum HGB-Szenario mit Ansatz eines vorsichtigeren Wertes.

Im Hinblick auf die Vorteilhaftigkeitsprüfung einzelner Investitionsmaßnahmen (Ja-Nein-Entscheidung[782]) lässt sich feststellen, dass die bilanzielle Behandlung von wiederkehrenden Großreparaturen und Garantieverpflichtungen nach IFRS mit besseren Anreizwirkungen verbunden ist als nach HGB, während sich zu den anderen untersuchten Rückstellungstypen keine eindeutige Aussage ableiten lässt.

Auch in Bezug auf Auswahlentscheidungen weisen die IFRS bei einigen Rückstellungs-Sachverhalten Vorteile auf. Sieht der Agent sich mit der Entscheidung zwischen der Durchführung eines Projektes *mit* respektive *ohne* wiederkehrender Großreparatur konfrontiert, so wird er sich nach HGB bei Kapitalwertneutralität der Projekte und vergleichbarer Cashflow-Struktur für die zweite Variante entscheiden, um die früh anfallenden, Gewinn mindernden Aufwendungen aus der regelmäßigen Instandhaltung einer Maschine zu vermeiden. Nach IFRS existiert ein solcher Fehlanreiz auf Grund der stärkeren Betonung des *Matching Principle* und der daraus resultierenden Vergleichbarkeit der beiden Projektvarianten nicht.

Die Analyse der Zielkongruenz im Rahmen der Bilanzierung von Leasingverhältnissen wurde aufbauend auf der Feststellung durchgeführt, dass die IFRS im Vergleich zum HGB häufiger ein *Finance Lease* begründen. Analog zu „klassischen“ Investitionsprojekten geht mit einem solchen eine Tendenz zur Unterinvestition einher, da im Zeitverlauf sinkende kalkulatorische Zinsen steigende Residualgewinne induzieren.[783]

Durch die Abwesenheit des soeben beschriebenen Effekts beim *Operating Lease* reduziert dieses eine potenzielle Unterinvestitionsproblematik bzw. ruft sogar ein Überinvestitionsverhalten hervor. Negativ ist indes zu konstatieren, dass ein *Operating Lease* bei investiertem Kapital von größer Null bei Beibehaltung des verwendeten Kapitalkostensatzes während der Projektlaufzeit selbst die Anforderung der schwachen Zielkongruenz verfehlt.[784] Wird die Barwertkompatibilität (und damit auch schwache Zielkongruenz) durch periodische Adjustierung der *WACC*-Sätze hergestellt, so dass die berechneten Kapitalkosten Konsistenz mit dem bilanziell sichtbaren Kapital aufweisen, lassen sich bei konstanten und steigenden Cashflows lediglich marginale Unterinvestitionen und bei

782 Siehe Kapitel 3.2.6 zu Ja-Nein-Entscheidungen.

783 Bei steigenden Cashflows verschärft sich diese Problematik, während bei sinkenden Cashflows eine Linderung etwaiger Überinvestitionstendenzen zu erwarten ist (sinkende kalkulatorische Zinsen und sinkende Cash Inflows sind gegenläufige Effekte).

784 Dies gilt indes auch bei einem Finance Lease bei Durchführung einer Neubewertung im Rahmen des IAS 16.

sinkenden Cashflows leichte Überinvestitionen beobachten.[785] Nimmt das Unternehmen den Mehraufwand einer periodenspezifischen Kapitalkostenermittlung also in Kauf, geht mit dem *Operating Lease* nach HGB eine Reduktion der Fehlanreize im Vergleich zum *Finance Lease* nach IFRS einher.

Eine eindeutige Aussage über die Vorteilhaftigkeit der Bilanzierung eines Leasinggeschäfts als *Finance* oder *Operating Lease* bezüglich der Zielkongruenz bei Ja-Nein-Entscheidungen bedingt somit einerseits die Kenntnis der Cashflow-Struktur des Projektes und ist andererseits von der unternehmensinternen Kapitalkostenberechnung abhängig.

In Bezug auf Alternativentscheidungen ist ein Projekt, welches als *Finance Lease* behandelt wird, bei gleicher Cashflow-Struktur mit der Alternative eines „klassischen" Investitionsprojekts vergleichbar, da eine Anschaffung durch den Leasingnehmer ja gerade fingiert wird. Bei der Entscheidung zwischen einem *Operating Lease*-Projekt sowie einem „klassischen" Investitionsprojekt zieht der Agent bei gleichem Kapitalwert und Cashflow-Strukturen hingegen die Leasingoption vor, da frühe Perioden hier weniger stark mit Kapitalkosten belastet werden. Dieses Ergebnis unterstellt – analog zur Analyse in Kapitel 4.4.5 – die Verwendung der linearen Abschreibungsmethode. Der Vergleich zwischen einem *Operating Lease*-Projekt und einem „klassischen" Investitionsprojekt kann – bei gleicher Zahlungsstruktur der Projekte – indes gelingen, wenn die Annuitätenabschreibung an die Stelle der linearen Abschreibung tritt.[786]

Die Untersuchung des Kriteriums der Zielkongruenz hat aufgezeigt, dass die IFRS als Datengrundlage für das Residualgewinnkonzept dem HGB hinsichtlich einer auf das Oberziel der Unternehmenswertsteigerung gerichteten Anreizgestaltung überlegen sind. Bezüglich der Entscheidung, ob ein einzelnes Projekt durchgeführt oder unterlassen werden sollte, ergeben sich vor allem bei der Langfristfertigung (sowie langfristigen Serviceverträgen zur Erbringung von Dienstleistungen) deutliche Vorteile für die IFRS.[787] Dies gilt – mit Einschränkungen – auch für das Sachanlagevermögen (wenn auf die Anwendung der Neubewertungsmethode nach IFRS verzichtet wird), Bereiche der Rückstel-

785 Im gewählten Beispiel könnte auch von einer Adjustierung der Eigenkapitalkostensätze gesprochen werden, da das bilanziell gezeigte Vermögen zu jeder Zeit 100% eigenfinanziert ist. Die beschriebene marginale Unterinvestition stellt sich nur bei Aktivierung eines Vermögenswertes in der Bilanz ein und ist folglich nicht zu beobachten, wenn sämtliche Vermögenswerte der Unternehmung geleast werden.

786 Dies ist logisch, da die konstanten Leasingraten ebenfalls gerade einer Annuität entsprechen. Vgl. Crasselt (2004b) S. 127-129 zur Annuitätenabschreibung.

787 Siehe Kapitel 4.2.1 zur grundsätzlich analogen Anwendung der Regelungen zu Fertigungsaufträgen auf Dienstleistungsverträge.

lungsbildung (Behandlung von Aufwendungen für Großreparaturen, Garantieverpflichtungen bei neuartigen Produkten) und für die Leasingbilanzierung, falls unangepasste Kapitalkostensätze zur Residualgewinnberechnung verwendet werden. Während beim Vergleich von sich gegenseitig ausschließenden Alternativprojekten im Rahmen des Sachanlagevermögen sowie der Langfristfertigung keine materiellen Vorteile der internationalen Rechnungslegungsstandards herausgearbeitet werden konnten, ist dies für die Rückstellungsbilanzierung (bei Großreparaturen) und bei Leasingsachverhalten (Vergleich mit Anschaffung eines Vermögenswertes) durchaus der Fall.

Ungeachtet der Überlegenheit der IFRS-Regelungen zur Incentivierung eines Entscheidungsträgers sollten einige kritische Punkte hinsichtlich der Managemententlohnung anhand des Residualgewinnkonzepts auf Grundlage einer IFRS-Rechnungslegung zum Abschluss dieses Kapitels nicht unerwähnt bleiben:

- Verletzungen des Kongruenzprinzips und daraus resultierende höhere, unangemessene Belastungen des Agenten in den Folgeperioden können nicht nur die interperiodische Verteilung, sondern auch die Gesamthöhe der Kompensation des Agenten negativ beeinflussen.
- Die höheren Belastungen späterer Perioden sowie die grundsätzlich festgestellte höhere zeitliche Entscheidungsverbundenheit nach IFRS können es für den Agenten wirtschaftlich sinnvoll machen, das Unternehmen frühzeitig zu verlassen.
- Die in der Ausarbeitung zur Manipulationsresistenz aufgedeckten Spielräume bei Anwendung der IFRS kann der Agent zur Optimierung seiner Entlohnungsstruktur einsetzen.
- Die vergleichsweise geringe sachliche Entscheidungsverbundenheit nach IFRS führt dazu, dass die Entlohnung des Agenten in hohem Maße von Umweltentwicklungen abhängt, was eine sinkende Motivationswirkung bewirken kann.

6 Schlussbemerkungen

Ziel der vorangegangenen Untersuchung war es, die Eignung der Rechnungslegung nach deutschem Handelsrecht sowie nach IFRS als Datengrundlage für das Residualgewinnkonzept und dessen Anwendungsbereiche herauszuarbeiten. Mit Hilfe der Szenarioanalyse und den in Kapitel 3.2 formulierten Beurteilungskriterien ist es gelungen, eine Vielzahl von Teilergebnissen abzuleiten, aus denen Implikationen gewonnen und Schlussfolgerungen gezogen werden konnten. Die Analyse hat gezeigt, dass einzelne Bewertungskonzeptionen der Rechnungslegung in Abhängigkeit des jeweils betrachteten Anwendungsbereichs (wertorientierte Planung, Performancemessung und Managemententlohnung) eine unterschiedliche Eignung für das Residualgewinnkonzept aufweisen.

Eine wertorientierte Planung von Investitionsvorhaben auf Basis von Residualgewinnen lässt sich immer dann zielgerichtet durchführen, wenn das Kongruenzprinzip nicht verletzt wird und demzufolge die Voraussetzungen für die Gültigkeit des *Lücke-Theorems* erfüllt sind.[788] Dieser Anforderung wird durch das HGB im Rahmen der untersuchten Bilanzpositionen in Verbindung mit der Durchführung von Investitionsprojekten stets entsprochen.[789] Folglich ist davon auszugehen, dass das deutsche Handelsrecht sowohl für Ja-Nein-Entscheidungen hinsichtlich der Vorteilhaftigkeit einzelner Investition als auch für Entscheidungen zwischen sich gegenseitig ausschließenden Alternativprojekten grundsätzlich eine geeignete Datenbasis liefert und das Residualgewinnkonzept somit anstelle der *DCF*-Methode für die wertorientierte Planung eingesetzt werden kann.

Die IFRS hingegen beinhalten Bewertungsmodelle, die einer wertorientierten Planung auf Basis von Residualgewinnen entgegenstehen können. So erlauben IAS 16 und IAS 38 eine ergebnisneutrale Neubewertung von materiellen und immateriellen Vermögenswerten, welche permanente Kongruenzverstöße und somit die Verletzung des *Summentheorems* zur Folge hat, was letztlich in der Unterbewertung von Investitionsvorhaben mündet. Falls ein nach IFRS bilanzierendes Unternehmen das Residualgewinnkonzept dennoch für die wertorientierte Planung heranzieht, ist von einer Wahlrechtsausübung zu Gunsten der Neubewertungsmethode dringend abzuraten. Alternativ kann die beschriebene Problematik dadurch umgangen werden, dass – anstelle des *Net Income* – ein Rückgriff auf das neudefinierte *CI* als Basis für die Residualgewinnberechnung erfolgt.

Eine zeitnahe, wertorientierte Performancemessung lässt sich – wie aufgezeigt – nur durch Inkaufnahme von Spielräumen, die sich aus der unabdingbaren Perio-

788 Siehe Kapitel 3.2.3.

789 Siehe hierzu und im Folgenden Kapitel 5.1.

disierung von Zahlungsströmen ergeben, erreichen.[790] Aus diesem Grund und da sich Manipulationen – so sie denn nicht zu Kongruenzverstößen führen – in späteren Perioden umkehren, ist dem Kriterium der zeitlichen Entscheidungsverbundenheit zur Beurteilung der Eignung beider Rechnungslegungssysteme für die wertorientierte Performancemessung Priorität einzuräumen. Den IFRS gelingt es auf Grund der stärkeren Betonung des *Matching Principle* sowie der Zeitwertbilanzierung, einem zeitnahen, wertorientierten Performanceausweis näher zu kommen, als es das deutsche Handelsrecht vermag. Insbesondere der Vergleich der Regelungen hinsichtlich *Investment Properties*, langfristigen Fertigungs- und Dienstleistungsaufträgen sowie wiederkehrenden Großreparaturen demonstriert die höhere Zeitnähe der Performancemessung nach IFRS und deckt die Schwachstellen des HGB auf. Von der Anwendung der ergebnisneutralen Neubewertung nach IFRS muss auch im Zusammenhang mit diesem Anwendungsbereich wiederum abgeraten werden, da dieses Bewertungsmodell zu interperiodischen Verzerrungen sowie zu einer fehlerhaften Messung des Projektkapitalwerts führen kann.

Die Vorteile des HGB hinsichtlich der wertorientierten Performancemessung liegen in der besseren Entsprechung der Manipulationsresistenz sowie der sachlichen Entscheidungsverbundenheit. Im Rahmen sämtlicher untersuchten Bilanzierungssachverhalte verfügt das HGB über eine geringere Manipulationsanfälligkeit als die IFRS. Letztere gewähren zahlreiche – dem deutschen Handelsrecht unbekannte – Bilanzierungs- und Bewertungsspielräume, darunter die Folgebewertung von Vermögenswerten betreffende Wahlrechte, Schätzungsspielräume im Rahmen der Fair Value-Ermittlung und Auslegungsspielräume der kodifizierten Ansatzkriterien.

Auch die sachliche Entscheidungsverbundenheit der internationalen Rechnungslegungsvorschriften muss kritisiert werden, da neben Wertminderungen und Wertaufholungen, die auch nach HGB Einfluss auf die Residualgewinnausprägungen ausüben können, zusätzlich Werterhöhungen exogen auf die untersuchte Kennzahl einwirken. Trotz der dargelegten Vorteile des HGB hinsichtlich Manipulationsresistenz und sachlicher Entscheidungsverbundenheit ist festzustellen, dass eine zeitnahe, wertorientierte Performancemessung anhand der Rechnungslegungsdaten des deutschen Handelsrechts im Regelfall nicht gelingen dürfte. Zu viele vom Vorsichtsprinzip geprägte Normen stehen dem – selbst nach Verabschiedung des BilMoG – entgegen, so z.B. die pflichtmäßige Anwendung der *Completed Contract-Methode* bei langfristigen Fertigungsaufträgen oder aber die vorsichtige Bemessung des Rückstellungsbetrages bei Garantieverpflichtungen in Verbindung mit neuartigen Produkten.

790 Siehe hierzu und im Folgenden Kapitel 5.2.

Unterstellt man einen „ungeduldigen Manager“, der rational handelt und dessen Zielsetzung darin besteht, seine eigene finanzielle Position zu verbessern, so gelingt es weder mit einer Rechnungslegung nach HGB noch nach IFRS ohne weitere Anpassungsmaßnahmen, durchgängig Zielkongruenz herzustellen.[791] Die Untersuchung der Managemententlohnung war daher vordergründig darauf ausgelegt zu analysieren, welches der beiden Rechnungslegungssysteme Fehlanreize zumindest tendenziell minimiert.

In Bezug auf die Entscheidung über die Durchführung eines einzelnen Investitionsprojektes gelingt den IFRS – verglichen mit dem HGB – bei einigen Bilanzierungssachverhalten eine Verminderung der Unterinvestitionsproblematik, so z.B. bei der Bilanzierung von *Investment Properties*, langfristigen Fertigungs- und Dienstleistungsverträgen, wiederkehrenden Großreparaturen und Garantierückstellungen in Verbindung mit dem Absatz neuartiger Produkte. Darüber hinaus haben die internationalen Rechnungslegungsvorschriften geringere Fehlsteuerungen hinsichtlich der Leasingbilanzierung zur Folge, sofern eine periodenspezifische Anpassung des Kapitalkostensatzes im Rahmen eines *Operating Lease* nach HGB unterbleibt. Demgegenüber stehen – in Abhängigkeit von den Zahlungsströmen des Projekts – geringere Fehlanreize des HGB bei Restrukturierungsmaßnahmen, Entsorgungsrückstellungen und solchen Leasingverhältnissen, bei denen eine periodenspezifische *WACC*-Adjustierung durchgeführt wird. Insbesondere auf Grund des deutlich größeren Ausmaßes der Unterinvestitionsproblematik nach deutschem Handelsrecht kann konstatiert werden, dass die IFRS einer zielkongruenten Steuerung bei Vorliegen von Ja-Nein-Entscheidungen eher zuträglich sind.

Dies gilt auch für die Entscheidung zwischen sich gegenseitig ausschließenden Investitionen. Im Speziellen lassen sich nach IFRS Projekte, die eine wiederkehrende Großreparatur erfordern oder ein *Finance Lease* begründen, mit „klassischen“ Investitionsprojekten vergleichen. Dies gilt indes nur bei ähnlicher Struktur der konkurrierenden Projekte hinsichtlich Laufzeit, Cash Inflows und Kosten. Der Anforderung der perfekten Zielkongruenz wird in keinem der beiden Systeme entsprochen.[792]

Wie in den vorangegangen Abschnitten erläutert, scheinen die IFRS sowohl für eine wertorientierte Performancemessung als auch für eine wertorientierte Managemententlohnung dem Regelwerk des HGB überlegen zu sein. Dies bedeutet jedoch nicht, dass eine bestimmte Bewertungskonzeption für beide Anwen-

791 Siehe hierzu und im Folgenden Kapitel 5.3.
792 Vgl. Dahlhaus (2009) S. 143-144 zur perfekten Zielkongruenz.

dungsbereiche als gleichermaßen optimal angesehen werden kann.[793] Die Untersuchung der zeitlichen Entscheidungsverbundenheit hat gezeigt, dass eine Fair Value-Bilanzierung dem Ideal des *ökonomischen Gewinns* am nächsten kommt, da sie dafür sorgt, dass Wertänderungen unmittelbar in den Residualgewinn Eingang finden.[794] Erreicht werden könnte dieses theoretische Konstrukt indessen nur durch einen konsequenten Ansatz von Zeitwerten, der sämtliche Wertänderungen ausnahmslos vorwegnimmt, was in beiden Rechnungslegungssystemen bereits an der Nichtaktivierung zahlreicher Wertkomponenten scheitert. Zudem müssten diese Zeitwerte – im Gegensatz zur Fair Value-Definition nach IFRS – Synergien und Werteffekte, die lediglich innerhalb des betrachteten Unternehmens realisiert werden können, berücksichtigen.[795] Der sogenannte Entity-Specific Value müsste durchgängig Anwendung finden.

Für eine zielkongruente Steuerung und somit für die wertorientierte Managemententlohnung ist eine Fair Value-Bilanzierung – wie in Kapitel 4.1.5.4 demonstriert – hingegen auch theoretisch nicht optimal.[796] Vielmehr kann von dieser Vorgehensweise – vorausgesetzt der Agent kann künftige Wertentwicklungen gut abschätzen – eine Überinvestitionsproblematik ausgehen.[797] Weiterhin wird der rationale, auf seinen finanziellen Vorteil bedachte Agent, zum vorzeitigen Ausscheiden aus dem Unternehmen angeregt. Dem Kriterium der Zielkongruenz ist vielmehr eine Bilanzierung gemäß dem *Matching Principle* in besonderem Maße dienlich, da dieses die zeitgleiche Vereinnahmung von Aufwendungen und Erträgen vorschreibt und folglich zu einer gleichmäßigeren interperiodischen Allokation der Residualgewinne führt als eine Zeitwertbilanzierung.[798] Bei Abwesenheit kalkulatorischer Zinsen geht mit der Erfüllung des *Matching Principle* gleichzeitig die Erfüllung des *Tragfähigkeitsprinzips* einher, wodurch starke Zielkongruenz erreicht wird.[799]

---

793 Siehe Kapitel 5.2.2.2 für eine Diskussion bezüglich der Wirkungen einer Fair Value-Bilanzierung sowie des Matching Principle auf unterschiedliche Anwendungsbereiche des Residualgewinnkonzepts.

794 Siehe Kapitel 4.1.4.2, siehe auch Kapitel 3.2.5 zum Konzept des ökonomischen Gewinns.

795 Vgl. Wöginger (2004) S. 12-13 ausführlich zu Synergieeffekten, vgl. IAS 18.7, IAS 21.7, IAS 22.8, IAS 32.5 IAS 33.9, IAS 39.8 und IAS 41.8 zur Fair Value-Definition nach IFRS.

796 Siehe hierzu und im Folgenden Kapitel 4.1.5.4.

797 In dieser Arbeit wurde im Rahmen der Untersuchung der Zielkongruenz lediglich die Entscheidung über die Projektdurchführung betrachtet. Trotzdem soll hier nicht unerwähnt bleiben, dass eine Fair Value-Bilanzierung gerade während der Laufzeit eines Projektes wertvolle Informationen liefern kann, ob das Projekt Wert generiert oder abgebrochen werden sollte. Vgl. hierzu Reichelstein (1997) Abschnitt IV.

798 Siehe Kapitel 2.2.3.5 zum Matching Principle.

799 Siehe Kapitel 4.2.5.1.

Die unterschiedlichen Anforderungen, welche die drei betrachteten Anwendungsbereiche an die Datengrundlage aus dem externen Rechnungswesen stellen, illustrieren, dass die Nutzung des Residualgewinnkonzepts als *einheitliches Führungssystem* einer Unternehmung immer Kompromisse erfordert. Es existiert kein ideales Rechnungslegungssystem, das allen Anwendungsbereichen in vollem Umfang gerecht wird. Im Gegensatz zum HGB, welches in seiner aktuellen Fassung keine zeitnahe Performancemessung im Sinne einer Wertorientierung erreicht und im Zusammenhang mit der Managemententlohnung tendenziell zu starken Unterinvestitionsanreizen führt, bieten die IFRS – mit all ihren Schwächen – die Möglichkeit zur Verwendung des Residualgewinnkonzepts als *einheitliches Führungssystem* und somit die Chance für eine weitreichendere Konvergenz des Rechnungswesens.[800] Auch ohne umfangreiche Konversionen scheint eine Verwendung des Residualgewinns auf Basis der IFRS für alle drei seiner Anwendungsbereiche zweckgerecht. Notwendig, um die Verwendbarkeit für den Anwendungsbereich der wertorientierten Planung sicherzustellen, ist indes entweder der Verzicht auf eine ergebnisneutrale Neubewertung oder aber das konsistente Abstellen auf das neudefinierte *CI*.[801]

Im Folgenden wird auf zukünftigen Forschungsbedarf im Zusammenhang mit der in der vorliegenden Arbeit behandelten Thematik sowie auf weitergehende Fragestellungen, die sich aus den behandelten Konzepten ergeben, eingegangen: Aufbauend auf den Ergebnissen der vorangegangenen Analyse bietet es sich an, im Detail zu untersuchen, welche Modifikationen der Gewinn- und Vermögensbasis der Rechnungslegungsdaten aus heutiger Sicht konkret für die aktuellen Regelwerke nach IFRS und HGB empfehlenswert sind. Dies sollte – analog zur Vorgehensweise im Rahmen dieser Arbeit – in Abhängigkeit von den skizzierten Anwendungsbereichen geschehen. Für die Managemententlohnung im Speziellen wäre die Herleitung von optimalen Allokationsregeln für die Herstellung von Zielkongruenz im Zusammenhang mit sämtlichen betrachteten Bilanzierungssachverhalten von Interesse. Eine solche Analyse könnte auf das Kriterium der Anreizkompatibilität und somit auf die Problematik der Gestaltung der Entlohnungsfunktion ausgeweitet werden.

Darüber hinaus wäre eine empirische Bestätigung der Ergebnisse dieser Arbeit wünschenswert. Eine solche Studie könnte dazu genutzt werden, herauszufinden für welche Anwendungsbereiche Residualgewinne nach HGB bzw. IFRS in der Praxis tatsächlich eingesetzt werden. Des Weiteren ließe sich eine quantitative

---

800 Siehe Kapitel 5.2 zur Eignung der beiden betrachteten Rechnungslegungssysteme zur wertorientierten Performancemessung und Kapitel 5.3 zur Eignung hinsichtlich einer wertorientierten Managemententlohnung.

801 Siehe Kapitel 5.1.

Analyse durchführen, um das Ausmaß beobachtbarer Fehlsteuerungen in der Unternehmenspraxis zu determinieren.

Eine über den Geltungsbereich dieser Arbeit hinausgehende Untersuchung könnte sich zudem mit dem Zusammenwirken von Controlling-Instrumenten beschäftigen. Dabei erscheint die Frage, ob die Verwendung des Residualgewinnkonzepts als *einheitliches Führungssystem* überhaupt erstrebenswert ist oder ob ein kombinierter Einsatz von mehreren Instrumenten den formulierten Anwendungsbereichen ohnehin besser gerecht wird, außerordentlich interessant.

Eine weiterführende Analyse hinsichtlich des Beitrags des Residualgewinnkonzepts für die Konvergenz des Rechnungswesens wäre ebenso denkbar. Dabei ließe sich erörtern, auf welche Instrumente des internen Rechnungswesens bzw. Controllings durch die Anwendung des Residualgewinnkonzepts als *einheitliches Führungssystem* verzichtet werden könnte. Ferner wäre die Fragestellung interessant, welcher Anwendungsbereich des Residualgewinnkonzepts vorrangig fokussiert werden sollte, um einen möglichst großen Beitrag zur Konvergenz des Rechnungswesens zu leisten.

Bei allem verbleibenden Forschungsbedarf bleibt jedoch generell festzuhalten, dass eine erfolgreiche Steuerung anhand des Residualgewinnkonzepts vor allem die Bewusstheit der Wirkungen der verwendeten Bewertungsmodelle auf die angestrebten Anwendungsbereiche zwingend einfordert.

Bibliographie

Aders, Christian / Hebertinger, Martin / Wiedemann, Florian (2003): Value Based Management (VBM): Lösungsansätze zur Schließung von Implementierungslücken, in: Finanz Betrieb, 5. Jg., 2003, S. 356-372.

ADS (1995ff): Adler, Hans / Düring, Walther / Schmaltz, Kurt: Rechnungslegung und Prüfung der Unternehmen, 6. Auflage in mehreren Teilbänden, bearbeitet von Forster, Karl-Heinz / Goerdeler, Reinhard / Lanfermann, Josef / Müller, Hans-Peter / Siepe, Günter / Stolberg, Klaus, Teilband 1 bis 6, Stuttgart 1995 ff.

Alfredson, Keith / Leo, Ken / Picker, Ruth / Pacter, Paul / Radford, Jennie / Wise, Victoria (2007): Applying International Financial Reporting Standards, Milton 2007.

Arbeitskreis Finanzierung der Schmalenbach Gesellschaft Deutsche Gesellschaft für Betriebswirtschaft e.V. (1996): Wertorientierte Unternehmenssteuerung mit differenzierten Kapitalkosten, in: ZfbF, 48. Jg., 1996, S. 543-578.

Arnsfeld, Torsten / Schremper, Ralf (2005): Konsequenzen des Goodwill-Impairment nach IFRS 3 für die wertorientierte Unternehmenssteuerung, in: KoR, 5. Jg., 2005, S. 498-503.

Atkinson, Anthony A. / Banker, Rajiv D. / Kaplan, Robert S. / Young, S. Mark (1997): Management Accounting 1997, 2. Auflage, Upper Saddle River, New Jersey 1997.

Backhaus, Klaus (1996): Gewinnrealisierung im Anlagengeschäft vor dem Hintergrund nationaler und internationaler Rechnungslegungsnormen, in: Rechnungslegung, Prüfung und Beratung: Festschrift für Rainer Ludewig, hrsg. von Baetge, Jörg, Düsseldorf 1996, S. 21-51.

Baetge, Jörg / Kirsch, Hans-Jürgen / Thiele, Stefan (2007): Bilanzen, 9. Auflage, Düsseldorf 2007.

Baetge, Jörg / Lienau, Achim (2005): Der Gläubigergedanke im Mixed Fair Value-Modell des IASB, in: Kritisches zu Rechnungslegung und Unternehmensbesteuerung: Festschrift zur Vollendung des 65. Lebensjahres von Theodor Siegel, hrsg. von Schneider, Dieter / Rückle, Dieter / Küpper, Hans-Ulrich / Wagner, Franz W., Berlin 2005, S. 65-84.

Baldenius, Tim / Fuhrmann, Gregor / Reichelstein, Stefan (1999): Zurück zu EVA, in: BFuP, 51. Jg., 1999, S. 53-65.

Baldenius, Tim / Reichelstein, Stefan (2000): Incentives for Efficient Inventory Management: The Role of Historical Cost, Working Paper, Columbia University 2000.

Ballwieser, Wolfgang (2000): Wertorientierte Unternehmensführung: Grundlagen, in: ZfbF, 52. Jg., 2000, S. 160-166.

Barker, Richard (2004): Reporting financial performance, in: Accounting Horizons, Volume 18, 2004, S. 157-172.

Bartelheimer, Jörn / Kückelhaus, Markus / Wohlthat, Andreas (2004): Auswirkungen des Impairment of Assets auf die interne Steuerung, in: ZfCM, 48. Jg., 2004, Sonderheft 2, S. 23-30.

Beck'scher Bilanzkommentar (2006): Der Jahresabschluss nach Handels- und Steuerrecht, hrsg. von Ellrott, Helmut / Förschle, Gerhart / Hoyos, Martin / Winkeljohann, Norbert, 6. Auflage, München 2006.

Beck'sches IFRS Handbuch (2006): Kommentierung der IAS / IFRS, hrsg. von Hebestreit, Gernot / Bohl, Werner, Riese Joachim, 2. Auflage, München 2006.

Behringer, Stefan / Ottersbach, Jörg (2001): Wertorientierte Unternehmensführung mit dem Economic Value Added (EVA), in: StB, 42. Jg., 2001, S. 98-107.

Berger, Fabian (2010): Strategisches Management der Umsatzerlöse: Eine kapitalmarktorientierte Untersuchung zur Umsatzrealisation bei IFRS-Anwendern, Zürich / Basel / Genf 2010.

Bertram, Klaus (2009): §249 Rückstellungen, in: Haufe HGB Bilanzkommentar, hrsg. von Bertram, Klaus / Brinkmann, Ralph / Kessler, Harald / Müller, Stefan, Freiburg / München / Berlin / Würzburg 2009, S. 345-437.

Biddle, Gary C. / Bowen, Robert M. / Wallace, James S. (1999): Evidence on EVA, in: Journal of Applied Corporate Finance, Volume 2, 1999, S. 69-79.

Bigus, Jochen (2008): Probleme der Fair-Value- und Erfolgsbilanzierung bei Fehlanreizen des Vertragspartners – das Beispiel langfristiger Fertigungsaufträge, in: ZfB, 78. Jg., 2008, S. 205-223.

Binger, Marc (2009): Der Ansatz von Rückstellungen nach HGB und IFRS im Vergleich – Regelungsschärfe, Zweckadäquanz sowie Eignung für die Steuerbilanz, Wiesbaden 2009.

Böckem, Hanne / Schurbohm, Anne (2002): Die Bilanzierung von Immobilien nach den International Accounting Standards, in: KoR, 2. Jg. 2002, S. 38-51.

Böcking, Hans-Joachim / Nowak, Karsten (1999): Das Konzept des Economic Value Added, in: Finanz Betrieb, 1. Jg., 1999, S. 281-288.

Bömelburg, Peter / Landgraf, Christian / Singh-Verma, Jeetendra (2009): Zukunft der Leasingbilanzierung nach IFRS: Kritische Würdigung des Discussion Papers „Leases – Preliminary Views“, in: PiR, 5. Jg., 2009, S. 217-224.

Bogajewskaja, Janina (2007): Reporting Financial Performance: Konzeption und Darstellung der Erfolgsrechnung nach Vorschriften des ASB, FASB und IASB, Wiesbaden 2007.

Born, Karl (2007): Rechnungslegung international: IAS/IFRS im Vergleich mit HGB und US-GAAP, 5. Auflage, Stuttgart 2007.

Buhleier, Claus (1997): Harmonisierung der Rechnungslegung bei langfristiger Auftragsfertigung, Wiesbaden 1997.

Burger, Anton / Ulbrich, Philipp (2005): Beteiligungscontrolling, München 2005.

Busse von Colbe, Walther / Ordelheide, Dieter / Gebhardt, Günther / Pellens, Bernhard (2003): Konzernabschlüsse: Rechnungslegung nach betriebswirtschaftlichen Grundsätzen sowie nach Vorschriften des HGB und der IAS/IFRS, 7. Auflage, Wiesbaden 2003.

Cairns, David (2002): Applying International Accounting Standards, 3. Auflage, London 2002.

Chen, Shimin / Dodd, James L. (2001): Operating income, Residual income and EVA™: Which metric is more value relevant?, in: Journal of Managerial Issues, Volume 13, 2001, S. 65-86.

Choi, Frederick D. S. / Meek, Gary K. (2005): International Accounting, 5. Auflage, New Jersey (2005).

Christensen, John (2002): Agency Theory, in: Handwörterbuch Unternehmensrechnung und Controlling, hrsg. von Küpper, Hans-Ulrich / Wagenhofer, Alfred, 4. Auflage, Stuttgart 2002, Sp. 28-39.

Christensen, Peter O. / Feltham, Gerald A. / Wu, Martin G. H. (2002): „Cost of Capital“ in Residual Income for Performance Evaluation, in: The Accounting Review, Volume 77, 2002, S. 1-23.

Claßen, Robert / Schulz, Sebastian (2009): Nationale und internationale Leasingbilanzierung im Wandel?, in: IRZ, 4. Jg., 2009, S. 313-320.

Coenenberg, Adolf G. (1999): Kostenrechnung und Kostenanalyse, 4. Auflage, München 1999.

Coenenberg, Adolf G. / Haller, Axel / Schultze, Wolfgang (2009): Jahresabschluss und Jahresabschlussanalyse: Betriebswirtschaftliche, handelsrechtliche, steuerrechtliche und internationale Grundsätze – HGB, IFRS und US-GAAP, 21. Auflage, Stuttgart 2009.

Coenenberg, Adolf G. / Salfeld, Rainer (2007): Wertorientierte Unternehmensführung: Vom Strategieentwurf zur Implementierung, 2. Auflage, Stuttgart 2007.

Coenenberg, Adolf G. / Schultze, Wolfgang (2003): Residualgewinn- vs. Ertragswertmethode in der Unternehmensbewertung, in: Kapitalgeberansprüche, Marktwertorientierung und Unternehmenswert: Festschrift für Jochen Drukarczyk, hrsg. von Richter, Frank / Schüler, Andreas / Schwetzler, Bernhard, München 2003, S. 119-141.

Coenenberg, Adolf G. / Straub, Barbara (2008): Rechenschaft versus Entscheidungsunterstützung: Harmonie oder Disharmonie der Rechnungszwecke, in: KoR, 8. Jg., 2008, S. 17-26.

Copeland, Thomas E. / Weston, J. Fred / Shastri, Kuldeep (2008): Finanzierungstheorie und Unternehmenspolitik: Konzepte der kapitalmarktorientierten Unternehmensfinanzierung, 4. Auflage, München 2008.

Copeland, Tom / Koller, Tim / Murrin, Jack (2002): Unternehmenswert – Methoden und Strategien für eine wertorientierte Unternehmensführung, 3. Auflage, Frankfurt am Main 2002.

Crasselt, Nils (2001): Rappaports Shareholder Value Added – Eine Alternative zum Economic Value Added? –, in: Finanz Betrieb, 3.Jg., 2001, S. 165-171.

Crasselt, Nils (2003): Wertorientierte Managemententlohnung, Unternehmensrechnung und Investitionssteuerung: Analyse unter Berücksichtigung von Realoptionen, Frankfurt am Main 2003.

Crasselt, Nils (2004a): Accounting-based Investment Incentives and Real Options, in: ZfB, 74. Jg., 2004, Ergänzungsheft 3, S. 55-76.

Crasselt, Nils (2004b): Managementvergütung auf Basis von Residualgewinnen – Zur Gefahr von Fehlanreizen durch praktisch relevante Abschreibungsverfahren, in: Finanz Betrieb, 2004, 6. Jg., S. 121-129.

Crasselt, Nils / Nölte Uwe (2007): Aktienbewertung mit dem Abnormal Earnings Growth Model, in Finanz Betrieb, 9. Jg., 2007, S. 523-531.

Crasselt, Nils / Pellens, Bernhard / Schremper, Ralf (2000a): Konvergenz wertorientierter Erfolgskennzahlen – Economic Value Added, Cash Flow Return on Investment und Cash Value Added (I), in: WISU, 29. Jg., 2000, S. 72-78.

Crasselt, Nils / Pellens, Bernhard / Schremper, Ralf (2000b): Konvergenz wertorientierter Erfolgskennzahlen – Economic Value Added, Cash Flow Return on Investment und Cash Value Added (II), in: WISU, 29. Jg., 2000, S. 205-208.

Crasselt, Nils / Schremper, Ralf (2000): Economic Value Added, in: DBW, 60. Jg., 2000, S. 813-816.

Dahlhaus, Caterina (2009): Investitions-Controlling in dezentralen Unternehmen: Anreizsysteme als Instrument zur Verhaltenssteuerung im Investitionsprozess, Wiesbaden 2009.

Dellmann, Klaus (2002): Kennzahlen und Kennzahlensysteme, in: Handwörterbuch der Rechnungslegung und Prüfung, hrsg. von Ballwieser, Wolfgang / Coenenberg, Adolf G., v. Wysocki, Klaus, 3. Auflage, Stuttgart 2002, Sp. 939-950.

Diamond, Peter A. (1998): Managerial incentives: on the near linearity of optimal compensation, in: Journal of Political Economy, Volume 106, 1998, S. 931-957.

Dierkes, Stefan / Hanrath, Stephanie (2002): Steuerung dezentraler Investitionsentscheidungen auf Basis eines modifizierten Residualgewinns, in: ZfbF, 54. Jg., 2002, S. 246-267.

Dierkes, Stefan / Schäfer, Ulrich (2008): Prinzipal-Agenten-Theorie und Performance Measurement, in: ZfCM, 52. Jg., 2008, Sonderheft 1, S. 19-27.

Dirrigl, Hans (1998): Wertorientierung und Konvergenz in der Unternehmensrechnung, in: BFuP, 50. Jg., 1998, S. 540-579.

Dodd, James L. / Chen, Shimin (1996): EVA: A new Panacea?, in: Business & Economic Review, Volume 42, 1996, S. 26-28.

Drukarczyk, Jochen (2001): Unternehmensbewertung, 3. Auflage, München 2001.

Dutta, Sunil / Reichelstein, Stefan (2005): Accrual Accounting for Performance Evaluation, in: RAST, Volume 10, 2005, S. 527-552.

Ehrbar, Al (1998): The Real Key to Creating Wealth, New York et al. 1998.

Eidel, Ulrike (1999): Moderne Verfahren der Unternehmensbewertung und Performance-Messung, hrsg. von Küting, Karlheinz / Weber, Claus-Peter, Berlin 1999.

Eierle, Brigitte / Schultze, Wolfgang / Bischof, Bettina / Thiericke, Sandra (2008): Eignung der IFRS für Controllingzwecke – Ergebnisse einer empirischen Befragung nicht kapitalmarktorientierter Unternehmen, in: Controlling, 20. Jg., 2008, S. 289-298.

Esser, Klaus (2000): Wertorientierte Unternehmensführung bei Mannesmann, in: ZfbF, 52. Jg., 2000, S. 176-187.

Ewert, Ralf / Wagenhofer, Alfred (2005): Interne Unternehmensrechnung, 6. Auflage, Berlin / Heidelberg / New York 2005.

Falk, Marcus (1996): Prüfung der generalnormkonformen Rechnungslegung bei langfristiger Fertigung, Wiesbaden 1996.

Fama, Eugene (1970): Efficient Capital Markets: A review of theory and empirical work, in: Journal of Finance, Volume 25, 1970, S. 383-417.

Findeisen, Klaus-Dieter / Sabel, Elmar (2009): Diskussionspapier von IASB und FASB zur Reform der Leasingbilanzierung, in: DB, 62. Jg., 2009, S. 1885-1894.

Fink, Christian / Kunath, Oliver (2009): Revenue Recognition in Contracts with Customers: Revolution in der Ertragsrealisierung?, in: PiR, 5.Jg., 2009, S. 225-232.

Fischer, Thomas M. (2002): Wertorientierte Kennzahlen und Publizität der DAX 30-Unternehmen, in: Controlling, 14.Jg., 2002, S. 161-168.

Fischer, Thomas / Rödl, Karin (2005): Value Added Reporting – Publizität wertorientierter Managementkonzepte in den Geschäftsberichten der DAX-30 Unternehmen, in: Controlling, 17. Jg., 2005, S. 23-32.

Fisher, Irving (1930): The Theory of Interest. As Determined by Impatience to Spend Income and Opportunity to Invest It, New York 1930.

Förschle, Gerhart / Kroner, Matthias / Heddäus, Birgit (1999): Ungewisse Verpflichtungen nach IAS 37 im Vergleich zum HGB, in: WPg, 52. Jg. 1999, S. 41-54.

Förster, Guido / Schmidtmann, Dirk (2009): Steuerliche Gewinnermittlung nach dem BilMoG, in: BB, 64. Jg., 2009, S. 1342-1346.

Francke, Hans-Hermann (2005): Immobilienbewertung im Lichte rationaler Kapitalanlageentscheidungen, in: Immobilienmärkte und Immobilienbewertung, hrsg. von Francke, Hans-Hermann / Rehkugler, Heinz, München 2005, S. 287-301.

Freiberg, Jens (2009): Aufgliederung des Gesamtergebnisses auch im Eigenkapitalspiegel?, in: PiR, 5. Jg., 2009, S. 176-179.

Friedl, Gunther (2007): Real Options and Investment Incentives, Berlin / Heidelberg 2007.

Fruhan, William E. (1979): Financial Strategy: Studies in the Creation, Transfer, and Destruction of Shareholder Value, Hornewood 1979.

Fülbier, Rolf Uwe / Fehr, Jane (2008): Aktueller Diskussionsstand im IASB/FASB-Leasingprojekt: Weiter Richtung full fair value?, in: PiR, 4. Jg., 2008, S. 181-188.

Fülbier, Rolf Uwe / Fehr, Jane (2009): Die bilanzwirksame Gleichbehandlung aller Leasingverträge steht vor der Tür: Das IASB/FASB-Discussion Paper zu Leases, in: WPg, 62. Jg., 2009, S. 673-676.

Fülbier, Rolf Uwe / Maier, Friederike / Sellhorn, Thorsten (2009): Internationale Abschlüsse in neuem Gewand – Das Discussion Paper zu „Financial Statement Presentation" (Phase B), in: WPg, 62. Jg., 2009, S. 405-410.

Gaber, Christian (2002): Bewertung von Fertigerzeugnissen zu Voll- oder Teilkosten? Ansatz von Forderungen zum Nennwert oder Barwert? Eine agencytheoretische Analyse zur zielkongruenten Performancemessung, in: Working Paper Series: Finance and Accounting, No. 101,Universität Frankfurt, 2002.

Gaber, Christian (2005): Der Erfolgsausweis im Wettstreit zwischen Prognosefähigkeit und Kongruenz, in: BFuP, 57. Jg., 2005, S. 279-295.

Gassen, Joachim / Fischkin, Michael / Hill, Verena (2008): Das Rahmenkonzeptprojekt des IASB und des FASB – Entscheidungsnützlichkeit über alles?, in: Bilanz als Informations- und Kontrollinstrument: Kapitalmarktorientierte Rechnungslegung und integrierte Unternehmenssteuerung, hrsg. von Küting, Karlheinz / Pfitzer, Norbert / Weber, Claus-Peter, Stuttgart 2008, S. 31-49.

Gausemeier, Jürgen / Fink, Alexander / Schlake, Oliver (1996): Szenario-Management: Planen und Führen mit Szenarien, 2. Auflage, München 1996.

Gebhardt, Günther (2003): Formulierung konsistenter periodischer Beurteilungsgrößen für die wertorientierte Unternehmensführung, in: Finanzwirtschaft, Kapitalmarkt und Banken, hrsg. von Rathgeber, Andreas / Tebroke, Hermann-Josef / Wallmeier, Martin, Stuttgart 2003, S. 67-83.

Gelhausen Hans-Friedrich / Weiblein, St. (2007): Die Bilanzierung von Leasingverträgen, in: Handbuch des Jahresabschlusses, hrsg. von von Wysocki, Klaus / Schulze-Osterloh, Joachim, Köln 2007.

Gillenkirch, Robert M. (2004): Renditevorgaben und Kapitalkosten in der wertorientierten Investitionssteuerung, in: Wertorientierte Unternehmenssteuerung: Festschrift für Helmut Laux, hrsg. von Gillenkirch, Robert M. / Laux, Helmut / Schauenberg, Bernd / Schenk-Mathes, Heike Y., Berlin / Heidelberg 2004, S. 47-76.

Gillenkirch, Robert M. / Schabel, Matthias M. (2001): Investitionssteuerung, Motivation und Periodenerfolgsrechnung bei ungleichen Zeitpräferenzen, in: ZfbF, 53. Jg., 2001, S. 216-245.

Götze, Uwe (1993): Szenario-Technik in der strategischen Unternehmensplanung, 2. Auflage, Wiesbaden 1993.

Greth, Michael (1998): Managemententlohnung aufgrund des Economic Value Added, in: Unternehmenswertorientierte Entlohnungssysteme, hrsg. von Pellens, Bernhard, Stuttgart 1998, S. 71-100.

Grinyer, John R. (1985): Earned Economic Income: A Theory for Matching, in: Abacus, Volume 21, 1985, S. 130-148.

Grinyer, John R. (1987): A New Approach to Depreciation, in: Abacus, Volume 23, 1987, S. 43-54.

Günther, Thomas (2002): Wertorientierte Rechnungslegung, in: Handwörterbuch der Rechnungslegung und Prüfung, hrsg. von Ballwieser, Wolfgang / Coenenberg, Adolf G., von Wysocki, Klaus, 3. Auflage, Stuttgart 2002, Sp. 2658-2676.

Günther, Thomas / Landrock, Bert / Muche, Thomas (2000): Gewinn- versus unternehmenswertbasierte Performancemaße: Eine empirische Untersuchung auf Basis der Korrelation von Kapitalmarktrenditen: Teil II: Datenaufbereitung, Ergebnisse und Schlussfolgerungen, in: Controlling, 12. Jg., 2000, S. 129-134.

Haaker, Andreas (2006): Da capo: Zur Eignung des value in use einer cash generating unit gemäß IAS 36 als Basis einer wertorientierten Bereichssteuerung, in: KoR, 6. Jg., 2006, S. 687-695.

Hachmeister, Dirk (2000): Der Discounted Cashflow als Maß der Unternehmenswertsteigerung, 4. Auflage, Frankfurt am Main et al. 2000.

Hachmeister, Dirk (2003): Gestaltung von Wertbeitragskennzahlen in der Theorie der Unternehmensrechnung, in: Marktwertorientierte Unternehmensführung – Anreiz- und Kommunikationsaspekte, hrsg. von Franck, Egon / Arnoldussen, Ludger / Jungwirth, Carola, Düsseldorf 2003, S. 97-119.

Hachmeister, Dirk (2006): Verbindlichkeiten nach IFRS: Bilanzierung von kurz- und langfristigen Verbindlichkeiten, Rückstellungen und Eventualschulden, München 2006.

Haller, Axel / Ernstberger, Jürgen / Buchhauser, Anita (2008): Performance Reporting nach International Financial Reporting Standards – Empirische Untersuchung der Unternehmen des HDAX, in: KoR, 8. Jg., 2008, S. 314-325.

Happel, Markus (2002): Shareholder-Value-Ansatz: Implementierungslücke im Controlling deutscher Unternehmen? Ergebnisse einer empirischen Untersuchung, in: Controlling, 14. Jg., 2002, S. 275-282.

Hax, Karl (1989): Investitionsrechnung und Periodenerfolgsmessung, in: Der Integrationsgedanke in der Betriebswirtschaftslehre, hrsg. von Delfmann, Werner, Wiesbaden 1989, S. 153-170.

Hayn, Sven (1994): Die International Accounting Standards (Teil II) – Ihre grundlegende Bedeutung für die internationale Harmonisierung der Rechnungslegung sowie eine Darstellung wesentlicher Unterschiede zu den einzelgesellschaftlichen Normen des HGB, in: WPg, 47. Jg., 1994, S. 749-755.

Hayn, Sven / Waldersee, Georg Graf (2006): IFRS / US-GAAP / HGB im Vergleich: Synoptische Darstellung für den Einzel- und Konzernabschluss, 6. Auflage, Stuttgart 2006.

Hebertinger, Martin (2002): Wertsteigerungsmaße – Eine kritische Analyse, Frankfurt am Main 2002.

Hebertinger, Martin / Schabel, Matthias M. / Velthuis, Louis John (2005): Risikoangepasste oder risikofreie Kapitalkosten in Wertbeitragskonzepten?, in: Finanz Betrieb, 7. Auflage, 2005, S. 159-166.

Heinen, Edmund (1991): Industriebetriebslehre, 9. Auflage, München 1991.

Heitmüller, Hans-Michael / Hellen, Heinz-Herrmann / Tesche, Thomas (2009): Leasingbilanzierung nach IFRS im Überblick und Ausblick, in: Berichterstattung für den Kapitalmarkt: Festschrift für Karlheinz Küting zum 65. Geburtstag, hrsg. von Weber, Claus-Peter / Lorson, Peter / Pfitzer, Norbert / Kessler, Harald / Wirth, Johannes, Stuttgart 2009, S. 47-72.

Henselmann, Klaus (2001): Economic Value Added – Königsweg zur Integration des Rechnungswesens?, in: ZfP, 12. Jg., 2001, S. 159-186.

Herter, Ronald (1994): Unternehmenswertorientiertes Management: Strategische Erfolgsbeurteilung von dezentralen Organisationseinheiten auf der Basis der Wertsteigerungsanalyse, München 1994.

Hoffmann, Wolf-Dieter (2009): Rückstellungen, in: Haufe IFRS Kommentar, hrsg. von Lüdenbach, Norbert / Hoffmann, Wolf-Dieter, 7. Auflage, Freiburg im Breisgau / Berlin 2009, S. 867-961.

Hofmann, Christian (2002): Anreizsysteme, in: Handwörterbuch Unternehmensrechnung und Controlling, hrsg. von Küpper, Hans-Ulrich / Wagenhofer, Alfred, 4. Auflage, Stuttgart 2002, Sp. 69-79.

Hold-Paetsch, Christiane (2009): IAS 40 – Im Bau befindliche als Finanzinvestition gehaltene Immobilien, in: IFRS Änderungskommentar, hrsg. von Vater, Hendrik et al., 2. Auflage, Weinheim 2009, S. 211-214.

Holzer, Peter / Ernst, Christian (1999): Other Comprehensive Income und Non-Ownership Movements in Equity – Erfassung und Ausweis des Jahresergebnisses und des Eigenkapitals nach US-GAAP und IAS, in: WPg, 52. Jg., 1999, S. 353-370.

Homburg, Carsten / Toksal, Asli / Gödde, Dominika (2004): Corporate Governance und Value Based Management – eine empirische Untersuchung der DAX-, MDAX- und TecDAX-Unternehmen, Frankfurt 2004, Bearing Point.

Hommel, Michael / Schmitz, Stefanie / Wüstemann, Sonja (2009): Discussion Paper „Revenue Recognition" – Misstrauensvotum gegen den Fair Value?, in: BB, 64. Jg., 2009, S. 374-378.

Hommel, Michael / Wich, Stefan (2004): Die Bilanzierung von Entfernungsverpflichtungen gemäß HGB und SFAS 143 in der kritischen Betrachtung, in: KoR, 4. Jg., 2004, S. 16-28.

Horváth, Péter / Minning, Frank (2001): Wertorientiertes Management in Deutschland, Großbritannien, Italien und Frankreich, in: Controlling, 13. Jg., 2001, S. 273-282.

Hostettler, Stephan (1995): Economic Value Added als neues Führungsinstrument, in: Der Schweizer Treuhänder, 69. Jg., 1995, S. 307-315.

Hostettler, Stephan (1997): Economic Value Added (EVA), Bern et al. 1997.

Hostettler, Stephan (2002): Economic Value Added (EVA): Darstellung und Anwendung auf Schweizer Aktiengesellschaften, 5. Auflage, Bern 2002.

Inselbag, Isik / Kaufold, Howard (1997): Two DCF approaches for valuing companies under alternative financing strategies (and how to choose between them), in: Journal of Applied Corporate Finance, 10. Jg., 1997, S. 114-122.

Jensen, Michael C. (1983): Organization Theory and Methodology, in: The Accounting Review, Volume 58, 1983, S. 319-339.

Jensen, Michael C. (1986): Agency Costs of Free Cash Flow, Corporate Finance, and Takeovers, in: AER, Volume 76, 1986, S. 323-329.

Kahle, Holger (2003): Unternehmenssteuerung auf Basis internationaler Rechnungslegungsstandards?, in: ZfbF, 55. Jg., 2003, S. 773-789.

Kahn, Herman / Wiener, Anthony J. (1967): The Year 2000: A Framework for Speculation on the Next Thirty-Three Years, New York 1967.

Kerkhoff, Guido / Thun, Soenke (2007): Integration von internem und externem Rechnungswesen, in: Controlling, 19. Jg., 2007, S. 455-461.

Klingelhöfer, Heinz Eckart (2006): Wertorientiertes Controlling auf der Grundlage von Werten nach IAS 36, in: KoR, 6. Jg., 2006, S. 590-597.

Knobbe-Keuk, Brigitte (1993): Bilanz- und Unternehmenssteuerrecht, 9. Auflage, Köln 1993.

Krotter, Simon (2007): Zur Relevanz von Kongruenzdurchbrechungen für die Bewertung und Performance-Messung mit Residualgewinnen, in: DBW, 67. Jg., 2007, S. 692-718.

Kümpel, Thomas (2000): Gewinnrealisierung bei langfristiger Fertigung nach deutscher und US-amerikanischer Rechnungslegung, Köln 2000.

Künkele, Kai Peter / Zwirner, Christian (2009): Zuordnung von Immobilien zu IAS 2, IAS 11, IAS 16, IAS 40 oder IFRS 5 – Bilanzpolitische Spielräume, in: IRZ, 4. Jg., 2009, S. 97-99.

Küpper, Hans-Ulrich (2001): Controlling – Konzeption, Aufgaben und Instrumente, 3. Auflage, Stuttgart 2001.

Küting, Karlheinz (2007): Globalisierung fordert ihren Preis, Handelsblatt vom 02.11.2007, S. 14.

Küting, Karlheinz (2008): Die IFRS-Rechnungslegungspraxis in Deutschland – kritische Analyse und Ausblick, in: Bilanz als Informations- und Kontrollinstrument: Kapitalmarktorientierte Rechnungslegung und integrierte Unternehmenssteuerung, hrsg. von Küting, Karlheinz / Pfitzer, Norbert / Weber, Claus-Peter, Stuttgart 2008, S. 2-6.

Küting, Karlheinz / Eidel, Ulrike (1999): Performance-Messung und Unternehmensbewertung auf Basis des EVA, in: WPg, 52. Jg., 1999, S. 829-838.

Küting, Karlheinz / Hellen, Heinz-Herrmann / Brakensiek, Sonja (1998): Leasing in der nationalen und internationalen Bilanzierung: Eine vergleichende Darstellung unter Berücksichtigung neuer Ansätze, in: BB, 53. Jg., 1998, S. 1465-1473.

Küting, Karlheinz / Reuter, Michael (2009): Erfolgswirksame versus erfolgsneutrale Eigenkapitalkomponenten im IFRS-Abschluss: Gewöhnungsbedürftiger Gewinnausweis für deutsche Bilanzierer und Abschlussleser, in: PiR, 5. Jg., 2009, S. 44-49.

Kunz, Alexis H. / Pfeiffer, Thomas / Schneider, Georg (2007): ERIC™ versus EVA™: Eine theoretische Analyse in der Praxis diskutierter Wertmetriken, in: DBW, 67. Jg., 2007, S. 259-277.

Kußmaul, Heinz / Weiler, Dennis (2009a): Fair Value-Bewertung im Licht aktueller Entwicklungen (Teil 1), in: KoR, 9. Jg., 2009, S. 163-171.

Kußmaul, Heinz / Weiler, Dennis (2009b): Fair Value-Bewertung im Licht aktueller Entwicklungen (Teil 2), in: KoR, 9. Jg., 2009, S. 209-216.

Laux, Helmut (1999): Unternehmensrechnung, Anreiz und Kontrolle, 2. Auflage, Berlin 1999.

Laux, Helmut (2001): Bedingungen der Anreizkompatibilität, Fundierung von Unternehmenszielen und Anreize für deren Umsetzung, in: Neuere Ansätze der Betriebswirtschaftslehre – in memoriam Karl Hax, hrsg. von Laßmann, Gert, Düsseldorf 2001, S. 115-147.

Laux, Helmut (2006): Wertorientierte Unternehmenssteuerung und Kapitalmarkt – Fundierung finanzwirtschaftlicher Entscheidungskriterien und (Anreize für) deren Umsetzung, 2. Auflage, Berlin / Heidelberg / New York 2006.

Leibfried, Peter / Eisele, Alexander (2009): Darstellung von Eigenkapitalveränderungen nach IAS 1, in: Der Schweizer Treuhänder, 82. Jg., 2009, S. 511-519.

Leibfried, Peter / Kleibold, Thorsten (2009): Neuregelung der Leasingbilanzierung im IFRS-Abschluss des Leasingnehmers, in: KoR, 9. Jg., 2009, S. 408-413.

Leibold, Stefan (2000): Immobilien als Kapitalanlage, in: Europäische Immobilien-Aktien, hrsg. von Bankhaus Ellwanger & Geiger, Stuttgart 2000, S. 20-29.

Littkemann, Jörn / Michalik, Claudia (2004): Instrumente des operativen Beteiligungscontrollings, in: Beteiligungspraxis: Handbuch für die Unternehmens- und Beratungspraxis, hrsg. von Littkemann, Jörn / Zündorf, Horst, Herne 2004, S. 145-167.

Lorson, Peter (2009): Kapitel 1: Bedeutungsverschiebung der Bilanzierungszwecke, in: Das neue deutsche Bilanzrecht, hrsg. von Küting, Karlheinz / Pfitzer, Norbert / Weber, Claus-Peter, Stuttgart 2009.

Lücke, Wolfgang (1955): Investitionsrechnungen auf der Grundlage von Ausgaben oder Kosten?, in: Zeitschrift für handelswissenschaftliche Forschung, 7. Jg., 1955, S. 310-324.

Lüdenbach, Norbert (2009): Erlöse, in: Haufe IFRS Kommentar, hrsg. von Lüdenbach, Norbert / Hoffmann, Wolf-Dieter, 7. Auflage, Freiburg im Breisgau / Berlin 2009, S. 1141-1220.

Lüdenbach, Norbert (2009): Fertigungsaufträge, in: Haufe IFRS Kommentar, hrsg. von Lüdenbach, Norbert / Hoffmann, Wolf-Dieter, 7. Auflage, Freiburg im Breisgau / Berlin 2009, S. 763-807.

Lüdenbach, Norbert / Freiberg, Jens (2009): Leasing, in: Haufe IFRS Kommentar, hrsg. von Lüdenbach, Norbert / Hoffmann, Wolf-Dieter, 7. Auflage, Freiburg im Breisgau / Berlin 2009, S. 577-692.

Lüdenbach, Norbert / Hoffmann, Wolf-Dieter (2009): Die wichtigsten Änderungen der HGB-Rechnungslegung durch das BilMoG, in: StuB, 11. Jg., 2009, S. 287-316.

McGregor, Warren (1996): Accounting for Leases: A New Approach – Recognition by Lessees of Assets and Liabilities Arising under Lease Contracts, 1996.

Merchant, Kenneth A. (1985): Control in Business Organizations, Boston 1985.

Middelmann, Ulrich (2000): Wertmanagement in einem internationalen Konzern, in: Controlling international tätiger Unternehmen, hrsg. von Berens, Wolfgang / Born, Axel / Hoffjan, Andreas, Stuttgart 2000, S. 321-342.

Modigliani, Franco / Miller, Merton H. (1958): The Cost of Capital, Corporation Finance, and the Theory of Investment, in: AER, Volume 48, 1958, S. 261-297.

Mohnen, Alwine (2002): Performancemessung und die Steuerung von Investitionsentscheidungen, Wiesbaden 2002.

Mohnen, Alwine (2003): Managerial Performance Evaluation with Residual Income – Limited Investment Budget and NPV-Maximization, Köln 2003.

Mohnen, Alwine (2005): Good News für die Steuerung von Investitionsentscheidungen – Eine Verallgemeinerung des relativen Beitragsverfahrens, in: ZfB, 75. Jg., 2005, S. 277-297.

Mohnen, Alwine / Bareket, Moshe (2007): Performance measurement for investment decisions under capital constraints, in: RAST, Volume 12, 2007, S. 1-22.

Moxter, Adolf (2003): Grundsätze ordnungsgemäßer Rechnungslegung, Düsseldorf 2003.

Müller, Gilbert / Hirsch, Bernhard (2005): Die Wertorientierung in der Unternehmenssteuerung – Status quo und Perspektiven, in: ZfCM, 49. Jg., 2005, S. 83-87.

Müller, Stefan / Ordemann, Tammo / Pampel, Jochen R. (2005): Handlungsempfehlungen für die Anwendung der IFRS im Controlling mittelständischer Unternehmen, in: BB, 60. Jg., 2005, S. 2119-2125.

Müller, Stefan / Wobbe, Christian / Reinke, Jens (2008): Empirische Analyse der Bilanzierung des Sachanlagevermögens nach IFRS – Eine Analyse der Ansatz-, Bewertungs- und Ausweisentscheidungen der DAX-, MDAX- und SDAX-Unternehmen, in KoR, 8.Jg., 2008, S. 630-640.

Nailor, Hans / Lennard, Andrew (2000): Leases: Implementation of a New Approach, 2000.

Neubürger, Heinz-Joachim (2000): Wertorientierte Unternehmensführung bei Siemens, in: ZfbF, 52. Jg., 2000, S. 188-196.

Olbrich, Michael (2006): Wertorientiertes Controlling auf Basis des IAS 36, in: KoR, 6. Jg., 2006, S. 43-44.

o.V. (1996): Shareholder Value und Aktienkultur – eine Umfrage bei den DAX-Werten, in: Zeitschrift für das gesamte Kreditwesen, 49. Jg., 1996, S. 481-495.

Oversberg, Thomas (2007): Ein Abschied auf Raten – IASB legt die Grundlage für die Abschaffung des Ausweises eines Jahresüberschusses: Ein Überblick über die Anpassungen des IAS 1 – Presentation of Financial Statements, in: PiR, 3. Jg., 2007, S. 339-345.

Pellens, Bernhard (2007): Rechnungslegungssysteme, in: Handwörterbuch der Betriebswirtschaft, hrsg. von Köhler, Richard / Küpper, Hans-Ulrich, Pfingsten, Andreas, Stuttgart 2007, Sp. 1544-1553.

Pellens, Bernhard / Crasselt, Nils / Schremper, Ralf (2002): Berücksichtigung von Geschäftsbereichs-Goodwills bei der wertorientierten Unternehmensführung, in: Marketing-Management und Unternehmensführung: Festschrift für Prof. Richard Köhler, hrsg. von Böhler, Heymo, Stuttgart 2002, S. 121-135.

Pellens, Bernhard / Crasselt, Nils / Sellhorn, Thorsten (2002): Bedeutung der neuen Goodwill-Bilanzierung nach US-GAAP für die wertorientierte Unternehmensführung, in: Performance Controlling: Strategie, Leistung und Anreizsystem effektiv verbinden, hrsg, von Horváth, Peter, Stuttgart 2002, S. 131-152.

Pellens, Bernhard / Crasselt, Nils / Sellhorn, Thorsten (2009): Corporate Governance und Rechnungslegung, in: ZfbF, 61. Jg., 2009, S. 102-113.

Pellens, Bernhard / Fülbier, Rolf / Gassen, Joachim / Sellhorn, Thorsten (2008): Internationale Rechnungslegung, 7. Auflage, Stuttgart 2008.

Pellens, Bernhard / Neuhaus, Stefan / Sawazki, Wolfgang / Zimmermann, Ralf (2008): IFRS Bilanzierung verstärkt Gewinnermittlung, in: DB, 61. Jg., 2008, S. 137-145.

Pellens, Bernhard / Rockholtz, Carsten / Stienemann, Marc (1997): Marktwert-orientiertes Konzerncontrolling in Deutschland – Eine empirische Untersuchung, in: DB, 50. Jg, 1997, S. 1933-1939.

Pellens, Bernhard / Tomaszewski, Claude / Weber, Nicolas (2000): Wertorientierte Unternehmensführung in Deutschland – Eine empirische Untersuchung der DAX 100-Unternehmen, in: DB, 53. Jg., 2000, S. 1825-1833.

Penman, Stephen H. (2007): Financial reporting quality: is fair value a plus or a minus?, in: Accounting and Business Research, Special Issue: International Accounting Policy Forum, 37. Jg., 2007, S. 33-44.

Pfaff, Dieter (1998): Wertorientierte Unternehmenssteuerung, Investitionsentscheidungen und Anreizprobleme, in: BFuP, 50. Jg., 1998, S. 491-516.

Pfaff, Dieter (1999): Kommentar: Residualgewinne und die Steuerung von Anlageinvestitionen, in: BFuP, 51. Jg., 1999, S. 65-69.

Pfaff, Dieter / Kunz, A H, Pfeiffer, Thomas (2000): Wertorientierte Unternehmenssteuerung und das Problem des ungeduldigen Managers, in: Wirtschaftswissenschaftliches Studium, 29. Jg., 2000, S. 562-567.

Pfeiffer, Thomas (2000): Good and Bad News for the Implementation of Shareholder-Value Concepts in Decentralised Organizations: A critical Study Comparing the DCF Method and the EVA Method, in: Sbr, 52. Jg., 2000, S. 68-91.

Philipps, Holger (2010): Rechnungslegung nach BilMoG: Kurzkommentar zum Jahresabschluss und Lagebericht nach neuem Bilanzrecht, Wiesbaden 2010.

Preinreich, Gabriel A. D. (1937): Valuation and Amortization, in: The Accounting Review, Volume 7, 1937, S. 209-226.

Rammert, Stefan / Thies, Angelika (2009): Mit dem Bilanzrechtsmodernisierungsgesetz zurück in die Zukunft – was wird aus Kapitalerhaltung und Besteuerung?, in: WPg, 62. Jg, 2009, S. 34-46.

Rappaport, Alfred (1999): Shareholder Value: Ein Handbuch für Manager und Investoren, 2. Auflage, Stuttgart 1999.

Reichelstein, Stefan (1997): Investment Decisions and Managerial Performance Evaluation, in: Review of Accounting Studies, Volume 2, 1997, S. 157-180.

Reichelstein, Stefan (2000): Providing managerial incentives: cash flows versus accrual accounting, in: Journal of Accounting Research, Volume 38, 2000, S. 243-269.

Reichmann, Thomas (2006): Controlling mit Kennzahlen und Management-Tools – Die systemgestützte Controlling-Konzeption, 7. Auflage, München 2006.

Richter, Frank / Honold, Dirk (2000): Das Schöne, das Unattraktive und das Hässliche an EVA & Co., in: Finanz Betrieb, 2. Jg., 2000, S. 265-274.

Riegler, Christian (2000): Hierarchische Anreizsysteme im wertorientierten Management: eine agency-theoretische Untersuchung, Stuttgart 2000.

Rogerson, William P. (1997): Intertemporal Cost Allocation and Managerial Investment Incentives. A Theory Explaining the Use of Economic Value Added as a Performance Measure, in: Journal of Political Economy, Volume 105, 1997, S. 770-795.

Schabel, Matthias M. (2004): Investitionssteuerung, Periodenerfolgsrechnung und Economic Value Added, Wiesbaden 2004.

Schaier, Sven (2007): Konvergenz von internem und externem Rechnungswesen – Bedarf für eine Neustrukturierung des Rechnungswesens?, Wiesbaden 2007.

Schaier, Sven (2008): Erklärungsansätze für eine Konvergenz von internem und externem Rechnungswesen, in: BFuP, 60. Jg., 2008, S. 122-136.

Schildbach, Thomas (1999): Externe Rechnungslegung und Kongruenz – Ursache für die Unterlegenheit deutscher verglichen mit angelsächsischer Bilanzierung?, in: DB, 52. Jg., 1999, S. 1813-1820.

Schmidbauer, Rainer (1999): Vergleich der wertorientierten Steuerungskonzepte im Hinblick auf die Anwendbarkeit im Konzern-Controlling, in: Finanz Betrieb, 1. Jg., 1999, S. 365-377.

Scholl, Armin (2001): Robuste Planung und Optimierung: Grundlagen – Konzepte und Methoden – Experimentelle Untersuchungen, Heidelberg 2001.

Schüler, Andreas / Herrmann, Christian (2006): Leasing und wertorientierte Unternehmenssteuerung, in: ZfCM, 50. Jg., 2006, S. 174-188.

Schulz, Sebastian (2008): Die Leasingbilanzierung nach IFRS aus Sicht des asset-liability-approach, in: IRZ, 3. Jg., 2008, S. 179-185.

Schurbohm-Ebneth, Anne / Zoeger, Oliver (2009): Zur Umsetzung der HGB-Modernisierung durch das BilMoG: Internationalisierung des handelsrechtlichen Konzernabschlusses, in: DB, 62. Jg., 2009, Beilage 5 zu Heft 23, S. 53-57.

Schwetzler, Bernhard (2000): Kapitalkosten, in: Kosten-Controlling: Neue Methoden und Inhalte, hrsg. von Fischer, Thomas M., Stuttgart 2000, S. 79-107.

Sharpe, William (1964): Capital Asset Prices: A Theory of Market Equilibrium under Conditions of Risk, in: Journal of Finance, 19. Jg., 1964, S. 425-442.

Siebrecht, Frank / Heidorn, Thomas / Klein, Hans-Dieter (2001): Economic Value Added zur Erklärung der Bewertung europäischer Aktien, in: Finanz Betrieb, 3. Jg., 2001, S. 560-564.

Siefke, Michael (1999): Externes Rechnungswesen als Datenbasis der Unternehmenssteuerung – Vergleich mit der Kostenrechnung und Shareholder-Value-Ansätzen, Wiesbaden 1999.

Solomons, David (1965): Divisional Performance: Measurement and Control, Homewood / Nobleton 1965.

Spremann, Klaus (1990): Investition und Finanzierung, 3. Auflage, München 1990.

Steiner, Manfred / Bruns, Christoph (2002): Wertpapiermanagement: Professionelle Wertpapieranalyse und Portfoliostrukturierung, 8. Auflage, Stuttgart 2002.

Stern, Joel M. / Shiely, John S. / Ross, Irwin (2001): The EVA Challenge: Implementing Value-Added Change in an Organization, New York 2001.

Stewart, G. Bennett (1991): The Quest for Value – The EVA management guide, New York 1991.

Stewart, G. Bennett (1994): EVA: Fact and Fantasy, in: Journal of Applied Corporate Finance, Volume 7, 1994, S. 71-84.

Terstege, Udo (2005): Zu den Möglichkeiten einer kapitalwertkompatiblen Gestaltung von Erfolgsrechnungen, in: BFuP, 57. Jg., 2005, S. 588-600.

Velthuis, Louis John (2004): Entwurf eines integrierten Value Based Management-Konzepts auf Basis des Residualgewinns, in: Wertorientierte Unternehmenssteuerung: Festschrift für Helmut Laux, hrsg. von Gillenkirch, Robert M. / Laux, Helmut / Schauenberg, Bernd / Schenk-Mathes, Heike Y., Berlin / Heidelberg 2004, S. 295-324.

Velthuis, Louis John / Wesner, Peter (2005): Value Based Management – Bewertung, Performancemessung und Managemententlohnung mit ERIC, Stuttgart 2005.

Velthuis, Louis John / Wesner, Peter / Schabel, Matthias (2006): Eignung des Fair-Value-Ansatzes für die Verhaltenssteuerung im Unternehmen, in: BB, 61. Jg., 2006, S. 875-878.

Wagenhofer, Alfred (2003): Accrual-based compensation, depreciation and investment decisions, in EAR, Volume 12, 2003, S. 287-309.

Wagenhofer, Alfred / Riegler, Christian (1999): Gewinnabhängige Managemententlohnung und Investitionsanreize, in BFuP, 51. Jg., 1999, S. 70-90.

Weber, Theo (2000): Methoden der Unternehmensbewertung unter Berücksichtigung von Ertragssteuern und Finanzierungspolitik, in: Finanz Betrieb, 2. Jg., 2000, S.464-473.

Weber, Jürgen (2009): Erfahrungen mit wertorientierter Steuerung, in: DB, 62. Jg., 2009, S. 297-303.

Weber, Jürgen / Bramsemann, Urs / Heineke, Carsten / Hirsch, Bernhard (2004): Wertorientierte Unternehmenssteuerung: Konzepte – Implementierung – Praxisstatements, Wiesbaden 2004.

Weber, Michael P. / Veit, Guido (2004): Performance orientiertes Investitionsrechnungsverfahren bei DaimlerChrysler, in: ZfCM, 48. Jg., 2004, Sonderheft 1, S. 24-31.

Weißenberger, Barbara E. (2006): Ergebnisrechnung nach IFRS und interne Performancemessung, in: Controlling und IFRS-Rechnungslegung, hrsg. von Wagenhofer, Alfred, Berlin 2006, S. 49-79.

Welge, Martin K. / Holtbrügge, Dirk (1998): Internationales Management, Landsberg am Lech 1998.

Wielenberg, Stefan (2002): Rechnungszwecke, in: Handwörterbuch Unternehmensrechnung und Controlling, hrsg. von Küpper, Hans-Ulrich / Wagenhofer, Alfred, 4. Auflage, Stuttgart 2002, Sp. 1669-1677.

Wöginger, Helmut (2004): Das Synergy-Value-Konzept, Wiesbaden 2004.

Wohlgemuth, Frank (2006): IFRS: Bilanzpolitik und Bilanzanalyse: Gestaltung und Vergleichbarkeit von Jahresabschlüssen, Berlin 2006.

Wüstemann, Jens / Kierzek, Sonja (2006): Das Projekt „Revenue Recognition" von FASB und IASB – Notwendigkeit, Vorschläge und Bewertung möglicher Neufassungen von IAS 18 und IAS 11, in: Standortbestimmungen und Zukunftsperspektiven, hrsg. von Küting, Karlheinz, Pfitzer, Norbert / Weber, Claus-Peter, Stuttgart 2006.

Young, S. David / O'Byrne, Stephen F. (2001): EVA and Value-Based Management – A Practical Guide to Implementation, New York 2001.

Zirkler, Bernd (2002): Der Economic Value Added (EVA) als Konzept für den Mittelstand, in: krp, 2002, Sonderheft 1, S. 99-104.

Zülch, Henning (2003): Die Bilanzierung von Investment Properties nach IAS 40, Düsseldorf 2003.

Zülch, Henning (2008): IAS 40 – Als Finanzinvestitionen gehaltene Immobilien, in: Internationales Bilanzrecht – Rechnungslegung nach IFRS, hrsg. von Thiele, Stefan / von Keitz, Isabel / Brücks, Michael , Bonn 2008.

Zülch, Henning / Fischer, Daniel T. (2007): Die Neuregelungen des überarbeiteten IAS 1 – Financial Statement Presentation, in: PiR, 3. Jg., 2007, S. 257-260.

Zülch, Henning / Hoffmann, Sebastian (2009): Die Modernisierung des deutschen Handelsbilanzrechts durch das BilMoG: Wesentliche Alt- und Neuregelungen im Überblick, in DB, 62. Jg., 2009, S. 745-752.

Zülch, Henning / Pronobis, Paul / Fischer, Daniel T. (2009): Das Diskussionspapier „Revenue Recognition in Contracts with Customers" – Befund der möglichen Änderungen bei der Ertragsrealisierung nach IFRS, in: DB, 62. Jg., 2009, S. 1941-1946.

Internetquellen

DP (2008a): Discussion Paper „Preliminary Views on Revenue Recognition in Contracts with Customers, 2009.
http://www.ifrs.org

DP (2008b): Discussion Paper „Preliminary Views on Financial Statement Presentation", 2008.
http://www.ifrs.org

DP (2009): Discussion Paper DP/2009/1 „Leases – Preliminary Views", 2009.
http://www.ifrs.org

IOSCO (2005): Statement on the Development and Use of International Financial Reporting Standards.
http://www.iasplus.com/resource/0502ioscotech.pdf

SD (2010): Staff Draft of Exposure Draft „IFRS X: Financial Statement Presentation", 2010.
http://www.ifrs.org

Verzeichnis zitierter Rechtsvorschriften

BFH (1970): Urteil vom 26.01.1970 – IV R 144/66, S. 264-265.

BFH (2001): Urteil vom 11.12.2001, VIII R 34/99, in: DStRE, 2002, 6. Jg., S. 541 .

BFH (2002): Urteil vom 30.01.2002, I R 68/100, in: DStR, 2002, 40. Jg., S. 713.

BMF (1971): Leasing-Verträge über bewegliche Wirtschaftsgüter – Schreiben vom 19.04.1971 – IV B2-S 2170-31/71, in: BStBl. I 1971, S. 264-265.

BMF (1972): Leasing-Verträge über unbewegliche Wirtschaftsgüter – Schreiben vom 21.03.1972 – IV B2-S 2170-11/72, in: BStBl. I 172, S. 188.

BMF (1975): Teilamortisations-Leasing-Verträge über bewegliche Wirtschaftsgüter – Schreiben vom 22.12.1975 – IV B2-S 2170-161/75, in: DB, 29. Jg., 1976, S. 172-174.

BMF (1991): Teilamortisations-Leasing-Verträge über unbewegliche Wirtschaftsgüter – Schreiben vom 23.12.1991 – IV B6-S 2170-115/91, in: BStBl. I 1992, S. 13.

EStG: Einkommenssteuergesetz, vom 19. Oktober 2002 (BGB1. S. 4210; 2003 I S. 179), zuletzt geändert durch Artikel 7 des Gesetzes vom 8. April 2008 (BGB1. I S. 706).

HGB: Handelsgesetzbuch, vom 10.05.1897 (RGB1. I S. 219), zuletzt geändert durch Artikel 6a G vom 31.07.2009 I 2512.

IFRS: IFRS 2010 including IASs and Interpretations as at 1 January 2010, hrsg. von IASB, London 2010.

Verordnung (EG) Nr. 1606/2002 des Europäischen Parlamentes und des Rates vom 19. Juli 2002 betreffend die Anwendung internationaler Rechnungslegungsstandards.

Anhang

Szenarien zum Sachanlagevermögen

Neubewertungsmethode (IAS 16), g=0,2							
Periode	**t=0**	**t=1**	**t=2**	**t=3**	**t=4**	**t=5**	**Σ**
Cashflows	-1266	200	240	288	346	415	222
Neubewertung	0	0	317	0	0	0	317
Abschreibungen	0	253	253	359	359	359	1583
Restbuchwert	1266	1013	1076	718	359	0	
Gewinn	0	-53	-13	-71	-13	56	-94
Kalk. Zinsen	0	63	51	54	36	18	222
RG	0	-117	-64	-125	-49	38	-316
BW des RG (5%)	0	-111	-58	-108	-40	30	-287
BW des RG (20%)	0	-93	-40	-62	-19	12	-203

Abbildung A-1: Szenario A1 zum Sachanlagevermögen

Anschaffungskosten-/Herstellungskostenmethode (IFRS, Obergrenze HGB), g=0,2							
Periode	**t=0**	**t=1**	**t=2**	**t=3**	**t=4**	**t=5**	**Σ**
Cashflows	-1266	200	240	288	346	415	222
Neubewertung	0	0	0	0	0	0	0
Abschreibungen	0	253	253	253	253	253	1266
Restbuchwert	1266	1013	760	506	253	0	
Gewinn	0	-53	-13	35	92	161	222
Kalk. Zinsen	0	63	51	38	25	13	190
RG	0	-117	-64	-3	67	149	32
BW des RG (5%)	0	-111	-58	-3	55	117	0
BW des RG (20%)	0	-93	-40	-2	27	47	-61

Abbildung A-2: Szenario A2 zum Sachanlagevermögen

Fair Value-Modell (IAS 40), g=0,2							
Periode	**t=0**	**t=1**	**t=2**	**t=3**	**t=4**	**t=5**	**Σ**
Cashflows	-1266	200	240	288	346	415	222
FV Änderung	0	-253	63	-359	-359	-359	
Restbuchwert	1266	1013	1076	718	359	0	
Gewinn	0	-53	303	-71	-13	56	222
Kalk. Zinsen	0	63	51	54	36	18	222
RG	0	-117	253	-125	-49	38	1
BW des RG (5%)	0	-111	229	-108	-40	30	0
BW des RG (20%)	0	-93	159	-62	-19	12	-3

Abbildung A-3: Szenario A3 zum Sachanlagevermögen

Neubewertungsmethode (IAS 16), g=-0,2							
Periode	**t=0**	**t=1**	**t=2**	**t=3**	**t=4**	**t=5**	**Σ**
Cashflows	-595	200	160	128	102	82	78
Neubewertung	0	0	149	0	0	0	149
Abschreibungen	0	119	119	168	168	168	743
Restbuchwert	595	476	505	337	168	0	
Gewinn	0	81	41	-40	-66	-87	-71
Kalk. Zinsen	0	30	24	25	17	8	104
RG	0	51	17	-66	-83	-95	-175
BW des RG (5%)	0	49	16	-57	-68	-74	-135
BW des RG (20%)	0	41	11	-33	-33	-30	-44

Abbildung A-4: Szenario A4 zum Sachanlagevermögen

Fair Value-Modell (IAS 40), g=-0,2							
Periode	**t=0**	**t=1**	**t=2**	**t=3**	**t=4**	**t=5**	Σ
Cashflows	-595	200	160	128	102	82	78
FV Änderung	0	-119	30	-168	-168	-168	
Restbuchwert	595	476	505	337	168	0	
Gewinn	0	81	190	-40	-66	-87	78
Kalk. Zinsen	0	30	24	25	17	8	104
RG	0	51	166	-66	-83	-95	-26
BW des RG (5%)	0	49	151	-57	-68	-74	0
BW des RG (20%)	0	41	105	-33	-33	-30	50

Abbildung A-5: Szenario A5 zum Sachanlagevermögen

Szenarien zur Langfristfertigung

Completed Contract-Methode (HGB), g=0,2, einmaliger Cash Inflow in T							
Periode	t=0	t=1	t=2	t=3	t=4	t=5	Σ
Cash Inflow	0	0	0	0	0	1097	1097
Cash Outflow	100	120	144	173	207	249	993
Buchwertabgang	0	0	0	0	0	496	
Selbstkosten	100	120	144	173	207	249	993
HK	50	60	72	86	104	124	496
Invest. Kapital	50	110	182	268	372	496	
Gewinn	-50	-60	-72	-86	-104	476	104
Kalk. Zinsen	0	3	6	9	13	19	50
RG	-50	-63	-78	-96	-117	458	55
BW des RG (5%)	-50	-60	-70	-82	-96	359	0
BW des RG (20%)	-50	-52	-54	-55	-56	184	-84

Abbildung A-6: Szenario A1 zur Langfristfertigung

Percentage of Completion-Methode (IFRS), g=0,2, einmaliger Cash Inflow in T							
Periode	t=0	t=1	t=2	t=3	t=4	t=5	Σ
Cash Inflow	0	0	0	0	0	1097	1097
Cash Outflow	100	120	144	173	207	249	993
Buchwertabgang	0	0	0	0	0	1097	
Selbstkosten	100	120	144	173	207	249	993
SK + Aufschlag	110	133	159	191	229	275	1097
Invest. Kapital	110	243	402	593	822	0	
Gewinn	10	13	15	18	22	26	104
Kalk. Zinsen	0	6	12	20	30	41	108
RG	10	7	3	-2	-8	-15	-4
BW des RG (5%)	10	7	3	-2	-6	-12	0
BW des RG (20%)	10	6	2	-1	-4	-6	7

Abbildung A-7: Szenario A2 zur Langfristfertigung

Modified Completed Contract-Methode (IFRS), g=0,2, einmaliger Cash Inflow in T							
Periode	**t=0**	**t=1**	**t=2**	**t=3**	**t=4**	**t=5**	Σ
Cash Inflow	0	0	0	0	0	1097	1097
Cash Outflow	100	120	144	173	207	249	993
Buchwertabgang	0	0	0	0	0	993	
Selbstkosten	100	120	144	173	207	249	993
Invest. Kapital	100	220	364	537	744	0	
Gewinn	0	0	0	0	0	104	104
Kalk. Zinsen	0	5	11	18	27	37	98
RG	0	-5	-11	-18	-27	67	6
BW des RG (5%)	0	-5	-10	-16	-22	53	0
BW des RG (20%)	0	-4	-8	-11	-13	27	-8

Abbildung A-8: Szenario A3 zur Langfristfertigung

Completed Contract-Methode (HGB), g=-0,2, einmaliger Cash Inflow in T							
Periode	**t=0**	**t=1**	**t=2**	**t=3**	**t=4**	**t=5**	Σ
Cash Inflow	0	0	0	0	0	431	431
Cash Outflow	100	80	64	51	41	33	369
Buchwertabgang	0	0	0	0	0	184	
Selbstkosten	100	80	64	51	41	33	369
HK	50	40	32	26	20	16	184
Invest. Kapital	50	90	122	148	168	184	
Gewinn	-50	-40	-32	-26	-20	230	62
Kalk. Zinsen	0	3	5	6	7	8	29
RG	-50	-43	-37	-32	-28	222	33
BW des RG (5%)	-50	-40	-33	-27	-23	174	0
BW des RG (20%)	-50	-35	-25	-18	-13	89	-53

Abbildung A-9: Szenario A4 zur Langfristfertigung

Percentage of Completion-Methode (IFRS), g=-0,2, einmaliger Cash Inflow in T							
Periode	t=0	t=1	t=2	t=3	t=4	t=5	Σ
Cash Inflow	0	0	0	0	0	431	431
Cash Outflows	100	80	64	51	41	33	369
Buchwertabgang	0	0	0	0	0	431	
Selbstkosten	100	80	64	51	41	33	369
SK + Aufschlag	117	93	75	60	48	38	431
Invest. Kapital	117	210	285	345	393	0	
Gewinn	17	13	11	9	7	6	62
Kalk. Zinsen	0	6	11	14	17	20	67
RG	17	8	0	-6	-10	-14	-5
BW des RG (5%)	17	7	0	-5	-9	-11	0
BW des RG (20%)	17	6	0	-3	-5	-6	9

Abbildung A-10: Szenario A5 zur Langfristfertigung

Modified Completed Contract-Methode (IFRS), g=-0,2, einmaliger Cash Inflow in T							
Periode	t=0	t=1	t=2	t=3	t=4	t=5	Σ
Cash Inflow	0	0	0	0	0	431	431
Cash Outflows	100	80	64	51	41	33	369
Buchwertabgang	0	0	0	0	0	369	
Selbstkosten	100	80	64	51	41	33	369
Invest. Kapital	100	180	244	295	336	0	
Gewinn	0	0	0	0	0	62	62
Kalk. Zinsen	0	5	9	12	15	17	58
RG	0	-5	-9	-12	-15	45	4
BW des RG (5%)	0	-5	-8	-11	-12	36	0
BW des RG (20%)	0	-4	-6	-7	-7	18	-6

Abbildung A-11: Szenario A6 zur Langfristfertigung

Completed Contract-Methode (HGB), g=0,2, proportionale Cash Inflows							
Periode	**t=0**	**t=1**	**t=2**	**t=3**	**t=4**	**t=5**	**Σ**
Cash Inflow	100	120	144	173	207	249	993
Cash Outflow	100	120	144	173	207	249	993
Buchwertabgang	0	0	0	0	0	496	
Selbstkosten	100	120	144	173	207	249	993
HK	50	60	72	86	104	124	496
Buchwert VW	50	110	182	268	372	0	
Invest. Kapital	-50	-110	-182	-268	-372	0	
Gewinn	-50	-60	-72	-86	-104	372	0
Kalk. Zinsen	0	-3	-6	-9	-13	-19	-49
RG	-50	-58	-67	-77	-90	391	49
BW des RG (5%)	-50	-55	-60	-67	-74	306	0
BW des RG (20%)	-50	-48	-46	-45	-44	157	-75

Abbildung A-12: Szenario A7 zur Langfristfertigung

Percentage of Completion-Methode (IFRS), g=0,2, proportionale Cash Inflows							
Periode	**t=0**	**t=1**	**t=2**	**t=3**	**t=4**	**t=5**	**Σ**
Cash Inflow	100	120	144	173	207	249	993
Cash Outflow	100	120	144	173	207	249	993
Buchwertabgang	0	0	0	0	0	993	
Selbstkosten	100	120	144	173	207	249	993
SK + Aufschlag	100	120	144	173	207	249	993
Buchwert VW	100	220	364	537	744	0	
Invest. Kapital	0	0	0	0	0	0	
Gewinn	0	0	0	0	0	0	0
Kalk. Zinsen	0	0	0	0	0	0	0
RG	0	0	0	0	0	0	0
BW des RG (5%)	0	0	0	0	0	0	0
BW des RG (20%)	0	0	0	0	0	0	0

Abbildung A-13: Szenario A8 zur Langfristfertigung

Modified Completed Contract-Methode (IFRS), g=0,2, proportionale Cash Inflows							
Periode	**t=0**	**t=1**	**t=2**	**t=3**	**t=4**	**t=5**	Σ
Cash Inflow	100	120	144	173	207	249	993
Cash Outflow	100	120	144	173	207	249	993
Buchwertabgang	0	0	0	0	0	993	
Selbstkosten	100	120	144	173	207	249	993
Buchwert VW	100	220	364	537	744	0	
Invest. Kapital	0	0	0	0	0	0	
Gewinn	0	0	0	0	0	0	0
Kalk. Zinsen	0	0	0	0	0	0	0
RG	0	0	0	0	0	0	0
BW des RG (5%)	0	0	0	0	0	0	0
BW des RG (20%)	0	0	0	0	0	0	0

Abbildung A-14: Szenario A9 zur Langfristfertigung

Completed Contract-Methode (HGB), g=-0,2, proportinale Cash Inflows							
Periode	**t=0**	**t=1**	**t=2**	**t=3**	**t=4**	**t=5**	Σ
Cash Inflow	100	80	64	51	41	33	369
Cash Outflow	100	80	64	51	41	33	369
Buchwertabgang	0	0	0	0	0	184	
Selbstkosten	100	80	64	51	41	33	369
HK	50	40	32	26	20	16	184
Buchwert	50	90	122	148	168	0	
Invest. Kapital	-50	-90	-122	-148	-168	0	
Gewinn	-50	-40	-32	-26	-20	168	0
Kalk. Zinsen	0	-3	-5	-6	-7	-8	-29
RG	-50	-38	-28	-20	-13	176	29
BW des RG (5%)	-50	-36	-25	-17	-11	138	0
BW des RG (20%)	-50	-31	-19	-11	-6	71	-47

Abbildung A-15: Szenario A10 zur Langfristfertigung

Percentage of Completion-Methode (IFRS), g=-0,2, proportionale Cash Inflows							
Periode	**t=0**	**t=1**	**t=2**	**t=3**	**t=4**	**t=5**	Σ
Cash Inflow	100	80	64	51	41	33	369
Cash Outflow	100	80	64	51	41	33	369
Buchwertabgang	0	0	0	0	0	369	
Selbstkosten	100	80	64	51	41	33	369
SK + Aufschlag	100	80	64	51	41	33	369
Buchwert	100	180	244	295	336	0	
Invest. Kapital	0	0	0	0	0	0	
Gewinn	0	0	0	0	0	0	0
Kalk. Zinsen	0	0	0	0	0	0	0
RG	0	0	0	0	0	0	0
BW des RG (5%)	0	0	0	0	0	0	0
BW des RG (20%)	0	0	0	0	0	0	0

Abbildung A-16: Szenario A11 zur Langfristfertigung

Modified Completed Contract-Methode (IFRS), g=-0,2, proportionale Cash Inflows							
Periode	**t=0**	**t=1**	**t=2**	**t=3**	**t=4**	**t=5**	Σ
Cash Inflow	100	80	64	51	41	33	369
Cash Outflow	100	80	64	51	41	33	369
Buchwertabgang	0	0	0	0	0	369	
Selbstkosten	100	80	64	51	41	33	369
Buchwert	100	180	244	295	336	0	
Invest. Kapital	0	0	0	0	0	0	
Gewinn	0	0	0	0	0	0	0
Kalk. Zinsen	0	0	0	0	0	0	0
RG	0	0	0	0	0	0	0
BW des RG (5%)	0	0	0	0	0	0	0
BW des RG (20%)	0	0	0	0	0	0	0

Abbildung A-17: Szenario A12 zur Langfristfertigung

Completed Contract-Methode (HGB), g=0, konstante Cash Inflows							
Periode	t=0	t=1	t=2	t=3	t=4	t=5	Σ
Cash Inflow	100	100	100	100	100	100	600
Cash Outflow	100	100	100	100	100	100	600
Buchwertabgang	0	0	0	0	0	300	
Selbstkosten	100	100	100	100	100	100	600
HK	50	50	50	50	50	50	300
Buchwert VW	50	100	150	200	250	0	
Invest. Kapital	-50	-100	-150	-200	-250	0	
Gewinn	-50	-50	-50	-50	-50	250	0
Kalk. Zinsen	0	-3	-5	-8	-10	-13	-38
RG	-50	-48	-45	-43	-40	263	38
BW des RG (5%)	-50	-45	-41	-37	-33	206	0
BW des RG (20%)	-50	-40	-31	-25	-19	105	-59

Abbildung A-18: Szenario A13 zur Langfristfertigung

Percentage of Completion-Methode (IFRS), g=0, konstante Cash Inflows							
Periode	t=0	t=1	t=2	t=3	t=4	t=5	Σ
Cash Inflow	100	100	100	100	100	100	600
Cash Outflow	100	100	100	100	100	100	600
Buchwertabgang	0	0	0	0	0	600	
Selbstkosten	100	100	100	100	100	100	600
SK + Aufschlag	100	100	100	100	100	100	600
Buchwert VW	100	200	300	400	500	0	
Invest. Kapital	0	0	0	0	0	0	
Gewinn	0	0	0	0	0	0	0
Kalk. Zinsen	0	0	0	0	0	0	0
RG	0	0	0	0	0	0	0
BW des RG (5%)	0	0	0	0	0	0	0
BW des RG (20%)	0	0	0	0	0	0	0

Abbildung A-19: Szenario A14 zur Langfristfertigung

Modified Completed Contract-Methode (IFRS), g=0, konstante Cash Inflows							
Periode	t=0	t=1	t=2	t=3	t=4	t=5	Σ
Cash Inflow	100	100	100	100	100	100	600
Cash Outflow	100	100	100	100	100	100	600
Buchwertabgang	0	0	0	0	0	600	
Selbstkosten	100	100	100	100	100	100	600
Buchwert VW	100	200	300	400	500	0	
Invest. Kapital	0	0	0	0	0	0	
Gewinn	0	0	0	0	0	0	0
Kalk. Zinsen	0	0	0	0	0	0	0
RG	0	0	0	0	0	0	0
BW des RG (5%)	0	0	0	0	0	0	0
BW des RG (20%)	0	0	0	0	0	0	0

Abbildung A-20: Szenario A15 zur Langfristfertigung

Completed Contract-Methode (HGB), g=0,2, konstante Cash Inflows							
Periode	t=0	t=1	t=2	t=3	t=4	t=5	Σ
Cash Inflow	161	161	161	161	161	161	968
Cash Outflow	100	120	144	173	207	249	993
Buchwertabgang	0	0	0	0	0	496	
Selbstkosten	100	120	144	173	207	249	993
HK	50	60	72	86	104	124	496
Verlustantizipation	0	0	0	0	0	0	
Abschr. rückgängig	0	0	0	0	0	0	
Buchwert VW	50	60	132	218	322	0	
Invest. Kapital	-111	-213	-302	-377	-435	0	
Gewinn	-50	-60	-72	-86	-104	347	-25
Kalk. Zinsen	0	-6	-11	-15	-19	-22	-72
RG	-50	-54	-61	-71	-85	369	47
BW des RG (5%)	-50	-52	-56	-62	-70	289	0
BW des RG (20%)	-50	-45	-43	-41	-41	148	-72

Abbildung A-21: Szenario A16 zur Langfristfertigung

Completed Contract-Methode (HGB), g=-0,2, konstante Cash Inflows							
Periode	**t=0**	**t=1**	**t=2**	**t=3**	**t=4**	**t=5**	**Σ**
Cash Inflow	63	63	63	63	63	63	380
Cash Outflow	100	80	64	51	41	33	369
Buchwertabgang	0	0	0	0	0	184	
Selbstkosten	100	80	64	51	41	33	369
HK	50	40	32	26	20	16	184
Buchwert	50	90	122	148	168	0	
Invest. Kapital	-13	-37	-68	-106	-149	0	
Gewinn	-50	-40	-32	-26	-20	179	11
Kalk. Zinsen	0	-1	-2	-3	-5	-7	-19
RG	-50	-39	-30	-22	-15	187	30
BW des RG (5%)	-50	-37	-27	-19	-12	146	0
BW des RG (20%)	-50	-33	-21	-13	-7	75	-49

Abbildung A-22: Szenario A17 zur Langfristfertigung

Percentage of Completion-Methode (IFRS), g=-0,2, konstante Cash Inflows							
Periode	**t=0**	**t=1**	**t=2**	**t=3**	**t=4**	**t=5**	**Σ**
Cash Inflow	63	63	63	63	63	63	380
Cash Outflow	100	80	64	51	41	33	369
Buchwertabgang	0	0	0	0	0	380	
Selbstkosten	100	80	64	51	41	33	369
SK + Aufschlag	103	82	66	53	42	34	380
Buchwert	103	186	252	304	347	0	
Invest. Kapital	40	59	61	51	30	0	
Gewinn	3	2	2	2	1	1	11
Kalk. Zinsen	0	2	3	3	3	1	12
RG	3	0	-1	-1	-1	0	-1
BW des RG (5%)	3	0	-1	-1	-1	0	0
BW des RG (20%)	3	0	-1	-1	-1	0	1

Abbildung A-23: Szenario A18 zur Langfristfertigung

Modified Completed Contract-Methode (IFRS), g=-0,2, konstante Cash Inflows							
Periode	**t=0**	**t=1**	**t=2**	**t=3**	**t=4**	**t=5**	Σ
Cash Inflow	63	63	63	63	63	63	380
Cash Outflow	100	80	64	51	41	33	369
Buchwertabgang	0	0	0	0	0	369	
Selbstkosten	100	80	64	51	41	33	369
Buchwert	100	180	244	295	336	0	
Invest. Kapital	37	53	54	42	19	0	
Gewinn	0	0	0	0	0	11	11
Kalk. Zinsen	0	2	3	3	2	1	10
RG	0	-2	-3	-3	-2	10	1
BW des RG (5%)	0	-2	-2	-2	-2	8	0
BW des RG (20%)	0	-2	-2	-2	-1	4	-2

Abbildung A-24: Szenario A19 zur Langfristfertigung

	Situation mit einmaligem Cash Inflow in T					
	Struktur der Selbstkosten					
	konstant (g=0)	**Δ**	**steigend (g=0,2)**	**Δ**	**sinkend (g=-0,2)**	**Δ**
HK = 50% X SK	-12,47%		-9,73%		-15,79%	
HK = 75% X SK	-6,92%	5,56%	-5,35%	4,38%	-8,83%	6,96%
HK = SK	-1,36%	5,56%	-0,97%	4,38%	-1,87%	6,96%

Abbildung A-25: Sensitivität der Relation aus Herstellungs- und Selbstkosten (a)

	Situation mit proportionalen Cash Inflows					
	Struktur der Selbstkosten					
	konstant (g=0)	Δ	steigend (g=0,2)	Δ	sinkend (g=-0,2)	Δ
HK = 50% X SK	-11,11%		-8,76%		-13,92%	
HK = 75% X SK	-5,56%	5,56%	-4,38%	4,38%	-6,96%	6,96%
HK = SK	0%	5,56%	0%	4,38%	0%	6,96%

Abbildung A-26: Sensitivität der Relation aus Herstellungs- und Selbstkosten (b)

	Situation mit konstanten Cash Inflows	
	Struktur der Selbstkosten	
	steigend (g=0,2)	Δ
HK = 50% X SK	-8,37%	
HK = 62,5% X SK	-6,18%	2,19%
HK = 75% X SK	-3,99%	2,19%
HK = 87,5% X SK	-1,97%	2,02%
HK = SK	-0,92%	1,05%

Abbildung A-27: Sensitivität der Relation aus Herstellungs- und Selbstkosten (c)

Szenarien zur Rückstellungsbilanzierung

HGB a.F. – Entsorgungsverpflichtung							
Periode	0	1	2	3	4	5	Σ
Cash Inflows	0	5000	5000	5000	5000	5000	25000
Abschreibungen	0	1000	1000	1000	1000	1000	5000
Δ Rückstellungen	0	2000	2000	2000	2000	-8000	
Rückstellung	0	2000	4000	6000	8000	0	20000
Operative Aufwendungen	0	0	0	0	0	10000	10000
Gewinn	0	2000	2000	2000	2000	2000	10000
Invest. Kapital	5000	2000	-1000	-4000	-7000	0	
Kalk. Zinsen	0	250	100	-50	-200	-350	-250
RG	0	1750	1900	2050	2200	2350	10250
BW des RG (5%)	0	1667	1723	1771	1810	1841	8812
Real. KW (%)	0%	19%	38%	59%	79%	100%	

Abbildung A-28: Szenario A1 zur Rückstellungsbilanzierung

HGB – Wiederkehrende Großreparatur, g=0,2							
Periode	0	1	2	3	4	5	Σ
Cash Inflows	0	1507	1808	2170	2604	3125	11214
Abschreibungen		1000	1000	1000	1000	1000	5000
Operative Aufwendungen	0	2500	0	2500	0	0	5000
Gewinn	0	-1993	808	-1330	1604	2125	1214
Invest. Kapital	5000	4000	3000	2000	1000	0	
Kalk. Zinsen	0	250	200	150	100	50	750
RG	0	-2243	608	-1480	1504	2075	464
BW des RG (5%)	0	-2136	552	-1278	1237	1626	0
BW des RG (20%)	0	-1869	422	-856	725	834	-744

Abbildung A-29: Szenario A2 zur Rückstellungsbilanzierung

IFRS – Wiederkehrende Großreparatur, g=0,2							
Periode	0	1	2	3	4	5	Σ
Cash Inflows	0	1507	1808	2170	2604	3125	11214
Abschreibungen	0	1000	2250	2250	2250	2250	10000
Operative Aufwendungen	0	0	0	0	0	0	0
Gewinn	0	507	-442	-80	354	875	1214
Invest. Kapital	5000	6500	4250	4500	2250	0	
Kalk. Zinsen	0	250	325	213	225	113	1125
RG	0	257	-767	-293	129	762	89
BW des RG (5%)	0	245	-695	-253	106	597	0
BW des RG (20%)	0	204	-532	-169	62	306	-129

Abbildung A-30: Szenario A3 zur Rückstellungsbilanzierung

HGB - Restrukturierungsmaßnahme, g=0,2							
Periode	0	1	2	3	4	5	Σ
Cash Inflows	0	1757	2109	3374	4049	4858	16147
Abschreibungen	0	1000	1000	1000	1000	1000	5000
Δ Rückstellung	0	0	0	0	0	0	0
Operative Aufwendungen	0	0	0	10000	0	0	10000
Gewinn	0	757	1109	-7626	3049	3858	1147
Invest. Kapital	5000	4000	3000	2000	1000	0	
Kalk. Zinsen	0	250	200	150	100	50	750
RG	0	507	909	-7776	2949	3808	397
BW des RG (5%)	0	483	824	-6717	2426	2984	0
BW des RG (20%)	0	423	631	-4500	1422	1531	-494

Abbildung A-31: Szenario A4 zur Rückstellungsbilanzierung

IFRS - Restrukturierungsmaßnahme, g=0,2							
Periode	0	1	2	3	4	5	Σ
Cash Inflows	0	1757	2109	3374	4049	4858	16147
Abschreibungen	0	1000	1000	1000	1000	1000	5000
Δ Rückstellung	0	0	5000	-5000	0	0	0
Operative Aufwendungen	0	0	0	10000	0	0	10000
Gewinn	0	757	-3891	-2626	3049	3858	1147
Invest. Kapital	5000	4000	-2000	2000	1000	0	
Kalk. Zinsen	0	250	200	-100	100	50	500
RG	0	507	-4091	-2526	2949	3808	647
BW des RG (5%)	0	483	-3711	-2182	2426	2984	0
BW des RG (20%)	0	423	-2841	-1462	1422	1531	-928

Abbildung A-32: Szenario A5 zur Rückstellungsbilanzierung

HGB - Garantierückstellung mit vorsichtigem Wert einer Bandbreite, g=0,2							
Periode	0	1	2	3	4	5	Σ
Cash Inflows	0	3417	4100	4921	0	0	12438
Abschreibungen	0	2500	2500	2500	0	0	7500
Δ Rückstellung	0	1500	1800	660	-1800	-2160	0
Operative Aufwendungen	0	0	0	1250	1500	1800	4550
Gewinn	0	-583	-200	511	300	360	388
Invest. Kapital	7500	3500	-800	-3960	-2160	0	
Kalk. Zinsen	0	375	175	-40	-198	-108	204
RG	0	-958	-375	551	498	468	184
BW des RG (5%)	0	-912	-340	476	410	367	0
BW des RG (20%)	0	-798	-260	319	240	188	-311

Abbildung A-33: Szenario A6 zur Rückstellungsbilanzierung

IFRS - Garantierückstellung mit Erwartungswert, g=0,2							
Periode	0	1	2	3	4	5	Σ
Cash Inflows	0	3417	4100	4921	0	0	12438
Abschreibungen	0	2500	2500	2500	0	0	7500
Δ Rückstellung	0	1250	1500	550	-1500	-1800	0
Operative Aufwendungen	0	0	0	1250	1500	1800	4550
Gewinn	0	-333	100	621	0	0	388
Invest. Kapital	7500	3750	-250	-3300	-1800	0	
Kalk. Zinsen	0	375	188	-13	-165	-90	295
RG	0	-708	-87	633	165	90	93
BW des RG (5%)	0	-674	-79	547	136	71	0
BW des RG (20%)	0	-590	-60	366	80	36	-168

Abbildung A-34: Szenario A7 zur Rückstellungsbilanzierung

HGB – Wiederkehrende Großreparatur, g=-0,2							
Periode	0	1	2	3	4	5	Σ
Cash Inflows	0	2661	2129	1703	2044	2453	10990
Abschreibungen		1000	1000	1000	1000	1000	5000
Operative Aufwendungen	0	2500	0	2500	0	0	5000
Gewinn	0	-839	1129	-1797	1044	1453	990
Invest. Kapital	5000	4000	3000	2000	1000	0	
Kalk. Zinsen	0	250	200	150	100	50	750
RG	0	-1089	929	-1947	944	1403	240
BW des RG (5%)	0	-1037	843	-1682	777	1099	0
BW des RG (20%)	0	-907	645	-1127	455	564	-370

Abbildung A-35: Szenario A8 zur Rückstellungsbilanzierung

IFRS – Wiederkehrende Großreparatur, g=-0,2							
Periode	0	1	2	3	4	5	Σ
Cash Inflows	0	2661	2129	1703	2044	2453	10990
Abschreibungen	0	1000	2250	2250	2250	2250	10000
Operative Aufwendungen	0	0	0	0	0	0	0
Gewinn	0	1661	-121	-547	-206	203	990
Invest. Kapital	5000	6500	4250	4500	2250	0	
Kalk. Zinsen	0	250	325	213	225	113	1125
RG	0	1411	-446	-759	-431	90	-135
BW des RG (5%)	0	1344	-404	-656	-355	71	0
BW des RG (20%)	0	1120	-310	-439	-208	36	200

Abbildung A-36: Szenario A9 zur Rückstellungsbilanzierung

HGB - Restrukturierungsmaßnahme, g=-0,2							
Periode	0	1	2	3	4	5	Σ
Cash Inflows	0	4235	3388	2710	2891	2313	15537
Abschreibungen	0	1000	1000	1000	1000	1000	5000
Δ Rückstellung	0	0	0	0	0	0	0
Operative Aufwendungen	0	0	0	10000	0	0	10000
Gewinn	0	3235	2388	-8290	1891	1313	537
Invest. Kapital	5000	4000	3000	2000	1000	0	
Kalk. Zinsen	0	250	200	150	100	50	750
RG	0	2985	2188	-8440	1791	1263	-213
BW des RG (5%)	0	2843	1985	-7290	1474	989	0
BW des RG (20%)	0	2487	1519	-4884	864	508	494

Abbildung A-37: Szenario A10 zur Rückstellungsbilanzierung

IFRS - Restrukturierungsmaßnahme, g=-0,2							
Periode	0	1	2	3	4	5	Σ
Cash Inflows	0	4235	3388	2710	2891	2313	15537
Abschreibungen	0	1000	1000	1000	1000	1000	5000
Δ Rückstellung	0	0	5000	-5000	0	0	0
Operative Aufwendungen	0	0	0	10000	0	0	10000
Gewinn	0	3235	-2612	-3290	1891	1313	537
Invest. Kapital	5000	4000	-2000	2000	1000	0	
Kalk. Zinsen	0	250	200	-100	100	50	500
RG	0	2985	-2812	-3190	1791	1263	37
BW des RG (5%)	0	2843	-2551	-2755	1474	989	0
BW des RG (20%)	0	2487	-1953	-1846	864	508	60

Abbildung A-38: Szenario A11 zur Rückstellungsbilanzierung

HGB - Garantierückstellung mit vorsichtigem Wert einer Bandbreite, g=-0,2							
Periode	0	1	2	3	4	5	Σ
Cash Inflows	0	4496	3597	2877	0	0	10970
Abschreibungen	0	2500	2500	2500	0	0	7500
Δ Rückstellung	0	1500	1200	-540	-1200	-960	0
Operative Aufwendungen	0	0	0	1250	1000	800	3050
Gewinn	0	496	-103	-333	200	160	420
Invest. Kapital	7500	3500	-200	-2160	-960	0	
Kalk. Zinsen	0	375	175	-10	-108	-48	384
RG	0	121	-278	-323	308	208	36
BW des RG (5%)	0	115	-253	-279	253	163	0
BW des RG (20%)	0	101	-193	-187	149	84	-47

Abbildung A-39: Szenario A12 zur Rückstellungsbilanzierung

IFRS - Garantierückstellung mit Erwartungswert, g=-0,2							
Periode	0	1	2	3	4	5	Σ
Cash Inflows	0	4496	3597	2877	0	0	10970
Abschreibungen	0	2500	2500	2500	0	0	7500
Δ Rückstellung	0	1250	1000	-450	-1000	-800	0
Operative Aufwendungen	0	0	0	1250	1000	800	3050
Gewinn	0	746	97	-423	0	0	420
Invest. Kapital	7500	3750	250	-1800	-800	0	
Kalk. Zinsen	0	375	188	13	-90	-40	445
RG	0	371	-91	-435	90	40	-25
BW des RG (5%)	0	353	-82	-376	74	31	0
BW des RG (20%)	0	309	-63	-252	43	16	53

Abbildung A-40: Szenario A13 zur Rückstellungsbilanzierung

HGB - Entsorgungsverpflichtung (g=0,2)							
Periode	0	1	2	3	4	5	Σ
Cash Inflows	0	2027	2433	2919	3503	4204	15087
Abschreibungen		1000	1000	1000	1000	1000	5000
Δ Rückstellungen	0	1645	1810	1987	2177	-7619	0
Rückstellung	0	1645	3455	5442	7619	0	
Zinsaufwand	0	0	82	173	272	381	908
Operative Aufwendungen	0	0	0	0	0	10000	10000
Gewinn	0	-618	-377	-67	326	823	87
Invest. Kapital	5000	2355	-455	-3442	-6619	0	
Kalk. Zinsen	0	250	118	-23	-172	-331	-158
RG	0	-868	-495	-45	498	1154	245
BW des RG (5%)	0	-827	-449	-39	410	904	0
BW des RG (20%)	0	-723	-344	-26	240	464	-389

Abbildung A-41: Szenario A14 zur Rückstellungsbilanzierung

IFRS - Entsorgungsverpflichtung (g=0,2)							
Periode	0	1	2	3	4	5	Σ
Cash Inflows	0	2027	2433	2919	3503	4204	15087
Abschreibungen	0	2567	2567	2567	2567	2567	12835
Δ Rückstellungen	7835	392	411	432	454	-9524	0
Rückstellung	7835	8227	8638	9070	9524	0	
Zinsaufwand	0	392	411	432	454	476	2165
Operative Aufwendungen	0	0	0	0	0	10000	10000
Gewinn	0	-931	-546	-80	483	1161	87
Buchwert Maschine	12835	10268	7701	5134	2567	0	
Invest. Kapital	5000	2041	-937	-3936	-6957	0	
Kalk. Zinsen	0	250	102	-47	-197	-348	-239
RG	0	-1181	-648	-33	679	1508	326
BW des RG (5%)	0	-1125	-587	-28	559	1182	0
BW des RG (20%)	0	-985	-450	-19	328	606	-519

Abbildung A-42: Szenario A15 zur Rückstellungsbilanzierung

HGB - Entsorgungsverpflichtung (g=-0,2)							
Periode	0	1	2	3	4	5	Σ
Cash Inflows	0	4317	3454	2763	2210	1768	14513
Abschreibungen	0	1000	1000	1000	1000	1000	5000
Δ Rückstellungen	0	1645	1810	1987	2177	-7619	0
Rückstellung	0	1645	3455	5442	7619	0	
Zinsaufwand	0	0	82	173	272	381	908
Operative Aufwendungen	0	0	0	0	0	10000	10000
Gewinn	0	1672	644	-224	-966	-1613	-487
Invest. Kapital	5000	2355	-455	-3442	-6619	0	
Kalk. Zinsen	0	250	118	-23	-172	-331	-158
RG	0	1422	526	-201	-794	-1282	-329
BW des RG (5%)	0	1354	477	-174	-653	-1004	0
BW des RG (20%)	0	1185	365	-116	-383	-515	536

Abbildung A-43: Szenario A16 zur Rückstellungsbilanzierung

IFRS - Entsorgungsverpflichtung (g=-0,2)							
Periode	0	1	2	3	4	5	Σ
Cash Inflows	0	4317	3454	2763	2210	1768	14513
Abschreibungen	0	2567	2567	2567	2567	2567	12835
Δ Rückstellungen	7835	392	411	432	454	-9524	0
Rückstellung	7835	8227	8638	9070	9524	0	
Zinsaufwand	0	392	411	432	454	476	2165
Operative Aufwendungen	0	0	0	0	0	10000	10000
Gewinn	0	1358	475	-236	-810	-1275	-487
Buchwert Maschine	12835	10268	7701	5134	2567	0	
Invest. Kapital	5000	2041	-937	-3936	-6957	0	
Kalk. Zinsen	0	250	102	-47	-197	-348	-239
RG	0	1108	373	-189	-613	-927	-248
BW des RG (5%)	0	1056	339	-163	-505	-726	0
BW des RG (20%)	0	924	259	-109	-296	-373	405

Abbildung A-44: Szenario A17 zur Rückstellungsbilanzierung

HGB a.F. - Entsorgungsverpfichtung (g=0)							
Periode	0	1	2	3	4	5	Σ
Cash Inflows	0	2965	2965	2965	2965	2965	14823
Abschreibungen	0	1000	1000	1000	1000	1000	5000
Δ Rückstellungen	0	2000	2000	2000	2000	-8000	
Rückstellung	0	2000	4000	6000	8000	0	20000
Operative Aufwendungen	0	0	0	0	0	10000	10000
Gewinn	0	-35	-35	-35	-35	-35	-177
Invest. Kapital	5000	2000	-1000	-4000	-7000	0	
Kalk. Zinsen	0	250	100	-50	-200	-350	-250
RG	0	-285	-135	15	165	315	73
BW des RG (5%)	0	-272	-123	13	135	247	0
BW des RG (20%)	0	-238	-94	8	79	126	-118

Abbildung A-45: Szenario A18 zur Rückstellungsbilanzierung

Szenarien zur Leasingbilanzierung

Operating Lease (HGB), WACC=5%, g=-0,2							
Periode	0	1	2	3	4	5	Σ
Cash Inflows	0	5382	4305	3444	2755	2204	18091
Leasingaufwand	0	2500	2500	2500	2500	2500	12500
Abschreibungen	0	1000	1000	1000	1000	1000	5000
Gewinn	0	1882	805	-56	-745	-1296	591
Invest. Kapital	5000	4000	3000	2000	1000	0	
WACC	0,05	0,05	0,05	0,05	0,05	0,05	
Kalk. Zinsen (5%)	0	250	200	150	100	50	750
RG	0	1632	605	-206	-845	-1346	-159
BW des RG (5%)	0	1554	549	-178	-695	-1054	176
BW des RG (20%)	0	1360	420	-119	-407	-541	713

Abbildung A-46: Szenario A1 zur Leasingbilanzierung

Finance Lease (IFRS), WACC=5%, g=-0,2							
Periode	0	1	2	3	4	5	Σ
Cash Inflows	0	5382	4305	3444	2755	2204	18091
Abschreibungen	0	3200	3200	3200	3200	3200	16000
Gewinn	0	2182	1105	244	-445	-996	2091
Invest. Kapital	16000	12800	9600	6400	3200	0	
WACC	0,05	0,05	0,05	0,05	0,05	0,05	
Kalk. Zinsen	0	800	640	480	320	160	2400
RG	0	1382	465	-236	-765	-1156	-309
BW des RG (5%)	0	1316	422	-204	-629	-905	0
BW des RG (20%)	0	1151	323	-136	-369	-464	505

Abbildung A-47: Szenario A2 zur Leasingbilanzierung

Operating Lease (HGB), angepasster WACC, g=-0,2							
Periode	0	1	2	3	4	5	Σ
Cash Inflows	0	5382	4305	3444	2755	2204	18091
Leasingaufwand	0	2500	2500	2500	2500	2500	12500
Abschreibungen	0	1000	1000	1000	1000	1000	5000
Gewinn	0	1882	805	-56	-745	-1296	591
Invest. Kapital	5000	4000	3000	2000	1000	0	
WACC	5,00%	6,28%	7,15%	10,00%	-37,96%	0,28%	
Kalk. Zinsen	0	314	286	300	-759	3	144
RG	0	1568	519	-356	15	-1298	448
BW des RG (WACC)	0	1475	456	-284	19	-1666	0
BW des RG (20%)	0	1306	361	-206	7	-522	947

Abbildung A-48: Szenario A3 zur Leasingbilanzierung

Betriebswirtschaftliche Forschung im Rechnungswesen

Herausgegeben von Nils Crasselt, Rolf Uwe Fülbier,
Joachim Gassen, Bernhard Pellens und Thorsten Sellhorn

Band 1 Verena Hill: Rechnungslegungspolitik im Rahmen der Kaufpreisallokation. Eine theoretische und empirische Analyse deutscher kapitalmarktorientierter Unternehmen. 2011.

Band 2 Ulrich Küting: Rückstellungsbilanzierung nach HGB und IFRS. Normendeskription und empirische Analysen zur deutschen und internationalen Bilanzierungspraxis. 2011.

Band 3 Felix Fischer: Der Zusammenhang zwischen Rechnungslegung und Ausschüttungsbemessung. Eine empirische Analyse deutscher börsennotierter Aktiengesellschaften. 2011.

Band 4 Torben Auste: Einfluss von Lobbying auf den IFRS-Standardsetzungsprozess. 2012.

Band 5 Michael Fischkin: Determinanten der Prüferwahl und des Prüferwechsels auf dem deutschen Prüfungsmarkt für börsennotierte Unternehmen. Eine theoretische und empirische Untersuchung. 2012.

Band 6 Maximilian Lauerbach: Investitionssteuerung mit Risk Adjusted Performance Measures im Nicht-Finanzbereich. 2012.

Band 7 Marco Kreutzer: Wertorientierte Planung und Steuerung anhand des Residualgewinnkonzepts. Eine Analyse in Abhängigkeit vom zu Grunde liegenden Rechnungslegungssystem. 2012.